Food Service Industry Consulting &
Marketing Business Strategy

호텔 · 외식문화

외식산업 컨설팅과 마케팅 경영전략

전영직 저

기문사
www.kimoonsa.co.kr

머리말

Preface

인간의 욕구는 시대의 변천에 의해 가치욕구가 변화되고 있다. 특히 식생활의 레저화, 음식의 무국적화 및 다국적화, 개성화, 감성화 등 추구하는 소비자의 욕구는 결국 자아실현의 욕구를 충족하는 방향으로 변화되어 가고 있다. 따라서 소비자들의 외식행태가 개성과 취향, 그리고 감성에 따라 다양한 형태로 전문화 · 세분화되어 가고 있는 현실에 와 있다.

이에 맞추어 외식산업은 연간 시장규모가 138조 원이나 될 정도로 거대한 산업으로 성장했고, 특히 종사자수가 214만 명이나 돼 전체 취업자의 7.5%를 차지하고 있으며, 산업구조가 고도화 · 선진화될수록 양질의 일자리 창출 가능성이 매우 높은 산업이다. 외식산업이 더욱 발전되고 성장하기 위해서는 외식산업을 전공하는 학생들의 전문성을 습득하여 외식산업체에 기여할 수 있는 자세로 변모되어야 한다.

외식산업을 더욱 성장, 발전시키기 위해서는 외식산업을 이끌어 가는 CEO들의 노력과 각오가 있기에 많은 외식산업이 성장, 발전되었다고 본다. 외식소비자들의 라이프스타일이 다양한 행태로 변모해가고 있고, 식생활로 인하여 건강을 추구하는 이 시대에 외식산업을 보다 발전 지향적으로 연구하고자 하는 한 일원으로서 본 저서를 편찬하게 되었다.

이에 본서는 실패의 가능성을 최소화하고 성공하는 미래지향적으로 가기 위한 저서이며 이런 과정에서 본서의 구성을 크게 Part 1 외식산업 경영관리, Part 2 외식컨설팅 실무관리, Part 3 외식마케팅 경영전략으로 총 19장으로 구성하였다.

Part 1 외식산업 경영관리에서는 외식에 대한 이해를 돕기 위해 외식의 특성, 경영형태, 시장규모 그리고 외식사업에서의 꽃이라고 할 수 있는 외식프랜차이즈경영과 올바른 계약방법 등을 설명하였다.

Part 2 외식컨설팅 실무관리에서는 실제적으로 외식사업을 진행하고자 할 때 지침이 될 수 있고 가급적 실패율을 낮출 수 있는 외식성공창업실무에 대한 창업계획과 설계부분, 직원채용에 대한 인적자원관리와 컨설팅전문가로서 멘토의 역할 등에 대한 내용을 담았다.

Part 3 마케팅 경영전략에서는 특히 외식산업은 생계형 외식사업부터 기업형 외식사업까지 범위가 넓고 치열한 경쟁 속에서 이를 극복하기 위해서는 마케팅을 이해하지 못하면 성공할 수 있는 기회가 많지 않다고 판단되기에 외식시장에 대한 환경분석과 마케팅의 4P's에서 변화된 7P's까지 마지막으로 브랜드 마케팅과 외식업 마케팅 사례 분석에 이르기까지 코로나19 전과 후의 외식마케팅에 대한 종합적인 지식과 실무적인 내용을 다루었다.

따라서 본 저자는 국제적 행사인 안면도 국제꽃박람회 외식사업팀장을 역임하면서 24일간이라는 짧은 기간 안에 11억의 매출달성 경험과 다양한 외식프로젝트 경험을 사례로 외식산업을 공부하는 학생들뿐만 아니라 외식산업체에 근무하고 계신 실무자들과 창업에 관심을 갖고자하는 CEO 관계자까지 많은 관심과 연구의 영역이 되기를 바라는 마음에서 부족하지만 조금이나마 보탬이 되고자 이 책을 편찬하였다. 이 저서를 통하여 학문적 그리고 실무적 차원에서 응용 · 학습되어 목표대로 성공되기를 진심으로 바라는 바이다.

끝으로 출판업계의 어려운 상황 속에서도 출판을 흔쾌히 승낙해 주신 기문사 한인환 사장님을 비롯한 모든 직원분들께도 감사를 드리며 기문사의 무궁한 발전을 기원한다.

2022년 1월

전 영 직

차 례

Contents

Part
1

외식산업 경영관리

호텔 · 외식문화

외식산업 컨설팅과 마 케 팅 경영전략

제1장

01

외식산업의 이해

제1절 외식의 개념과 외식산업의 특성

1. 외식의 개념

인류의 존재와 함께 시작된 식생활은 생존을 위한 수단으로부터 삶의 질과 가치를 높이고 삶을 윤택하게 하며 풍요롭게 하고 있다. 또한 식생활은 식습관과 식문화를 잉태하면서 오늘날 일상생활과 사회생활 측면에서 가정이란 범위뿐만 아니라 가정 밖의 체험이나 욕구를 요구하게 되었고, 시대별 · 국가별 다양한 면모로 변화와 발전을 거듭해 왔다. 따라서 외식산업은 음식과 관련된 사업으로 우리가 일상생활을 영위하기 위한 식사와 직접적인 관련을 맺고 있다. 2차 세계대전의 승전국 미국은 전후 1960년대에 비약적인 경제발전을 이룩하였으며, 소득증가와 함께 식생활의 변화를 수반하면서 'Foodservice industry or dining-out industry' 라는 용어로 외식산업이 발전하고 정착하였다. 그 이후 일본이 이 용어를 사용하는 과정에서 외식산업이라고 번역하여 '마스꼬미' 라는 잡지1970년대에 사용되었으며, 1978년에 일본 정부의 공식문서인 경제백서에 사용되었다.

생계형 자영업 산업군으로 분류되어 투자를 제한해 왔던 국내의 외식산업이 1980년대 우루과이라운드협상에 따라 외국기업에 개방하기에 앞서 먼저 국내기업에 개방하였다. 그리고 '86 아시안 게임' 과 '88 서울 올림픽 게임' 에 대비하여 레스토랑의 요리품질, 서비스, 위생 등의 질적 수준향상을 위한 정책에 의한 경쟁전략의 일환으로 해외의 외식업체들에게 국내시장을 개방함으로써 1980년대부터 외식산업이라는 용어가 국내에 유입된 것이다.

외식산업은 식사를 조리해서 제공하는 식품제조업, 소비자에게 직접 소매하는 소매업, 서비스가 중추를 이루는 서비스 산업적 성격이 강한 복합산업이라고 볼 수 있다.

외식산업의 본질은 '음식과 음료를 생산하여 소비자에게 제공하면서 이윤을 창출하고자 하는 외식사업체의 집합체' 이다. 이러한 외식사업체는 한식, 중식, 일식, 양식, 패스트푸드, 아이스크림, 패밀리레스토랑, 호텔, 단체급식, 커피숍, 제과점, 카페 등 다양한 업종과 업태로 발전하면서 경영활동을 수행한다. 따라서 외식산업은 '음식과 음료, 그리고 주류를 조리하거나 준비하여 상업적 또는 비상업적으로 불특정 다수에게 판매 및 서비스하는 모든 업소의 집합체' 라고 정의할 수 있다.

특히 외식을 어떻게 규정하느냐 하는 것은 무엇보다 외식산업을 이해하는 출발점이 되기 때문에 중요한 과제이다. 집 밖에서 음식을 사서 먹는 외식활동이 일상생활은 물론 문화생활의 한 부분으로 보편화되고 정착되면서 외식에 대한 정의와 범위의 설정이 필요해졌다. 하지만 식생활은 계속해서 변화하기 때문에 내식 · 중식 · 외식 등의 식사행위를 명확하게 구분짓기는 어렵다. 특히 시간이 흐를수록 인간의 외식활동이 활발해지고 다양해지면서 외식의 범위가 더욱 확대되고 있으며 가깝지 않은 미래에는 외식과 내식의 구분이 없어지는 시대도 예상할 수 있다.

1) 내식(內食)이란?

내식은 조리주체가 가정 내의 사람으로 조리장소와 취식장소가 원칙적으로 가정 내에서 이루어지는 식사를 말한다. 식품전문점 · 슈퍼마켓 등에서 식재료를 구매하여 가정 내에 있는 사람의 가사노동을 통한 조리작업을 거치게 된다. 그러나 소득수준의 향상, 맞벌이부부와 독신자의 증가, 식사준비의 서투름 등과 같은 경제 · 사회 · 문화적 환경의 변화와 라이프스타일이 변화하면서 가정에서 식사를 하는 빈도가 점차 줄어들고 있다.

2) 중식(中食)이란?

중식은 현대인의 식생활이 속도와 편리성을 추구하면서 조리된 음식ready to cook을 구매하는 비중이 높아지면서 나타났다. 중식은 조리주체가 세대 외의 사람으로 조리장소는 원칙적으로 가정 외에 있으며 취식장소가 가정 내인 식사를 말한다. 델리숍deli shop에서 조리된 음식, 인스턴트식품, 도시락, 가정식 대용식품HMR 등과 같이 반조리 또는 완전조리된 음식을 테이크아웃take-out, 택배delivery, 또는 케이터링catering 등을 통해 식사를 해결하는 형태를 의미한다.

내식이 사람의 생리적 측면에서 외식의 완전대체활동이라고 할 수 있지만 중식시장이 급격하게 성장하면서 이제는 중식이 내식과 외식의 강력한 경합 또는 대체활동의 지위로까지 성장하고 있다. 즉 내식과 외식의 대체활동으로서 중식이 그 지위를 차지하는 현상이 나타나고 있다. 따라서 넓은 의미의 외식에 중식을 포함시켜 외식을 보다 넓게 정의하고 있다.

3) 외식(外食)이란?

우리나라 국어사전이희승에 의하면 일상적으로 외식이라는 용어는 "자기집이 아닌 밖에서 식사하는 것"으로 정의하고 있다. 국내 대부분의 학자들의 경우 "가정 밖에서 행하는 식사행위의 총칭"으로 개념정립을 하고 있지만 야마구찌 기구오와 고야마 슈우상은 사람의 식생활을 가정 내家庭內 식생활과 가정 외家庭外 식생활로 구분하였다. 또한 외식의 대중화 · 일반화 현상이 나타나고 있는 것은 곧 가정 외에서의 식생활비중이 높아지고 있는 것이라 하였다. 간접적 표현이기는 하지만 외식을 가정 외의 식생활이라고 단순하게 정의하였다.

시오다 죠애이는 음식을 목적 · 장소 · 공급자 · 소비자 · 음식물내용 등 여러 가지 요인에 따라 정리할 수 있다고 하였다. 그 중에서 장소에 의한 구분으로 가정 내와 가정 외를 구별하여 후자를 외식으로 정의하였다.

일본의 외식산업문제연구회外食産業問題研究會는 국민의 식생활을 가정 내에서 음식을 만들거나 먹는 가정 내의 식생활, 그리고 가정 외에서 음식을 만들거나 먹는 가정 외의 식생활로 구분하였다. 전자는 내식, 후자를 외식으로서 내식과 외식을 대비하여 정의하였다.

도이 토시오는 외식을 가정 내에서의 식사에 대비된 말로서 가정 외에서 식사를 하는 행위의 의미뿐만 아니라 가정 외에서 입수한 식물을 가정 내에서 먹는 나물과 부식, 그리고 가지고 다니는 도시락과 초밥까지도 포함시켜야 한다며 외식의 의미를 보다 넓혔다. 가정의 안과 밖이라는 구분을 무시한다면 먹는 식물로서의 최종소비품이 가정에서의 가공이라는 부가가치 등이 전혀 포함되지 않는 것, 그리고 일부 포함되어 있어도 기본적인 맛의 변경이나 귀찮은 조리를 필요로 하지 않는 것이 외식의 개념으로 표현된다고 하였다. 결국 외식을 정의하기 위해서는 식사의 장소와 조리의 성격을 고려하지 않을 수 없음을 언급하였다.

이처럼 학자들마다 외식을 내식과 비교하여 정의하고 있는데 가정 외에서의 식사를 외식이라고 하는 의견에는 모두 일치하고 있다. 결국 식생활 · 식사형태 등에 근거하여 이들이 행해지는 장소가 가정 내인지 또는 가정 외인지에 따라 외식 또는 내식을 정의하는 것이 가장 보편적인 구분이 된다. 또한 식물의 제공요건을 바탕으로 외식을 정의하면 외식은 "조리주체 · 조리장소 · 취식장소 등이 모두 세대 내나 가정 내에 있는 내식에 대응하여 이들의 요건들이 세대 외나 가정 외에 있는 식사행위"를 말한다.

그러나 식생활 · 소비자욕구 · 외식형태 · 유통구조 등이 변화하면서 가정 내와 가정 외라는 단순한 구분에 의한 외식의 정의도 달라지고 있다. 내식과 외식이 불명확하거나 또는 내식과 외식의 중간영역인 중식의 등장이 그 예이다. 테이크아웃 · 택배 · 가정식대용식품HMR : Home Meal Replacement 등으로 대표되는 중식은 시간절약과 편리성을 추구하는 식생활 및 라이프스타일의 변화에 따라 내식 · 외식을 대신하는 새로운 식사형태로 크게 성장하고 있다. 외식산업의 변화를 고려할 때 종래의 외식에 대한 정의에 중식을 포함시킴으로써 외식을 보다 넓게 이해하는 것이 바람직하다.

따라서 외식과 내식의 구분이 모호해지면서 ① 패스트푸드의 햄버거, 치킨, 피자 또는 자장면을 포장take-out하거나 택배 주문하여 가정 내에서 취식하는 경우를 외식의 내식화, ② 제과점의 샌드위치 재료, 김밥, 컵라면, 반찬류 등 가정 내의 식사를 식료품점에 의존하는 현상을 내식의 외식화라고 주장하는 학자도 있다.

■ 식생활의 구분과 외식의 범주

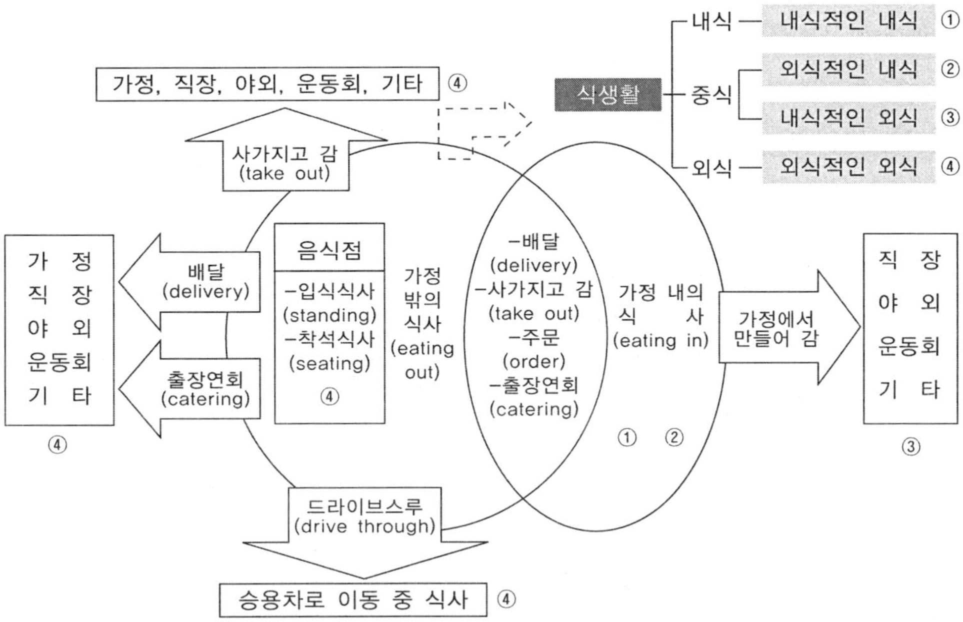

또한 위 표와 같이 조리의 주체에 따라 내식적가정 내에서의 조리이냐, 또는 외식적가정 밖에서의 조리이냐로, 또한 취식의 장소에 따라 내식가정 내에서의 취식과 외식가정 밖에서의 취식으로 하여 내식을 내식적 내식과 외식적 내식, 그리고 외식을 내식적 외식과 외식적 외식으로 구분하여 설명하기도 한다.

그러나 혹자들은 식생활은 외식과 내식 외에 중간지대를 중식으로 표현하면서 내식적 내식을 내식, 외식적 외식을 외식, 중간지대의 외식적 내식과 내식적 외식을 합하여 중식이라고 주장하기도 한다. 진정한 내식은 4분법의 내식적 내식뿐이며, 나머지 세 가지 모두 외식산업에 직접적으로 의존하거나 영향을 미치기 때문에 외식의 범주에 포함시켜야 한다고 주장하는 학자도 있다.

위에 나타난 바와 같이 외식적 내식을 '외식의 내식화'와 '내식의 외식화'로 나누어 설명할 수 있다. '외식의 내식화'란 본래 외식이었던 것외부에서 완성된 식단이 가정 내에서 취식하는 형태로 변화되는 양상을 의미하며, 후라이치킨이나 자장면 또는 햄버거처럼 외식점포에서 취식할 수 있으나, 택배배달이나 포장take-out으로 가정 내로 음식을 가져와서 먹는 경우를 설명하고 있다.

그러나 '내식의 외식화'란 본래 내식이었던 것이 자꾸 외식쪽으로 가려는 현상을 설명하는 것으로, 예를 들면 가정의 반찬이나 보조음식을 식품점이나 백화점의 반찬코너에서 사들고 집에 들어와 펼쳐 놓고 국과 밥을 곁들여 먹는 경우로 내식을 식료품점에 의존하는 현상을 설명하고 있다.

2. 외식생활문화의 발전 단계

인류가 존재하는 한 식생활은 필연적이며, 외식산업 역시 21세기에는 경제, 사회, 생산 시스템, 지리학적 및 정신문화학적 측면에서도 상호 연결고리가 되어 순환의 법칙에 의해서 다른 산업과 변화 적응력 속에서 인간과 밀접하게 역동적dynamic으로 흘러갈 것으로 예상된다. 또한 21세기 창조사회에서의 식생활과 외식산업은 질과 가치를 추구하게 될 것이고, 자기만족적인 방식을 선호함과 동시에, 궁극적으로는 종합예술성이 가미된 창의적인 방향으로 선회하게 될 것이다. 즉 감성과 창의성에 의해 외식산업이 주도되고 연출된다고 볼 수 있으며 민속, 민족요리전문점이 현대적인 감각에 맞춰 출현이 될 것이고 한식, 일식, 중식, 양식, 동남아식 간의 절충식 에크렉틱eclectic 요리가 재현될 것이다.

또한 기존의 형식, 가격 및 기법을 배제한 항상 새로운 곳을 찾게 하는 감성요리점 즉 그레이징grazing 요리점이 대두되고 예술화, 국제화, 토속화 및 전문화 등이 적용되어 앞으로 21세기의 외식산업은 국가 간, 지역 간, 산업 간의 변화 적응력 속에서 경제활동의 발전단계에 부응하되, 창의적 아이디어가 가미되고, 창조력에 기초를 둔 차별화된 개념에 의해 발전하게 될 것이다.

■ 경제활동 발전단계별에 따른 식생활문화의 추이

단계	농경사회 (BC 3000년)	산업사회 (1750년)	정보사회 (1980년)	창조사회 (21세기)	시사점
	The First Wave	The Second Wave	The Third Wave	The Fourth Wave	
경제	-집단사회형성 -생산활동의 기본단계(농경지, 농기구활용) -정착생활	-에너지 이용 (기계) -생산성 향상 -물자의 풍요로움	-컴퓨터 발명, 통신망 발전 -정보력 극대화 -정보자료의 획득과 확장 (고도착, 과학화, 정보화)	-창조력 극대화 중심 -창의적 아이디어, 정신문명 -컨셉, 차별적 독창성(창조의 집중 및 강화)	경제적·차별적·예술적·창의적
	인류문명의 태동	산업혁명	정보혁명	창조혁명	
사회	유물론(물질주의)	유물론(물질주의)	유물론(물질주의)	비유물론(비물질주의)	
	수확력(fertility)	양적(massiveness) -중(重 : heavy) -후(厚 : thick) -장(長 : long) -대(大 : large)	간편, 간단(compactness) -경(輕 : light) -박(薄 : thin) -단(短 : short) -소(小 : small)	자기만족(self-fulfillment) -Love & Truth -Beauty -Pleasure -Comfort	
식생활 (의식)	생존을 위한 식사	식생활의 인식 및 선택	식도락 추구	식생활의 예술화	
	-결핍과 자원 부족 -주식 개념 -자연식품 그 자체가 주식 -살아가기 위한 수단	-충족의 미비 -부식개념 (기호식 등장) -곡류, 서류, 육류 중심 -내식 위주, 음식점 태동	-풍부 및 다양화 -간편, 신속, 영양지향 -신업태, 신컨셉, 테마형 -기능성, 고품격화, 전문화	-결핍과 자원부족 -주식개념 -자연식품 그 자체가 주식 -살아가기 위한 수단	
생산 시스템	소품종 소량생산 (bushel)	소품종 대량생산 (calori)	다품종 소량생산 (byte, bit)	단일품목의 다양한 생산(creation unit)	

3. 외식산업의 특성

1) 산업적인 특성

외식산업은 사람에 의해서 연출되고 경영자·종업원·고객이 삼위일체三位一體가 되어 전문성을 바탕으로 사업경영이 이루어지기 때문에 서비스산업에 대한 업종 및 업태 마인드Mind, 공감대, 동질성, 소속감 고취가 무엇보다도 중요하며, 동시에 고객 최우선주의가 되어야 한다.

(1) 제3차 서비스산업군

산업화를 거치면서 생활기간 산업으로 정착되어 가고 있는 외식산업의 기본모토는 품질Quality · 서비스Service · 청결Cleanliness · 분위기Atmosphere · 타이밍Timing · 가치Value를 바탕으로 한 고객지향을 추구하고 있으며, 또한 시스템System화 · 매뉴얼Manual화 · 기술혁신Technological Renovation화를 통한 고객가치와 만족을 제공하고 선진국형 소비형태를 추구하는 고객밀착형 서비스 산업인 것이다.

■ 외식산업의 산업적인 특성

Key	Core Competencies	Content
제3차 서비스산업군	서비스중심의 고객밀착형	고객만족과 고객감동 요구
		품질, 서비스, 청결
		분위기, 타이밍, 가치
		시스템화 + 매뉴얼화 + 기술혁신화
필연 및 성장산업군	도약단계 (take off stange)	인간의 생존과 연계
		필연성(식〉의 = 주)
		성장성(선진국형 소비형태)
		Life cycle상 적응성장기
수익성 유망산업군	현금거래지향형	계열화 및 전문특화 가능
		다점포전개의 용이성
		경영의 다양적 다각화
		전문성, 특성화, 틈새화
실용학문적 전문산업군	실용성 추구	실물경제를 기반으로 한 신학문
		실용학문성 지향
		산학연계성 전문성 추구
		복합학문의 실용성 지향
가치창출형 산업군	문화적인 유희추구	생존을 위한 삶의 원천
		국가마다 민족문화와 연계
		사회적인 인간관계의 매개
		새로운 가치창출의 역할

(2) 필연 및 성장산업군

외식산업은 인간이 살아가는데 필요한 의 · 식 · 주 중에서 '식食' 에 해당하며, 국내 외식산업은 적응성장기에 놓여 있다.

(3) 수익성 유망산업군

외식산업은 피와 땀의 결정체인 현금거래형 산업이면서 계열화Series나 전문특화하기에 유망한 산업이다.

(4) 실용학문적인 전문산업군

아직까지 이론이 정립되지는 않았지만 연구개발이 무궁한 복합학문의 성격을 띠고 있으며, 산업현장과 연계한 실용성을 지향하고 있으면서 실물경제를 기반으로 하고 있는 학문분야이다.

(5) 생존적 가치창출형 산업군

외식산업은 국가마다 민족문화임과 동시에, 사회적으로는 인간관계를 통한 문화적인 유희와 새로운 가치창출의 매개역할을 하고 있다.

2) 사업적인 특성

(1) 광의의 사업특성

여성의 사회진출의 증가, 맞벌이 부부의 확산, 건강지향, 그리고 레저인구의 급증 등의 관심고조는 노동의 균등화 효과, 신세대 및 뉴패밀리 층의 등장, 핵가족화, 농촌의 도시형 생활의 확대, 새로운 가치관의 대두, 그리고 마이카 붐 등 경제 · 사회 · 기술 · 문화적인 여러 배경을 토대로 급격하게 소비성향을 변화시켰다.

외식산업에 있어서 광의의 사업특성은 점포 외적인 환경특성을 의미하고 있는데 이를 살펴보면 아래 표와 같이 입지, 사람, 매뉴얼, 프랜차이즈, 종합예술성 첨단산업이라고 할 수 있다.

■ 외식산업의 광의의 사업적인 특성

Key word	Core Competencies	Content
입지사업	점포위치를 최우선	출점입지 = 매출
		입지 및 상권 = 경쟁력
		입지전략 = 마케팅전략 외식사업 = 입지사업
People 사업	노동집약적인 사람사업	고감성 + 고기능의 요구
		삼위일체(고객 = 종업원 = 오너)
		사람사업 = 인재사업(교육훈련)
Manual 사업	시스템 위주의 전문성	생산과 소비의 동시성지향
		3S시스템(단순화, 전문화, 표준화)
		생산기능 ▶ 주방과 C/K
		소비기능 ▶ 홀
Franchise 사업	다점포전개 원칙	전문성 + Know-how의 요구
		대량구매, 대량생산, 대량공급
		경영전문성과 Know-how요구
		차별적 · 획일적인 시스템
종합예술 첨단사업	복합산업의 산물	경영다각화(연계사업화) 가능
		식품 · 식재 · 급식산업과 연계화
		호텔 · 관광 · 레저산업과 연계화
		유통 · 물류 · 부동산 · 건축산업과 연계화

(2) 협의의 사업특성

광의의 사업특성이 점포 외적인 환경의 특성인데 반해, 협의의 사업특성은 점포 내적인 사업특성이라고 할 수 있다. 즉, 점포를 사업적으로 운영 관리한다는 점에서 점포를 활성화시켜 번성점을 만들고, 전략적인 사업성공의 요소를 의미하면서 경쟁력 확보를 위한 성공의 포인트라는 사업특성을 뜻하고 있다.

■ 외식산업의 협의의 사업적 특성

Key word	Core Competencies	Content
입지력	접객력의 재고	소비적인 상권 및 장소구비
		통행인구의 집결지 및 분산지
		미래지향적 및 잠재상권
		고객유인 및 흡인가능성
상품력	차별적 유리성 확보	차별적 고품질 상품구비
		맛의 시대성과 소비취향성
		메뉴구성 및 셋팅기법
		차별적 전문성 및 Speed화
서비스력	고객의 창출	접객 서비스의 향상
		기능적인 숙련도(테크닉)
		정신적인 가치창조
		환대와 영접의 창출
점포력	명확한 점포 콘셉트 (테마)	Identity의 확보
		콘셉트의 독창성 · 차별성
		고감성 인테리어 연출
		경영이념과 방침의 명확화
종합 바란스력	브랜드 인지도 재고	종합 예술성 추구
		질과 가치의 지향
		입지력 · 상품력 · 서비스력 · 점포력의 환상적인 조화

3) 타 산업과의 관련특성

외식산업의 산업적 사업적인 근간은 레스토랑이라고 하는 점포를 통해 이루어지고 있으며, 점포는 여타 산업과의 변화적응력 속에서 진보하며 발전하고 있다. 즉, 다음 표와 같이 식품산업은 외식산업의 핵심역량Core Competencies이자 근간으로 식재나 상품을 공급하고 있으며, 특히 프랜차이즈 산업의 경우 가공식품의 활용도가 대단히 높다고 볼 수 있다.

■ 타 산업과의 관련특성

Key word	Core Competencies	Content
식품산업	상품 · 식재의 공급	식품업체
		완제품 및 반제품의 공급
		원료(가공 전) 자체의 공급
급식산업	식재 및 반찬의 공급	단체급식업체
		식재의 공급(제규격화)
		반찬의 공급
주방산업	설비 및 집기의 공급	주방 및 설비업체 수입설비의 공급(agent)
		설비 · 집기 · 비품의 공급
부동산업	영업장인 점포의 공급	부동산 중계업체
		영업장소로서 부동산 공급이 나대지(토지)의 공급
건축산업	실내 · 외 디자인의 공급	인테리어 및 건장업체
		Interior(내장) + Exterior(외장)
		종합 디자인의 제공
호텔산업	식음료 서비스의 공급	호텔 및 숙박업체
		각 업장별 전문성의 공급 고품격 서비스의 제공
관광 · 레저산업	부수적인 서비스의 공급	관광 및 레저업체
		관광지, 유원지, 휴게소, 휴양지, 골프장, 예식장, 스포츠센터 등
유통산업	물류 시스템의 공급	상품 · 식재의 유통업체
		도소매유통(물적 · 상적)
		물류센터 및 C/K 시스템

제2절 외식산업의 분류

1. 미국 레스토랑협회 외식산업의 분류

미국은 외식산업의 분류체계가 정부가 아닌 민간협회에서 주도해 왔다.

특히 미국 레스토랑협회National Restaurant Association : NRA가 영리를 목적으로 하느냐에 따라 상업적 외식사업은 영리를 목적으로 음식을 판매하는 모든 외식업소가 포함되고, 비상업적 외식산업은 학교, 회사, 군인 등과 같은 단체에 음식을 판매하는 외식업소를 말한다. 미국의 식당협회에 의한 외식산업의 분류는 다음의 표와 같다.

■ 미국 식당협회(NRA)의 외식산업 분류

구분		항목
상업적 외식사업	영리적 외식업 (Commercial Foodservice)	▷ 일반외식업체(Eating places) · 일반음식점(Fullservice restaurants) · 전문, 패스트푸드음식점(Limited-service(Fast food) restaurants) · 카페테리아(Commercial cafeterias) · 출장음식(Social caterers) · 간이음식점(Ice cream, frozen custard stands) · 바 또는 여관음식(Bars and tavems) ▷ 위탁경영 · 공장, 산업시설(Manufactuning & Industrial plants) · 상업건물(Commecial & Office Bldgs) · 초 · 중 · 고등학교 (Primary and secondary schools) · 대학교(Colleges & Universities) · 병원과 탁아소(Hospitals and Nursing Homes) · 오락 및 스포츠센터(Recreation & Sports center) · 기내식 항공기(In-transit Feeding) · Airlines ▷ 숙박시설(Lodging places) · 호텔식당(Hotel restaurants) · 자동차호텔식당(Motor-Hotel restaurants) · 여관급 식당(Motel restaurants) ▷ 기타 · 포장마차(Retail-host restaurants) · 자판기 및 무점포 판매점(Vending & Nonstore retailers) · 편의점(Mobil caterers) · 오락 및 스포츠 용품점(Recreation & Sports)

구분		항목
비상업적 외식사업	비영리목적 급식업 (Institutional Food service)	· 직원식당(Employee restaurant services) · 국공립초 · 중 · 고등학교(Public & parochial elementary · Secondary school) · 대학교(Colleges & Universities) · 교통시설(Transportation) · 병원(Hospitals) · 탁아소, 고아원, 특수재활원, 양로원(Nursing Homes, Homes for aged, Blinded, Orphans, Mentally & Physically Disabled)
	군대급식 (Military Food service)	· 장교식당(Officers & Non-commissioned Officers Clubs) · 일반군인식당(Food Service-Military Exchanges)

자료 : 한국외식산업연구소, 외식산업경영론, 백산출판사, 2003

2. 일본 외식표준산업의 분류

일본에서는 1970년대 접어들면서 외식산업이 학문적인 체계를 갖추어 연구되어 왔다. 일본 표준산업분류에서는 업종별로 업계의 현상에 가장 근접한 분류를 하고 있는데, 분류된 업종별로 그 정의와 구체적인 예는 다음의 표와 같다.

■ **일본 표준산업분류에 의한 구분**

분야	정의	구체적인 예
1. 식당 레스토랑	주로 주식을 그 장소에서 먹을 수 있도록 하는 영업소(서양요리점, 일식 및 중화요리점은 제외한다)	식당, 대중식당, 기호음식점, 미반식당
2. 일본요리점	특정한 일본요리(초밥 제외), 소바(국수), 유흥음식(예 : 요정 등)을 제공하는 영업소	덴뿌라, 장어, 산천어, 청진(육식이 아닌 주로 채식을 제공하는 점포), 돌솥밥, 주먹밥, 다채옥
3. 서양요리점	주로 서양요리를 제공하는 영업소	그릴, 레스토랑, 러시아 · 이탈리아 · 프랑스 등 서양요리집
4. 중화요리점 기타 동화요리점	중화요리 및 동양제국의 민속요리를 제공하는 영업소	중화요리, 상해 · 북경 · 대만 · 사천요리, 한국요리, 중화국수, 만두집 등

분야	정의	구체적인 예
5. 소바(국수), 우동점	일본식 국수, 우동을 제공하는 영업소	소바(국수)집, 우동집
6. 요정	주로 일본요리를 제공하고 접대하는 고객에게 유흥음식을 제공하는 점포	요정 등, 할팽점, 기생집(게이샤)
7. 바, 카바레, 나이트 클럽	주로 서양 내지 요리를 제공해서 접대하는 고객에게 유흥음식을 제공하는 점포	카페, 사롱, 카바레, 나이트 클럽, 바, 스낵바
8. 주방, 비어홀	대중적 설비를 갖추고 주로 주류 내지 요리를 제공하는 영업소	대중주장, 새구이집(조류구이집), 오뎅집, 주방, 비어홀
9. 기샤땡	주로 coffee, 홍차, 청량음료 내지 간단한 식사를 제공하는 영업소	끽다점, Fruit Bar, 음악다실, 순기샤, 스낵
10. 기타 음식점	주로 대폭, 금천소 우뭇가사리, 된 장분, 갈차 등, 분류되지 않은 식요품을 제공하는 영업소	휴식소, 대복실, 빙수옥, 감주옥, drive in 기호식당

3. 한국 외식표준산업의 분류

우리나라는 1980년대 후반에 접어들면서 외식산업에 대한 연구가 활발하게 진행되었고 점차 발달하기 시작하였다. 그러나 외식산업에 대한 정확한 개념이 정립되지 않았고, 정부주도하에 외식업소에 대한 분류체계가 구분되었다.

통계청이 우리나라 산업에 관련된 통계작성을 목적으로 산업활동의 동질성을 기준으로 모든 산업활동을 체계적으로 유형화하여 분류하여 발표한 것이 한국표준산업분류이다. 한국표준산업분류 가운데 외식산업과 관련 있는 부분은 소분류552상의 음식점업 Restaurants, Bars and Canteens이다. 즉, 한국표준산업분류표의 외식산업은 대분류에 '도소매 및 음식숙박업' 으로 분류되어 있으며, 중분류에는 '음식 및 숙박업Hotel and Restaurant' 으로 분류되어 있다. 또한 소분류에 '음식점업' 으로 분류되어 있으며, 세 분류에 '식당업, 주점업, 다과점업' 으로 분류되어 있다. 세분류의 하위분류, 즉 세세분류는 다음과 같이 17가지 산업으로 한국표준산업분류표에 분류되어 있다.

■ 한국 표준산업분류표의 음식점업

분류 대	분류 중	분류 소	분류 세	분류 세세	항목명
5	5	2			음식점업(Restaurants, Bars and Canteens)
도소매 및 음식·숙박업	음식 및 숙박업	음식점업	5521		식당업(Restaurants)
				55211	한식점업(Korean style restaurant)
				55212	중국음식점업(Chinese style restaurant)
				55213	일본음식점업(Japaneses style restaurant)
				55214	서양음식점업(Western style restaurant)
				55215	음식출장조달업(Catering of food)
				55216	자급식 음식점업(Self-supply restaurant)
				55217	간이체인음식점(Chain lunch room restaurant)
				55219	달리 분류되지 않는 식당업(Restaurant n.e.c.)
			5522		주점업(Drinking place)
				55221	일반유흥주점업(General amusement drinking place)
				55222	무도유흥주점업(Amusement drinking-dancing place)
				55223	한국식 유흥주점업(Amusement drinking place-Korean style)
				55224	극장식 주점업(Amusement drinking place-stage)
				55225	외국인전용 유흥주점업(Amusement drinking place only foreigner)
				55229	달리 분류되지 않는 주점업(Drinking place n.e.c.)
			5523		다과점업(Tearoom and bakery stores)
				55231	제과점업(Bakery stores)
				55232	다방업(Tea room)
				55239	달리 분류되지 않는 다과점업(Tearoom and bakery stores n.e.c.)
기타					음식점업으로 분류되지 않는 경우
					① 자동판매기로 판매하는 경우(5259) ② 숙박업에 결합되어 따로 식당을 운영하지 않는 식사제공활동(5510) ③ 철도운수업체에 통합운영하는 식당차의 운영(6010) ④ 조리사만을 공급하는 경우(7491)

자료 : 통계청

4. 업종과 업태별 외식산업 분류

레스토랑을 창업하기 위해서는 경영하고자 하는 콘셉트를 설정하여야 하는데, 업종과 업태의 결정이 가장 중요하다.

외식산업에 있어서 최근에 나타나는 외식업체의 양상은 빠르게 변화하고 있는 고객의 식생활패턴과 기호에 맞추어 다양한 업종Type of business과 업태Type of service가 나타나고 있다. 업종이란 외식업체에서 판매하고 있는 음식의 종류에 따른 단순한 구분을 의미하는데, 크게 한식, 일식, 양식, 중식으로 분류되고 있다. 또한 최근에는 이러한 동서양의 음식재료가 서로 섞인 다국적 요리인 퓨전음식Fusion Food을 선보이는 시안과 같은 외식업체들이 등장하고 있다.

또한 업태란 이러한 어떤 종류의 음식을 먹는 단순한 선택이 아니라 고객의 다양한 취향에 맞춰 외식업체에서 제공하는 메뉴의 가격, 서비스, 서비스 제공시간, 분위기 등 음식을 판매하는 방법을 다양화하여 크게 패스트푸드Fast Food, 패밀리 레스토랑Family Restaurant, 캐주얼 다이닝Casual Dining, 파인 다이닝Fine Dining으로 구분하고 있다. 향후 외식산업이 계속 성장 · 발전해 나감에 따라 업태도 지속적으로 분화되어 새로운 업태가 나타날 것으로 예상된다.

지금까지 우리나라의 외식업태는 기존의 한식 · 양식 · 일식 · 중식 등 4대 업종을 중심으로 분화되어 왔다. 한식의 업태분화는 국수 · 족발 · 해물탕 · 양념치킨 · 김밥 · 칼국수 · 보쌈 · 닭갈비 · 삼겹살 · 고급한식점 등으로 세분화가 이루어졌다. 한편, 양식의 업태분화는 패스트푸드햄버거, 치킨, 피자 · 퀵 캐주얼 · 패스트 캐주얼델리샌드, 베이커리카페 · 패밀리 레스토랑 · 캐주얼 다이닝 · 파인 다이닝 · 퀵서비스 · 그릴 · 뷔페 등으로 세분화가 이루어졌다.

업태분류에 있어서 일치된 기준 없이 약간씩 차이점이 있으나 다음의 표와 같은 특징으로 분류된다.

■ **업종 · 업태별 분류**

업태 / 업종	패스트푸드 객단가 : 3,000~5,000원 서비스 : 셀프 · 카운트서비스 메 뉴 : 한정된 메뉴 제공시간 : 3분 이내	패밀리 레스토랑 객단가 : 5,000~15,000원 서비스 : 정형화된 풀 서비스 메 뉴 : 다양한 메뉴 제공시간 : 15분 이내	캐쥬얼 다이닝 객단가 : 15,000~25,000원 서비스 : 풀 서비스 메 뉴 : 선택성있는 메뉴 제공시간 : 20분 이내	파인 다이닝 객단가 : 25,000원 이상 서비스 : 고급 서비스 메 뉴 : 한정된 메뉴 제공시간 : 30분 이내
한식	우리만두 미가도시락 분식집	함흥냉면 놀부보쌈 원할머니보쌈	늘봄공원 삼원가든(소고기) 대중 한정식	용수산, 석파랑 고급한정식, 호텔한식당
일식	장우동 장터국수	기소야 미도야	군산횟집, 부산횟집	코오라, 베니하나 호텔 일식당
양식	KFC 맥도날드 피자헛	코코스 스카일락 마이하우스	TGI, 아웃백스테이크 하우스, 베니건스, 마르쉐, 시즐러	아테네 호텔 양식당
중식	취영루 만두전문점	대중 중식당	선궁, 취영루 로터스가든	만리장성 호텔 중식당

제3절 외식산업의 경영형태

외식산업의 경영형태는 소유직영 방식, 프랜차이즈 방식, 위탁경영 방식으로 구분되며, 가장 활발한 경영형태는 프랜차이즈 형태가 되고 있다.

일반적으로 업종과 업태가 다양한 대부분의 레스토랑은 규모가 작고 영세하여 조직이나 경영형태를 논한다는 자체가 무의미하다고 볼 수 있다.

반면에, 규모가 커지면서 여러 명의 직원을 고용하거나 다점포로 운영되거나 법인화되거나 소유자가 직접 경영하지 아니하고 전문경영인에게 경영을 위탁하는 경우에 레스토랑의 경영조직은 복잡해질 수밖에 없다. 따라서 이처럼 복잡 다양한 외식산업의 경영형태에 대하여 알아보고자 한다.

1. 소유직영 방식

소유직영 방식이란 개인이 직접 투자하여 직영점을 개설하고 직원을 배속하여 영업하는 형태이다. 따라서 프랜차이즈 방식과 같이 경영기법 및 상호의 일치성이 없이 독자적인 경영형태 및 상호로 영업을 함으로 독특한 경영기법을 개발할 수 있다.

소유직영 방식의 장점과 단점을 살펴보면 다음과 같다.

1) 장점

① 상표이미지 유지가 가능하다.

② 수익성이 높으며 통제가 용이하다.

③ 판매 전략의 변화로 잠재시장을 경험할 수 있다.

④ 어떤 방향으로든지 정책변화가 가능하며, 피드백이 용이하다.

⑤ 직영점 운영 시 시장조사, 전산화, 중앙회계가 용이하다.

⑥ 경영자가 재량권이 있다.

⑦ 법적 문제에 용이하다.

2) 단점

① 재무적인 위험이 높다.

② 자본력과 필요한 인력을 구하거나 운영하기 어렵다.

③ 효율성이 낮다.

2. 프랜차이즈 방식

프랜차이즈Franchise, 가맹사업란 어느 한 조직Franchisor : 가맹본부이 일정 지역의 다른 조직Franchisee : 가맹점, 가맹사업자에 대하여 자기의 상호, 상표 등 영업을 상징하는 표지를 사용하여 제품 또는 서비스를 판매하거나 기타 영업을 할 수 있는 권리를 부여함과 동시에 영업에 대한 일정한 지시, 통제를 하는 한편, 선택적으로 그 영업에 대한 노하우를 제공하거나 상품을 공급하고, 이에 대하여 프랜차이즈가맹점 혹은 가맹사업자는 프랜차이즈가맹본부에게 대가로 가맹비, 보증금 또는 로열티나 제품대금 등을 지급하는 지속적인 계약을 체결하는 것을 말한다.

프랜차이즈 체인은 상표만 빌려줄 뿐 영업에 관해서는 전혀 관여를 하지 않는 라이센싱Licensing과는 다른 것으로 일반 체인Regular Chain과 임의 체인Voluntary Chain 양자의 장점을 적절히 혼합한 경영체계라 할 수 있다. 일반 체인이란 체인 본부가 신규로 자본을 투입하여 점포를 신축 소유해서 본부 자신이 운영하는 방법이며, 임의 체인이란 동일업종의 소매점이 경영의 독립성을 가지면서 매입, 판매촉진 등의 사업 활동을 공동으로 함으로써 규모의 이익과 분업의 효율성을 얻으려고 하는 체인조직이다.

1) 프랜차이즈 체인(Franchise Chain)

체인 본부는 가맹사업자를 지원한다는 명분으로 개점 시에 대가를 받으며 개점 이후에는 로열티 등을 받아 수입을 올린다. 또한 최종적으로는 자기자본을 들이지 않은 다점포에서 상품을 대량 소비하여 점주는 소매 마진을, 본부는 도매 마진을 지속적으로 확보한다. 즉 획기적인 본부투자 절약형 유통사업 전개 방식이라 할 수 있다.

우리나라 프랜차이즈 시스템 하에서 점포 운영의 경우 대부분 영세규모로 전개되고 있는 것이 특징이다. 프랜차이즈 계약의 주체인 본사와 가맹점에 있어서 본사는 체인본사로서 그 기능과 역할이 부족하고, 법적 · 제도적인 미비로 책임 소재가 빈번하게 발생하고 있으며, 가맹점은 모든 것을 본사에 의지하려는 상호 역기능적인 갈등이 상존하고 있으며 우리가 알고 있는 일반적인 체인점이다.

2) 일반 체인(Regular Chain)

체인 본부가 직접 점포마다 투자를 하고 직원들을 파견하여 관리해 나감으로서 브랜드의 이미지를 보다 강력하고 일관되게 통제하여 소비자에게 좋은 이미지를 심어주면서 경영하는 다점포 방식이다. 자본이 너무 많이 든다는 단점이 있으나 전국 어디서나 같은 색깔을 확실하게 낼 수 있다는 장점을 가지고 있어 주로 대기업에서 많이 활용하고 있다.

이러한 형태는 주로 외국의 기업과 체인 계약을 맺은 국내의 대기업이 패스트푸드, 패밀리 레스토랑에 많이 적용하고 있다. 예를 들자면, 피자헛, 버거킹, 맥도날드, KFC, T.G.I.F, 코코스, 베니건스, 스카이 락 등이 있다. 이런 브랜드의 경우, 개인이 자기만의 장사를 해볼 수 있는 기회가 주어지지 않는다.

3) 임의 체인(Voluntary Chain)

단독점포와 프랜차이즈의 중간 형태로 특히 공동 브랜드나 동일업종을 조합하여 전개해 나가는 체인 방식이다. 체인 본부는 최소한의 기능만 하고 점포주가 자기만의 특성을 살려 융통성 있게 경영해 나갈 수 있다. 그래서 지역형 점포 이미지를 만들어 갈 수 있고, 가격고정이나 상품 취급 등의 한계를 극복할 수 있다. 하지만 자율은 있으나 체인 본부의 강력한 통제 안에 브랜드 이미지를 만들어 갈 수 없다는 단점이 있고 실제 성공한 사례도 찾아보기 힘들다.

지금까지 논의된 각 체인형태의 비교 표는 다음과 같다.

항목	프랜차이즈 체인	일반 체인	임의 체인
주제	프랜차이즈 전문기업	기업본사	개인점포
자본	가맹점(본부와 별도)	단일자본	가맹점(본부와 별도)
경영	독립	비독립	독립
점포경영	독립한 오너 또는 점포 경영자	본부에서 위임한 점포 경영자	독립한 오너 또는 점포 경영자
시장	신규점포와 기존점포의 가맹으로 확대	새로운 점포개설과 시장 확대	기존점포의 가맹으로 점포확대
계약범위	경영전반	없음	경영일부
가격통계	원칙은 본부추천	본부통제	자유 원칙
지도	수퍼바이저 순회	수퍼바이저가 순회	자유
상품공급 범위	본부경유, 지시추천	본부경유 혹은 지시	본부 구입
본부통제	강함	완전통제	약함
본부와의 관계	경영이념 공동체	전부 동일	임의 공동체

항목	프랜차이즈 체인	일반 체인	임의 체인
점포이미지	전부동일	전부동일	기본적으로는 동일 이미지 유지
원조	경영매뉴얼을 통해 실시 (본부의 강력한 지도)	경영매뉴얼을 통해 실시	다양한 형태가 있지만 중요 점포에만 실시

자료 : 산업자원부, 한국프랜차이즈 총람, 2002. 12

3. 위탁경영 방식

위탁경영Management Contract이란 경영계약이라고도 하며, 제3자에게 경영에 관한 권리의 일부 또는 전부를 일정 기간 양도하여 경영하는 방식이다. 이때, 위탁자는 소유주로서 일종의 자본회사Owner이며, 수탁자는 외식경영에 관한 능력이 있는 전문경영회사Management Company라고 할 수 있다.

외식산업의 경영능력이 부족하거나 없는 사람, 건물 등의 부동산을 가지고 있는 사람 또는 기업이 외식체인본부에 위탁하여 운영하는 경영 방식이다.

소유와 경영이 분리한 경영 방식의 하나로 소유주는 외식업소에 필요한 토지, 건물, 시설, 집기, 운영자금까지 제공하고, 외식체인본부는 업소경영에 필요한 권한을 소유주로부터 위임받아 경영한다.

법적으로는 외식체인본부에서 파견된 직원이 소유주에게 고용되어 식당을 위탁 경영하는 대리인의 입장이기 때문에 경영 중에 일어나는 문제 중 고의성이 있는 것을 제외하고는 소유주가 모두 책임을 진다.

1) 외식체인기업에 유리한 면

(1) 높은 수익발생과 재무위험 회피

위탁경영 하에 발생하는 수익은 프랜차이즈 계약조건 하에서 발생하는 수익보다 보통 높다. 위탁경영비는 총매출액의 일정비율이고, 이외에도 경영성과급이 있다. 대부분의 경우 직접투자를 하지 않고 있으며 투자를 하는 경우도 적은 비율이기 때문에 재무적으로 별 문제가 발생하지 않는다.

(2) 경영권 장악

외식체인기업은 직접 자사의 직원을 파견하여 영업 부문부터 인사, 구매, 판매 등에 있어 모든 권한을 가지고 자기 소유의 업소처럼 운영하기 때문에 자사의 경영방침을 그대로 적용함으로 일정수준 경영권을 유지할 수 있다.

2) 소유주에 유리한 면

(1) 경영노하우의 전수용이

외식체인본부가 가지고 있는 모든 경영 노하우와 기존 시스템을 외식체인기업 소유자는 쉽게 얻을 수 있다.

(2) 유능한 인력활용 가능

외식체인본부에서 파견한 직원의 전문성과 경험 있고 유능한 직원들이 직접 경영에 참여시킴으로써 경영성과를 높일 수 있다.

3) 외식체인기업에 불리한 면

(1) 소유주와의 분쟁

경영권이 없는 소유주는 경영실태를 하나하나 감시하며 외식체인본부가 실책을 범하였을 때 그 책임에 대하여 법적 분쟁까지 몰고 갈 수 있다.

(2) 소유주의 운영자금 의존도 높음

외식체인기업의 경영자금이 부족할 때 소유주로부터 운영자금을 지원받아야 하기 때문에 소신 있고 과감한 경영을 할 수 없다.

4) 소유주에 불리한 면

(1) 직접 경영참여 불가능

소유주는 계약에 의해 외식체인기업의 모든 경영권을 외식체인본부에 위임하였기 때문에 계약만료 시까지 경영에 직접 참여할 수 없고 일정 기간단위로 재무보고만 받는다.

(2) 위탁경비 비용 과다 지급

영업 부진으로 인한 손해를 볼 때라도 총매출액의 일정비율을 지급해야 하고 외식체인기업 경영진 대부분이 외식체인본부 소속의 직원이므로 많은 인건비적 지출이 따른다.

제4절 외식산업 식음료의 종류와 분류

1. 명칭에 따른 식당의 종류

1) 패밀리 레스토랑

패밀리 레스토랑Family restaurant은 세계적으로 넓은 의미의 레스토랑으로 사용되고 있는 대표적 명칭이다. 보통 고객의 주문에 의하여 웨이터나 웨이트리스가 음식을 제공하여 주는 테이블서비스를 하며, 대중적인 음식과 중간 정도의 식사가격, 정중한 서비스, 훌륭한 시설을 갖춘 레스토랑을 말한다.

2) 패스트푸드 레스토랑

패스트푸드Fastfood 레스토랑은 유통에서 생산에 이르기까지 표준화되어 있는 시스템을 이용하여 한정된 메뉴품목을 주로 셀프서비스 방식으로 제공하는 레스토랑을 말한다.

3) 커피숍(Coffee Shop)

고객이 많이 왕래하는 장소에서 커피와 음료수 또는 간단한 식사를 판매하는 식당이다. 호텔에서는 식음료부서의 핵심적인 얼굴이며 서비스품질을 평가받은 대표적인 업장이다. 최근에는 단체관광객들의 아침식사Breakfast를 전담한 휴게음식점이며 특히 외식산업분야에서는 창업하고 싶어 하는 가장 선호도가 높은 업종이다.

4) 카페테리아

카페테리아Cafeteria는 음식물이 진열되어 있는 카운터 테이블에서 음식을 고른 후 계산하고 고객 자신이 직접 운반하여 먹는 셀프서비스 방식의 레스토랑을 말한다.

5) 다이닝 룸(Dining Room)

주로 정식table d'hôte을 제공하는 호텔의 주식당으로 이용하는 시간을 정하여 조식을 제외한 점심과 저녁식사를 제공한다. 그러나 최근에는 이 명칭은 사용되지 않고 고유의 명칭을 붙인 전문요리 레스토랑과 그릴grill로 형태가 바뀌었으며, 정식뿐만 아니라 일품요리á la carte도 제공하고 있다.

6) 그릴(Grill)

일품요리一品料理 : á la carte를 주로 제공하며, 수익을 증진시키고 고객의 기호와 편의를 도모하기 위해 그날의 특별요리daily special menu를 제공하기도 한다. 아침, 점심, 저녁식사가 계속해서 제공된다.

7) 뷔페식당(Buffet Restaurant)

준비해 놓은 요리를 균일한 요금을 지급하고 자기 양껏 원하는 대로 선택해 먹을 수 있는 셀프서비스 식당이다. 대중적인 레스토랑으로 내용상으로는 상설뷔페Open buffet와 연회나 고객의 특별요청으로 이루어지는 연회뷔페Close buffet가 있다. 유럽에서는 스모가보드Smorgasbord, 일본에서는 바이킹Viking이라는 이름으로 운영되고 있다.

8) 런치 카운터(Lunch Counter)

식탁 대신 조리과정을 직접 볼 수 있는 카운터 테이블에 앉아 조리사에게 직접 주문하여 식사를 제공받는 식당이다. 고객은 직접 조리과정을 지켜볼 수 있기 때문에 기다리는 시간의 지루함을 덜 수 있고, 식욕을 촉진시킬 수 있다.

9) 리후레쉬먼트 스탠드(Refreshment Stand)

간편한 간이음식을 만들어 진열장에 미리 진열하여 놓고, 바쁜 고객들로 하여금 즉석에서 주문하여 먹을 수 있도록 한 식당이다.

10) 드라이브 인(Drive-In)

도로변에 위치하여 자동차를 이용하는 여행객을 상대로 음식을 판매하는 식당이다. 이 식당은 넓은 주차장을 갖춰야만 한다.

11) 다이닝 카(Dining Car)

기차를 이용하는 여행객들을 위하여 식당차를 여객차와 연결하여 그곳에서 음식을 판매하는 식당이다.

12) 스낵 바(Snack Bar)

호텔의 피트니스센터, 공항, 회사, 학교 등에서 가벼운 식사를 제공하는 간이식당이다. 식사서브방식은 카운터 서비스나 셀프 서비스형식을 취하는 것이 보통이다.

13) 백화점 식당(Department Store Restaurant)

백화점을 이용하는 고객들이 쇼핑도중 간이식사를 할 수 있도록 백화점 구내에 위치한 식당이다. 이곳에서는 대개 셀프서비스 형식을 취하며, 회전이 빠른 식사fast-food가 제공된다.

14) 인더스트리얼 레스토랑(Industrial Restaurant)

회사나 공장 등의 구내식당으로 비영리 목적의 식당이다. 학교, 병원, 군대의 급식식당 등이 이에 속한다.

15) 케이터링

케이터링Catering은 결혼, 회의 등 특별한 행사를 위해 모인 단체를 위해 음식을 준비하고 서비스하는 외식산업의 한 형태를 말한다.

2. 음료의 분류

인간의 신체구성요건 가운데 약 70%가 물이라고 한다. 모든 생물이 물로부터 발생하였으며 또한 인간의 생명과 밀접한 관계를 가지고 있는 것이 물, 즉 음료라는 것을 생각할 때 음료가 우리 일상생활에 얼마나 중요한 것인가를 알 수 있다. 음료라는 범주에는 비알코올성 음료만 뜻하는 것이 아니라 '술'이라고 하는 알코올성음료도 포함된다. 일반적으로 서양에서는 음료의 개념이 우리나라와는 다르며 오히려 어떤 의미에서는 알코올성 음료로 더 짙게 표현되기도 한다.

일반적으로 음료를 구분하는 데에는 크게 알코올성 음료Alcoholic Beverage와 비알코올성 음료Non-Alcoholic Beverage로 분류한다. 알코올성 음료는 술을 만드는 방법에 따라 즉 효모를 발효시켜 만드는 양조주Fermented, 양조주를 다시 증류시켜 만드는 증류주Distilled, Spirits, 증류주에다 향료, 과즙, 당분, 약초를 혼합하여 만든 혼성주Compounded, Liqueur, 그리고 두 가지 음료를 섞은 조주, 물과 식용알코올을 혼합한 희석주로 나누어진다. 비알코올성의 음료는 청량음료, 즙음료, 유성음료, 기호음료로 나누어진다. 따라서 음료를 분류하여 그림으로 나타내면 다음과 같다.

■ 음료(Beverage)의 분류

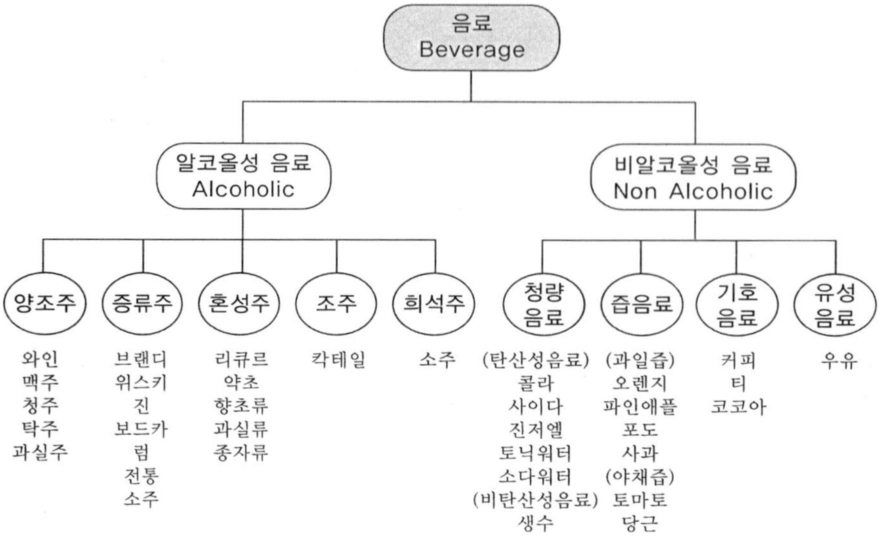

제2장

02

외식산업의 시대적 현황

제1절 외식산업의 성장요인과 시장규모 성공요인

1. 외식산업의 성장요인

현대 산업사회의 식생활 구조는 다양화 · 세분화의 특성을 갖게 되었다. 식생활의 글로벌화 추세, 식생활의 가공 식품화, 외식기회의 증가, 다양한 음식 증대, 소비자의 주문 판매시대 등 이러한 경향들이 상호보완적으로 작용하면서 외식의 새로운 개념을 형성하여 외식 서비스 산업을 본격적으로 발전시키는 요인이 되고 있다.

양적 위주의 성장에서 질적 성장의 변화를 가져 온 국내 외식산업의 발전 요인을 경제 · 사회 · 문화 · 기술적 측면에서 복합적으로 살펴보면 다음과 같다.

첫째, 경제적 요인으로 국민소득의 증가에 따라 가처분소득과 생활 향상이 외식의 기회를 증대시키고 있다. 국민소득의 증가는 국내 외식산업이 급속도로 성장할 수 있었던 가장 큰 원동력이 되었으며, 외식산업은 그 발전 구조상 1인당 GNP가 1,000달러 수준일 때를 기점으로 하여 1인당 10,000달러가 넘어서면 본격적인 성장기에 들어서는 특징을 가진다. 경제수준의 향상은 가처분소득의 증가, 노동시간의 감소, 레저시간의 증가를 가져옴으로써 관광과 쇼핑의 기호를 불러와 외식시장의 활성화를 기하게 된다.

둘째, 사회적 요인으로서 대량 생산, 대량 판매에 뒤이어 대중 소비사회가 정착되고 있다.

특히 여성의 사회진출 확대는 외식행위의 결정요인인 수입의 증대를 가져와 외식산업 발전에 기여하는 절대적 요인이 되고 있다. 맞벌이 부부가 지속적으로 증가하고 있으며, 독신가정의 증가 등 가정 개념의 변화로 외식에 대한 소비성향이 높아졌다. 신세대 출현과 함께 레저 패턴의 다양한 변화가 외식 기회의 증가를 가져오는 요인이 되었고 정보화 사회의 출현에 따른 전반적인 사회구조의 변화가 외식산업의 성장요인으로 나타나고 있다. 편의식품, 테이크아웃, 택배 등의 선호로 중식의 시장규모가 확대되고 있으며 자동차를 보유한 가구가 늘어나면서 여가시간의 증대와 외식기회의 자연스러운 증가를 가져오고 있다.

셋째, 문화적 요인으로서 간편식 위주의 패스트푸드 수요의 증가, 식생활 패턴의 서구화로 인한 외식행태의 변화, 소비자의 라이프스타일Life Style 변화, 가치관의 변화, 소비의식구조 등이 변화하고 있다.

또한 생활수준이 향상됨에 따라 소비자의 건강식에 대한 욕구가 증대되고 식생활의 레저화와 같이 외식에 대한 가치관이 변화되고 있다. 소비경제가 발전하고 국민의 소득수준과 교육수준 등이 향상되면서 삶에 있어 식의주 문제의 해결이 아닌 인간으로서의 삶을 의미 있게 살아가려고 하는 삶의 질과 행복의 추구를 고려하게 되었다.

넷째, 기술적 요인으로 공급 측면에서 컴퓨터와 주방 기기의 현대화 등 기술적인 환경변화 요인은 외식산업을 공업화 · 산업화시키는 계기가 되고 있다.

컴퓨터 기술의 도입으로 메뉴의 주문 및 생산을 효율적으로 운영하게 되었고 회계관리 · 판매분석 · 고객관리 · 원가관리 등 과학적인 경영이 가능하게 되었다. 또한 급속히 확산된 인터넷의 보급으로 각 업소는 홈페이지 구축을 통해 고객들에게 인터넷 마케팅을 할 수 있게 되었다.

첨단 과학기술은 주방기기의 현대화를 가져왔으며 대량 생산을 가능하게 하였고 주방직원의 작업효율화를 가져왔다. 첨단 조리기법과 기계설비 등과 함께 포장기술의 발달은 테이크아웃이나 택배 등 외식산업의 중식시장이 급속도로 성장할 수 있는 계기가 되었다. 또한 먹고 남은 음식을 포장해줌으로써 현재 환경문제가 되고 있는 음식 쓰레기를 줄일 수 있는 한 방법이 되고 있다.

이처럼 제반요인은 외식산업을 미래의 유망 산업으로 성장 · 촉진시키고 있으며 경제 · 사회 · 문화 · 기술 간의 환경변화에 따른 복합 산업으로 기대를 갖게 한다.

국제 경제의 글로벌화 추세가 가속화되면서 각국의 전통음식이 해외 시장의 진출을 서두르고 있으며 외식산업의 국제화 · 세계화의 지향속도는 더욱 빨라질 것이다. 특히 해외 유명 외식업체의 국내 진출은 선진 경영노하우 도입, 대외 경쟁력 강화라는 측면에서 바람직한 현상으로 받아들여지고 있으나 식생활패턴의 서구화 현상 내지 전통음식의 쇠퇴현상이라는 부정적인 시각이 지배적이기도 하다.

이처럼 국내 외식산업이 성장할 수 있었던 요인들을 보면 다음의 표와 같이 경제 성장에 따른 소득증대와 사회 · 문화적 변화, 인구통계학적 변화 등 외부 환경요인과 기술개발에 따른 주방기기의 자동화 그리고 선진화된 체계 등 내부 환경요인으로 정리할 수 있다.

■ **우리나라 외식산업의 성장요인**

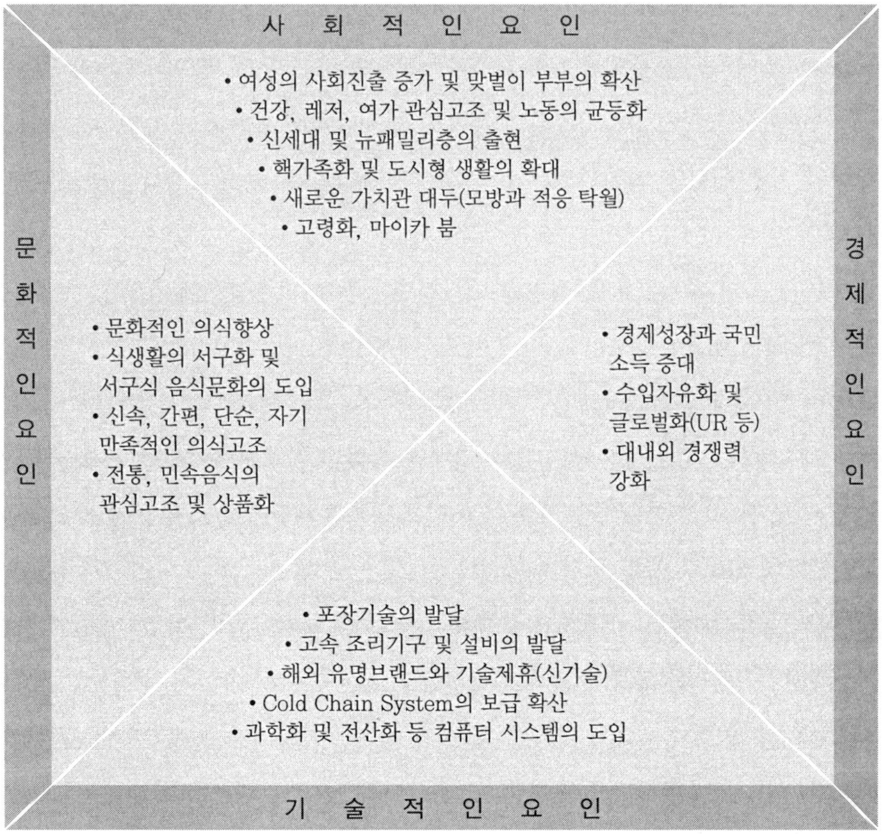

2. 외식산업의 시장규모

국내 외식산업은 소득수준 향상과 더불어 여성의 사회진출 증가, 여가활동 증대, 식품 · 외식산업에 대한 소비패턴 변화 등 경제 · 사회 · 문화적 변화와 함께 양적 · 질적으로 성장하였다. 또한 국내 산업 중 도 · 소매업 다음으로 고용흡수력이 높고, 농업 및 식품가공업, 유통산업, 관광산업 등 전 · 후방 산업과 밀접한 연관관계를 가져 경제적 · 산업적으로 매우 중요한 산업이라 할 수 있다.

통계청 서비스업 조사에 따르면 외식산업 규모는 2016년 119조 원에서 2017년 128조 원, 2018년 138조 원으로 2016년 대비 약 16%의 성장률을 보였으며, 사업체 수는 2016년 68만 개소, 2017년 69만 개소, 2018년 71만 개소로 4.4%로 증가하였다. 종사자 수 역시 2016년 199만 명, 2017년 204만 명, 2017년 214만 명으로 7.5% 성장하는 등 고용흡수력이 높은 것으로 나타났다.

외식산업의 성장 및 라이프스타일의 변화 등으로 인해 내식보다는 외식이 증가함에 따라 외식비용에서도 증가세를 보이고 있으며, 특히 사회 구조 및 외식시장에 있어 1인 가족의 비중이 커지면서 1인 기준의 외식빈도 및 지출비용도 증가하고 있다.

2019년 기준 월평균 외식빈도는 19.6회로 전년 20.8회 대비 1.2회가 감소한 반면, 월평균 외식비용은 2018년 29만 2,689원에서 2019년 30만 5,738원으로 1만 3,049원이 증가함. 1인 기준으로 보면 월평균 외식빈도는 2018년 3.4회에서 2019년 4.2회로 0.8회 증가, 외식비용은 2018년 3만 8,928원에서 2019년 4만 9,920원으로 1만 992원이 증가한 것으로 나타났다.

반면 지속적인 외형성장의 이면에는 경쟁 가속화뿐 아니라 인건비, 원재료비, 임차료, 기타 경비 등 외식업 운영을 위한 각종 비용의 지속적인 상승으로 인해 수익 측면에서는 과거보다 어려운 상황에 직면해 있다. 인건비, 임차료, 기타경비의 3개 항목을 포함한 영업비용은 2016년 기준 104조 원에서 2017년 117조 원, 2018년 126조 원으로 지속 상승하고 있으며, 특히 인건비는 최저임금 상승 등에 따라 2016년 17.6조 원에서 2018년 20.2조 원으로 15%가 증가한 것을 알 수 있다. 하지만 산업구조가 고도화, 선진화될수록 지역경제활성화와 양질의 일자리 창출 그리고 우리의 식문화가 세계화할 경우 국가 브랜드 인지도 재고에 따른 파급효과 등 가치는 값으로 측정할 수 없을 정도로 매우 높을 것이다.

제2절 외식소비자욕구 및 행태변화

1. 외식소비자의 욕구

기존의 산업사회에서 정보화 사회로의 진전은 사회 · 경제적인 측면에서 많은 변화를 초래하게 되면서 식생활과 외식환경도 급격한 변화를 가져오게 되었다. 이러한 변화에 따라 소비자의 욕구needs도 다양화 · 세분화 · 감각화 등의 변화추이를 보이고 있다.

일반적으로 매슬로우A.H. Maslow는 인간 개인의 성숙과 발전에 따라 점차 고차원의 욕구가 만족되어야 동기부여가 된다고 주장하였다. 즉 인간의 욕구를 5단계로 구분하여 1단계는 생리적 욕구, 2단계는 안전의 욕구, 3단계는 사회적 욕구, 4단계는 존경의 욕구, 마지막 5단계는 자아실현의 욕구 등 인간의 사회 · 경제적인 변화에 따라 욕구가 점차 고단계로 나아감을 의미하고 있다.

마지막 단계인 자아 실현의 욕구는 첫째, 신체 측면에서 건강과 아름다움을 끝없이 추구하며 둘째, 정신적으로는 유행에 따라 미적 감각을 충족하며 셋째, 쾌적한 주거 및 생활환경을 추구하며 넷째, 레저와 스포츠 등을 통한 여가선용 등으로 구현이 된다고 볼 수 있다. 또한 인간의 욕구는 시대적 변천에 의해 가치욕구가 변화되고 가치욕구에 대한 가치평가는 식생활의 변화를 가져 오게 되면서 미래는 고도의 정보화 사회나 창조사회로 유희적 · 예술적 기능을 중시하게 된다. 또한 식생활의 레저화, 음식의 무국적화 및 다국적화 · 개성화 · 감성화를 추구하는 방향으로 소비자의 욕구는 다양화되면서 동시에 다변화된다. 따라서 식생활이나 외식에 대한 소비자의 욕구는 결국 위 그림과 같이 자아실현의 욕구를 충족하는 방향으로 변화되어 가는 것이다.

■ 소비자욕구의 변화패턴

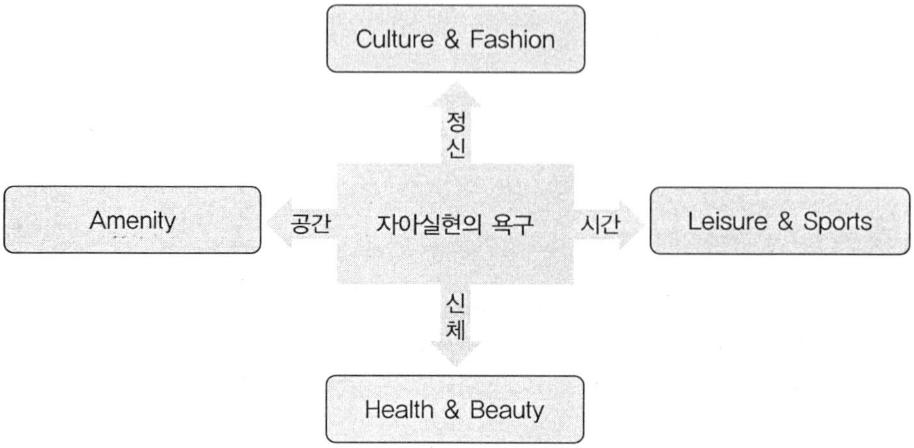

2. 소비 및 외식행태의 변화

1) 소비행태의 변화

고도화 · 과학화 · 정보화 사회에서의 가치관의 변화는 그림과 같이 과거의 하드웨어 사회(hardware society)를 소프트웨어 사회(software society)로 전환시키게 된다.

이것은 여가의 증대, 여성의 사회진출, 직업과 고용의 전문화 및 세분화 · 고령화 등 사회 · 경제적인 변화를 더욱 진전시킴으로써 남성에서 여성으로, 물체재화에서 정보재화로, 물질에서 서비스로 등 문화와 레저의 유희적 기능이 중시되는 소비형태의 변화를 가져오게 되면서 소비자 행동에 있어서는 고객가치, 고객만족, 고객감동 체제를 가속화시킨다. 즉 사회 · 경제가 더욱더 세분화 · 다양화되어가면서 단일제품이나 메뉴가 아니라 다양한 제품이나 메뉴를 조화시켜 라이프스타일을 창출하고 능동적이면서 창조적인 소비행태로 변화되어 가는 것이다.

■ 가치관 변화에 따른 소비행태의 변화요인

인간존중(humanware)

고객가치
고객만족 ▶ 자아실현
고객감동

사회 · 경제의 변화요인	소비행태의 변화패턴	
하드형 정보화 사회	소프트형 정보화 사회(창조사회)	
• 소득수준의 증대	• 양	▶ 질
• 여성의 사회진출	• 남성중	▶ 여성중심
• 정보화 사회 도래	• 물질	▶ 서비스 및 개념
• 자이실현의 욕구증대	• 물체재화	▶ 정보재화
• 문화적인 욕구증대	• 합리성 추구	▶ 문화성 추구
• 레저패턴의 변화	• 필수적 이동	▶ 레저형
• 창조욕구의 증대	• 대중중심	▶ 개인, 개체, 가족중심
• 독신가구의 증가	• 외형위주	▶ 본질위주
• 생활관 · 가치관의 변화	• 소극적 건강지향	▶ 적극적 건강지향
• 글로벌화의 진전	• 미시적 사고	▶ 거시적 사고
• 기술혁신의 진보	• 대량생산과 소비	▶ 단일품목의 다양화
• 고령화 사회 도래	• 개연성 식생활	▶ 기능성 식생활
• 유물론(물질주의)	• 비유물론	▶ 창조, 창의성
Hardware Society	Software Society	

2) 외식행태의 변화

식생활문화의 변화는 외식행태의 변화를 가져오게 되면서 소비자의 외식행태가 개성과 취향, 그리고 감성에 따라 다양한 형태로 전문화 · 세분화되고 있다. 특히 사회 · 경제적 변화를 토대로 한 X세대, Y세대, N세대, 미시missy족, 뉴 패밀리new family족, 실버세대silver age, 그린세대green age 등 신조어新造語의 유행적 탄생 등 신개념 중심의 외식시장이 세분화되면서 외식형태의 변화가 아래표와 같이 새로운 유형으로 출현하고 있다.

외식유형	외식행태의 내용
사교형	• 식사 목적성보다는 대화, 만남, 여가의 장소로 활용 • 사교와 친교의 장소로 변화
건강추구형	• 환자식 · 노인식 · 소아식 등 대상에 따른 메뉴 및 업태의 선택 • 기능성 · 건강성 · 다이어트성 외식선호 추이
식도락형	• 미식가형으로 식사목적 자체를 만끽하거나 예술적으로 수용 • 시간적 · 경제적 여유에 의한 즐기는 식사가 중심
민속민족요리 지향형	• 일명 에스닉요리로 전통음식을 선호 • 국가별 · 민족별 · 지역별로 특색있는 식사를 선호
레저추구형	• 식사의 개식화(個食化) 추이 • 식사자체를 즐기는 레저차원에서 접근하여 교외, 관광지형태의 의식추구
고급화 지향형	• 중산층의 다량발생으로 인해 고급전문음식을 지향(식도락) • 요리를 포함한 토탈서비스의 기대심리로 고품격 업태를 선호
서비스 및 분위기 지향형	• 음식의 맛보다는 분위기, 접객서비스, 위생 및 청결 등의 업태를 지향 • 특히 편의시설과 인적 서비스가 우수한 업태를 선호
테마형	• 특정 테마스타일의 업태를 선호 • 유행적 · 패션적인 감각으로 새로움을 추구
절충지향형	• 음식의 절충(한식+양식+중식+일식 등) 및 접객서비스의 차별 • 건축양식의 절충(고전+현대, 목재+철근+시멘트, 동양+서양)
자연 및 천연지향형	• 기능성 음식, 지역별 향토음식, 자연 및 천연음식 지향 • 교외의 전원스타일의 업태를 선호

제3절 외식문화와 관광지 형태의 외식추구

1. 외식문화와 사회성

현대에는 지리적인 국경을 떠나 문화적인 국경이 점점 허물어져 가고 있다. 특히나 음식문화는 지리적 여건이나 풍토와 같은 자연환경과 문화, 종교 등의 사회적인 요인이

융합되며 고유의 식문화는 점점 더 국경, 연령, 성별을 초월하여 통합되기도 하고 소멸하기도 하며, 창조적으로 발전하기도 한다. 한 나라의 음식문화는 지리적 여건과 역사와 함께 하고 각각의 국가와 민족은 자신의 전통을 지키며, 다른 국가와 민족의 전통도 인정하고, 장점은 받아들이며 더불어 발전하는 것이 바람직하다.

문화文化란 어떤 집단의 구성원들이 공유하며 세대로부터 다음 세대로 이어지는 학습행동이다. 유전적으로 생기는 행동이 아니라 후천적으로 획득된 학습행동이며, 자연환경에 대응하고 적응하며 자유스럽게 생활할 수 있도록 사람이 만들어낸 사회의 생활양식이다. 따라서 문화는 "지식, 신앙, 예술, 도덕, 법률, 관습 등 인간이 사회구성원으로서 획득한 능력 또는 습관의 총체"라고 정의를 내렸다. 그러므로 문화는 인간의 행동양식을 통해 표현될 수 있는 것이다. 인간이 출생한 이래 생활하면서 습득한 것이 곧 문화라고 말할 수 있다. 따라서 문화는 음식이나 식품을 먹는다는 인간의 행동에 적용되며 이것은 식문화食文化로 형성된다. 과거에는 식食과 사람과의 관계를 영양적인 측면과 영양생리학적 관점에서 주로 연구하였으나, 현대의 식생활 구조는 경제, 사회, 산업, 조리, 문화 측면에서 연구의 대상으로 변화하고 있다.

일반적으로 사회가 저소득층이 많은 나라는 고소득층이 많은 나라보다 음식문화나 음식의 즐거움, 음식의 쾌락과 같은 문화는 별로 발달하지 못해왔다. 반면에 소득수준이 향상되고 일정수준 이상의 생활을 국민들이 영위하게 되면 식문화가 발전하게 된다. 역사적으로 보면 식문화는 사회계층 간의 계급구조에 따라 차등을 두고 발전되어 왔다. 지위가 높거나 부가 많은 특권층은 음식의 종류가 각각의 조리법에 많은 시간과 노력을 투자하여 최상의 음식 맛을 추구해 왔다. 이에 비해 일반 서민층은 생리적 욕구충족에 급급한 식문화가 형성되게 마련이다. 이렇게 계급에 따라 차등적으로 발전되어온 식문화가 음식점이라는 대중을 상대로 영리를 목적으로 하는 영업소가 생겨나면서 계급차를 가진 식문화의 편중이 대중 지향적으로 해소되게 되었다.

어느 누구라도 금전을 지불하면 최상의 음식을 즐길 수 있는 시대가 온 것이다. 이러한 음식업소의 등장으로 계급 차이에 의한 식문화는 해소되었으나 다른 한편으로는 새로운 계급차가 생겨나 또다른 불평등한 음식문화가 형성된 것이다. 다시 말하면 경제력의 차이에 의한 식사내용의 격차가 새로운 계층을 형성하게 된 것이다. 최근 우리나라의 식문화는 식생활 면에서 많이 평준화되었다. 1960~1970년대 중반까지만 하더라도 가정부를 두고 음식을 조리케 하여 식사를 하던 가정이 존재하였으나, 최근의 우리 가정은 일부 계층을 빼고는 거의 이런 가정이 없어지게 되었다. 즉 아주 잘 먹는 사람도 또 아주 굶주리는 사람도 별로 없는 보편적 식문화가 형성되고 있는 것이다.

이러한 식문화의 보편화 경향은 전통식에 대한 우리 고유의 음식문화가 실종되는 이유가 되고 있다. 여기다가 외국의 앞선 외식문화가 홍수처럼 밀려들고 있어 우리의 전통음식 문화에 대한 정책당국의 보존의지가 아쉽고 식문화의 보편화 현상은 계급과 계급차를 없애는 긍정적인 측면과 더불어 외래 음식문화의 무분별한 유입이라는 부정적인 측면도 동시에 발생되었다. 따라서 식문화의 발전에 기여할 수 있는 요인으로서는 농축수산물의 유통구조 합리화와 국민들의 구매력이 높아져야 한다. 그러나 음식에 대한 질 차이를 제외하고는 우리나라는 '음식의 민주화' 를 이룩한 모범적 국가로 또한 세계적으로 손꼽힐 수 있을 것이다.

2. 향토음식과 관광지 형태의 외식추구

세계 각국의 식생활문화에서 공통되는 점은 그것이 쌀을 주로 하는 곳이든 밀을 주로 하는 곳이든 그 지방과 민족에 알맞은 식생활 전통을 지녀왔다는 점이다. 식食이란 '사람 인人이 가장 좋은良 것을 골라 자기 몸에 맞추어 씹어 먹는다' 는 뜻으로 되어 있고, 마심飮은 '가장 좋은 것을 씹는 것을 빼欠 행위' 를 의미한다. 따라서 씹고 마심을 아울러 음식이라 한다. 이처럼 식食은 인간의 생명을 유지해 주고, 삶의 즐거움을 가져다주는 인간생활에 있어 불가결한 요소로, 특히 여행 중에 식食의 중요성을 더욱 실감하게 된다. 따라서 음식은 영양의 공급도 중요하지만 먹는 즐거움을 줄 수 있어야 한다. 즉 기호성과 분위기가 결부되어야 한다.

음식은 언어처럼 말로 표현되지는 않지만, 한 나라의 문화로서 그 나라의 정치 · 경제 · 전통 · 풍토 등 갖가지 문화를 함축하고 있으며, 그 지역에 살고 있는 사람들의 마음까지도 담고 있다. 따라서 음식문화는 긴 역사의 흐름 속에서 환경적인 영향을 받으며 형성되어온 민족 특유의 문화적 유산으로서 여행의 즐거움을 더해 주는 귀중한 관광자원이 되고 있다. 관광선진국들은 이미 오랜 옛날부터 조리법이 발달하여 맛있는 음식들이 다양하게 개발되어 전 세계인의 사랑을 받고 있으며, 본고장에서는 관광객의 주목받는 주요 매력요소의 하나로 관광수입을 올리는 중요한 수단이 되고 있다. 즉, 음식이라는 것은 자국의 문화를 세계에 알리는데 중요한 역할을 한다.

우리나라는 지방마다 또는 계절에 따라 다양한 향토음식들이 발달하였으며, 그 중 일부는 이미 지역 향토음식으로 지정되어 있다. 그러나 아직 관광 상품으로 그 가치를 발휘하고 있는 것은 극히 일부에 속한다. 예를 들면, 우리나라의 경우 1990년 주세법 개정 전에는 민속주의 전통이 제한되었으나, 문화체육부장관이 추천하는 민속주에 한하여 심의를 거쳐 특정지역 민속주는 출고할 수 있도록 면허를 발급함에 따라 '서울 문배주', '안동소주' 등 각 지방의 민속주들이 출시되고 있다.

따라서 전국 각 지방의 향토음식들을 발굴하고 보전한다면 그 지방의 다른 관광자원들과 더불어 상승효과를 일으켜 지역관광 활성화에 크게 기여할 수 있으리라 여겨진다. 특히 향토음식은 그 지역의 1차 산업물을 관광이라는 3차 산업과의 결부를 통하여 그 지역의 소비를 촉진하는 중요한 지역경제 발전의 수단이 되며, 아울러 지역의 전통과 개성을 살리는 지방문화의 요채가 된다. 따라서 지방자치제도의 실현으로 각 지방마다 관광개발에 주력하고 있는 오늘날 물리적인 시설 및 공간 개발에 앞서 경쟁력 있고 효율적인 관광개발 방안으로 향토음식의 관광자원화에 관심을 기울일 필요가 있다. 따라서 향토음식의 특징으로는 다음과 같다.

첫째, 그 지방에서만 생산되는 특산재료를 주로 사용하여 그에 적합한 조리법에 의해 발전시킨 음식으로 다른 지방에서는 그 맛을 흉내내기 어려운 음식이다.

둘째, 그 지방에서 생산되거나 타 지역에서 공급받을 수 있는 재료를 사용하여 그 지역 또는 특정인의 고유한 조리법에 의해 만들어지는 음식이다.

셋째, 조상들의 지혜와 생활형태, 기후, 풍토 등 지역적 특성이 두드러진 차별화된 전통음식이다.

넷째, 예로부터 그 지방행사와 관련하여 만든 전통음식이다.

단 향토음식의 영역은 관광주체에 따라 달리 할 수 있으며 즉 내국인관광객에게는 각 지방의 고유한 음식들만이 향토음식으로 의의를 갖지만, 외래객의 경우 불고기, 김치 등 전국적으로 보편성을 띈 음식도 한국이라는 지역 고유의 향토음식으로 의의를 갖는다. 따라서 외래객에게는 모든 한국음식이 한국의 고유한 음식으로 이해되며, 향토음식이 될 수 있다.

■ 향토음식의 관광화에 따른 지역개발 효과

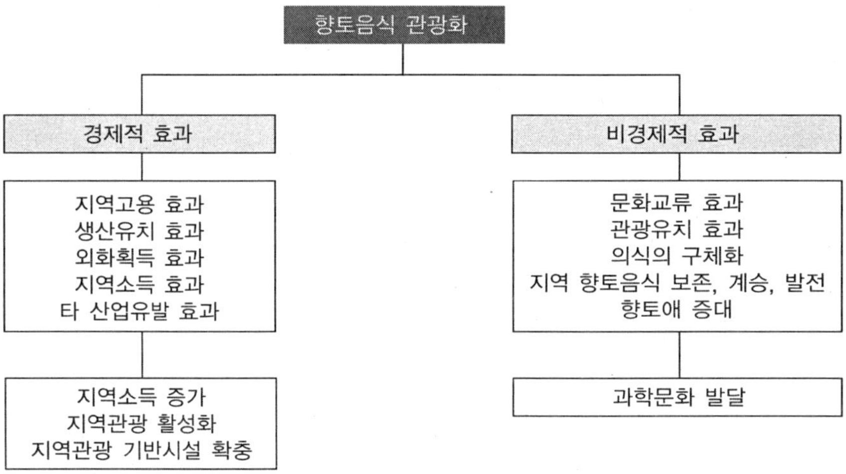

3. 지방별 음식 축제

1) 서울

서울은 조선 초기부터 500년 이상의 도읍지였으므로 궁중음식 문화의 전통이 이어지는 곳이라 양반계급과 중인계급의 음식문화에 많은 영향을 주었다. 사대부가의 음식은 궁중음식을 본떠 만들었기 때문에 양반음식과 궁중음식은 비슷하였다. 양반들은 유교의 영향으로 격식을 중시하였다. 서울지역 사람들은 알뜰하고, 음식의 가지 수는 많지만 양은 많이 담지 않으며, 작고 예쁘게 만들어 멋을 추구하는 경향이 있다. 달걀지단, 실고추, 석이버섯, 미나리 등 오색 고명을 사용하여 모양새가 예쁘게 만드는 신선로, 구절판, 탕평채 등의 화려한 음식이 많다. 지역적 특색보다는 통합적이며, 음식의 간은 새우젓국으로 많이 하며, 간은 심심한 편이다.

2) 경기 지역

전체적으로 음식이 소박하고 양이 많은 편으로, 산과 바다에 접해 있는 지역으로 밭농사와 벼농사가 활발하고 해산물이 풍부한 자연조건이 비교적 좋은 곳이다. 간은 세지도 약하지도 않은 서울 음식과 비슷하며 양념도 거의 쓰지 않는 편이다. 강원도, 충청도, 황해도와 접해 있어 공통된 음식이름을 가지고 있는 것들이 많다. 주식은 오곡밥과 찰밥을 먹고, 국수는 제물에 끓인 칼국수나 메밀칼싹두기와 같은 음식이 많다. 또한 여름에 시원하게 즐기는 냉콩국도 경기도의 대표적인 음식 중에 하나다.

3) 강원도 지역

영서지방 · 영동지방과 산악지방 · 해안지방으로 나눌 수 있는데, 각 지방에서 나는 산물이 다르다. 쌀농사보다 밭농사가 더 발달하여 감자나, 옥수수 등의 잡곡이 많이 이뤄지는 산악이나 고원지대와 생태, 오징어, 미역 등의 해산물이 많이 나는 해안지대는 건미역, 명란젓, 창란젓을 잘 만들어 먹는다. 산악지방은 담백한 음식이 많으나 해안지방은 멸치나 조개를 넣어 음식 맛을 낸다.

4) 충청 지역

소박하고 양념도 많이 쓰지 않으며, 매운맛도 없으나 담백하고 구수하다. 또한 인심 좋은 충청도 사람처럼 음식의 양은 많은 편이다. 쌀, 보리 등의 곡식과 배추, 무 등의 채소가 생산되고 해산물이 풍부하며 산채와 버섯들도 풍부하다. 죽, 국수, 수제비와 같은 음식을 즐겨 먹고, 떡에도 많이 사용한다.

5) 전라도 지역

다른 지방에 비해서 기름진 평야의 풍부한 곡식과 각종 해산물, 산채 등 음식의 종류가 다양하고 음식에 대한 문화가 다른 지방에 비해 남달리 발달된 곳이다. 특히, 전주는 고을마다 부유한 토박이들이 대를 이어 살았으므로 음식을 가정에서 대대로 물려 풍류와 맛이 뛰어난 곳이라 할 수 있겠다. 또한 전라도는 다른 지방에 비해서 상 위의 음식 가짓수가 많아 외지에서 온 사람이나 외국인들에게 깊은 인상을 주는 곳이다.

6) 경상도 지역

남도와 북도를 가르는 낙동강으로 그 주위에는 기름진 농토에서 농산물도 넉넉하게 생산되고, 남해와 동해를 가지고 있어 해산물이 풍부하다. 즉, 해산물을 즐겨 먹고 소금 간을 한 바닷고기로 국물을 내어 끓이기도 한다. 또한 국수를 먹는데 칼국수가 대표적인 음식이다. 이 지방의 음식은 소박하고 소담하다. 그 맛은 전라도보다 더 간이 세고 매운 편이다.

7) 제주도 지역

우리나라 남단에 위치한 섬으로 기후가 따뜻하고, 근해에서 잡히는 어류도 특이한 것이 많다. 예전에는 해촌, 양촌, 산촌으로 구분되어 그 생활상태가 차이가 있었다. 양촌은 평야지대로 농업을 중심으로 생활하였고, 해촌은 해안에서 고기를 잡거나 해녀로 잠수어업을 하였고, 산촌은 산을 개간하여 농사를 짓거나 한라산에서 버섯, 산나물, 고사리 등을 채취하여 생활하였다. 쌀의 생산은 적었고, 콩, 보리, 조, 고구마 등이 많이 생산되었다. 감귤과 전복, 옥돔이 잘 알려진 특산물이다.

■ 지방별 음식 축제

지역	축제명	행사시기	주최	주요행사내용
경북	경주전통과 떡축제	3월 말	경주시	국민화합북공연, 떡나눔잔치, 달집태우기, 술떡 명인 명가, 떡 썰기 떡메치기, 새천년 떡 만들기, 술떡제조도구 전시 등
울산	언양한우 불고기 축제	4월 초	언양한우불고기 축제위원회	불고기 시식회, 한우고기 전시 및 판매, 각종 문화 행사
경남	하동 야생차 축제	3월 중순	하동군	대렴공추원비한다례 및 다랫배지 다례식, 찻잎따기대회, 다례시범 및 올해의 몇 차 산정
충남	금산인삼축제	8월 말	금산시	동서양 만남의 문화 건강여행, 국제 인삼 교역전, 인삼건강특별전(인삼동의보감, 인삼요리체험) 인삼왕 선발, 인삼 사우나, 이남 캐기 여행 등
강원	양양송이축제	9월 말	양양군	송이채취 체험, 송이요리 품평회 및 시식회, 버섯품평회, 특산품 판매 등
광주	광주김치 대축제	10월 중순	광주시	김치역사 문화관, 종묘관, 김치전시회, 김치경연대회, 김치체험의장, 포장디자인공모전 등
전남	남도 음식 문화 큰잔치	10월 중순	전라남도	전라남도 음식전시회, 남도 음악 콘테스트, 학술발표회, 국악공연
부산	부산 자갈치축제	10월 말	부산시	자갈치앞바다 정화활동, 새천년 방생대회, 외국인 요리경연, 자갈치아지매 솜씨자랑 등
강원	명태축제	2월 말	고성군	제례, 명태요리, 명태할복대회, 풍물장터 등

4. 외국인이 즐기는 한국 음식

외국인들이 공통적으로 불고기, 잡채, 비빔밥, 갈비, 오미자편 등을 선호하지만 각 국가별로 외국인들이 좋아하는 음식에는 차이가 있다. 그들이 한국 음식을 원할 때 선호할 것으로 생각되는 음식을 권할 수 있다면 외국인들은 한국과 한국인에 대해 호감을 가질 것이며 국가별 추천음식을 살펴보면 다음과 같다.

1) 중국인에게 추천할만한 음식은 오리고기, 꼬치불고기, 닭강정, 제육강정, 닭고추장구이, 제육고추장구이, 용봉탕, 돼지갈비구이, 닭날개구이, 갈비찜, 튀김만두, 수삼냉채, 약식 등이다.
2) 일본인들에게는 춘천막국수, 나물김밥, 나물주먹밥, 두부전골, 삼계탕, 닭강정, 제육강정, 닭고추장구이, 도미찜, 어묵찜, 겨자채, 탕평채, 보쌈김치 등을 추천한다.
3) 동남아시아인들에게는 두부전골, 삼계탕, 떡꼬치구이, 만두, 규아상, 밀쌈, 빈대떡, 파전, 구절판, 겨자채, 수삼냉채, 백김치 등을 추천하는 것이 좋다.
4) 북미인들에게는 두부전골, 삼계탕, 신선로, 소갈비구이, 전류, 빈대떡, 파전, 화양적, 백김치, 보쌈김치 등을 추천한다.
5) 유럽인들에게는 신선로, 오리구이, 닭구이, 소갈비구이, 꼬치불고기, 닭강정, 제육강정, 닭고추장구이, 만두, 삼색만두, 규아상, 밀쌈, 해물빈대떡, 채소빈대떡, 전류, 백김치, 수정과 등을 추천하는 것이 좋다.
6) 중동인들에게는 산채비빔밥, 신선로, 구절판, 탕평채, 부추잡채, 피망 잡채, 콩나물잡채, 밀쌈, 오이선, 백김치, 율란 등을 추천한다.

위 음식들은 관광객들을 상대로 한 설문조사에서 나타난 양상들을 토대로 추천된 것들이다.

일본인 관광객의 경우, '갈비, 비빔밥, 부침개, 김치, 잡채' 순으로 이미 일본에 널리 알려져 있는 한국음식을 많이 선호하고 있었으며, 중국, 동남아관광객은 '불고기, 냉면, 김밥, 나물, 부침개' 의 순으로 만족도가 높았다. 미주 관광객은 '불고기, 갈비, 비빔밥, 김밥, 나물' 순으로 나타나 김치를 제외하고 일본관광객들과 비슷한 음식메뉴의 만족도를 보이고 있었다. 또한 유럽 관광객은 '불고기, 갈비, 비빔밥, 삼겹살, 냉면' 순으로 만족도가 높은 것으로 나타났다.

한편 중국관광객들을 제외한 일본, 미국, 유럽의 관광객들에게 있어서는 '불고기, 갈비, 비빔밥' 이 공통적으로 높은 만족도를 보이는 것을 미루어 볼 때, 위 세 가지 메뉴의 주재료와 부재료, 그리고 소스의 개발에 대한 연구와 이러한 메뉴들을 이용한 연계상품의 다양한 개발이 필요하다는 것을 알 수 있다.

응답자의 국적에 따른 한국음식에 대한 만족도 분석을 실시한 결과는 다음과 같다.

■ 국적에 따른 한국음식에 대한 만족도

순위 \ 국적	일본	중국/동남아	미주	유럽
1	갈비	불고기	불고기	불고기
2	비빔밥	냉면	갈비	갈비
3	부침개	김밥	비빔밥	비빔밥
4	김치	나물	김밥	삼겹살
5	잡채	부침개	나물	냉면
6	불고기	삼겹살	잡채	김밥
7	갈비탕	갈비	삼계탕	순두부
8	삼겹살	비빔밥	전통차	삼계탕
9	삼계탕	전통주	갈비탕	갈비탕
10	나물	김치	삼겹살	떡/한과
11	순두부	떡/한과	순두부	나물
12	김밥	순두부	떡/한과	전통차
13	떡/한과	잡채	김치	부침개
14	전통주	전통차	전통주	잡채
15	냉면	삼계탕	부침개	전통주
16	전통차	갈비탕	냉면	김치
17	두부			
18	칼국수			

하지만 최근 케이팝K-POP, 한류 드라마K-Drama 등을 통해 한국 문화가 전 세계에 널리 알려지면서, 한식도 점점 인기가 많아지고 있는데 글로벌 한식 대표 브랜드 CJ 푸드빌의 '비비고Bibigo'에서 평균 7년 이상 국내 체류 중인 북미, 유럽, 중국, 동남아시아 등 다양한 국적의 외국인 100명을 대상으로 한국 음식에 대한 설문조사를 실시했습니다. 비비고의 최근 데이터를 통해 외국인이 가장 선호하는 한국음식 12가지는 다음과 같다.

불고기 : 17%, 찜닭 : 12%, 육개장 : 9%, 비빔밥 : 9%, 닭볶음탕 : 9%, 김치 : 8%, 삼계탕 : 8%, 김치찌개 : 6%, 갈비탕 : 4%, 된장찌개 : 4%, 떡갈비 : 4%, 만두 : 3%순으로 나타났다. 그동안 가장 인기 있었던 비빔밥과 삼겹살은 순위가 밀려났고, 찜닭,

육개장 등 새로운 음식 다수가 순위에 이름을 올렸다. 특히, 매운맛이 나는 육개장과 닭볶음탕이 TOP5에 진입한 점이 눈길이 간다. 이외에도 삼겹살, 순댓국, 양념치킨, 갈비 등이 언급되었다. 과거에 비해 다양한 한국 음식이 전 세계인의 주목을 받고 있음을 알 수 있다. 국내 체류 중인 외국인 응답자 중 한국을 떠날 때 구매하고 싶은 음식으로는 김치(35%)와 김(15%)이 가장 많았다.

제4절 21세기 외식산업의 시장전망과 당면과제

1. 21세기 외식산업의 시장전망

오늘날 외식산업은 사회, 문화, 경제 등 다방면에 걸친 요인들에 의해 성장 · 발전하여 왔으며 이러한 추세는 21세기에 접어들어서도 계속되어 외식산업경영에 있어 무한경쟁의 시대가 예고되고 있다. 외식산업은 새로운 감각의 업태 출현과 기존 업소의 독창적 아이디어가 가미된 차별화 브랜드가 주도하게 될 것으로 전망된다.

하지만 코로나19 이후 가장 큰 타격을 받은 산업 분야 중 한 곳인 외식업계는 '사회적 거리두기', '비대면 접촉'이 간주되면서 고객과의 밀접 접촉이 필연적으로 이뤄질 수밖에 없는 업종 특성상 직접적인 타격을 받고 있다. 따라서 외식업계가 6개월에서 1년을 버티지 못하고 폐업한 점포와 신규 개업 점포들의 어려움이 가중되고 있음을 알 수 있다.

이처럼 코로나19 이후 폐업 점포 증가 및 매출 하락으로 인해 어려움을 겪고 있는 외식업계는 창업시장에서도 큰 변화를 몰고 와 최대한 리스크를 줄이기 위해 소자본 · 1인 창업에 관심이 쏠리고 있으며, 특히 초기 투자금이 적게 드는 공유주방을 활용한 배달전문점 등의 창업 시장이 확대되고 있다.

코로나19는 우리의 일상을 크게 바꾸었으며 소비자들의 행동패턴 또한 뚜렷한 변화를 가져왔는데 안전과 안심에 민감한 소비자들이 비대면 서비스 방식을 선호하게 되면서 직접 매장을 찾기보다는 온라인상으로 상품을 구매하는 언택트Untact 소비가 증가하며 이에 따라 배달시장이 급격히 성장하였고 이와 관련된 공유주방, 푸드테크 등 연관산업이 크게 발전하게 되었다. 언택트 소비의 증가는 각종 기술 발전을 이루었는데 사람과의 접촉을 최소화하는 비대면 판매시스템인 '키오스크', 앱으로 미리 주문해 줄을 서지 않아도 편리하게 구매할 수 있는 '사이렌 오더', '배달앱' 등으로 점차 보편화되고 있으며 최근에는 '쉐프로봇', '서빙로봇' 등으로 진화되고 있다. 이러한 언택트 소비는 편리함과 안전한 비대면 서비스를 선호하는 소비자들의 변화된 소비 심리로 인해 지속적인 성장이 예상된다고 본다.

1) 소자본 · 소형규모 · 1인 창업

코로나19가 장기화되고 사회적 거리두기와 비대면 생활방식이 확산되면서 오프라인 매장 매출만으로는 업소 운영이 사실상 어려워지자 최근 종업원 고용이 필요없는 소자본 외식 창업 아이템이 급격히 관심을 받고 있다. 최저임금 상승에 따른 인건비 부담을 줄이고자 무인 키오스크를 설치하거나 고객이 직접 반찬을 리필하는 등의 셀프 문화를 정착시키고자 하는 업계의 노력이 지속되고 있으며 이에 따라 1인이나 무인 운영시스템이 가능한 창업아이템이 주목받고 있다.

통계청에 따르면 2020년 8월 기준 고용원이 있는 자영업자는 136만 3,000명으로 전년 대비 17만 2,000명 줄었으나 고용원이 없는 자영업자는 419만 3,000명으로 6만 6,000명이나 증가했다. 이는 그만큼 매출 타격을 받고 있는 외식업소들이 고정비 감소를 위해 인력을 줄였기 때문인 것으로 분석되며, 외식업소 운영 형태가 '나홀로 경영' 또는 '가족중심 경영'의 생계형 외식업소로 전락하고 있음을 알 수 있다.

프랜차이즈 업계도 이같은 예비 창업자의 니즈를 반영해 1인이나 무인으로 운영이 가능한 아이템을 잇달아 선보이고 있는데 카페띠아모를 운영하고 있는 ㈜베모스는 최근 '띠아모커피&디저트' 브랜드를 론칭해 점주 1인 운영이 가능하며 무인카페로도 운영될 수 있어 24시간 영업이 가능한 점이 특징이다. 배달 · 테이크아웃 전문 프랜차이즈 '담꾹' 은 주요 메뉴인 부대찌개, 안동찜닭, 제육볶음, 소고기국밥 등을 매장 내에서 조리할 필요가 없는 밀키트 형태로 판매하고 있으며 역시 무인 운영이 가능한 시스템이다.

또 다른 소자본 창업 트렌드로는 신규 매장을 오픈하기보다는 기존 점포의 업종전환 창업이 활기를 띄고 있는데 이는 투자금을 최소화해 리스크를 줄이고자 하는 창업 수요자들의 욕구가 증가하고 있으며 외식 트렌드 또한 빠르게 변화하고 있어 투자회수가 짧은 아이템에 관심이 집중되고 있기 때문이다. 옛날통닭전문점 '고려통닭' 은 업종전환 비용으로 400만 원, '방가네소고기국밥' 은 배달전문점으로 업종전환할 경우 가맹비와 교육비 명목으로 300만 원이 소요된다.

최근 홀영업 중심의 외식업체들도 코로나19 위기 극복을 위해 기존 매장 주방 한켠에 공간을 마련하여 배달 위주의 소형 브랜드인 '숍인숍' 개념의 점포를 추가해 매출을 증대시키고 있다. 이는 기존 매장 운영자들을 대상으로 한 전략으로 공간의 활용도를 높여 비용을 줄이고 매출을 극대화시켜 최대한의 수익을 낼 수 있다는 강점 때문에 프랜차이즈 업계로 빠르게 전파되고 있다.

따라서 소자본 창업 아이템으로는 배달과 포장판매 비율이 높은 아이템을 선택하는 것이 유리하며 분식 전문점, 테이크아웃 커피전문점, 샌드위치 · 토스트 전문점, 죽 전문점, 반찬 전문점, 도넛 · 핫도그 전문점, 떡 전문점 등과 투자금액이 저렴하다는 점만을 내세울 뿐 지나치게 영세하거나 특별한 운영 노하우가 없는 프랜차이즈 본사의 경우 반드시 현장 답사를 통한 점포운영실태를 확인해 보고 손익구조를 꼼꼼히 비교 분석하여 피해를 보지 않도록 주의해야 한다.

2) 배달 · 포장 전문점

코로나19 이후 외식업계는 심각한 매출 하락에 의한 경영 위기를 겪고 있는 가운데 배달시장만이 고객이 늘어나고, 배달앱 및 배달 인프라가 발전되면서 해당 시장의 매출 규모 및 창업 시장이 활성화되고 있다. 이에 따라 공유주방, 숍인숍 등 다양한 운영 형태의 배달전문점이 등장하고 있으며, 기존 자장면, 치킨, 피자, 족발, 보쌈 등 천편일률적이었던 메뉴 아이템에서 삼겹살, 칼국수, 냉면, 스테이크, 곱창, 샐러드, 덮밥류 등 다양한 메뉴 아이템으로 배달시장이 확산돼 가고 있다. 더욱이 이전에는 배달앱 카테고리에도 포함돼 있지 않았던 커피, 아이스크림, 팥빙수 등 각종 디저트류의 인기가 높아지고 있는 점도 눈에 띄는 트렌드 변화 중 하나다.

올해 창업시장에서 주목을 받은 배달업종은 삼겹살구이전문점, 곱창전문점, 치킨전문점, 샐러드전문점, 도시락전문점, 커피배달전문점 등이 새롭게 인기를 끌었으며, 1~2인 가구의 배달 수요가 증가하면서 모든 외식 배달업종에서 1인 메뉴를 추가, 배달앱에서도 '1인 메뉴' 만을 별도 표시하여 소비자들이 쉽게 이용할 수 있도록 마케팅을 강화하고 있다.

또 2020년 외식업계를 살펴보면 모든 업종이 침체기를 맞았으나 치킨업계만은 배달판매에 힘입어 크게 성장세를 유지하고 있으며 국내 치킨 업계 빅3업체인 교촌, BHC, BBQ는 올해 매출이 지난해 대비 20~30% 이상 증가할 것으로 나타났다. 2019년 3,801억 원의 매출을 기록한 교촌은 2020년 4,461억 원의 매출을, BHC는 3,186억 원에서 4,000억 원 이상, BBQ는 2,464억 원에서 3,200억 원 이상으로 성장할 것으로 전망했다.

이처럼 치킨 배달 시장이 증가하자 업계는 배달만을 전문으로 하는 소규모 창업브랜드를 새롭게 론칭하고 있는데 BBQ는 8평에서 12평 정도의 소형 규모로 홀 공간 없이 배달과 포장만을 전문으로 하는 BBQ,스마트 키친 1호점을 올해 4월 오픈, 12월 현재 약 100여 개 점포로 빠르게 확산되고 있다.

3) 안심 푸드테크

코로나19로 안전과 안심에 민감한 소비자들이 외식을 소비하는 방식도 비대면을 선호함에 따라 키오스크, 사전주문앱, 조리로봇, 배달로봇 등 다양한 푸드테크 기술이 외식환경에 접목되면서 '안심 푸드테크' 가 주목받고 있으며 이와 함께 불안한 소비심리를 줄일 수 있도록 위생관리가 잘 돼 있는 안심식당에 대한 선호도 또한 높아가고 있다.

푸드테크에 대한 소비자 만족도를 살펴보면 만족한다는 응답이 85.7%로 압도적으로 높았으며 세부적인 항목에 대해서도 키오스크 만족도 87.1%, 사전주문 95.3%, 로봇서비스 74.6%로 고객들이 식당 내 비대면 서비스를 위한 기술도입에 매우 높은 만족도를 나타냈다.

(1) 푸드로봇

코로나19로 비대면 거래가 늘어나면서 온라인 음식 거래가 급증했으며 이 과정에서 배달 애플리케이션이나 O2O(Online to Offline, 온라인 구매 후 오프라인에서 상품을 받는 방식) 서비스 등의 기술이 크게 발전하게 되었으며 특히 외식업체에서 음식제조 · 서빙 · 배달 등에 푸드로봇이 활용되고 있는 사례가 눈에 띄게 증가하고 있다. 글로벌 시장 조사기관 스트래티지 애널리틱스(SA)는 서비스 로봇 세계시장 규모를 지난해 310억 달러(약 37조 원)에서 오는 2024년 1,220억 달러(약 147조 원)로 약 4배 성장할 것으로 전망한다.

국내 외식업계에서도 코로나19 이후 비대면 서비스를 선호하는 고객 소비행태 변화와 외식업소의 인건비 절감 및 홍보효과를 위해 서빙로봇, 쉐프로봇 등이 속속 도입되고 있다.

2020년 9월에 오픈한 신세계푸드의 '노브랜드 버거' 역삼점은 로봇이 버거를 만들고, 테이크아웃 손님을 위해 서빙까지 담당하고 있으며 강남에 위치 '롸버트치킨'은 테이블이 없는 테이크아웃 전문점인데, 쉐프 로봇이 치킨 반죽부터 튀기기, 포장까지 매장업무의 80%를 담당하고 있다. 디떽은 여수, 김해, 경주 등 주로 남부 지방에서 체인점을 운영 중인 치킨로봇전문 브랜드로 향후 프랜차이즈 사업에 주력할 계획에 있는 등 로봇 치킨 시장은 더욱 커질 전망이다. 또 커피 브랜드 달콤이 AI 기술을 도입하여 개발한 24시간 무인 로봇카페 '비트'는 전국 80여 개 매장을 운영 중이며 전용 애플리케이션이나 키오스크를 통해 주문하고 음료가 완성되면 고객에게 알림 메시지가 전송된다.

기업형 외식업체에서도 이러한 푸드테크 기술을 적극 도입하고 있는데 CJ푸드빌은 2019년 12월 빕스 서울 등촌점에 동시에 최대 4그릇을 요리하는 로봇 'LG 클로이 셰프봇'을 선보였으며 이후 빕스 광주 광천점과 안양 비산점, 인천예술회관역점에 셰프봇을 추가 도입했다. 이밖에 제너시스BBQ는 주문부터 서빙까지 무인 서비스로 운영되는 서울 송파구 헬리오시티점을 시범적으로 운영하고 있는데 이곳에서는 매장 입구에 설치된 키오스크나 테이블에 비치된 '태블릿 오더'를 통해 원하는 메뉴를 주문하면 푸드로봇이 음식을 제공해 준다.

국내 푸드로봇 시장에 가장 적극적으로 뛰어들고 있는 업체는 배달의 민족을운영하고 있는 우아한 형제들로 실내 자율주행 서빙로봇 '딜리플레이트', 실내자율주행 층간이동 배달로봇 '딜리타워', 실외 자율주행 배달로봇 '딜리드라이브' 등을 개발 운용 중에 있다. 딜리플레이트는 2019년 11월 일반 음식점에 처음 보급됐으며 출시 1년 만에 전국 186개 음식점에 총 241대가 운용되고 있고 딜리플레이트는 실내 레스토랑 전용 자율주행 로봇으로, 4개의 선반을 통해 한번에 4개 테이블에 음식을 제공할 수 있으며 또 딜리타워는 자동문이나 엘리베이터와 연동해 건물 내에서 스스로 음식이나 물품을 배달하는 로봇이며 2019년 10월과 올해 5월 시범 서비스를 마쳤고, 연내 상용화를 목표로 하고 있다.

하지만 로봇의 운용상 미흡한 부분이 많이 노출되고 있으며 이에 대한 수정 · 보안 작업이 지속적으로 이뤄져야 할 것으로 전망되며 결국은 상품의 본질인 맛과 고객 경험이 사업성패의 주요 관건인 만큼 로봇을 주요 외식 사업 아이템으로 결정했으면 고객경험 관점에서 디자인하고 접목시키는 꾸준한 노력이 필요할 것으로 판단된다.

한 예로 미국 실리콘밸리를 중심으로 크게 주목받았던 푸드로봇 업소인 잇사(Eatsa), 줌피자, 카페X, 버거 레스토랑 크리에이터 등 로봇에 기반을 둔 레스토랑과 카페들이 최근 문을 닫거나 업종을 변경하는 등 고전을 면치 못하고 있다. 반면 최근 2호점까지 오픈하며 사세를 확장하고 있는 로봇 샐러드전문점 스파이스는 미슐랭 스타 쉐프와 협업하여 그리스식, 레바논식, 인디언식, 한국식 등 다양한 샐러드 메뉴를 선보이고 있으며 무엇보다 맛에 집중하여 고객들로부터 호평을 받고 있다. 또 이곳은 매장 내에 3명의 홀 직원을 채용해 고객들의 불편 사항을 해소하는 등 세심한 고객 접점 서비스를 제공하고 있는 점도 긍정적인 평가를 받고 있다.

(2) 안심식당

외식업계는 고객들의 대면접촉에 대한 불안심리를 해소시켜 주고 최대한 접촉위험을 줄여줄 수 있는 자구책 마련에 적극 나서고 있다. 이에 따라 무인자동 주문시스템인 키오스크, 사전 주문앱, 테이블 오더 등 다양한 푸드테크 기술을 도입하고 있으며 위생 · 안전을 위한 비대면 발열 체크기, 전자 출입명부 QR코드를 설치하는 등 클린 마케팅을 적극 펼치고 있다.

코로나19 이후 키오스크를 설치하려는 외식업소들이 늘어나자 최근 소상공인연합회와 효성티앤에스가 소상공인들이 무인주문 키오스크를 저렴한 가격에 구매할 수 있는 지원사업을 실시하고 있으며 이 사업은 무인주문 단말기를 시중가의 27%까지 효성측에서 지원해 주는 사업으로 향후 3년간 소상공인 매장 2만여 개를 대상으로 약 200억원을 지원키로 했으며 이와 함께 무인주문기와 프린터 외에도 현장설치비, 점주 교육, 3년 무상 보증까지 지원할 예정이다.

CJ푸드빌은 매장 입구에 있는 태블릿 PC에 이름과 연락처를 남기면 입장 순서에 맞춰 카카오톡 메시지를 발송하는 '스마트 웨이팅 시스템' 을 도입했고 또 고객이 테이블에 있는 태블릿PC에서 메뉴를 주문하면 직원이 스마트워치로 주문 내용을 확인할 수 있는 '테이블 오더' 와 계산대에 제품을 올려놓으면 AI 스캐너가 제품을 인식하는 '객체 인식 스캐너' 도 운용 중에 있다.

SPC그룹이 운영하는 버거브랜드 쉐이크쉑은 매장 내에 모든 고객의 체온과 마스크 착용 여부를 자동으로 검사하는 '비대면 안면인식 발열 체크기' 와 공유 테이블에는 투명 칸막이를 설치했으며 손을 갖다 대면 자동으로 물비누가 분사되고 물과 티슈가 순서대로 나오는 스마트 핸드 워싱 시스템 'SMIXINSmart-mixing-inside' 도 도입 등 고객 불안 심리를 줄일 수 있는 최소한의 위생 마케팅을 강화해 나가야 할 것으로 판단된다.

이런 위생 안심에 대한 국민적 관심이 고조되자 농림축산식품부와 한식진흥원은 '안심식당' 모델을 개발하여 '생활 속 거리두기 우수 한식당' 96곳을 선정하여 지원 혜택을, 네이버 사이트 및 지도www.naver.com, 한식포털www.hansik.or.kr, T-map 등에서 안심식당 업소 위치 및 기본 정보를 확인할 수 있다. 특히 네이버는 지도 검색뿐만 아니라 네이버 플레이스를 통해 안심식당이 노출되고 있어 업소 홍보에도 크게 도움이 되고 있다. 2020년 10월 말 기준 전국에 1만 7,000여 개의 안심식당이 지정돼 있다.

4) SNS 마케팅 필수시대

코로나19로 인해 비대면 문화가 확산되고 온라인 랜선에 의존하는 라이프 스타일이 대중화되면서 소셜미디어의 역할과 중요성이 더욱 부각되고 있다. 소비자들은 끊임없는 소통과 정보를 공유하고자 하는 욕구를 이제는 유튜브, 인스타그램, 블로그, 카카오톡, 밴드 등 소셜미디어를 통해 자신의 취향이 유사한 사람들과 좋아요, 댓글, 이웃추가, 공유 등의 행동 표출을 하며 상호 소통하고 있다. 또한 제품을 구매하고 결정하는 데 있어서도 네이버, 구글 등 각종 포털 사이트 검색 정보를 비롯해 인스타그램, 유튜브 등 다양한 SNS 채널을 통해 정보를 수집한 뒤 가격 및 특징, 고객 평가 등을 종합적으로 분석한 뒤 상품을 구매하는 시대가 되었다.

이러한 온라인 소통 및 쇼핑의 활성화는 스마트폰의 대중화로 더욱 간편하게 우리 일상생활에서 사용 가능하게 되어 모바일 소비가 더욱 가속화되고 있으며, 특히 코로나19 이후 배달 및 온라인 쇼핑이 증대되면서 20~30대 젊은층에서 주로 활용되던 모바일 쇼핑 및 SNS 활동이 중장년층으로까지 더욱 확대 및 보편화되고 있는 추세이다.

이처럼 소비자들의 트렌드 변화에 따라 외식업체들도 SNS 채널을 통한 브랜드 홍보 및 배달 매출 증대를 위한 다양한 온라인 마케팅 활동을 펼치고 있으며 더욱이 코로나19로 인해 매장 내 외식이 어려워지면서 고객을 불러들이는 마케팅이 아닌 고객을 찾아가는 비대면 판촉 방식이 활성화되고 있으며 방문외식 매출보다는 포장 및 배달 매출에 마케팅 전략이 집중되면서 고객타깃층의 변화도 이루어지고 있다.

외식 기업체뿐만 아니라 개인 외식업소들도 인스타그램 등을 직접 운영하면서 업소 홍보에 적극 나서는 경영주들이 늘어나고 있으며 점포 홍보 및 고객소통의 마케팅 방법으로 SNS 채널에 관심을 갖는 경영주들 역시 점차 증가되고 있는 추세이다.

따라서 21세기의 외식사업의 수요자와 공급자의 측면에서 시장전망을 살펴보고자 한다.

(1) 건강식에 대한 선호

미국의 예와 같이 생활수준이 향상되고 건강에 대한 관심이 커짐에 따라 이에 대한 수요가 갈수록 커져 자연식품, 다이어트식품, 유기식품 등을 찾는 인구가 증가하게 되고 외식업소에서는 건강음식의 메뉴를 찾는 고객들과 함께 채식주의자들도 증가하게 될 것이다.

국내 비건(채식주의자) 인구는 2019년 기준 약 150만~200만 명으로 2008년 15만 명 대비 10배 이상이 증가했으며, 2019년 기준 채식 레스토랑 및 베이커리는 400여 개가 운영되고 있다. 채식주의 시장의 확대에 따라 콩 · 버섯 등 식물로 만든 대체육 시장이 최근 크게 주목받고 있는데 국내에서도 이러한 대체육 시장에 대한 관심이 고조되면서 동원 F&B, 풀무원, 오뚜기, 한국야쿠르트, 롯데마트, CU 등 식품 및 유통 대기업에서 이미 다양한 대체육 상품을 선보이고 있으며 롯데리아, 써브웨이 등 외식업체들도 속속 대체육 시장에 뛰어들고 있다.

(2) 중식시장의 확대

중식이란 외식과 내식의 속성들을 일부 내포하고 있는 중간 의미의 식사형태로 외식시장에서 새로운 영역으로 등장하고 있다. 중식시장은 바쁜 일상생활을 보내는 경제인구가 계속적으로 늘어남에 따라 이 시장의 규모가 급속히 확대되고 있다. 경제성과 편리성을 갖춘 반 가공 또는 반 조리된 가정식 대용품HMR에 대한 선호도가 높아지고, 패스트푸드를 중심으로 한 택배와 테이크아웃 및 출장연회가 계속적으로 발전함에 따라 중식시장의 규모가 더욱 확대될 것이다. 최근 코로나19 이후 집에서 모든 경제생활이 이루어지는 이른바 '홈코노미Home+Economy'가 등장하면서 비대면 서비스업이 호황을 누리고 있다. 외식업계도 마찬가지로 배달앱과 빠른 배송 서비스를 활용한 온라인 음식 매출이 늘어나고 있는 추세이며 이에 따라 가정간편식, 밀키트 등 간편식 시장이 크게 성장하고 있으며 또한 소비자들의 라이프스타일 변화에 따라 이들 시장에 대한 고급화, 차별화, 세분화 전략이 가속화되고 있다.

가정간편식 시장은 기존 대형마트에서 즐겨 구입할 수 있었던 냉동식품 종류에서 더욱 진화된 프리미엄 제품을 업체별로 경쟁적으로 출시하고 있으며 또한 최근 방문 외식을 하지 못하고 집에서 체류하는 시간이 많아진 고객들이 유명맛집 음식을 집에서도 간편하게 즐기고자 하는 니즈가 높아감에 따라 음식점 음식을 간편식 형태로 판매하는 RMR레스토랑 간편식 시장으로 세분화되고 있다, 여기에 건강 및 식감을 중요시하는 고객들의 소비패턴 변화에 따라 한층 고급화되고 차별화된 간편식 시장인 반조리 신선식품 형태의 밀키트 시장 또한 주목받고 있다.

❶ 프리미엄 가정간편식(HMR : Home Meal Replacement)

코로나19 팬데믹으로 가정 내 집밥족이 늘어나면서 제2의 전성기를 맞이하고 있는 국내 가정간편식(HMR) 시장은 연평균 20% 이상의 성장률을 기록하며 2019년 4조 원 규모를 달성했으며, 당초 오는 2022년에 5조 원 시장을 예측했지만 코로나19 여파로 올해 5조 원대를 달성할 수 있을 것으로 전망되고 있다.

코로나19 이후 아시아인들은 앞으로 집에서 더 자주 식사할 것으로 조사됐는데 중국은 86%, 홍콩 77%, 한국 · 말레이시아 · 베트남 62%로 절반 이상이 집밥 선호현상을 보였으며, 이러한 변화된 식습관은 코로나19 종결 이후에도 지속될 것으로 전망된다.

국내 식품 · 외식업계 또한 코로나19 영향으로 늘어난 소비자들의 집밥취식 경험이 향후 HMR 시장 확대로 이어질 것으로 기대하고 있으며 국내 소비자 중 46.4%는 간편식 소비가 늘었고, 65.4%는 향후 코로나19 영향으로 간편식 구매를 늘릴 계획인 것으로 조사됐다. 또한 2020년 HMR 시장의 핵심 키워드는 '가시비', '네 번째 식사4th Meal', 'BFYBetter For You' 등으로 시간이 곧 금인 '가시비'가 중요한 시대가 되었다고 본다. 요리나 식사에 드는 시간과 노력을 줄여줄 수 있는 제품이 HMR의 중요 트렌드로 떠오르게 됐고 개인의 취향을 존중하는 다품종 소량 제품이 인기를 끌 것으로 분석된다.

가정간편식은 CJ, 대상, 오뚜기, 풀무원, 동원F&B, 롯데푸드 등 전통적인 대형 식품업체들이 시장을 선도해 왔으나 시장이 확대되자 이마트, 롯데마트, 마켓컬리, 헬로 네이처, 편의점 등 온·오프라인 유통업체들이 속속 간편식 시장에 진출하고 있으며, 2020년 11월에 급식 및 외식업체 전문 식재유통 사업을 펼쳐왔던 삼성웰스토리가 '라라믹스'를 공식 론칭했고, 육계가공 업체인 하림도 내년 초 HMR 제품을 출시할 계획이다. 동원F&B는 기존의 '양반' 브랜드 외에 프리미엄 HMR 브랜드인 '수라'를 론칭했으며, CJ제일제당은 기존 제품보다 나트륨 함량을 낮춘 프리미엄 HMR 브랜드 '더비비고'를 출시했다. 이에 따라 업체 간 경쟁도 치열해질 것으로 예상되며 소비자들의 제품 선택권 또한 더욱 다양해질 것으로 전망된다.

❷ 레스토랑 간편식(RMR : Restaurant Meal Replacement)

최근 가정간편식 시장은 소비패턴의 변화에 따라 더욱 세분화되고 있는데 이미 맛으로 검증된 유명 맛집 등의 메뉴가 HMR 형태로 생산될 경우 이를 기존 간편식 제품과 차별화하여 RMR 제품으로 별도 지칭하고 있다.

외식업계 또한 이러한 트렌드에 맞춰 자체 생산·판매를 하거나 외부 전문기업과의 협업을 통해 RMR 시장에 적극 진출하고 있다. 이러한 RMR 제품은 소비자에게 인지도, 레시피, 맛에 대한 평가를 이미 검증받았기 때문에 가정에서 외식하는 느낌과 맛을 즐길 수 있는 언택트 외식의 대안으로 소비자들에게 호평을 받고 있으며 이로 인해 RMR 제품 출시가 활발해지고 있으며 판매량 또한 증가하고 있어 외식기업들의 RMR 사업 경쟁은 더욱 치열해질 것으로 전망된다.

마켓컬리의 2020년 상반기 판매 데이터를 분석해 보면 유명 맛집의 RMR 제품이 인기를 끌었으며 판매 상품 종류 또한 2019년보다 178% 증가한 680여 개로 늘어났다 2020년 6월 18일 기준. 실제 일반 간편식인 HMR 상품 수는 85% 증가했으나 RMR 상품은 HMR 판매 상품 수 증가율보다 93% 이상 더 많은 상품이 입점되고 있다. 이처럼 다양한 RMR 상품의 입점과 함께 판매량도 작년 동기간 대비 175% 증가했으며 이는 전체 상품 판매량 증가율 보다 1.8배 높은 수치이다. 현재 마켓컬리에서 인기 있는 RMR 상품은 홍대 유명 한식주점인 '미로식당'의 떡볶이, 논현동 '게방식당'의 간장·양념게장, 서래마을 '톰볼라'의 라자냐와 피자, 압구정 이자카야 '이치에'의 고로케, '한일관'의 갈비탕과 불고기, '투뿔등심'의 차돌볶음밥 등이 있다.

또 지난 2012년 상수동 1호점 오픈 후 현재 20여 개의 매장을 운영하며 전국 맛집으로 소문난 '구슬함박'은 2020년 4월 신세계푸드와 협업하여 '올반 구슬함박 스테이크'를 출시한 후 CJ오쇼핑에서 방송 1회만에 4천 개가 완판됐고 판매처도 SSG닷컴, 쿠팡, 옥션 등으로 확대되고 있다. 이러한 RMR 제품은 일반적으로 전문 식품기업이나 유통업체와 협업하여 생산, 유통되는 경우가 있는데 대표적으로 위에 언급된 마켓컬리의 미로식당, 게방식당, 이치에, 숭의가든, 한일관 등의 상품이 있으며, 이마트 PB브랜드인 피코크와 손을 잡고 출시한 진진 멘보샤, 초마짬뽕, 오뎅식당 부대찌개, 시추안하우스 마라소고기전골, 유노추보 차돌우동 등도 여기에 포함된다.

이와 함께 외식업소 자체적으로 생산하는 대표적인 RMR 상품군으로는 SG다인힐, 디딤, 이목원, 송추가마골, 본아이에프, 원앤원, 하남에프앤비, 놀부, 강강술래, 창화당, 한촌설렁탕, 착한전복 등 외식업소를 직접 운영하는 업체들의 상품군들이 다양하게 출시되고 있다.

❸ **밀키트**(Meal Kit)

최근 외식업소의 새로운 시장확대 및 코로나19 극복 모델로 부각되고 있는 밀키트 시장은 반가공 조리식품 형태로 신선재료를 사용하고 있는 점이 냉동 완제품 형태인 HMR 상품과 가장 차별화되는 특징이다. 밀키트 제품은 모두 손질된 재료와 소스로 소비자가 간단히 익히거나 끓이는 정도의 조리과정과 채소 · 고기의 신선한 식감, 한끼를 해결할 수 있는 1~2인 분량의 소량 포장 제품으로 구성돼 있다. 이에 따라 조금 더 집밥같은 식감과 업그레이드된 맛을 추구하는 20~30대 젊은층의 1~2인 가구에게 인기가 높은 편이나 다소 높은 가격에 대한 부담이 있다.

국내 밀키트 시장 규모는 2017년 15억 원에서 2019년 370억 원으로 24.7배나 큰 폭으로 증가했으며 시장이 급성장하면서 제품의 종류 또한 다양해지고 있으며 국내에서 판매되고 있는 밀키트 제품수는 2019년 9월 기준 10개 브랜드의 270종에서 2020년 5월 현재 42개 브랜드의 673개 제품으로 크게 늘어났다. 또 밀키트 제품이 많아지면서 메뉴도 다양해지고 있는데 한식이 절반 이상을 차지하고 있지만 양식, 중식, 일식, 베트남식, 태국식 등 이색적이고 글로벌한 메뉴로 확대되고 있다.

■ 국내 밀키트 업체 현황

구분	회사명	브랜드명	진출시기
식품업체	CJ제일제당	쿡킷	2019년 4월
	동원홈푸드	맘스키트	2016년 7월
	한국야쿠르트	잇츠온	2017년 9월
	프레시지	프레시지	2016년 상반기
유통업체	GS리테일	심플리쿡	2017년 12월
	롯데마트	요리하다	2015년 12월
	현대백화점	셰프박스	2018년 4월
	갤러리아백화점	고메494	2018년 12월
	이마트	피코크	2019년 6월
외식업체	㈜놀부	놀부부대찌개	2018년 상반기
	애슐리	쉐프박스	2019년 9월
	SPC 그룹	피그인더가든	2019년 8월
		삼립잇츠	2019년 4월
	SG다인힐	셰프스테이블	2020년 1월
	디딤	연안식당	2021년 상반기

(3) 식생활의 글로벌화

신세대를 겨냥한 다국적 외식기업의 국내진출로 더욱더 빠르게 서구식 식생활의 패턴으로 변해감과 동시에 동 · 서양 음식을 융합한 퓨전푸드 등도 다양한 형태로 발전되어 갈 것이다. 또한 국제화에 따라 미국 이외에도 유럽과 각국의 다양한 민족음식Ethnic이 한국시장에 선보이게 될 것으로 보인다.

(4) 단체급식시장의 확대

초기 기업들이 복리후생의 차원에서 단체급식시장이 주로 사업체, 병원, 관공서, 학교 등으로 빠르게 확대되고 있다. 단체급식시장은 1999년 고교급식을 필두로 한 중학교 등 학교급식시장의 활성화로 시장이 더욱 확대되었고 이러한 추세는 군부대, 교도소 등으로 사업영역이 다각화될 전망이다. 한 예로 CJ프레시웨이 재무현황을 보면 영업이익은 계속 흑자로 유지하던 중 2020년 코로나 여파로 35억 적자를 기록했으나 2021년 1분기에는 영업이익 31억을 기록하며 흑자전화에 성공했다. 급식 유통경로별 취급현황은 대리점40%, 프랜차이즈 30%, 급식20%, 일반레스토랑 10%, 순으로 나타났다.

(5) 프랜차이즈화

1980년대에 해외브랜드가 패스트푸드를 시발점으로 하여 프랜차이즈를 전개하였고 현재 여러 업종으로 확대되고 있는 한편, 외식사업이 기업화되고 점차 브랜드화되면서 매뉴얼을 통한 표준화를 이룩하고 중앙공급식주방을 확보한 외식기업들이 앞으로도 프랜차이즈 시스템의 운영형태로 점포확장을 계속하여 추진되리라 예상된다.

(6) 마케팅활동의 다양화

인터넷의 보급 확산과 이들의 수요자들이 대부분 젊은 층이 많아 외식업소들이 이들을 끌어들이려는 수단으로 인터넷 홈페이지를 구축하여 인터넷을 통한 업소를 홍보하는 인터넷마케팅은 물론, 회원가입을 유도하여 마일리지 카드를 제공하여 포인트를 적립시켜 보너스로 무료시식권을 제공하는 방법으로 고객유지의 관계마케팅과 서비스 인원의 효율적인 관리를 위해 한가한 시간대Idle Time에 방문하는 고객들을 위한 할인 서비스를 제공하는 분산 마케팅 등 다양한 마케팅 방법을 구사하고 있었다.

하지만 코로나19로 비대면 확산 및 사회적 거리두기가 일반화되면서 외식 소비패턴 또한 크게 변화되었다. 즉 기념일, 회식, 친목 모임 등 매장 내에서 이뤄지던 각종 외식형태가 사라짐에 따라 외식업체들도 비대면 외식을 활성화시킬 수 있는 배달 마케팅 및 SNS 브랜드 홍보에 집중하는 추세다. SNS를 통한 브랜드 마케팅, 방송 PPL, 배달 판매 활성화를 위한 리뷰 이벤트 등을 중심으로 마케팅 전략을 펼치고 있는 것으로 분석된다.

2. 외식산업의 당면과제

138조가 넘는 거대시장으로 성장한 우리나라의 외식산업은 양적 성장과 질적 성장이 함께 이루어지고 있으나, 그 성장의 방향은 양에서 질로 변화되고 있다. 즉 운영적인 면과 외식의 가치화가 외식사업 성공의 관건이 될 것이다. 따라서 오늘날의 외식산업이 당면하고 있는 문제는 다음과 같다.

1) 경영자 의식의 문제

외식산업을 비하시키는 직업관과 의욕의 부족 그리고 제조와 판매, 서비스의 복합산업인 외식산업에 대한 전문 경영지식의 부족 등이다.

2) 인적자원의 문제

성장기 시장에 대응할 인적자원의 문제로 교육훈련의 미비와 자질개선 노력이 부족, 3D 업종기피에 따른 인력난 및 생산성 향상 방안의 부재, 그리고 우수한 인재양성 프로그램의 미비와 조직의 구성문제 등이다.

3) 품질수준의 문제

품질기준과 실제 품질 간의 차이에서 파생되는 음식의 품질, 메뉴에 적합한 적정 설비의 도입 및 레시피의 미비, 품질의 비균일성과 품질관리의 미비 등이다.

4) 원가회계의 미숙

주요 식자재 시장가격의 변화와 인건비의 상승 등 제반 원가의 증가, 그리고 수익성과 최적원가의 산정능력 부족 등이다.

5) 운영자금의 부족

자금한계에 따른 우선투자 문제, 운영자금의 부족과 현금 흐름에 관한 계획의 부재 등이다.

6) 관리상의 문제

업소 이미지 관리의 인식 결여, 열악한 근무환경과 높은 이직률, 그리고 중간관리자의 부족과 업무조정능력 부재 등이다.

7) 식품에 관한 지식의 부족

식품에 관한 지식과 조리경험의 부재, 조리사에 대한 지도?감독 능력 부족, 그리고 연구하는 자세의 부족 등이다.

8) 메뉴기획의 부재

고객의 욕구 파악, 원가와 수익성의 함수관계 해석, 인력과 숙련도의 부족, 메뉴분석 능력 부족, 고객지향적 메뉴가치 창출 미비 등이다.

9) 주방 설비의 문제

고품질의 상품가치를 창조하기 위한 주방설비의 성능 문제, 주방설비에 대한 지식 부족 및 사용상의 부주의 등이다.

10) 프랜차이즈 본부의 능력 부족

국내 자생브랜드를 가진 일부 체인본부들은 본부의 능력이 제대로 갖추어져 있지 않은 상태에서 가맹점을 모집하여 가맹비만 챙기고 가맹점의 경영 · 매출 등에는 전혀 관심을 기울이지 않고 실제로는 동일한 브랜드만 쓰고 있을 뿐 통일된 이미지를 형성 · 유지하며 점포를 운영하고 있지 못하고, 위생 · 서비스 등의 수준도 떨어지고 있는 실정이다.

11) 로열티(Royalty)지출과다

기술제휴라는 명목으로 연간매출액의 3~5%에 해당하는 금액이 외국 및 가맹본사로 유출되고 있다. 현재 이에 대한 금액이 적을지라도 가맹점포수 증가에 따라 로열티의 매출액은 계속 높아질 것이다.

12) 점포확보에 따른 투자비 과다

외식산업의 성패를 좌우하는 큰 요인 중의 하나는 점포의 위치인데 소득수준이 높거나 유동인구가 많은 지역은 고가의 보증금 · 권리금 · 임대료 등의 개점비용이 엄청나게 높다.

13) SNS 마케팅 활용 미숙

SNS 마케팅은 크게 블로그와 인스타그램 · 페이스북, 유튜브의 3가지 채널로 구분할 수 있으며 각각 콘텐츠 구성 요소, 주 이용층, 특징 등에 있어 차이를 보이고 있다. 향후 외식업 운영에 있어 SNS는 선택이 아닌 필수 시대로 접어들었기 때문에 각 업소의 현황 및 SNS 채널별 특징을 꼼꼼히 살펴 우리 업소에 맞는 마케팅 전략을 실행하는 것이 필요하다.

제3장

03

외식 프랜차이즈

제1절 프랜차이즈의 개념과 시스템의 종류

1. 프랜차이즈의 개념

프랜차이즈 비즈니스 개념을 최초로 도입한 기업은 1860년대 미국의 싱거 재봉틀 회사이며 후에 1898년에는 자동차회사인 제너럴 모터스 등이 탄생하게 되었다. 이러한 프랜차이즈 형태는 그 효율성이 인정받기 시작하면서 급성장을 거듭해서 여러 종류의 상품 및 서비스 분야에까지 파급되기 시작했다.

우리나라에서는 1979년 햄버거 전문점인 롯데리아가 가맹점 형태로 1호점을 개점한 것이 프랜차이즈의 시작이라고 하며, 본격적으로 성장을 시작한 것은 1988년 올림픽 이후 1989년 편의점 체인인 세븐일레븐이 1호점을 개점하면서 현대적인 프랜차이즈 사업이 본격화되는 계기가 되었다고 볼 수 있다.

즉 프랜차이즈franchise라는 말은 "자유, 면제, 특권 또는 특권을 부여하다"라는 뜻의 라틴어에서 유래되었는데 프랜차이즈란 상호 · 상표 · 특허 · 노하우를 가진 가맹본부 franchsor가 계약을 통해 가맹사업자franchisee에게 상표의 사용권과 제품의 판매권 및 기술 등을 제공하고 그 대가로 가맹비franchise fee와 로열티royalty 등을 받는 계속적인 거래관계를 말한다. 경영학적 의미에서는 프랜차이즈는 고객의 욕구를 충족시키기 위한 제품과 서비스를 배분하는 마케팅활동의 한 부분으로서 고용창출, 유통산업 선진화, 지역경제 활성화, 투자촉진 등 국가경제에 크게 기여하고 있다. 그래서 외식산업에서는 햄버거, 피자, 치킨, 아이스크림, 패밀리 레스토랑, 커피 전문점, 등 다양한 업종 · 업태에 프랜차이징이 광범위하게 적용되고 있다.

프랜차이즈의 특징은 본사가 다년간 경험을 통해 획득한 경영 노하우와 정형화된 시스템을 따라 하면서 초보자나 여성 창업자들이 쉽게 접근할 수 있으며, 비교적 단기간에 수익성을 높일 수 있다. 대량 공동 구매를 통해 각 점포에 분출하므로 원재료 비용의 부담이 적으며 또한 본사상표를 이용하면서 개인 점포에 비해서 광고비 부담을 줄일 수 있다. 특히 배송 체계의 시스템은 일식 전문점과 같이 신선한 재료를 요구하는 점포의 경우에 상당히 유리하다. 그러나 이러한 정형화된 시스템이 가맹점의 점주 능력에 따른 독특한 영업 방식에 저해하는 요소로 작용할 수 있으며, 수익성은 좋아질 가능성이 높지만 이익의 폭이 줄어 들 수 있다. 또한 초기 지급한 돈에 비해 본부로부터 제공받는 메리트가 적을 수 있으며 특히 주의할 것은 부실 프랜차이즈 본사의 경우 파산 시 공동 파산의 위험이 존재한다.

2. 프랜차이즈 시스템의 종류

1) 레귤러 체인(Regular Chain)

단일자본을 가진 동일경영자가 본부를 만들어 가맹 점포를 모두 직영하는 체인형태를 말한다.

특징 : 체인본부의 충분한 자본력과 운영 노하우를 기본으로 본부와 점주는 고용인과 직원의 관계가 된다. 본부와 점포에서 갖는 자율성은 거의 없다고 볼 수 있다.

장점 : 체인본부의 기본 전략과 방향이 전 가맹점을 통해 일사불란하게 수행된다.

단점 : 전 점포의 직영이 가능할 정도의 안정적인 자본력이 요구된다. 점포운영 및 관리를 위한 거의 모든 부분에서 책임부담이 크다.

종류 : 피자헛, 코코스, 스카이락, 맥도날드 등 대기업이 중심이 되어 운영하는 형태가 다수이다.

2) 프랜차이즈 체인(Franchise Chain)

단일 자본을 가진 체인본부가 자본을 가진 가맹점을 모집하여 운영하는 형태의 체인 형태를 말한다.

특징 : 프랜차이즈, 체인본부에서는 상품이나 경영기법 등의 노하우를 패키지로 구성하여 가맹점에 제공하면 각 가맹점에서는 이에 대한 대가로 로얄티를 지급하는 방식으로 운영된다. 일반적으로 가맹 시 보증금과 가입비를 내도록 되어 있다. 체인종류 중에서 프랜차이즈 형태가 가장 일반적이라고 볼 수 있다.

장점 : 본부에게 이미 개발된 노하우를 쉽게 도입할 수 있어 개별 점포를 보다 쉽게 운영할 수 있는 장점이 있다.

단점 : 본부가 충분한 상품력을 가지고 있지 않으면 자본력이나 규모에 비해 가맹점 관리가 소홀해지기 쉽다.

종류 : 현재 주종을 이루는 다수의 체인이 거의 프랜차이즈 형태에 속한다.

3) 볼런터리 체인(Voluntary Chain)

자본을 가지고 있는 소매점이 모여서 특정한 기능을 체인본사에 위탁하여 아래서 위로 체인 시스템을 만들어 가는 것이다.

특징 : 본부와 가맹점 간의 결손관계가 느슨한 수평적 관계의 체인으로 다른 형태의 체인에 비해 결속력과 본부 자본력이 낮은 편이다. 이에 비해 가맹점은 효과를 상승시킬 수 있는 몇 가지의 최소 요소만은 통일적으로 운영한다.

장점 : 가맹점에서 요구하는 특정부분의 전문성이 요구된다. 체인본부에 최소한의 기본적인 기능만이 요구되기 때문에 부담감이 적다.

단점 : 본부가 가맹점의 의결에 따라 움직여지기 때문에 본부 방침 시행 시 설득과 공유의 시간이 많이 소요된다. 또한 가맹점 간 의견의 폭이 타 체인형태에 비해 크기 때문에 이를 조율하는 기준을 결정하는데 어려움이 따를 수도 있다.

종류 : 떡거리, 약국체인 온누리 등

제2절 프랜차이즈의 유형과 전개방식

1. 프랜차이즈의 유형

1) 제품형태 프랜차이즈

제품형태 프랜차이즈product format franchise는 프랜차이저가 제조한 상품을 프랜차이즈의 상호 및 상표하에서 프랜차이지가 소매업자 또는 도매업자로서 판매하는 프랜차이즈 형태이다. 프랜차이저는 프랜차이지에게 상표와 상호 등의 사용허락과 상품만을 공급하며 사업운영에 필요한 모든 노하우를 제공하지는 않는다. 자동차 딜러, 코카콜라, 전자대리점, 주유소 등이 여기에 해당된다.

2) 비즈니스 형태 프랜차이즈

비즈니스 포맷 프랜차이즈business format franchise는 시스템 프랜차이즈system franchise라고도 하며 프랜차이저가 독자적인 노하우와 제품을 개발하여 시스템화하고 프랜차이지에게 사용을 허락하는 프랜차이즈 형태이다. 맥도날드 · 피자헛 · BBQ치킨 · 파파이스 · KFC 등의 외식기업뿐만 아니라 오늘날 모든 프랜차이즈사업의 90%가 비즈니스형태의 프랜차이즈로 운영되고 있다.

3) 전환 프랜차이즈

전환 프랜차이즈convertion franchise는 특정한 가맹본부가 동일한 산업에서 독립적으로 사업하고 있는 사람들을 모집하여 자신의 가맹점 사업자로 바꾸는 것이다. 전환 프랜차이즈를 통해 가맹본부는 사업을 확대할 수 있으며 독립사업자는 가맹본부의 운영 노하우, 브랜드 인지도, 마케팅 등의 도움으로 매출액 증가를 기대할 수 있다.

2. 프랜차이즈 사업의 전개방식

1) 단일점포 프랜차이징

단일점포 프랜차이징unit franchise은 일정지역 내에서 프랜차이저가 갖고 있는 권리와 영업권을 하나의 프랜차이즈 계약으로 하나의 점포에만 부여하고 다른 점포의 개설은 허락하지 않는다. 우리나라 대부분 가맹본부들이 채택하고 있는 프랜차이저의 모집 방법이다.

2) 다수점포 프랜차이징

다수점포 프랜차이징multi unit frachise은 하나의 프랜차이즈 계약을 맺고 다수의 점포를 소유하거나 관리하는 시스템이다. 여기에는 프랜차이즈 개발계약과 마스터 프랜차이즈 계약 등 두 가지 유형의 프랜차이즈 시스템이 있다.

(1) 프랜차이즈 개발계약

프랜차이즈 개발계약franchise development agreement은 프랜차이저가 프랜차이지와 일정지역의 사업개발계약을 맺고 일정기간까지 다수의 점포를 개설하는 것을 의무화하는 것이다. 만일 약정대로 점포를 개발하지 못하는 경우 계약을 취소하여 프랜차이즈 권리를 박탈할 수도 있다.

(2) 마스터 프랜차이즈 계약

마스터 프랜차이즈 계약master franchise agreement은 프랜차이저가 프랜차이지에 대하여 일정지역에서 제삼자에게 프랜차이즈를 부여하는 것을 허락하는 계약이다. 프랜차이저와 직접 계약을 맺은 사람을 마스터 프랜차이지master franchisee라 하고 다시 마스터 프랜차이지와 프랜차이즈 계약을 맺고 점포를 경영하는 사람을 서브 프랜차이지 sub-franchisee라고 한다.

프랜차이즈 개발계약은 프랜차이지 스스로 점포를 개발해야만 하지만 마스터 프랜차이즈 계약은 제삼자에게 점포를 개설하도록 하는 차이점이 있다.

■ '스파게띠아' 가맹점 개요

구분	내 용
기본 콘셉트	• 풍부한 양과 다양한 소스의 스파게티전문점
점포 규모	• 50~60평 이상, 좌석 수 50석 이상
주요 메뉴	• 총 35종 : 스파게티류 24종, 그라탕류 6종, 샐러드 및 빵류 5종
연예상 매출액	• 최대 7~10억 원
본사지원 서비스	• 상권조사, 신메뉴 개발, 매니저 경영지도, 고객관리 프로그램지원, 판매증진을 위한 프로모션 및 홍보
가맹 조건	• 가맹금 : 상표사용권리, 영업 노하우 전수, 영업관리비용, 계약기간 동안 소멸(3,000만 원, 부과세 별도) • 보증금 : 계약이행 및 물품대금 납부에 대한 보증금, 계약기간 종료 시 반환(2,000만 원) • 교육비 : 개점 전 6주간의 점주교육 실시, 이론 · 실습 · 매장교육(500만 원, 부가세 별도) • 로열티 : 총매출대비 5%
투자 내역	• 판촉비 : 개점 홍보 및 판촉지원, 브랜드 전체광고시 별도 약정에 따라 실비 부담(1,000만 원, 부가세 별도, 전단지 제외시 500만 원) • 인테리어 : 브랜드 콘셉트에 맞는 내부장식 및 가구, 간판포함(235만 원/평, 50평 기준) • 설비 : 주방설비, 내장, 냉동고, POS, 덕트, 냉난방기 등(1억 1,800만 원, 50평 기준) • 초도상품 : 초기 기물, 식자재(2,000만 원, 50평 기준) • 총소요비용 : 표준점포 50평 기준, 기타 비용 포함, 로열티 제외 3억 2,050만 원(부가세 별도)

제3절 프랜차이즈의 구조와 장단점

1. 프랜차이즈 구조

프랜차이즈 운영구조를 보면 본부는 가맹점과 계약을 체결하고 가맹점에게 자기의 상호, 상표, 상징 및 경영 노하우를 사용할 권리를 준다. 그래서 가맹점 모두가 동일한 이미지하에서 상품을 판매하고 사업을 행하도록 해준다. 가맹점은 사업에 필요한 자금을 투자하고 본부의 지도 및 원조하에서 사업을 행하며, 그 보상으로써 일정한 대가로열티를 본부에 지급한다. 이러한 관계를 도시화圖示化하면 그림과 같다.

프랜차이즈의 구조

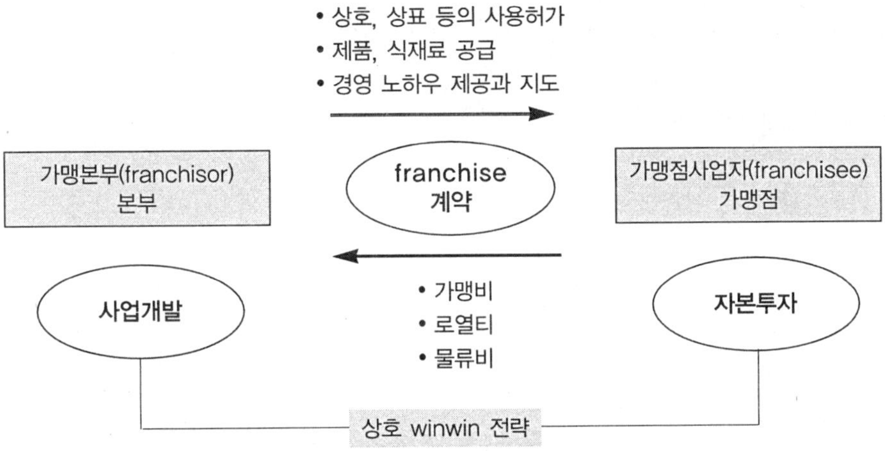

자료 : 윤홍근, 프랜차이즈 입지 및 상권분석 연구, 한국프랜차이즈 협회, 2002

본부는 가맹점의 확대에 의해 판로를 확대할 수 있으며 가맹점은 독립적인 경영욕구를 충족할 수 있으므로 양자는 공존공영의 관계가 형성된다. 즉 본부에서는 자금은 없지만 사업과 경영능력을 가지고 있고, 가맹점의 경우에는 자본을 가지고 있지만 사업을 할 능력이 없을 때, 계약에 의해 양자가 결합함으로써 서로의 장점을 가장 효과적으로 활용하는 것이다.

본부에서 가맹점에게 주는 권리를 프랜차이즈 패키지라 한다. 즉 프랜차이즈 패키지는 본부에서 가맹점에게 제공하는 원조와 지원활동의 총체를 의미한다. 이에는 아래 표와 같이 다양하다.

프랜차이즈 패키지

- 상품, 서비스의 판매권과 상표제공권의 제공
- 배타적 · 전속적 프랜차이징의 제공
- 각종 편람에 의한 지도 : 점포, 점내 배치, 개점업무, 표준경영기술, 판매촉진 기술, 종업원 훈련 등
- 감독자에 의한 정기적인 지도 및 원조
- 정기적 강습회에 의한 교육훈련
- 사내보(社內報)에 의한 경영정보나 기타 정보의 교환
- 신속한 상품구매 체제의 이용
- 광고활동에 의한 지원
- 가맹점과 연대광고 지원
- 개설자금 및 운영자금의 융자 등

가맹점의 의무

- 가맹금의 납입
- 신청증거금의 납입
- 로열티의 지급
- 광고선전비의 분담
- 전속적 취급의 이행
- 구매처의 한정
- 희망판매가격의 준수
- 회계내용의 보고의무
- 기타 본부로부터의 개선명령의 수용

자료 : 이성근 · 배수현, 새유통관리론, 무역경영사 ; 1996,9 P.419

2. 프랜차이즈의 장점과 단점

1) 프랜차이저 본부 현황

(1) 프랜차이저에게 유리한 점

① 분점 · 개점 비용이 들지 않는다(재무적인 위험회피).

② 단시일 내에 다점포 전개가 가능하다.

③ 가맹점이 증가하는 만큼 본부의 이익이 가속도로 증가한다(높은 이익발생).

④ 단기간 내에 지명도가 높아진다(빠른 체인화).

⑤ 점포 내에서의 인건비가 들지 않고 노사문제를 회피할 수 있다.

⑥ 회사 내에 근무하는 종사원보다도 가맹점의 종사원이 성실히 근무해 주고 있다(반도급업자이기 때문이다).

⑦ 재고부담이 거의 없다.

(2) 프랜차이저의 불리한 점

① 독점금지법과 관련된 재판이 많다.

② 가맹점 중 단 하나라도 과실을 범하게 되면 전 가맹점에 영향을 준다(상표손상 가능성).

③ 매뉴얼에 따르지 않는 가맹점이 있다(경영정책 변화의 어려움).

④ 가맹점주는 기본적으로 본부 측의 사원이 아니기 때문에 일방적으로 명령을 내릴 수가 없다.

⑤ 가맹점이 집단탈퇴 등 압력단체가 되는 일이 많다(법적 분쟁 가능성).

⑥ 가맹점이 탈퇴하여 동일한 영업을 하는 경우가 있다.

2) 가맹점 현황

(1) 프랜차이지에게 유리한 점

① 체인본부에서 시스템을 갖추어 고객에게 구매력 있는 상품을 개발하여 공급하기 때문에 실패의 위험성이 적다.

② 체인본부에서 개발한 우수상품 · 상품포장 · 상표 등을 점포경영에 관한 교육 및 지도를 실시하고 있기 때문에 사업경험 또는 특별한 경영능력이 없어도 점포운영이 가능하다.

③ 체인본부에서 일괄적으로 영업 · 광고 · 판촉면에서 지원하므로 개별적인 활동보다 훨씬 큰 판촉활동의 효과를 기대할 수 있다.

④ 가맹점 운영에 필요한 설비와 도구 등을 체인본부로부터 유리한 조건으로 알선받을 수 있으며, 대량구입에 따른 경비절감의 효과를 얻을 수 있다.

⑤ 상품, 소모품 등을 체인본부로부터 공급받으므로 개업 초기의 재고 투자에 대한 부담이 적어진다.

⑥ 체인본부에서 대량구매를 통해 자재를 공급받으므로 가맹점에서는 싼 가격에 상품판매가 가능하며, 안정된 품질의 상품을 공급받을 수 있다.

⑦ 시장변화, 고객행동의 변화에 따라 체인본부에서 기존상품을 개선하거나 새로운 상품을 개발하여 계속적으로 가맹점에 제공해 주기 때문에 시장의 변화에 능동적으로 대처할 수 있다.

⑧ 판매활동 이외의 사무처리 · 노무관리 등의 많은 부분을 체인본부에서 대행해 주기 때문에 판매에만 전념할 수 있다.

⑨ 체인본부에서는 법규, 매장 디스플레이 · 경영 등 여러 분야에 전문가를 두고 있기 때문에 이들 전문가의 도움을 받을 수가 있다.

⑩ 가맹점으로 성공하여 자금여유가 생기면 새로운 가맹점을 만드는 등 여러 개의 가맹점을 소유함으로써 사업 확대가 가능하다.

(2) 프랜차이지에게 불리한 점

① 체인본부에서 상품을 개발하고 지도 · 원조를 하기 때문에 의타심이 생겨서 가맹점경영자 스스로 문제해결이나 경영개선의 노력을 게을리할 우려가 있다.

② 구입상품의 원재료 · 판매방법 · 가격 · 점포장식 등이 표준화되어 있고 통일적인 운영을 원칙으로 하기 때문에 가맹점경영자가 보다 좋은 방법을 개발하더라도 바로 그것을 이용할 수 없는 경우가 있다.

③ 체인본부에서는 전체적으로 효과를 생각해서 경영정책을 입안하고 실시하기 때문에 특정가맹점에서는 그 지역특성에 맞지 않을 수도 있다.

④ 체인본부와 가맹점의 이해가 상반되는 경우 쌍방 모두 독립된 사업자이기 때문에 체인본부가 자기의 이익을 위해서 가맹점의 의사를 무시하는 경우가 있다.

⑤ 타 가맹점이 실패할 경우 가맹점은 그 의사결정에 참여할 수 없다.

⑥ 가맹점과 본부 간의 계약이 체인본부의 의사를 따라야 하는 계약이기 때문에 계약내용에 대하여 가맹점 희망자가 자기의 요구사항이나 조건 등을 요구할 여지가 없다.

⑦ 체인본부의 사세가 약화되거나 판매정책의 변화에 따라 체인본부로부터의 지도와 지원을 충분히 받을 수 없게 될 우려가 있다.

⑧ 불리한 조건의 가맹계약을 체결하여 계약해지 시 손해를 입는 경우가 발생할 수 있다.

이처럼 프랜차이지에게 유리한 점이 있는가 하면 불리한 점이 병존하고 있기 때문에 가맹점의 입장에서는 자신에 맞는 적합한 업종을 선택하기 위해서는 다음과 같은 사항을 충분히 고려한 뒤 결정하여야 한다.

① 먼저 자신을 충분히 파악하여야 한다.

자신의 능력, 취미, 과거의 경험 등을 고려하여 업종을 선택함으로써 사업에 대한 실증과 회의를 느끼지 않고 자기 인생의 보람과 긍지를 갖고 열심히 사업에 임할 수 있다.

② 자신의 주변여건을 고려한다.

업종선택에 친척 · 친구 등 아는 사람들로부터 도움을 받을 수 있는지, 또는 자녀의 교육, 가정생활을 유지하는 데 문제발생의 염려가 있는지 등이 중요한 판단기준이 된다.

③ 업종의 성장성을 판단한다.

이것은 관심을 갖고 있는 업종이 현재 성장하고 있는 단계인지, 아니면 쇠퇴기에 접어든 것인지, 또는 몇 년 지나야만 유망해질 수 있는 업종인지를 파악하는 것으로, 이에 대하여 여러 방면으로 알아보고 판단해야 한다.

3) 고객 측면에서의 효과

프랜차이저와 프랜차이지 간의 관계 속에서 영업활동상 궁극적인 대상은 고객이다. 그러면 고객 측면에서 그 효과를 살펴보면 다음과 같은 내용으로 설명될 수 있다.

(1) 고객 측면에서 유리한 점

① 서비스 제공의 수준이 상승된다.

② 본부에 의해 연구되고 표준화된 서비스와 품질을 언제 어디에서도 공급받을 수 있다.

③ 유통과정에서 요구되는 비용이 낮게 산정되어 염가의 상품서비스를 제공받을 수 있다.

(2) 고객 측면에서 불리한 점

① 본부의 힘이 강력하게 작동하면 거래상 가맹점은 불리한 입장에 놓이게 되어 결과적으로 가격 · 서비스 면에서 고객에게 불이익을 가져다 줄 수 있다.

② 프랜차이징을 악용하는 자가 생김으로써 거래상 부정이 일어나 서비스를 받는 고객에게도 나쁜 영향을 줄 수 있다.

③ 영업상 책임의 소재가 불분명하여 고객들의 불만을 처리할 수 있는 창구가 불분명하다.

제4절 프랜차이즈 시스템의 발전추세

1. 세계적인 추세

전 세계적으로 프랜차이즈 기업들의 해외시장 진출 경쟁이 더욱 치열해지고 있다. 프랜차이즈 종주국인 미국을 비롯한 북미, 남미, 중동, 아시아를 넘어 아프리카 대륙까지 확대되고 있다. 여전히 미국 브랜드들이 강세지만 말레이시아, 싱가포르, 일본, 필리핀, 베트남, 대만, 한국 등의 브랜드들의 활발한 해외시장 진출과 가시적인 성과로 미국과의 차이를 좁혀 나가고 있으며 미국 프랜차이즈시장에 진출해 큰 성과를 내는 브랜드들도 많이 나타나고 있다.

이제 전 세계 주요 도시 어디를 가더라도 국적은 다르지만 프랜차이즈화된 브랜드들의 상품과 서비스를 구매하고 이용하는 것은 보편화됐다. 다국적 프랜차이즈 기업들의 해외진출은 프랜차이즈 브랜드에 대한 소비자 선호도 증가도 있지만 프랜차이즈 기업들의 적극적인 노력과 정부의 다양한 지원 때문이다. 특히 프랜차이즈 시장이 성숙기에 접어들었거나 장기적인 경기불황에 직면한 국가들의 프랜차이즈 기업들은 성장을 넘어 생존을 위해서라도 새로운 시장 개척은 절실할 수밖에 없다.

2017년 기준 공정거래위원회에 의한 해외 진출 업종은 커피, 치킨, 한식, 분식김밥, 일식/서양식, 제과제빵 순으로 나타났으며 진출 국가는 중국52.0, 미국20.2, 말레이시아13.6, 일본12.6, 필리핀11.8, 대만8.7, 베트남8.6, 인도네시아8.6 순으로 나타났다.

지금도 많은 외식업체나 프랜차이즈 기업들이 해외로 나가고 있다. 현재까지 중국과 미국에 집중돼 있지만 태국, 필리핀, 인도네시아 등 51개국으로 확대되고 있는 것으로 조사됐다.

지금 우리 프랜차이즈 기업들이 가장 주목해야 할 시장은 베트남이다. 베트남은 동남아시아 시장에서 가장 높은 경제 성장률을 기록하고 있으며, 구매력은 낮으나 9,000만 명의 소비인구가 있어 잠재력이 큰 시장으로 평가되고 있다. 무엇보다 중요한 것은 한국에 대한 우호적인 이미지와 한국음식에 대한 현지인들의 높은 선호도이다. 베트남인들에게 한국음식에 대한 사랑과 관심도는 그 어떤 나라보다 높으며, 심지어 한국 대표 음식인 김치를 집에서 직접 담가 먹을 정도이다.

하지만 현재 베트남에서 한식을 주도하고 있는 기업은 'GoGi House' 브랜드를 운영하는 베트남 최대 외식기업 골든 게이트Golden Gate와 'King BBQ', 'Seoul Garden' 브랜드로 많은 점포를 운영하고 있는 레드선RED SUN이라는 베트남 기업이다. 두 회사는 사이공센터나 빈컴센터 등과 같은 쇼핑몰과 데탐거리, 펜실롱거리 등 주요 먹자거리에서도 쉽게 찾아볼 수 있다.

물론 베트남 기업 중심의 한식브랜드가 한식 대중화에는 일정 부분 기여하고 있지만 한국 음식 본연의 맛이나 문화를 왜곡시키는 부작용도 발생하고 있다. 한국어로 표기된 메뉴명이 잘못 표시돼 있기도 하다. 따라서 한국 프랜차이즈 기업의 베트남 진출은 한국에 대한 우호적인 이미지와 한류열풍 그리고 한국음식에 대한 대중화와 한국음식, 한국문화의 올바른 확산을 위해 우선적으로 진출해야 할 시장이다.

2. 우리나라의 추세

우리나라 프랜차이즈 산업의 매출이 국내총생산GDP의 7%에 달하는 것으로 나타났다. 가맹점의 연평균 매출액은 2억 8,000만 원이었다. 산업통상자원부는 프랜차이즈 산업 규모, 해외 진출 현황 등을 담은 '2018년 프랜차이즈 산업 실태 조사' 결과를 발표했다. 그 결과 내용은 다음과 같다.

1) 가맹본부 및 가맹점 수

2017년 기준 가맹본부 수는 4,631개로 전년 대비 8.5% 증가했다. 업종별로는 외식업이 3,457개75%로 가장 많았고, 그 뒤를 서비스업19%과 도소매업6%이었다. 브랜드 수는 총 5,741개로 가맹본부당 1.2개의 브랜드를 소유하고 있었다.

총 가맹점 수는 전년 대비 5.2% 늘어난 24만 8,000개였다. 업종은 외식업48%, 서비스업29%, 도소매업23% 순으로 많았다.

2) 매출

총매출가맹본부+가맹점은 119조 7000억 원으로 전년 대비 2.7% 증가했다. 이는 우리나라 명목 GDP1,730조 원의 6.9%를 차지하는 규모다. 업종별로는 도소매업이 66조 8,000억 원으로 전체의 56%를 차지했다. 외식업은 43조 4,000억 원으로 36%, 서비스업은 9조 6,000억 원으로 8%를 각각 점했다.

전체 매출 가운데 가맹본부는 52조 3,000억 원44%, 가맹점은 67조 4,000억 원56%이었다. 연평균 매출액은 가맹본부당 144억 원, 가맹점당 2억 8,000만 원이었다.

3) 고용

고용은 전년 대비 11% 늘어난 125만 6,000명으로 우리나라 경제활동인구의 4.5%를 차지했다. 업종별로는 외식업 60만 명, 서비스업 34만 명, 도소매업 31만 명이었다. 전체 고용 중 가맹본부는 18만 2,000명, 가맹점은 107만 4,000명이었다. 평균 고용인원을 보면 가맹본부는 49명, 가맹점은 4명점주 포함이었다.

4) 기업 규모

전체 가맹본부 중 대기업은 27개0.7%, 중견기업 101개2.7%, 중소기업 3,518개92.4%였다. 대기업과 중견기업은 도소매업에 상대적으로 많이 분포해 있었다.

5) 해외 진출

전체 가맹본부 중 7.6%인 350여 개가 해외진출 경험을 갖고 있었고, 12.3%는 해외진출 계획을 갖고 있는 것으로 조사됐다. 해외 진출 업종은 커피, 치킨, 한식, 분식김밥, 일식/서양식, 제과제빵 순으로 나타났으며 진출 국가는 중국52.0, 미국20.2, 말레이시아13.6, 일본12.6, 필리핀11.8, 대만8.7, 베트남8.6, 인도네시아8.6 순으로 나타났다. 매출액은 브랜드 당 연평균 18억 3,000만 원이었다.

6) 가맹본부 운영 현황

가맹본부 수입의 81%는 물류마진이었다. 물류마진은 가맹점에 제공하는 원재료 등의 매입가와 공급가의 차이에서 발생하는 금액이다. 로열티 수입은 11%였다.

브랜드 당 평균 가맹비는 1,044만 원, 교육비는 390만 원, 보증금은 584만 원이었다. 최초 가맹 계약 기간은 평균 2.2년이었고, 갱신 계약기간은 1.5년이었다. 가맹사업 운영 시 애로사항은 경쟁 심화39.5%, 가맹점 경영 악화24.1%, 가맹 희망자 감소13.2% 등이었다.

7) 가맹점 운영 현황

창업 동기는 안정적 소득 보장이 59%를 차지해 생계형 창업이 주류를 이루는 것으로 조사됐다.

최근 1년간 매출액 변화에 대해서는 비슷하다는 응답이 63%, 감소했다는 응답이 34%였다. 비용은 본사 납입이 29%로 가장 큰 비중을 차지했고, 수익률은 21% 수준이었다.

매장 운영 시 애로사항은 인건비 가중23%, 경쟁 점포 증가20%, 매출 감소14%, 임대료 상승12% 등이었다. 가맹사업 발전을 위해서는 출점 제한 등 영업권 보호29%, 가맹본부의 불공정거래 개선26% 등이 필요한 것으로 조사됐다.

8) 상생협력

가맹본부의 8.8%는 가맹점과 가맹점의 15.3%는 가맹본부와 각각 불공정거래 경험이 있다고 응답했다.

또한 가맹본부는 가맹점과 신뢰관계 및 소통수준이 강하게 형성돼 있다고 보는 반면, 가맹점은 저조한 것으로 평가해 입장 차이가 명확한 것으로 확인됐다.

제5절 프랜차이즈 계약에 따른 사전 주의사항

프랜차이즈 소유주로서 사업을 성공적으로 이끌기 위해서는 본인 자신, 판매상품 또는 서비스business의 선택, 시장상황, 프랜차이즈 회사, 프랜차이즈 계약내용에 대한 사항들을 필수적으로 평가할 필요가 있다.

1. 본인

많은 돈과 시간을 그리고 위험부담을 가져야 한다. 사업자는 사업을 성공적으로 이끌기 위해 수년간 · 장시간 헌신할 각오가 되어 있는가를 다시 한번 생각해야 한다.

① 자기 자신을 관리Managing할 수 있는가.

② 다른 사람들과 조화를 이루어 일할 수 있는가.

③ 능동적으로 일을 시작하는Self-starter 사람인가.

④ 자기 자신을 야망 있고, 능동적이고, 헌신적Enthusiastic이라 생각하는가.

⑤ 동시에 여러 가지 벌어진 일을 처리할 수 있는 능력이 있는가.

⑥ 타인으로부터 협조 · 지원받는 것을 꺼리지 않는 성격인가.

⑦ 프랜차이즈를 소유할 충분한 운영자금Work's Capital이 있는가.

⑧ 프랜차이즈 회사에서 제공하는 이점을 얻기 위해 본인의 주관Independence을 포기할 수 있는가.

⑨ 육체적으로나 정신적으로 건강한 상태인가.

⑩ 침착하고 원만한 성격의 소유자인가.

⑪ 과거 신용 Historyrate가 좋은가.

⑫ 가족으로부터 지원받을 수 있는가.

⑬ 사업을 영위하기에 도움이 될 수 있는 과거 경험이나 교육수준은 갖추어져 있는가.

⑭ 사업을 위해 갖추어야 할 법적 구조Proprietorship, Partnership, Corporation에 대한 이해를 하고 있는가.

2. 상품 및 서비스

상품에 대한 인지도가 높은지 낮은지를 알아야 한다. 또한 서비스가 타 상품에 비해서 어느 정도 인정을 받고 있는지를 충분히 파악할 필요가 있다.

① 열의를 다해 일할 가치가 있는 상품이나 서비스인가.

② 타 상품이나 서비스에 대해 경쟁력이 있다고 판단되는가.

③ 고품질의 믿을 만한 상품이나 서비스인가.

④ 기 시장에서 시도되어 확인된 상품이나 서비스인가.

⑤ 상품이나 서비스의 공급원은 믿을만한가.

⑥ 특허나 Trademark 보호를 받는 상품이나 서비스인가.

⑦ Warranties나 Guarantees로 보상받을 수 있는 상품이나 서비스인가.

⑧ 연방정부나 주정부의 기준에 맞고 안전 · 건강 측면에서 기준이 맞는가.

⑨ 전국적인 광고로 잘 알려진 상품이나 서비스인가.

⑩ 다른 프랜차이즈 회사에서 유사 · 신상품 혹은 서비스가 개발 중인가.

3. 시장

사회적인 환경에 영향을 받는 상권 즉 시장은 쉬지 않고 움직인다. 프랜차이즈 사업체가 자신의 상품을 판매하기 위하여 고객을 유인하기 위한 지역적 범위등 여러가지 내용들을 아래와 같이 알아볼 필요가 있다.

① 프랜차이즈에 관련된 전체 시장은 커지는가, 정체되어 있는가, 줄어드는가.

② 예정된 프랜차이즈 상점 인근의 상품이나 서비스의 수요는 어떠한가.

③ 인근에 경쟁 상품이나 서비스가 있는가, 또한 있다면 가격이나 품질면에서 경쟁력이 있는가.

④ 취급 상품이나 서비스가 1년 내내 판매가능한가, 계절을 타는 상품인가.

⑤ 단기간 유행을 타는 상품이나 서비스인가 혹은 Life Cycle이 짧은 시장인가 아닌가.

⑥ 인근의 인구가 늘어날 것인가, 정체할 것인가, 줄어들 것인가.

4. 프랜차이즈 회사

우선 프랜차이즈 계약을 하게 되면 계약기간 동안은 프랜차이즈 회사와 동고동락을 해야 하므로 가능한 한 많은 정보를 얻어 두는 것이 좋다, 회사 자체의 연혁은 각종 비즈니스 잡지나 책 등을 통해 얻을 수 있고, 회사의 신용도는 Dun & BradstreetD&B Report통해서, 주식평가상장회사의 경우는 Moody rate, Stand Arnd poor rate 혹은 주식 중개업자를 통해서 얻을 수 있다.

그 밖에 프랜차이즈 회사의 거래은행 · 공급업체 · 기존 프랜차이즈 가맹점 소유주 등을 통해서도 간접 정보를 얻을 수 있다. 알아보아야 할 항목들은 다음과 같다.

① 회사의 명성 · 자금력 · 건실도 · 관리 층의 수준은 어떠한가.

② 주요 간부 · 이사진 · Partners · 관리자들은 누구인가.

③ 회사가 International Franchise Association에 가입되어 있는가.

④ 대차대조표는 건실한가, 각종 Financial 지표가 동종업 경쟁사와 비교하여 건실한가.

⑤ D&B상에 Credit Rate는 어떻게 평가받았는가.

⑥ 회사가 파산 선고를 받은 적이 있는가.

⑦ 회사가 민사나 형사소송에 관련이 되었거나 사기 · 횡령 등으로 기소된 적이 있는가.

⑧ 회사의 단기 · 장기 목표는 무엇인가.

⑨ 본사의 종업원은 몇 명이고 어떠한 직종들이 있는가.

⑩ 언제 회사가 사업을 시작했으며 프랜차이즈의 역사는 몇 년인가.

⑪ 지난 3년간 프랜차이즈 부문의 총 매출액은 얼마이며 내년도 예상은 어떠한가.

⑫ 각 프랜차이즈 가맹점의 평균 총매출액과 순수익은 어떠한가.

⑬ 현재 몇 개의 프랜차이즈 가맹점이 있으며, 회사가 직영하는 매장도 있는가. 지난해에 추가된 가맹점 수와 금년에 추가 예정인 가맹점 수는 얼마인가.

⑭ 현재 몇 개 주에서 영업 중이며 확장계획은 있는가.

⑮ 경쟁 업체에 대한 회사의 전략은 어떠한가.

⑯ 프랜차이즈 법에 위배되어 처벌받은 적이 있는가.

⑰ Franchisee로부터 피소된 적이 있는가, 있다면 어떠한 소송내용이었으며 어떻게 처리되었는가, 소송내용에 대해서는 추후 보완수정이 되었는가.

⑱ 현재 회사를 대상으로 걸려 있는 소송이 있는가.

⑲ 매년 연구 · 개발비로 지출하는 금액은 얼마이며, 매출액의 몇 % 정도인가.

⑳ 지난 3년간 실패한 Franchisee는 몇 개나 되며, 실패하게 된 주요 원인은 무엇인가.

㉑ 지난 3년간 제삼자에게 소유권을 넘긴 Franchisee는 몇 개이며, 소유권이전을 하게 된 주요 원인은 무엇인가.

㉒ 지난 3년간 회사에 의해 폐쇄된 Franchisee는 몇 개이며 폐쇄된 주요 원인은 무엇인가.

제6절 가맹본부를 바르게 선정하는 방법

1. 홈페이지에서 가맹본부를 찾는 방법

우리나라에는 아직 외식전담 인터넷 사이트가 없으므로 결국 일반 인터넷 사이트에 가맹본부가 홈페이지를 개설하여 운영하고 있다. 일본의 경우만 보아도 구어메이 gourmet 사이트, 식음료 전문사이트, 프랜차이즈 전문사이트가 있어 대부분의 체인본부가 전문사이트에 자기기업의 홈페이지를 개설운영하고 있으며, 판촉이나 기타 홍보 활동도 이런 전문사이트를 이용함으로써 보다 효과를 높이고 있다.

일본 통산성에서는 우리의 정보공개서면에 해당하는 법적정보개시 서면을 데이터베이스화하여 이들 사이트에 공개하게 함으로써 일반인들이 쉽게 해당 기업의 내용을 접속할 수 있게 하고 있다. 또 프랜차이즈 협회는 이 홈페이지에 일정한 양식으로 프랜차이즈 협회도 점진적으로 이러한 문제를 해결하기 위하여 조직을 강화하고 있으며, 특히 대학원과 대학에 프랜차이즈 전문과정이 설립되는 등 연구가 활발하게 이루어지는 점은 다행스러운 일이 아닐 수 없다.

본부 홈페이지에는 점포별 투자규모, 자본금, 모델 손익계산서, 모델 점포규모, 메뉴표와 단가, 직영점 및 가맹점 점포 수, 관련사업 존재여부, 기업의 역사, 대표자 및 임원급의 경력, 본부의 교육체계, 본부의 주소, 이메일 주소, 전화 및 팩스번호 등이 기록되어 있어 개인이 자기의 투자규모와 개성에 맞는 체인본부를 일차적으로 몇 개 선정할 수 있다.

2. 사업설명회 참가

사업설명회는 보통 외식 프랜차이즈 본부가 창업 시에 신문지상에 사업설명회를 개최한다고 광고하는 경우가 많으며, 영업 중에 있는 본부 중에는 전화로 상담하는 사람들에게 일정 기간에 한꺼번에 본사 상담실이나 일정 장소를 방문토록 하여 사업설명회를 개최하고 자기 기업의 내용을 설명한다. 이때 유의해야 할 점은 사업설명회가 끝난 뒤 본사에서 배포하는 설명서나 회사 안내문만 받아서 올 것이 아니라, 기존점포의 위치를 알아내거나 본사사무실의 위치, 구조, 직원들의 근무상황들을 살펴볼 필요가 있다. 시간이 남는다면 본사 점포개발담당과 영업담당을 알아내서 방문한 체인본부에 대한 자세한 내용을 질문하여 궁금한 것을 더 확인할 필요가 있다.

사업설명회에 가기 전에 미리 질문할 내용을 대학노트에 기록하여 아까운 시간을 절약하는 것도 하나의 요령이다. 그리고 보통 본사 사업설명회에는 대학교수나 유명강사를 초청하여 강연을 하게 하는 경우도 있는데, 그들의 이야기는 솔직히 말해 별로 참고할 내용이 없다고 보면 된다. 어디까지나 그 회사의 최고경영자나 책임 있는 위치에 있는 사람이 직접 설명하는 내용이 중요한 것이다. 이때는 서류상의 설명내용 외에 회사의 내용을 설명하는 비주얼visual 자료의 충실도도 함께 평가한다.

3. 프랜차이즈 박람회 참가

서울 등에는 매년 프랜차이즈 박람회가 개최됨으로 이 박람회에 참가하여 많은 정보를 얻는 방법도 있다. 박람회에는 많은 사람들이 참가함으로 당해 기업의 직원들과 대화할 시간이 부족하지만 광범위한 외식 업종 · 형태에 관한 정보와 점포실체를 살필 수 있음으로 자기가 선택하려는 업종 · 업태의 개괄적인 내용을 파악하는 기회가 된다.

4. 본부 방문 면담

사업설명회나 프랜차이즈 박람회에 참가하여 일반적인 정보를 수집한 후 자기적성에 맞고 호감이 가는 본부를 몇 개 선정하면 해당 본부담당자와 면담일자를 정하여 구체적인 상담을 하는 과정에서 본부의 실력, 성장가능성 등을 조사한다. 이때도 아무 주저 없이 본부의 점포 개발 담당자가 귀찮아 할 정도로 구체적으로 알고 싶은 내용을 질문하여 필요한 사항을 메모한다. 물론 질문할 내용을 미리 정한 뒤에 본사를 방문하는 것은 당연하다. 무엇보다 중요한 것은 본부 사무실 분위기의 파악이다. 상식선에서 사무실의 구조나 규모, 직원의 친절한 자세나 언어구사 등을 보면 본부의 수준을 파악할 수가 있다.

5. 가맹점 방문

본부방문 후에는 직영점과 가맹점을 최소한 10여 점포 확인하고 직접 현장을 방문하여 영업현황을 확인한다. 당연히 점심영업시간 또는 저녁영업시간대에 방문하여 손님의 입장에서 메뉴의 맛, 서비스의 수준, 점포분위기, 위생청결상태, 화장실의 관리상태 등을 나름대로 평가한다. 단순히 고객의 입장에서 평가해 보는 것이다. 그리고 어느 정도 수준에 들어오는 점포라고 생각되면 비교적 한가한 시간대에 다시 그 점포를 방문하여 경영자나 점포책임자와 미팅하면서 영업상황이나 본부의 지도교육, 지원상황 등을 질문해 보면 바로 본부의 관리능력이나 본부와 점포 간의 커뮤니케이션 수준을 파악할 수 있을 것이다.

현장방문 시에는 본부의 모델점포가 있는 경우에는 이 모델점포의 현상을 상세히 살펴보고 이 모델점포의 현황과 타 점포의 그것과 현격한 차이점이 있는지 여부도 파악하는 것이 중요하다.

말할 필요 없이 양자의 매출, 운영, 기타 점포 오퍼레이션 상에 현격한 차이가 있다면 이 본부는 아직 시스템이 정립되지 않았다고 보아도 좋을 것이다. 만약 기존점포가 없다면 어떻게 할 것인가? 이는 아무리 우수한 제품의 메뉴나 지명도가 높은 기업이 추진하는 사업이라도 프랜차이즈로 가맹하여서는 안 될 것이다. 상식적인 이야기지만 국내최고의 식품회사나 무역회사 종합기업에서 외국의 브랜드를 도입하여 추진하는 외식 프랜차이즈라도 기존점포가 없다면 가맹점으로 가입하는 것은 문제가 있다.

6. 정보공개서의 내용검토

가맹본부를 방문하여 상담을 한 뒤 계약에 임하기 전에 반드시 정보공개서 내용을 검토할 필요가 있다. 지금은 가맹사업 진흥에 관한 법률이 제정되어 가맹부의 정보공개를 구체적으로 기록하여 가맹희망자에게 제시할 것을 요구함으로 비교적 자세한 기업정보를 얻을 수 있다. 그러나 해당기업의 내용을 잘 모르는 초심자로서는 그 정보공개서의 진위를 명확하게 파악할 수 없을 것이다. 이때 가능한 약간의 비용이 소요되더라도 프랜차이즈 전문가에게 자문을 받는 것이 좋다. 자기의 전 재산을 투자하는 것이므로 신중에 신중을 기하여야 한다는 것이다. 그런데 우리의 경우 이러한 사회적 관행에 익숙하지 않아 가맹희망자가 혼자서 판단한 뒤 가맹계약을 체결함으로써 뒤에 불행한 사태를 초래하는 경우가 많다. 법률상 쟁송사건이 발생하면 변호사를 찾아가면서도 자기 재산을 지키는 일에는 전문가의 조언을 참고하지 않는 것이 문제가 된다. 외국의 경우는 거의가 전문가에게 문의하고 전문가의 조언을 받아 프랜차이즈 계약을 체결하는 것이 일반화되어 있다. 심지어는 점포개발 당시부터 부동산 소개소를 찾는 우리와는 달리 외식 프랜차이즈 전문가를 찾아 조언을 듣는 경우가 많으며 또 신뢰할 만한 프랜차이즈 전문가도 많다.

우리나라에는 가맹거래사제도가 입법화되어 있으나 아직은 활성화되지 못하고 있으며, 프랜차이즈 역사가 짧고 믿을 만한 전문가도 많지 않아 문제가 있기는 하지만 그래도 찾아보면 최소한의 조언해줄 사람을 찾을 수 있을 것이다.

제7절 프랜차이즈 계약

1. 프랜차이즈 시스템의 계약

프랜차이즈 시스템은 계약을 기초로 한다. 대부분의 가맹계약은 양자가 협의해서 체결하는 것이 아니라 프랜차이저 본부franchisor가 계약내용을 미리 정하고 이에 동의하는 자인 가맹점franchisee과 계약하게 된다. 그리고 계약의 기본적인 내용은 본부와 가맹점 상호 간의 권리와 의무로 구성되어 있고 본부는 가맹점에 대하여 상호와 상표, 로고 등의 사용을 허용하고 경영과 판매에 대한 노하우를 제공하고 지도하며, 가맹점은 사업수행에 필요한 자금을 투자하고 본부의 지도 아래 사업을 수행한다.

가맹본부와 가맹점이 상호 간의 약점을 계약을 통하여 보완하고 강화시켜 상호효율성 증대에 따른 이익을 극대화시키는 계약형의 유통시스템이다. 따라서 본부와 가맹점은 상호 간에 상대방의 이익을 보장한다는 측면에서 계약서에 명시된 약속을 성실하게 이행해야 할 의무가 있다.

2. 가입비와 로열티 및 기타 수수료

가맹점이 본부에 지급하는 가입비, 보증금, 연회비로열티, 상품공급에 대한 수수료, 운송비 등 기타 비용에 관한 가맹점의 의무를 규정한다. 가입비는 계약당시에 지급하며, 상표와 상호 및 로고의 사용권, 개점 전의 교육비, 경영매뉴얼의 사용료, 점포의 입지조사, 인테리어 디자인 등에 대한 대가가 포함된다. 계약 후 정기적으로 지급되는 로열티는 본부가 가맹점에 대하여 지속적으로 제공하는 경영지도에 대한 보수이며, 매출액 대비 정률제와 또는 정액요금의 두 방식이 있고 최저와 최고요금을 정해 두기도 한다.

3. 가맹점 실내외 인테리어의 통일

가맹점은 본부의 요구에 따라 실내외 배치와 도면설계 등 인테리어를 할 의무가 있다. 실내외 인테리어는 상표와 체인을 상징하며, 취급상품과 서비스 등에 대한 이미지로 소비자에게 인지되므로 본부의 요구에 따라 일관성 있는 통일성을 유지하여야 할 것이다. 아울러 레이아웃도 경영의 효율성 측면에서 매우 중요한 요소이므로 경험과 노하우가 축적된 본부의 시방서에 따라야 하며, 정기적으로 실내 인테리어를 개 · 보수하여야 한다. 오래된 가맹점의 인테리어 개 · 보수를 촉진하기 위하여 KFC는 가맹점이 개 · 보수하면 일정액을 본부가 지원해 주는 정책을 유지하고 있다.

4. 가맹점의 설비투자와 본부의 자재공급

프랜차이저 본부는 가맹점의 신설, 개조, 내 · 외장 레이아웃의 설계, 상품재고투자 등을 위한 최저 투자액에 대하여 구체적인 조건과 내용을 미리 정해 두어야 한다. 가맹점의 내 · 외장용 자재, 내부설비, 도구, 유니폼, 기물, 기타 비품 등을 본부가 유상 또는 무상으로 공급하거나 또는 리스하는 조건 등도 미리 정하여야 한다.

5. 자금조달 조건과 보험가입 의무

가맹점이 본부로부터 융자를 받거나 또는 보증 등의 지원을 받을 경우에는 그에 관한 구체적인 조건과 내용을 계약서에 명시해야 한다. 또한 만약에 발생할지도 모르는 영업상의 사고에 대비한 최소한의 보험가입은 본부와 가맹점의 재산상의 손실을 보전해 줄 수 있다.

6. 본부의 가맹점 교육훈련 의무

가맹점은 본부의 인사정책, 종업원교육, 임금정책, 상여금 규정 등을 수용해야 한다. 또한 개점 전후에 실시하는 가맹점의 교육, 훈련, 연수들에 관하여 그 기간, 유상 · 무상의 구별, 기타 구체적인 방법과 조건에 대하여 규정하여야 한다. 개점 전의 사전교육에는 점포의 배치, 판매방법, 본부와 가맹점 사이의 조직원리 등으로 구성되고, 가맹 후의 교육에는 고객응대와 관리, 매장관리, 상품관리, 판매교육, 점포의 운영, 조리법, 서비스방법 등에 대한 실질적이고 구체적인 영업방법과 내용으로 구성된다.

7. 판매촉진과 선전광고

체인본부는 특정 가맹점 또는 체인 전체를 위한 판매촉진활동과 광고를 할 의무가 있으며, 계약서에 그 구체적인 방법과 가맹점의 비용부담방법과 협력의무 등에 관한 내용을 포함하여야 한다. 또한 가맹점이 독자적으로 지역광고를 하는 경우에는 대개 본부의 승인을 얻어야 하는데, 메시지전달의 일관성과 획일적인 기업과 제품의 이미지를 유지하기 위한 것이다.

8. 회계지도와 보고

가맹점은 본부의 표준회계 시스템에 따라 운영하여야 한다. 또한 가맹점은 정기적으로 본부에 회계보고서를 제출하여야 하며, 필요할 때에는 본부의 회계감사를 받아야 하는데, 이를 통하여 체인본부는 가맹점의 영업실적을 파악하고 로열티 계산을 확인한다. 그러나 소규모 가맹점은 회계전담직원을 고용하기가 어렵다. 따라서 본부는 가맹점의 경리기장에 관한 혼란을 방지하고 통일된 회계 시스템을 확립하기 위하여 가맹점의 회계 및 세무 등에 대한 방법과 내용을 구체적으로 명시해 주고, 필요하면 그에 관한 상담과 교육을 실시함으로써 가맹점이 안심하고 영업을 할 수 있도록 해주어야 한다. 예컨대, 본부의 회계전산 시스템에 가맹점의 회계관리 컴퓨터를 랜Lan으로 연결하여,

가맹점 회계사무를 처리할 수 있도록 해주고, 이를 통하여 가맹점의 식자재 등 기타 비품을 효율적으로 재고관리할 수 있도록 하는 것도 하나의 좋은 방법이 될 수 있다.

9. 매뉴얼의 제공과 영업시간

체인본부는 가맹점의 운영에 관한 구체적인 노하우와 경영지도가 담긴 매뉴얼을 작성하여 제공해야 하며, 가맹점은 본부가 요구하는 개점, 폐점, 최소 영업시간 등의 요구를 수용하여야 한다.

10. 가맹본부가 제시하는 정책규정 등의 준수 의무

체인본부가 가맹점에 요구하는 점포경영에 관한 정책과 규정 및 기타 운영방침의 준수의무를 다하도록 하는 구체적인 내용을 계약서에 명시하여야 한다. 체인본부는 소비자에게 공급하는 상품의 품질과 서비스의 기준, 최고가격이나 최저가격 등에 관한 구체적인 방침을 가맹점에 제시하고 이를 준수하도록 함으로써, 상표에 대한 명성과 고객의 신뢰를 유지시켜 나가야 한다. 가맹점은 본부의 부정기적인 실사에 응해야 하며, 본부의 감독관은 가맹점이 표준경영지침을 준수하는지의 여부를 조사할 수 있다.

11. 상품의 공급과 대금의 결제

본부는 지속적으로 가맹점에 식자재와 비품 등의 물품을 공급해야 하며, 그 상품의 종류와 수량, 공급조건, 배송방법, 발주와 수령방법, 대금결제 방법 등에 대한 사항도 계약서에 구체적으로 명시되어야 한다. 대개 가맹점은 본부가 지정하는 공급자와 거래하여야 하며, 미국의 경우 패스트푸드 가맹점의 70%가 식재료의 50%를 본부로부터 공급받고 있다고 한다. 따라서 모든 상품이 본부로부터 공급되는지, 아니면 일부만 공급되고 나머지는 가맹점이 개별적으로 조달해야 하는지, 또한 만약에 가맹점이 본부로부터 조달하여야 할 식자재를 개별적으로 조달하였을 경우에 어떠한 제재를 받을 수 있는지 등도 계약서에 구체적으로 명시되어야 한다.

식자재 구매대금의 결제는 본부의 요구에 따라야 하며, 외상의 한도를 초과할 수 없도록 해야 한다. 가맹점이 외상거래를 원하여 본부가 담보권 설정을 요구할 때는 구체적인 규정을 별도로 정하여야 한다. 이외에 기타 구체적인 거래조건은 미리 정하거나 본부의 거래규정에 따른다. 외상의 상한선은 어느 정도인지, 또한 이를 초과하였을 경우에 어떠한 제재를 가하는지, 외상의 담보조건은 어떻게 할 것인지를 미리 정해야 한다.

12. 가맹점의 사업참여 금지

본부는 가맹점에게 동일업종의 영업에 참여하거나 관여 또는 동일업종의 다른 체인의 주식인수나 사업참여를 원칙적으로 금지하고 있다. 이러한 규제는 자사의 사업상의 영업비밀, 즉 각종 노하우나 정보가 경쟁사로 유출되는 것을 사전에 예방하고 차단하기 위한 노력이며 제도라고 판단된다.

13. 프랜차이즈권의 양도와 환매

가맹점의 프랜차이즈 가맹권을 제삼자에게 양도할 수 있는지, 가능하다면 양도조건은 어떠한지 등에 대해서도 계약서에 구체적으로 명시되어야 차후에 발생할 수도 있는 시시비비를 미연에 방지할 수 있다.

14. 영업비밀의 준수 의무

가맹점은 가맹본부와의 체인 영업에 관하여 취득한 비밀을 계약기간 동안은 물론, 계약종료 이후에도 준수해야 할 의무로 계약서에 명시하여 규정한다.

15. 계약기간의 갱신 및 해제

프랜차이즈 체인 계약기간의 갱신조건과 방법, 그리고 계약의 해제는 매우 중요한 규정이며, 정당한 이유가 있더라도 사전에 예고되어야 한다. 해약한 가맹점은 상표를 표시하는 표식을 철거, 반환하고, 또한 본부가 제공한 서류를 반환할 의무를 규정하는 것이 보통이며, 해약의 조건은 대개 다음과 같다.

① 상품대금, 로얄티 등의 지급불이행, 가맹점의 도산이나 극도의 경영부진

② 가맹점주의 사망, 가맹점의 영업면허취소, 가맹점이 해약을 요청할 때

③ 가맹점 점주에 대하여 법원의 금치산선고 또는 한정치산선고가 있을 때

④ 가맹의 중대한 지시나 협력요구를 가맹점이 특별한 사유 없이 거부할 때

제8절 프랜차이즈 계약서 작성 포인트

FC사업을 시작함에는 필요한 FC계약서, 법정표시의무우리나라의 경우 정보공개서, 가맹안내서 등이 기본적으로 필요하다. FC계약서는 체인본부기업의 콘셉트이나 업태에 따라 내용을 달리하고 법정표시의무는 FC에 관한 법령의 정하는 바대로 작성되어야 하며, 가맹점안내서는 본부의 사정에 따라 법령에 정한 범위 내에서 핵심사항만 기록하여 작성하거나 볼륨을 크게 하여 작성할 수 있다.

1. 가맹계약서의 작성의미

가맹계약서는 생각하기에 따라서는 아주 대단한 내용이 아니다. 계약서보다는 가맹본부 시스템의 우수성과 본부경영층이나 간부진의 의식문제, 그리고 최종적으로는 가

맹점사업자의 경영에 대한 열의와 노력이 중요한 것이지, 계약서 자체는 극히 일반적인 사항을 기록한 데 지나지 않는다. 분명한 것은 가맹본부의 영업정책에 동의하거나 실적 등을 가맹희망자가 파악하고 분석한 뒤에 계약에 임하였음으로 그 결과에 대한 것은 모두 가맹점주의 책임으로 돌아간다는 것이다.

물론 가맹본부의 사기행위로 피해를 보는 경우도 있겠으나 그것 역시 가맹점주가 법령의 정하는 범위 내에서 자기판단에 의해 결정한 사항이기 때문에 잘잘못은 전부 자기 책임의 원칙이 적용된다고 보아야 한다. '국가에서 보호해 줄 것이다, 법이 보호해 줄 것이다' 라는 기대는 금물이다. 민법, 상법 또는 공정거래에 관한 관례법령이 정한 내용의 불이행 등 명확한 위법사항이 발생하여 재판에 의해 시비를 가리는 때에만 가맹계약서가 필요할 뿐이며, 자기재산 관리를 위한 가맹본부 선택에 대한 책임은 전적으로 개인의 판단에 의한다는 점을 이해해야 할 것이다. 이러한 의미에서 가맹계약서는 가맹자의 재산보호장치 수단이라기보다는 가맹점의 영업부진으로 쟁송사건이 발생하였을 때 증거로 이용되는 정도의 문서라는 점을 이해해야 할 것이다.

가맹의 목적이 사업을 하여 이익을 확보함에 있는 것이지, 처음부터 영업부진을 예상하여 쟁송사건의 증거문서로 계약서에 날인하지는 않을 것이다. 그런데 본부경영자나 가맹희망자 중에는 가맹계약서가 무슨 큰 노하우나 비밀인 것처럼 관리하는 모습을 볼 수 있는데, 알고 보면 실로 가소로운 일이라 아니할 수 없다. 가맹계약서는 너무 단순해도 불성실하게 보이며, 또 지나치게 세세한 부분까지 기록하면 너무 내용이 방대하여 가맹계약의 방해요소가 될 수도 있으므로 적정한 수준에서 작성되어야 하고, 영업에 관한 세부사항은 운영규칙이나 별도의 영업활동지침서 등으로 보안하는 것이 좋다.

2. A사의 가맹계약 사례

본 계약은 주식회사 A(이하 "갑"이라 칭한다)를 본부로 하고 B(이하 "을"이라 칭한다)를 가맹점으로 해서 양자 간에 프랜차이즈에 관한 계약을 다음과 같이 체결한다.

제1조(목적)

1. (갑)은 본 계약에서 (을)에 대해서 OOO체인점포의 경영에 관한 노하우를 제공하고 (을)은 그 노하우에 따른 사업을 운영하고 상호 협력해서 사업의 번영과 발전을 도모한다.
2. (을)은 본 계약에서 정한 각 조항에 따라서 자기의 경영책임으로 점포의 경영에 전념한다.

제2조(OOO체인의 개요)

OOO체인은 (갑)에 의해 체인시스템 전체의 통합과 각 체인점에 대하 지도협조, 각 가맹점에 의한 원활한 영업활동에 의해 운영되어지는 것이다.

제3조(영업명의 및 영업장소)

1. (을)은 OOO라는 명칭 및 서비스마크의 사용과 함께 영업을 한다. 단, (을)은 그 사용에 있어서는 (갑)의 지시에 따른다.
2. (을)이 본 계약에 의해 영업하는 점포의 명칭은 〈OOO점포〉로 한다.
3. (을)이 본 계약에 의해 영업하는 점포는 다음의 장소로 한다.

   (   )

제4조(각종 시설물 및 영업장치 구비 등)

1. (을)은 (갑)의 지시에 따라 OOO체인시스템의 동일성을 유지하기 위하여 필요한 내장공사 및 주방기기, 주방비품, 간판, 기타의 표지물을 자기의 비용으로 점포에 설치하여야 한다.
2. (을)은 (갑)의 요청이 있을 때에는 점포의 노후시설이나 주방기기의 성능상 문제가 있는 부문을 수리 또는 개보수하고 항상 점포의 시설유지 관리에 최선을 다해야 한다.
3. (갑)은 전체 체인점의 통일성 이미지관리를 위하여 규정된 인테리어공사와 간판·로고 등의 설치를 (을)에게 요구할 수 있으며, 이를 위해 필요한 인테리어업체를 추천하거나 설비도면 등을 (을)에게 제시하여 공사를 시행할 수 있으며, 공사감독자 혹은 감리자를 파견하여 공사의 적정성을 감독하거나 시정토록할 수 있고, 이에 대해 (을)은 이의를 제기할 수 없다.

제5조(영업지역의 표시)

1. (갑)은 (을)에게 일정 지역 내에서 체인영업을 할 것을 승인한다.
2. (갑)과 (을)이 합의하여 설정한 영업지역 내에 (갑)의 직영점을 개설하거나 제삼자에게 체인가맹점을 개설하고자 할 때에는 (을)과 합의하여야 한다. 다만, 이때에는 (갑)은 새로운 점포개설로 인하여 (을)의 점포매상이 축소되지 않는다는 객관적 사실을 증명하여야 하며, (을) 또한 무조건적으로 (갑)점포의 출점을 거부하여서는 안 된다.
3. (을)의 정상적인 영업활동에도 불구하고 신규점포 출점으로 인하여 (을)의 점포매상고가 신규점포의 영업개시일로부터 3개월이 경과한 후 2개월 동안 변화가 없으면 장래에도 매상고의 변화가 없는 것으로 간주하며, 3개월 경과 후 2개월 계속적으로 매상고가 축소하면 (갑)은 이에 대한 손실을 계약기간 동안 계속 보전(補塡)하여야 한다.

제6조(지도 및 원조)

(갑)은 (을)의 점포에 대하여 다음 각호의 업무를 지도 또는 원조한다.

1. 개업에 관한 모든 업무에 관한 지도 · 원조
2. 설비 · 비품류의 설치, 그것의 개선이나 운전에 관한 지도업무
3. 광고선전활동에 관한 지도 · 원조
4. 경영, 회계, 원가관리 등 관리업무 전반에 관한 지도
5. 기타 직원교육 및 보고서 작성업무, 세무관리, 주문관리 등 운영전반에 관한 업무지도
6. 조리 및 식자재 관리 · 재고관리업무
7. 기타(을)이 특별히 요청하는 점포운영에 관한 지도

제7조(가맹금 및 로열티)

1. (을)은 본 계약 체결 시에 OOO 체인의 가맹금으로 일금 ____원을 (갑)에게 지급하여야 한다. 이 가맹금에 대하여 (을)은 이유여하를 막론하고 (갑)에 대하여 반환을 청구할 수 없다. 또한 (을)은 본 계약 체결 시에 보증금으로 일금 ____원을 (갑)에게 지급하여야 한다. 보증금의 반환은 계약기간에 만료되거나 제20조의 규정에 의하여 계약을 해지하는 경우에는 (갑)이 (을)에 대한 채권 및 손해배상액을 해당 보증금에서 공제할 수 있으며, (을)의 (갑)에 대한 계약종료 또는 해지에 따른 의무이행이 완료되면 완료되는 날로부터 15일 이내에 (을)에게 지급한다.
2. (을)은 월정액 ____원을 로열티로 (갑)에게 지급하여야 한다. 단, 창업 시에 영업개실이 당월 20일을 경과하거나 계약종료나 계약해지일이 당월 10일 이내의 일자인 경우 해당 월의 로열티는 지급하지 않는다.
3. (을)이 계약갱신에 의해 계약이 연장되었을 때에는 가맹금은 재계약당시의 타 가맹점이 지급하는 가맹금의 2분의 1에 해당하는 금액을 다시 갑에게 지급하여야 한다.

Part
2

외식컨설팅 실무관리

제4장 외식컨설팅 이해

제5장 외식성공창업실무

제6장 메뉴와 식자재관리 및 HACCP 제도

제7장 인적자원관리와 고객만족 서비스

제8장 POS 정보시스템

호텔 · 외식문화

외식산업 컨설팅과 마 케 팅 경영전략

제4장

04 외식컨설팅 이해

제1절 컨설팅의 개념과 특성

1. 컨설팅의 개념

사람이 몸이 아프거나 몸에 이상이 없는지 건강진단을 하고자 할 때 병원을 찾듯이, 기업조직도 경영 또는 업무상에 문제가 있거나 당면한 문제에 대한 보다 나은 해결책을 모색하고자 할 때 컨설팅회사를 찾는다. 즉, 의사가 인체를 진단하고 처방을 내리듯이 컨설턴트도 기업체를 진단하고 필요에 따라 예방치료 조치를 강구하게 되는데, 이러한 일련의 활동을 '컨설팅' 이라고 한다.

국제노동기구ILO는 컨설팅을 '조직의 목적을 달성하는 데 있어서 경영 · 업무상의 문제점을 해결하고, 새로운 기회를 발견 · 포착하고, 학습을 촉진하며, 변화를 실현하는 관리자와 조직을 지원하는 독립적인 전문 자문서비스' 라고 정의하고 있다. 따라서 컨설턴트는 기업 혹은 조직의 경영 · 업무상 해결해야 할 문제나 과제에 대해 전문적인 식견을 가지고 조언과 지도를 해주는 전문직업인이다. 컨설턴트에 대한 정의는 보는 관점에 따라 다양하겠지만, 대표적인 몇 가지를 소개하면 다음과 같다.

- 경영상의 문제를 최고경영자의 시각으로 바라보되, 사실에 입각하여 철저하게 분석하고 의뢰인의 상황에 맞는 최적의 해결책을 제시하며, 도출된 해결책의 효과적인 실행을 위해 의뢰인을 지속적으로 지원하는 사람
- 경영의 현상을 객관적으로 관찰 · 분석하고 문제점을 조기에 지적하며, 풍부한 경험을 바탕으로 적절한 해결방안을 조언하는 비즈니스 닥터
- 기업의 조직 · 계획 · 지시 · 통제 등 경영에 관한 문제를 밝혀 내고 전문가적인 입장에서 문제를 해결하는 데 필요한 교육 · 경험 · 기술적 능력을 가진 사람으로, 공평하고 객관적인 조언으로 기업에 봉사하는 사람
- 기업경영의 전반 또는 각 부문에 대한 문제점을 지적하고 개선의 제안과 실시지도 · 교육 등의 여러 활동을 행하며, 기업경영의 합리화 · 고도화 측면에서 지원하는 기업 외부의 전문가

이러한 컨설턴트의 역할은 다음과 같이 정리할 수 있다.

- 사실에 근거한 분석작업
- 문제의 진단과 해결책의 모색
- 전문적인 해결책의 제시
- 실행계획의 개발
- 운영시스템과 수단 제공
- 조직의 변화를 계획 · 관리
- 경영자와 조직원의 훈련 · 개발
- 개인적인 카운슬링 제공
- 객관적이고 편견 없는 판단 제공
- 새로운 아이디어나 신선한 방법 제시
- 전문적인 정보와 자료 제공
- 임직원에게 필요한 추가적인 기술 제공
- 새로운 제도의 도입 적용

2. 컨설팅의 서비스 특성

1) 전문 서비스

꾸준한 연구와 풍부한 경험을 바탕으로 문제의 원인을 진단하고, 그에 대한 적절한 해결책을 찾는다. 따라서 여기에는 의뢰인의 이익을 보호하고 증진하고자 하는 전문가로서의 윤리성이 필요하다.

2) 자문 서비스

컨설팅은 어디까지나 조언을 하는 자문의 역할을 하기 때문에 이를 통해 나타나는 결과에 대해서 직접적인 책임이 없다. 즉, 최종적인 의사결정자는 의뢰인으로서 그 책임 또한 의뢰인에게 있으며, 컨설턴트의 책임은 조언의 품질과 완전성으로 한정된다. 또한 해결안의 실행에 대한 책임도 역시 의뢰인에게 있다.

3) 독립 서비스

컨설팅을 통해 얻어진 결과는 의뢰인과의 친분관계나 조직에 상관없이 독립적으로 제시할 수 있어야 한다. 또한 의도적으로 특정 회사나 특정 제품을 이롭게 하거나 같은 의뢰인으로부터 또다른 프로젝트를 수주하기 위해 편협적인 제안을 해서도 안 된다. 전문적인 컨설팅회사의 경우에는 이런 위험이 거의 없으나, 사내 컨설턴트의 경우에는 회사에 속해 있는 만큼 그럴 가능성이 있다.

4) 일시적인 서비스

의뢰인 회사가 비록 자체적으로 컨설팅 전문인력을 보유하고 있더라도 업무를 접어두고 전적으로 참여하기 어려울 때에는 전담하여 해결할 수 있는 외부 전문가를 활용하는 경우가 있다. 이 경우, 컨설턴트는 의뢰인 회사에서 한시적으로 컨설팅 업무를 수행하며, 업무가 완료되면 그 조직에서 떠나게 된다.

5) 상업적인 서비스

컨설팅은 판매자와 구매자의 관계로 만나는 하나의 사업인 만큼 컨설팅 서비스를 제공하면 그에 상응하는 대가를 받게 된다. 따라서 컨설팅 계약은 재무적으로 정당한 이익을 남길 수 있도록 해야 한다.

제2절 컨설팅의 필요성

1. 조직의 목표달성

일반기업, 공공기관, 사회기관 등 조직의 유형에 따라 나름대로 추구하는 목표가 있다. 이 목표는 대개 리더십의 확보, 경쟁우위, 고객만족, 총체적 품질관리TQM, 생산성의 향상, 조직의 우위성 확보, 높은 업무수행 달성, 이윤, 업무결과의 향상, 조직의 성장 등으로 나타나는데, 이러한 목표가 달성되도록 기여하는 것이 바로 컨설팅이다.

또한 의뢰인이 추구하는 목표를 이루기 위해서는 목적을 분명히 해야 하는데, 그렇지 못할 경우 의뢰인이 미래의 비전을 명확하게 수립하고 장기적인 조직의 목적을 달성할 수 있도록 하는 컨설팅이 가능하다.

2. 경영의 문제해결 능력

컨설팅은 다양한 각도에서 경영과 업무상의 문제점을 발견하여 분석하고 해결함을 제시함으로써 문제해결을 위한 의사결정에 도움을 주는 것이 그 목적이다. 여기서 말하는 문제란 반드시 이루어져야 할 바람직한 상태와 현재 상태와의 차이를 말한다. 이때 문제를 좁은 의미로 해석할 경우, 과거의 성과에 대한 잘못의 지적에 국한되고 대응책도 잘못된 사안에 대한 수정 및 교정활동에 주안점을 두게 되어, 그 해결이 단편적이거나 부실해질 수 있다. 따라서 문제를 넓은 의미로 정의하는 것이 바람직하다.

컨설턴트는 당면한 문제를 해결해 나가는 가운데 의뢰인 조직에게 항상 새로운 사업기회를 제공한다. 따라서 많은 기업이 새로운 사업기회의 선점, 업무의 향상과 혁신, 새로운 시장의 개척, 품질향상, 고객만족 향상, 종업원의 업무수행 역량의 향상과 동기부여 등을 위해 컨설턴트를 활용한다. 실제로 세계적인 초우량 기업들은 컨설턴트의 도움을 받아 새로운 사업기회를 발굴하였다. 컨설팅은 학습활동을 지원하는 것이다. 즉, 의뢰인 조직이 새로운 경쟁력을 갖출 수 있도록 하기 위해서 컨설턴트에게 권한을 부여하고 관리자나 스태프가 컨설턴트의 경험을 학습할 수 있도록 도와준다.

오늘날과 같이 치열한 경쟁 속에서 생존하고 성장 · 발전하기 위해서는 컨설팅 결과를 구현하는 과정에서 혹은 컨설팅의 내용을 정리해 나가는 단계에서 조직원과 조직의 성공적인 변화를 관리 · 유도할 필요가 있다. 즉, 의뢰인조직으로 하여금 변화를 이해시키고, 변화와 함께 생활하고, 생존을 위해서 변화를 성공적으로 수행하게 한다. 때문에 컨설턴트를 변화관리자change agent라 부르기도 한다. 또한 다음과 같은 경우에는 컨설턴트나 컨설팅 회사에 컨설팅을 의뢰한다.

- 외부의견이 필요한 경우
- 컨설턴트나 컨설팅 회사의 객관적인 견해가 필요한 경우
- 문제를 진단하고 해결하는 능력을 보완하고자 하는 경우
- 전문지식과 실무경험에서 오는 차이를 해결하고자 하는 경우
- 전문 인력의 부족문제를 해소하고자 하는 경우
- 기업 내 역학관계에 영향력을 행사하고자 하는 경우
- 이해관계를 해소하고자 하는 경우

제3절 국내 컨설팅 시장의 과제와 분류

1. 국내 컨설팅 시장의 과제

21세기 글로벌체제와 지식정보사회에 있어서 기업경영, 나아가 국가경영에 지대한 영향을 미치는 컨설팅 산업은 지식산업의 꽃이라고 할 정도로 전문성과 부가가치가 높고, 파급효과 또한 크다고 하겠다. 그러나 이러한 컨설팅 산업이 지식산업의 발전에 있어서 가장 중요함에도 불구하고 선진국에 비해 크게 빈약한 실정이다.

우리나라의 컨설팅에 대한 문제점은 특정요인이 아닌 상당히 복잡한 형태의 문제점을 안고 있어 단기적인 처방이나 대책을 가지고는 만족스럽게 해결하기가 어렵다는 것이 업계의 지적이다.

첫째, 최고경영자의 지원 및 조직원의 참여의도가 낮은 편이며, 컨설팅에 대한 수진의사가 미흡한 것을 지적하였다. 또한 국내의 컨설팅사들이 외국계 컨설팅사 대비 상근 컨설턴트의 규모와 컨설팅 수해기법 등에 많은 열세를 보이고 있으며, 지나치게 정부지원사업에 의존하는 것으로 나타났다.

둘째, 컨설턴트의 전문성 향상을 위한 기반이 취약하고, 컨설팅 기업의 영세성을 지적하였으며, R&D 부분의 취약과 공급자 위주의 컨설팅 표준화 미비로 인한 컨설팅 신뢰도의 저하로 나타났다.

셋째, 국내 컨설팅 산업의 발전저해요인으로는 국민정서상의 인식부족을 가장 많이 지적하고 있으며, 그 다음으로는 성숙되지 못한 시장수요의 한계이다.

2. 외식컨설팅의 분류

외식컨설팅은 1990년 일본의 OGM컨설팅사와 제휴한 오지엠이 설립되면서부터 기업화된 컨설팅이 시작되었다. 1990년대 이전에도 외식업체에 대한 컨설팅이 있었지만, 주로 개인적인 아는 사람을 통한 컨설팅이 대부분이었고, 현재까지도 컨설팅 형태가 한 부분을 차지하며 이어져 오고 있다.

외식컨설팅 시장은 경영자의 컨설팅에 대한 인식부족과 초기시장의 수요부족으로 인하여 현재 도입기의 상태이며, 업체의 규모나 연간 매출액의 추정은 어려운 실정이다. 외식컨설팅은 외식창업 컨설팅, 프랜차이즈 체인 컨설팅, 교육사업 인력 컨설팅, 부동산연계 컨설팅의 다섯 가지 분야로 분류한다.

■ 외식컨설팅의 분류

구 분	내 용
외식창업 컨설팅	• 식당 창업 토털 컨설팅 제공 • 사업 아이템 선정 및 타당성 분석 • 상권 입지 조사분석 • 메뉴 선정과 전수 • 인테리어 지도, 감리 레이아웃 • 직원추천 및 교육(기본교육, 서비스 친절교육) • 광고 · 판촉 등 개업 총괄지도
프랜차이즈 체인 컨설팅	• 프랜차이즈 시스템 구축대행 • 체인본부 기능지원(교육 . 홍보 메뉴개발 등) • 영업 관련 매뉴얼 개발(운영, 서비스, 조리 등) • 각종 서식보완 및 대행(계약서 체크리스트, 정보공개서) • 본부 가맹점 분석에 따른 지도개선 • CI작업 대행(로고, 캐릭터, 전단, 카달로그 등)
교육사업	• 창업관련 교육 • 서비스관련 교육 • 프랜차이즈관련 교육 • 그 외 다수
인력 컨설팅	• 외식분야 헤드헌팅
부동산연계 컨설팅	• 임대 및 물건 소개 등

제4절 컨설턴트의 능력 요건

컨설턴트의 활동은 의뢰인이 처한 문제점을 파악하여 그 문제점에 대해서 조치를 취하고, 여러 분야의 사람으로 이루어진 프로젝트팀을 구성하여 활동을 조정하며 자신이 제시한 결론을 의뢰인에게 잘 전달하여 끝까지 추진하도록 함으로써 의뢰인의 기대를 충분히 만족시키는 데 그 의의가 있다.

따라서 컨설턴트의 필요한 능력 요건은

1. 본인의 자질능력

- 상담, 조사, 교육, 설명회 등에 요구되는 의사소통 능력
- 인터뷰, 프레젠테이션 기술 등이 있다.

2. 기본지식

- 경영일반에 대한 이해 : 경영관리와 주요 업무활동 기능(재무 · 회계, 자재구매, 인적자원관리, 연구개발, 외부환경, 정보시스템 생산, 물류, 마케팅, 사후관리)
- 분석 및 진단기술 : 정보수집, 인터뷰, 설문작성, 데이터 분석, 문제정의
- 해결 및 실행기술 : 문제해결 능력, 창의력, 벤치마킹, 설계기술
- 프로젝트의 사전기획과 제안작성 : 프로젝트 진행단계별 모니터링
- 프로젝트의 추진능력 : 컨설팅 절차와 기법의 숙지

3. 전문지식

- 해당분야 업무의 수행절차와 연관업무와의 전반적인 관계 이해
- 객관적인 평가와 올바른 판단을 위한 고도의 전문지식
- 새로운 컨설팅 영역의 개척과 신기법 연구개발
- 전문분야에 대한 정보수집 채널 필요(예 : 전문서적, 국내외 정기간행물, 세미나 및 강의, 컨설팅 발표자료, 사례연구자료, 학회활동, 전문동호회 모임)

4. 경험지식

- 기업체의 실무 · 현장 경험
- 프로젝트 수행을 통해서 얻게 되는 프로젝트 관리 역량(일정 · 비용 · 인력 · 조달 · 위험 · 의사소통 · 품질 · 범위관리)

성공하는 컨설턴트를 보면 하나의 공통점을 가지고 있다. 그것은 바로 자신의 분야에 대한 전문지식은 물론, 컨설턴트로서의 기본자질, 즉 전문직업인으로서의 기본자질을 고루 갖추고 있다는 점이다.

- ■ 설득력과 자신감이 있는 사람
- ■ 유연성이 있는 사람
- ■ 문제해결 능력이 있는 사람
- ■ 창의력이 뛰어난 사람
- ■ 일을 즐기는 사람
- ■ 차분하고 신뢰감이 있는 사람
- ■ 인간관계가 원만한 사람
- ■ 솔직한 사람
- ■ 꾸준히 노력하는 사람

따라서 컨설턴트는 자기 분야와 관련된 기본이론을 이해하고 기업들이 겪고 있는 문제의 공통점을 인지하고 있어야 하며, 그에 대한 예민한 감수성이 있어야 한다. 이러한 기본적인 능력을 바탕으로 문제를 해결하는 데 있어서 열정을 가지고 책임을 다하며 추진력과 노력으로 일관할 때 좋은 성과를 기대할 수 있다.

제5장

05 외식성공창업실무

제1절 외식창업의 특성

1. 외식창업의 개념 정의

창업이란 제품 또는 용역을 생산하거나 판매하는 사업을 시작하기 전 이제까지 존재하지 않던 새로운 기업조직을 설립하는 행위를 말한다.

다시 말하면 창업은 인적 · 물적 경영자원을 적절히 결합하여 미리 설정된 기업의 목적을 달성하기 위하여 상품이나 서비스를 조달, 생산, 판매하거나 그 부수활동을 수행하는 시스템을 구축하는 것이라고 할 수 있으며, 실무적으로는 개인이나, 또는 집단이 사람을 동원하여 사업을 개시하는 것이다.

최근 80%의 직장인이 퇴직 후에 외식업을 하고 싶다는 한 조사기관의 발표 한 바가 있다. 현재 국내에는 약 76만여 개의 외식점포가 있으며, 이는 절대인구 70여 명당 한 개의 레스토랑이 있다는 것을 의미한다. 이것은 경쟁력과 인구를 비교할 때 일본의 4배, 미국의 12배에 해당하는 수치라고 하니, 국내의 외식사업이 어려울 수밖에 없다. 사정이 이러하니 최근에 식당사업을 하다가 잘못되면 가산을 탕진하고 가정이 파괴된다는 말이 나올 정도다. 외식사업체 중 불과 1%만이 호황을 누리며, 10% 정도는 그런대로 이윤을 창출하고 있으며, 2~30%는 겨우 현상유지하며, 나머지 5~60%는 적자를 면치 못하고 있다고 하며, 그 중 1/3은 1년 이내에 도산한다고 한다.

대부분의 사람들에게 있어 창업은 최소한 수년간은 계속 이끌어갈 자기 사업이며 창업은 많은 사람들에게 있어서 새로운 인생을 열어가고자 하는 마지막 비상구로서의 의미가 있다. 만일 자신의 시도가 계획한 것과 전혀 다른 결과를 가져올 경우 나타나게 될 결과에 대해서도 신중하게 고려하여야 한다.

창업자는 사업의 성공과 실패를 고민하기 전에 나는 과연 창업을 할 것인가 말 것인가를 확실하고 명백히 결단해야 한다. 결단이 되어야 비로소 사업의 출발선에 서는 것이고 일단 출발부터는 '어떻게 하면 성공하는 사업을 할 것인가?' 에 모든 힘과 노력을 해야 한다.

따라서 철저하면서도 서두르지 않는 창업준비의 과정이 필요하며, 충동이나 막연한 구상에 의해 지배당하지 않고 현실적인 계획을 수립할 수 있는 창업이 중요하다고 할 수 있다.

2. 창업에 대한 기본요소

창업을 위한 기초공사는 어떠한 사업요소들이 투입되느냐에 따라 결과는 상이하게 달라질 것이다. 훌륭한 건축물의 창작과 마찬가지로 훌륭한 외식기업의 탄생은 우수한 투입요소들이 합리적인 결합에 의해서만 가능하게 된다. 만약 외식업의 창업에 투입되는 기본요소들이 양이 부족하거나 질이 떨어진다면 건강하고 튼튼한 외식기업으로 성장하기란 매우 불가능하리라 본다.

외식기업구조가 인정되어 경제적 이익을 창출하는데 도움이 될 수 있는 가장 대표적인 창업요소를 들어본다면 다음의 3가지 기본요소를 들 수 있다.

1) 인적 요소

외식창업을 위해 필요한 기본적인 투입요소 중 가장 핵심적인 것은 인적 요소이다. 또한 외식창업의 인적자원 요소 중 가장 중요한 절대적인 역할을 하는 것은 두말할 필요도 없이 창업자이다. 창업의 주체인 창업자를 위시하여 생산, 판매, 일반 관리 등 외

■ 외식업의 창업 기본요소

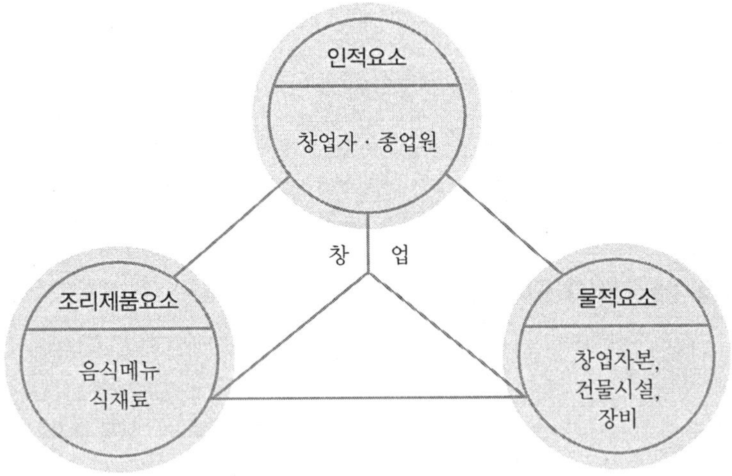

자료 : 유형석, '일식 프랜차이즈 창업에 관한 연구', 2004

식기업 조직의 각 기능을 담당할 인적자원을 지칭한다. 특히 외식산업 분야는 고객을 위한 서비스가 기본원칙이기 때문이다.

2) 조리제품 요소

외식창업의 기본요소 중 인적자원 요소 다음으로 중요한 것이 바로 조리제품요소이다. 어떠한 메뉴를 선택하여 외식소비자들에게 접근할 것인가에 대한 사업내용을 담고 있다. 기존에 이미 형성되어 판매하고 있는 조리제품을 생산하여 기존시장이나 새로운 시장에서 판매하는 경우도 있다. 반면에 이제까지 없었던 메뉴를 개발하여 새로운 시장에 도전하는 경우도 있으며, 또한 기존에 생산업자에게 공급받아 판매하는 경우 등 조리제품 요소에 의해 형성되는 창업의 형태는 매우 다양하다.

3) 물적 요소

외식창업에 있어서 인적 요소 및 조리제품 요소뿐 아니라 창업요소들 중 중요한 비중을 가지고 있는 것이 창업자본을 비롯한 물적 자원 요소 등이다. 물적 요소의 구성은 창업에 직접 필요한 자본, 음식메뉴를 개발할 수 있는 기능과 기술력, 건물, 시설, 장비, 식재료 등을 말한다. 이러한 물적자원 요소들이 적절하게 뒷받침되어야 외식창업을 할 수 있는 것이다. 앞서 기술한 인적 요소나 조리제품 요소들의 양과 질도 결국은 자본에 의해 좌우될 수 있기 때문에 안정적인 창업자본의 조달과 이용, 그리고 이를 위한 정부나 관계기관의 지원제도 등은 성공적인 외식창업을 위해 매우 중요하다.

3. 외식사업 성공창업 5대 요인

1) 훌륭한 입지선정

외식사업의 성공여부는 80%가 입지선정에서 시작되기 때문에 창업자가 창업하려는 업종과 업태에 맞는 입지를 잘 선정해야만 한다. 입지는 주변의 교통여건, 도로계획, 인구이동, 경쟁관계, 경쟁업소의 신규 진입 등의 변화에 따라 꾸준히 변화된다. 하지만 업종과 업태에 적합한 입지를 선택한다는 것은 쉽지만은 않다. 또한 높은 보증금이나 권리금, 임대료, 세금 등으로 인하여 매출에 대한 수익성이 저하될 수 있기 때문에 잘 결정해야 한다.

따라서 주변상권의 고객층을 면밀히 파악하여 적합한 메뉴와 가격, 서비스, 점포 분위기를 개발하여 고객의 기대와 요구에 잘 부응할 수 있도록 한다.

2) 상품에 대한 전문성

고객의 가장 중요한 업소 선택요인은 품질이며 이 품질은 메뉴, 맛, 모양, 가격, 제공시간, 양, 색상, 균질한 품질, 냄새 등의 인지 요소를 고객은 가지고 있다. 즉 고객이 인지하는 가치척도에 의하여 상품의 상대적 가치는 결정된다. 따라서 외식사업에서 성패의 가장 중요한 요인 중의 하나가 바로 상품에 대한 전문성을 가져야 한다.

(1) 메뉴가격

가격수준은 내점하는 고객층이 목표시장을 결정하는 수단이 된다. 예상 내점객의 수준과 이용동기에 합당한 가격설정은 외식사업경영에 있어서 매우 중요한 의사결정이다.

고객은 아무리 자신의 마음에 드는 메뉴를 선택하려고 하더라도 지급능력에 부담이 된다면 결국 자신의 경제사정에 합당한 가격수준의 상품을 선택할 수밖에 없다. 따라서 가격은 입지, 업종, 규모, 위치, 목표시장, 상권에 따라 합당한 수준에서 결정되어야 한다.

또한 높은 수준의 가격결정은 내점객의 이용객 수를 제한하는 수단으로 작용하기 때문에 제한된 목표시장을 유지하는 가격전략으로 활용가능하며, 낮은 수준의 가격결정은 이용객의 범위는 넓어질 수 있으므로 무제한, 또는 낮은 수준의 목표시장을 설정한 경우에 합당하다.

(2) 메뉴의 질

외식기업에서 소비자에게 제공되는 외식상품의 품질은 메뉴의 질적 수준이라고 할 수 있으며, 제공되는 음식의 품질은 변함없는 맛, 온도, 향기, 색깔, 1인분의 양, 모양 등에 의하여 영향을 받아 결정된다. 언제나 오늘의 맛이 일정해야 하며, 뜨겁게 제공되는 요리는 뜨겁게, 차게 제공되어야 하는 요리는 차게 제공되어야 한다. 음식마다 고유한 향미나 냄새가 유지되어야 하며, 음식의 고유한 빛깔은 사용된 식재료가 신선한지, 조리과정이 적절했는지를 가늠하는 척도가 되기도 한다.

또한 1인분의 분량이 일정하지 않아 제공되는 양의 편차가 크다면 이용객이 당황할 수 있다. 제공되는 음식은 고객의 특별한 요청이 없는 한 익힘의 정도나 당도, 염도, 탁도 등도 일정한 수준을 유지해야 양질의 요리품질을 유지하고 있다고 말할 수 있다.

(3) 제공시간

단순하게 점심이나 저녁 식사를 위한 시간은 대부분 30분 정도이며, 길어야 1시간을 넘지 않는다. 이러한 식사 중심의 일반외식점포는 메뉴가 단순하며 가짓수가 많지 않다. 그러나 호텔이나 패밀리 레스토랑처럼 이용객이 높은 수준의 가격을 지급할 준비가 되어 있는 풀서비스 레스토랑의 경우에는 식사시간에 제한받기보다는 다양한 종류의 메뉴에서 자신의 기호에 적합한 요리선택을 선호하며, 여유 있는 식사시간과 서비스를 기대한다.

따라서 음식의 제공시간은 업종과 업태에 따른 서비스 형태와 고객의 기대에 합당하여야 한다. FF 점포의 제공시간이 20분이나 그 이상 지연된다면 고객은 당장 불만을 갖겠지만, 풀서비스 레스토랑의 고객은 자신이 기대하는 요리를 먹기 위하여 30분 정도는 기다릴 수 있는 준비가 되어 있기 때문이다.

3) 감각적인 인테리어

외식사업의 성공요인으로 점포요인은 실내장식과 실내환경, 그리고 분위기 등이 잘 결합하여 이루어지며, 판매력이라고 말할 수 있다. 실내장식은 업장에 들어서는 고객이 가장 먼저 느끼는 전체적인 조화로 나타나며, 고객에게 첫인상으로 강력하게 인지된다.

고객들은 단순하게 식사를 위한 이용이라 할지라도 마음에 드는 실내 인테리어로 장식된 업소를 즐겨 찾는다. 테이블과 의자의 모양, 전체적인 색조와 조명의 조화, 객실과 객석의 배치, 서비스 카운터의 배치, 인체공학적으로 설계된 테이블과 의자, 주방의 설비수준, 청결, 실내의 냄새, 통행에 편리한 공간과 동선의 구조 등 실내 인테리어는 점포의 전체적인 이미지로 고객에게 인지된다.

좌석회전율을 높여야 하는 셀프서비스 레스토랑은 통상적으로 단순하고 통일된 규격의 테이블과 의자, 밝고 단순한 실내색조, 빠른 템포의 음악 등의 개념을 반영한 실내장식이 이루어진다.

그러나 이와 반대로 좌석회전율이 그리 중요하지 않은 고급 풀서비스 레스토랑은 실내를 편안하고 아늑하게, 따뜻한 느낌의 색조, 은은한 조명과 음악, 다양한 장식물, 여유 있는 공간확보, 편안하고 안락한 의자와 테이블 등을 이미지로 연출하는 실내를 장식한다. 또한 서비스직원의 복장과 행동, 그리고 품위 있는 서비스로 고급스러운 분위기를 연출한다.

고객의 기대수준은 이용목적에 따라 다양하게 나타난다. 사업상 중요한 이야기를 나누어야 하는 경우에는 조용하고 독립된 공간과 품격 있는 서비스를 기대할 것이며, 가족동반인 경우에는 요리의 품질에 더 많은 기대를 하게 된다. 이처럼 시설과 설비 등 점포의 인테리어는 목표고객층에 따라 다르게 나타날 수밖에 없으며, 모든 고객층이 만족하는 실내시설은 사실상 불가능하다고 볼 수 있다.

4) 효율적인 관리경영

미국의 벤처 캐피탈 산업의 아버지라고 알려진 조지 도리옷Gerge Doriot은 창업의 성공은 창업아이디어나 기술보다는 창업팀의 능력이 더 중요하다고 하여, 창업팀 구성원의 역량과 능력을 매우 중시하였다.

이와 관련하여 창업팀의 수장인 관리자의 외식사업의 성공을 위한 관리요인은 경영자 또는 관리자가 앞서 언급한 입지, 상품, 점포인테리어 등을 종합적이고 총체적으로 계획하고 실행하는 관리활동능력을 말한다. 생계형으로 운영되는 가족중심의 소규모 점포이거나 체인이나 프랜차이즈 또는 호텔과 같은 대규모 외식사업체일지라도 경영자의 관리능력에 따라 외식경영의 성패가 좌우된다.

규모가 작은 업소의 성패는 입지요인에 영향을 크게 받지만, 규모가 크면 클수록 상품과 점포에 대한 인테리어 특히 관리 경영능력이 사업의 성패에 결정적으로 영향을 미친다. 미국의 경우, 겨우 10%만이 5년 이상 외식사업을 지속하고 있으며, 매년 1/3이 사업에 실패하는 것으로 나타나고 있다고 한다. 이것은 외식사업경영이 이제는 더 이상 황금알을 낳는 사업이 아니며, 성공할 가능성보다 실패할 가능성이 더 높다는 것을 보여 주고 있다.

5) 원활한 구매 관리

원하는 품질의 식자재를 적기에 경쟁력 있는 가격으로 필요한 양만큼 구매할 수 있는 능력은 외식사업의 가장 중요한 핵심요인이며, 이것을 구매력Buying Power이라고 한다. 식자재의 구매는 타이밍과 품질, 그리고 가격이 핵심포인트이며, 구매관리의 핵심이다.

일반적인 외식점포의 식자재 비용이 40%에 육박하는 현실을 감안하면 외식사업의 구매력은 앞서 설명한 점포, 상품, 입지, 관리요인보다도 더욱 중요하다. 저렴하게 구매한 식자재로 만든 요리상품은 그만큼 이윤의 폭이 커지거나 경쟁기업과 비교하여 경쟁력 있는 가격을 제시할 수 있기 때문에 사업성이 그만큼 커질 수 있다.

4. 외식사업 창업 시 고려할 사항

외식사업을 시작하는 것은 쉬운 일이 아니다. 특히나 창업에 전혀 경험이 없는 사람이라면 더욱이 난감하지 않을 수가 없다. 어디에서 정보를 얻어 어떻게 시작해야 되는지는 고민이 되지 않을 수 없다. 따라서 외식업을 창업할 때에는 9가지 체크포인트와 체인본부 선발법을 꼭 확인한다.

1) 외식사업 9가지 창업지침서

① 반짝 장사가 되는 업종은 피하라. 대중 수요가 없는 업종은 특수한 지역이 아니면 성공할 수 없다. 또한 전문지식이 있어야 한다.

② 업종에 적합한 입지를 선택해야 한다. 젊은 층이 많은 지역은 패스트푸드, 주거지역이나 주차장 확보가 가능한 지역에는 패밀리 레스토랑, 고급 비즈니스나 특급호텔 주변에는 파인다이닝, 오피스텔에는 대중음식점, 학교 주변에는 분식점 및 커피숍 등 입지와 상권 및 고객의 특성을 조사해야 한다.

③ 좋아하지 않는 음식이나 적성에 맞지 않는 업종은 피하라. 좋아하는 음식이면 자주 먹게 되므로 음식을 맛있게 개선할 수 있다. 좋아하지 않으면 먹어 보지도 않고 관심도 없어진다. 적성에 맞지 않으면 재미를 느끼지 못하고 중도 포기하게 된다.

④ 아무리 좋은 입지라도 과다 경쟁상태인 업종은 피하라. 유동인구가 많고 배후세력이 좋다 하더라도 수요에는 한계가 있다. 초보자가 경험자에게 이길 수는 없다.

⑤ 과거의 직업에 얽매이거나 독단은 금물이다. 과거에 대기업 부장이었는데, 대학을 나왔는데 등등 과거에 얽매이거나 직업에 대한 편견을 버려야 한다. 제로Zero 상태에서 떳떳하게 창업해야 한다. 혼자서 독단으로 처리하지 말고 주변의 많은 사람들로부터 조언을 구하라.

⑥ 집과 가깝고 가족노동력을 활용할 수 있는 업종을 택하라. 외식업은 종업원들의 직업의식이 낮기 때문에 근무상태가 나쁜 편이다. 종업원이 무단 결근할 때 가족노동력을 이용할 수 있어야 한다. 외식업은 아침부터 저녁 늦게까지 잔일이 많고 가족이 도우려면 집에서 가까운 곳이 좋다.

⑦ 체인 본부를 잘 선택하라. 체인 본부가 부실해지면 체인점 전체가 타격을 입게 되고 업종 변경이나 새로운 메뉴의 개발 등 개선을 독자적으로 실행하기가 어렵게 된다.

⑧ 기대하는 수익을 낮추고 투자를 적게 하라. 장기 투자가 예상되는 지역이나 수익을 높게 설정하게 되면 초기투자가 많아져 고정비가 많아진다. 시설비가 많이 드는 업종이나 권리금이 많은 물건物件은 피하는 것이 좋다. 초보자일수록 소규모 점포부터 차근차근 공부하면서 경험을 키워야 한다.

⑨ 신종 사업보다는 틈새시장을 노리고 전문가의 조언을 구하라. 신규수요를 노리는 것보다는 틈새시장과 같은 잠재시장을 파고들어야 한다. 무경험자일수록 전문가의 조언은 필수적이다. 철저한 조사와 계획서의 작성으로 수익성을 검토하여 사전에 문제점을 파악하고 그 대책을 수립한 후 창업해야 한다.

2) 우수한 체인 본부 선별법

① 본사의 직영점이 몇 개인지 확인한다. 많을수록 견실하다. 최소한 3개 점포이상은 되어야 한다. 직영점이 많다는 것은 재무상태가 양호하고 사업 아이템이 수익성이 있다는 증거이다.

② 본사의 재정이나 운영상태를 확인한다. 거래은행이나 하청업체, 가맹점 등을 통하여 확인한다. 대표자와 간부사원은 경력이나 인간성 등도 탐색한다.

③ 본사의 조직구성을 체크한다. 가맹점 지원을 위한 슈퍼바이저가맹점 지도, 지원, 체크 등 운영을 지원해 주는 요원나 식재생산, 물류납품 요원 등을 체크한다.

④ CK중앙공급식 주방, 식재 제조공장가 있는지 확인한다. CK가 없으면 거래업체들의 식재공급이 불완전하고 납품가격도 비교적 높다.가격인상 요인

⑤ 하청업체나 고객들로부터 평판이 좋은지 조사한다. 하청업체가 본사에 대한 신뢰도가 높으면 고객들로부터의 평판이 좋다. 납품업자도 고객이기 때문이다.

⑥ 매스컴을 통하여 광고를 지나치게 많이 하는 본사는 피하라. 단기에 떼돈을 벌려고 하는 사업은 망한다. 식당업은 구전口傳을 통해서 광고가 되어야 한다. 유명체인점은 전혀 광고를 하지 않는다.

⑦ 본사의 가맹점 수가 많을수록 성공확률이 높다. 점포 수가 30개 정도는 되어야 CK가 손익분기점을 맞출 수 있기 때문이다. 가맹점 수가 많을수록 리스크가 적다. 본사가 다양한 입지에서 시행착오를 겪으면서 노하우Know-how를 축적했기 때문이다.

⑧ 본사의 가맹점 지도를 위한 종합 매뉴얼Manual이 있는지 체크한다. 가맹점 몇 개 업소를 방문하여 상담해 본다. 본사의 설명과 일치하는지 체크한다.계약내용, 영업상태, 메뉴 구성, 맛 등

⑨ 본사에서 지역상권을 보호해 주는지 확인한다. 일정지역 내에서 독점영업 권한을 보장해 주어야 한다.

⑩ 법률적으로 문제가 없는 업종 · 업태인지를 확인한다.

5. 외식사업에 성공한 식당의 철학

최근 일본의 주간지 '다이아몬드'는 '성공하는 벤처기업의 10가지 철칙'이라는 제목으로 창업자들이 명심해야 할 10계명을 제시하고 있다. 이 10계명에 근거하여 성공한 외식사업체의 창업경영 철학을 살펴보면 다음과 같다.

❶ 최고가 될만한 기술과 노하우를 갖추라.

창업자는 후발 주자라는 핸디캡을 갖고 있다. 그러나 기존 영업자들의 허점도 꿰뚫어볼 수 있다. 기존 업소와 차별화를 꾀할 수 있는 전략과 메뉴, 판촉방법을 추구하라.

❷ 틈새시장이나 새로운 개념을 도입하라.

전국의 식당 수가 50만여 개에 이르지만 틈새 시장은 있게 마련이다. 진공 상태에 있는 시장을 찾아 나서라. 갈비집만 즐비하게 늘어서 있는 곳에 들어가 전문 설렁탕집으로 차별화시킬 수도 있고, 전혀 색다른 메뉴로 허를 찌를 수도 있다.

❸ 양질의 한정된 상품을 우선하라.

처음으로 백화점식으로 20~30가지 메뉴를 늘어 놓지 말고 주변 상권에 맞는 특정 메뉴를 집중적으로 홍보하라. 적은 종류이지만 집중적으로 투자하면 원가도 줄이고 맛도 낼 수 있으며, 고객도 만족할 것이다. 전문화시킬 수 있는 아이템을 개발하라.

❹ 시장동향과 라이벌 경쟁 조건을 명확히 하라.

창업은 기존 시장에 침투하여 살아남든지, 신규 참여를 배제할 수 있는 특성을 살려야 한다. 되도록 장사는 잘되는 곳에서 하는 게 좋다. 시장을 개척한다고 엉뚱한 곳에 문을 열면 실패하기 십상이다. 먹는 일이란 일상생활과 분리될 수 없는 삶의 연속선상에 있음을 기억하라.

❺ 새로운 비즈니스 모델을 구축하라.

독특한 경영비법은 없다. 기존 업소의 허점에서 오히려 경영비법을 발견할 수 있어야 한다. 구태의연한 서비스나 운영 방식에 함께 끌려간다면 기존 영업주를 도와주는 꼴이 된다. 창업은 늦었지만 신기술, 새로운 노하우를 펼 수 있는 아이디어가 필요하다.

❻ 기술 및 상품 개발에서 독불장군은 실패한다.

혼자 힘으로 이룰 수 있는 것은 아무 것도 없다. 컨설팅 회사를 방문하지 않더라도 주위에 자문을 구할 수 있는 사람은 많다. 주방기기는 어떤 메이커가 좋은지, 식재료는 어디에서 구입하는 것이 유리한지, 종업원은 어떻게 관리해야 하는지 등 기존 영업주와 상담하는 것이 최상책이다.

❼ 기회 이익의 최대화보다 기회 손실 최소화에 주력하라.

창업자에게 과욕은 금물이다. 많이 투자하면 많이 번다는 생각을 버려라. 손익분기점에 쉽게 이르는 비결은 초기 투자를 최소화하는 방법에 있다. 무리가 따르면 투자금액의 회수도 늦어지고 빛 좋은 개살구 꼴이 된다. 손실 발생을 줄일 수 있는 방법, 금전적으로 안정을 찾을 수 있는 길을 찾아라.

❽ 빠른 속도로 사업 전개가 가능하도록 하라.

일단 마음먹었으면 과감하게 실행에 옮겨야 한다. 우수한 주방장부터 섭외하여 처음부터 같이 논의하는 것이 좋다. 주방장 출신에 비해 일반인들이 쉽게 망하는 이유는 점포경영의 핵심 부서인 백사이드, 즉 식재료 구입에서부터 조리, 생산, 재고 관리 등 주방 실무에 약하기 때문이다. 믿을 수 있고, 생사고락을 같이 할 수 있는 주방 책임자만 확실하다면 사업의 성공은 90% 보장된 것이다.

⑨ 불투명한 시장 상황에 순발력과 통제력으로 대처하라.

외식업계는 현금 업종이므로 소비자들의 씀씀이가 결정적으로 영향을 미친다. 모든 사업이 마찬가지지만 외식업도 사이클이 있다. 일식업소의 경우는 여름철에 비브리오 패혈증이나 콜레라균 식중독과 관련되기도 한다. 문제는 사이클의 주기를 최소화하고 대체할 수 있는 새로운 아이템의 메뉴를 개발하는 것이다. 메뉴만으로 고객을 끌어들일 수 있는 유연성과 전략이 요구된다.

⑩ 과감한 의사 결정, 결코 포기하지 않는 힘을 가져라.

사업에는 승부 근성이 뒷받침되어야 한다. 불가항력인 경우를 제외한 중도 포기는 자살 행위이다. 외식업과 같은 소매업은 상권의 흐름을 잘 파악해야 하며, 유연하게 대처할 수 있는 기술이 필요하다. 또한 경영주의 철학이 곧 성패를 결정하는 요인임을 잊어서는 안 된다.

6. 외식창업 트렌드, 공유주방

공유주방은 1980년대 미국에서 처음 나온 사업모델이다. 공유경제가 세계적으로 확산되는 분위기 속에서 공유주방이 가파른 성장세를 보이고 있다. 주방 설비를 갖춘 공간을 개인 창업자나 브랜드에 원하는 기간만큼 임대하고 다양한 서비스를 제공하는 사업인 공유주방은 초기 투자 비용을 절감시켜 창업의 진입장벽을 낮춰주는 모델로 국내 외식업 불황을 타개하는 새로운 방안으로 떠오르고 있다. 최근에는 정부에서 규제 샌드박스를 통해 시범사업에 돌입하는 등 사업장려에 나서면서 대기업 외식 브랜드와 주요 유통사도 합세하고 있다. 한 예로 글로벌 차량 공유업체우버가 서울 서초구에 클라우드 키친을 열고 또한 대기업 이랜드 외식사업부가 보유브랜드를 통해 공유사업에 가세하고 있다.

1) 공유주방 시장현황과 트렌드

(1) 공유주방 의미

공유주방은 크게 두가지 형태로 나뉜다. 첫 번째, 구획 없는 주방을 여러 사용자가 나눠 쓰는 순수한 의미의 '공용' 형태다, 두 번째, 공간을 10~13㎡3~4평형태로 나눠 각기 다른 브랜드가 입점해 개별 사업자 등록이 가능하도록 한 개별식 ' 형태다, 법적인 규제 문제로 국내에서 운영되고 있는 대부분의 공유주방이 개별식 형태였지만 최근 규제가 일부 풀리고 향후 법제도가 완화되면 서비스 형태가 더욱 다양화될 전망이다. 공유주방 업체는 공간 이외에 여러 옵션 및 서비스를 입점자에 제공하고 매월 사용료 형식으로 임대를 하고 있다.

공유주방은 2018년 국내 공유주방 사업이 본격화 되면서 서울을 중심으로 위쿡과, 놀부 프랜차이즈 업체에서도 공유경제 흐름에 맞춰 배달전문 공유주방 브랜드 도입을 하고 있다. 지속되는 불경기로 외식업 자영업자 5년간 폐업율이 80%를 기록하고 있는 반면, 같은 기간 배달업은 200% 이상 성장했다. 1~2인 가정과 맞벌이 가정의 증가, 미세먼지 일수 증가, 배달음식 수요가 커지고 있다. 앞으로도 세계적인 경기침체가 장기화되고 가족형태의 변화 등으로 배달업의 성장이 예상되고, 배달전문 점포를 손쉽게 오픈할 수 있는 공유주방 플랫폼도 함께 성장할 것으로 전망된다. 소비 패턴 및 물류 환경 변화로 온라인 식품 판매시장이 커지면서 공유주방에 대한 수요도 늘고 있다. 국내 온라인 식품 판매시장 규모는 2017년 18조 원, 배달음식은 15조 원까지 성장했다. 점포가 필요 없는 무점포 소매업이 주목받으며 식품제조업체들은 빠르게 온라인으로 태세 전환을 하고 있다. 공유주방 역시 잠재적 성장가능성이 높다고 볼 수 있다.

(2) 공유주방의 장점

❶ 불경기 불안감 최소화하는 플랫폼

지속되는 불경기에 신규창업자나 기존 프랜차이즈 창업자가 향후 매출부진으로 사업을 종료하게 되면 창업 시 투자한 초기비용은 실패비용으로 고스란히 돌아온다. 공유주방은 이에 대한 불안감을 해소시켜 주는 플랫폼으로 인기를 끌고 있다.

❷ 초기 투자비용 절감으로 리스크 관리

외식업을 시작할 때 공간을 임차하고 설비를 구비하면 대략 1억원 전후의 투자비용이 들어간다. 이후로도 지속적인 임차료와 인건비 등 고정비는 계속 발생한다. 사업의 성공여부와 관계없이 들어가는 비용이다. 공유주방은 주방 공간은 물론, 기계 및 시설, 주방 용품 등이 지원되고 1~2인 근무 주방설계로 최소한의 인건비로 운영을 가능하게 한다. 초기 투자비용이 적은 것은 유동성 현금을 확보하는 것과 같은 효과를 낸다. 즉, 투자비용에 리스크를 관리하면서 사업을 키워갈 수 있는 모텔로 주목받고 있는 것이다.

❸ 전문가에 의한 최적의 상권 확보

현재 국내 공유주방은 배달앱 사용자 및 주요 소비자 층이 모여 있는 상권을 세밀하게 분석해 위치하고 있다. 창업자는 초기 투자비용 없이 검증된 최적의 상권에서 외식업을 시작할 수 있는 데다 계약 즉시 바로 영업을 할 수 있다는 점에 매력을 느낀다.

❹ 변화에 최적화된 모델

공유경제가 세계적으로 확산되고 소비자 구매 패턴이 변화하고 있다. 시간과 공간의 제약이 없는 온라인에서 식품과 배달음식을 구매하는 소비자가 늘면서 온라인 시장이 점차 확대되고 창업자 역시 고정된 공간에 대한 임차 필요성을 적게 느끼게 된다.

(2) 공유주방의 단점

❶ 불완전한 의미의 공유주방

국내에서 공유주방에 대한 관심도가 높아지는 반면, 현실적으로 법제 제약으로 완전한 의미의 공유주방은 실현하기 어려운 부분이다. 최근 규제 개혁으로 공유주방을 허용한다는 발표가 있었지만 완전한 의미의 공유주방, 서로 공간을 나눠 일하고 입점 업체간 네트워크를 형성하고, 완제품을 손쉽게 판매할 수 있도록 정부의 추가 개혁이 필요하다. 지방단체 위생과에 공유주방에 대한 정보 공유와 세부 가이드라인 제공도 이뤄져야 한다.

❷ 불필요한 옵션에 대한 강요

공유주방이 주목 받으면서 여러 회사가 브랜드를 신설, 이익을 추구하면서 공유주방의 순수한 의미가 퇴색될까 우려된다. 일단 브랜드나 자영업자 입점 후 운영상의 문제를 잘 해결해 줄 수 있는 회사가 극소수에 불과하다. 불필요한 옵션 제공으로 입점브랜드에 부담을 전가하는 공유주방이 늘어나고 있는 것도 문제로 지목된다.

❸ 위생과 사고에 대한 우려

서로 공유하는 공간인 만큼 브랜드의 개별적인 위생관리와 도난, 폭력 등에 대한 위험 우려가 있다. 전체 방역 및 중대부적합사유 등에 대한 전문 위생점검, 화재책임 보험 등의 장치를 마련하고 위생, 도난, 폭력에 대한 강경한 위약 사항을 계약 시 기재하는 등 업체에서는 리스크를 방지하는 노력이 필요하다.

❹ 플랫폼에 대한 이해 부족

최근 수많은 배달전문 공유주방이 생기면서 많은 사업자가 '공유주방=배달주방이라고 생각하는 경우가 많다. 혼동이 없도록 플랫폼에 대한 이해가 필요하다.

(3) 예비 창업자의 숙지사항

❶ 창업 전 사업계획서를 명확히 세워라

직접 브랜드를 만들어 배달전문 음식점을 창업하고자 한다면 아이템이 배달에 적합한지, 원가율은 적정한지, 위생적으로 문제가 없는지 정확히 확립하고 적합한 공유주방을 선택해서 입점해야 한다.

❷ 배달주방의 위생 시스템을 확인하라

배달주문을 하는 소비자들은 메뉴의 맛, 포장 및 위생 상태에 대한 조리 과정을 볼 수 없기 때문에 일반 로드숍 점포보다 더욱 철저한 관리가 필요하다. 공유주방업체가 어떠한 위생관리 시스템을 가지고 있는지 꼭 체크해야 하는 이유다. 높은 배달앱 관리비용과 배달대행 수수료가 어느 정도인지도 확인해봐야 한다.

❸ 수많은 플랫폼에 대한 질문을 던져라

최근 공유주방 플랫폼이 증가하면서 체크해야 할 사항도 많아졌다. 공유주방업체가 추가적인 강제 옵션 조항을 두지는 않고 있는지, 운영 사후관리는 어떻게 하는지 등 여러사항을 점검하고 선택해야 한다.

❹ 선택한 모델의 한계점을 확인하라

최근 규제 샌드박스 최종 심의 통과로 하나의 주방에 여러 사업자를 등록하고 공유주방 생산 음식의 B2B유통이 가능해지므로써 큰 어려움은 덜었다고 볼 수 있다. 하지만 오프라인에서 온라인으로 전환할 수 없다면 배달 중심으로만 영업하는 공유주방 모델로는 매출과 수익 확장에 한계가 있다는 점을 알아야한다. 선택한 공유주방은 플랫폼의 매출 한계와 대안을 알고 창업해야 한다.

제2절 외식창업을 위한 계획 절차

1. 창업의 계획에 따른 목표설정

외식사업을 하는데 있어서 가장 중요한 것은 어떤 식당을 차리겠는가 하는 최초의 구상이다. 음식의 구분에 있어서 한식, 일식, 양식, 중식, 뷔페 등 다양한 업종이 있다. 또한 음식점의 운영형태에 따른 구분도 간이음식점, 대중음식점, 전문음식점, 유흥음식점 등을 선택해야만 한다. 장소에 있어서도 업종에 따라서 휴게음식점역, 고속도로변, 운동시설, 관람시설, 공항, 시장 등 특정 시내에 위치, 상업지역 내의 음식점회사주변, 관청, 공장, 아파트, 시장, 병원, 학교, 호텔, 근교지역 음식점전원, 산, 강, 호수, 해변, 케터링 음식점연회, 장례, 기내식, 선내식, 학교, 회사, 병원 등으로 지역을 잘 선택해야 될 뿐만 아니라 행정기관이 정하는 법 시행령에 따라서도 휴게음식점, 일반음식점, 유흥음식점으로 구분된다.

또한 고객이 평가하는 시설등급에 따른 구분과 서비스 방식에 따라서도 창업에 지대한 영향을 받을 수 있다.

창업계획의 흐름도

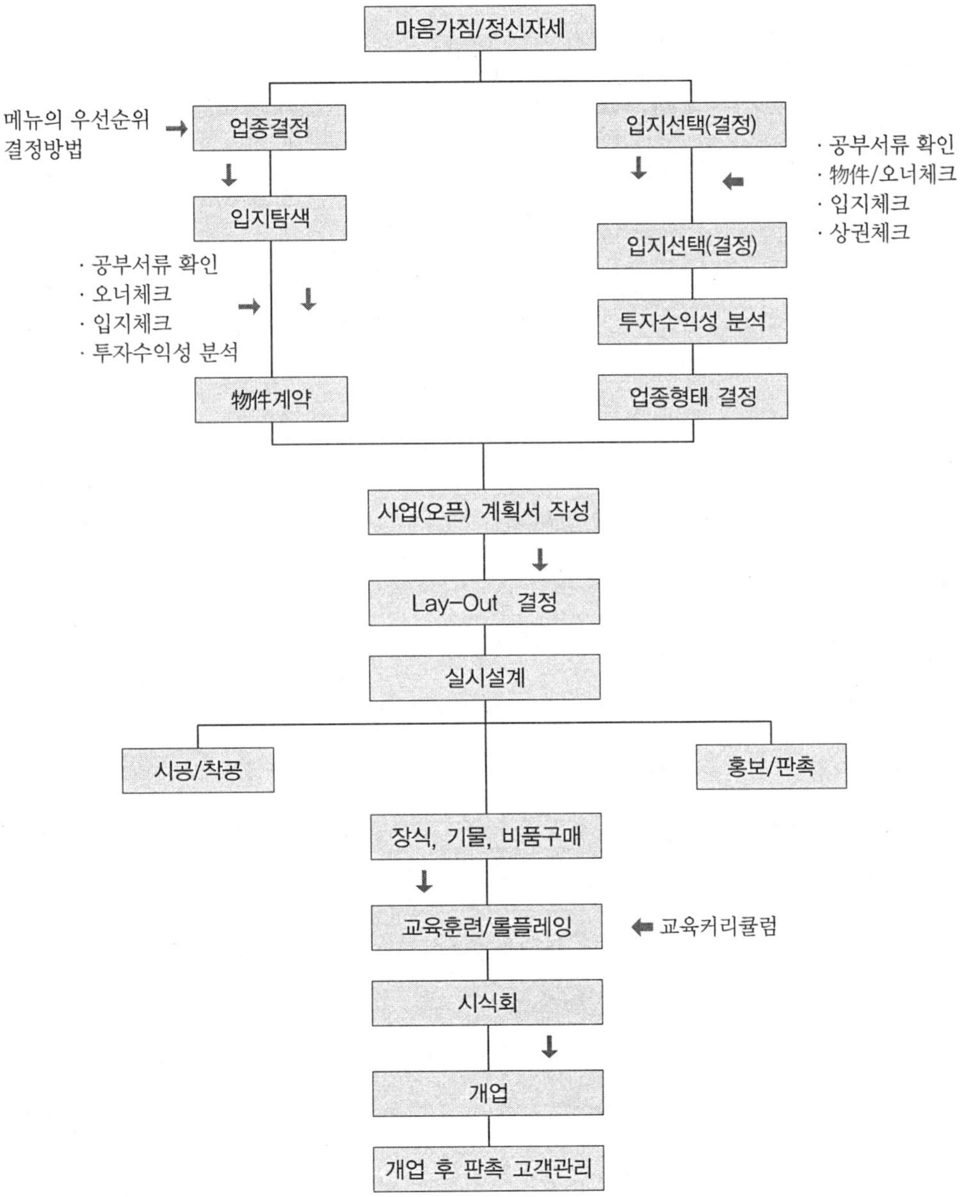

자료 : 신봉규, 실패하지 않는 외식업 창업, 외식사업연구소, 1999. p.1

2. 기획과 자금력 및 타당성 분석

어떤 형태의 음식점을 어느 정도의 규모와 어떤 곳에 차려야 한다는 구체적인 작업을 기획이라 할 수 있다. 자본, 경험 유무, 도와줄 인원 등을 고려하더라도 어떻게 시작하느냐 하는 또 하나의 난관이 기다리고 있는데 그 중에서 먼저 기존의 점포매입이냐 토지 또는 건물 계약 후 직접 시설을 투자하면서 아니면 자체 점포의 업종 변경에 의한 창업을 시작할 것인가를 잘 판단하여야 한다. 그리고 자금력 확보면에 있어서 충분치 않으면 다음과 같은 상황을 대처해 나가기 어렵게 된다.

1) 토지식당 용도의 신축건물 허가여부 타진 : 준농림지 구입자금
2) 건물 신축자금 또는 인수자금
3) 조경 및 진입로 정비자금
4) 인테리어 비용개보수 비용 포함
5) 집기 · 비품 구입자금
6) 초기 식자재 매입 및 일정 기간의 운영자금
7) 광고 선전 자금
8) 차입금의 이자 및 원금 상환 적립금

사업타당성 조사는 사업으로서 성공여부 확인과 투자 규모를 결정하는 것이다. 첫째는 예비 사업성 분석은 대략의 소요 자본을 계산하고, 외식사업에 관련한 전문지식을 습득하여야 한다. 그리고 미래의 전망을 파악하고, 법적인 제한을 알아야 한다. 둘째는 입지 및 경쟁업체 분석이다.

입지 및 경쟁업체 분석

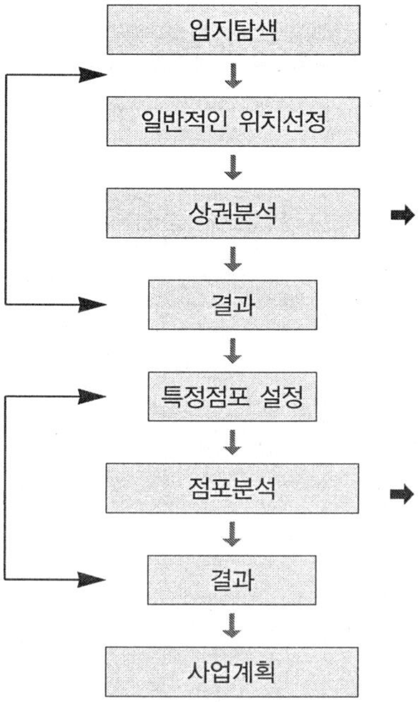

1. 인구통계분석
 1) 인구수와 세대수 2) 소득수준 3) 교육수준
 4) 직업 5) 가족구성 관계
2. 구매력 – 가처분 소득
3. 잠재고객의 구매습관
 1) 현재의 구매장소 2) 현 구매장소에서의 구매이유
 3) 수요지역과의 거리와 시간
4. 지역의 장기적 발전성
 1) 대단위 주택단지 조성
 2) 접근시설 신설(도로, 지하철 등) 여부

1. 부지의 크기, 형태, 경사도, 건물의 크기와 형태, 건물 내에서의 위치, 사용 연수, 주차시설
2. 토지용도, 건폐율 고도제한 3. 환경규제
4.통행량
 1) 성별 2) 시간대 3) 연령
 4) 통행목적(통근, 통학, 쇼핑등) 5) 요일(평일, 주말)
5.주변상가분석
 1) 휴혜업종
 2) 경쟁점(규모, 시설, 메뉴, target market, 매출액, 수익성, 성공 또는 실패요인, 성장률)
6. 접근성 7. 가시성 8. 점포 앞 이미지
9. 상 · 하수, 배수, 전기, 전화 10. 자기와 임대료
11.소유권 관계
12. 임대인 경우, 임대 주에 대한 조사(신용, 재력, 평판)
13.지역주민의 반응 14.정류장(버스, 지하철)과의 거리
15.노동력 취득 가능성 16.관공서의 인접여부

* 수요지역과의 거리선정 기준은 제공 식음료의 종류, 접근단(도로, 교통 수단) 면적, 주차장 유무, 지역의 특성 등에 따라 일정하지 않다.

자료 : 김의근, 식당창업계획, 중앙대학교 외식산업최고경영자 과정

셋째는 수요자 분석이다. 주변 상권인구 중에서 외식 수요가 어느 정도인가를 분석하여야 한다외식수요=상권인구 외식비율. 넷째는 메뉴를 설정하여야 한다. 메뉴는 고객 층, 입지, 가격을 고려하여야 한다. 다섯째는 시설 및 규모를 설정하여야 한다. 점포 계획은 메뉴와 시장조사 결과에 따라 결정한다. 여섯째는 시설 및 규모에 의거하여 투자액을 산출하여야 한다.

■ 레스토랑 투자내역(사례)

(단위 : 천 원)

투자항목		투자내용	투자비용	비고(%)
건축 및 시설부문	건축시공	현장공사, 소요자재, 인력동원	₩50,000	22
	인테리어	내장설비/평당 200만 원	₩80,000	35.3
	간판/현수막	메인간판/현수막/유도사인회	₩10,000	4.4
	음향설비	오디오시스템, 마이크방송	₩1,000	0.4
	현장세팅(주방/홀)	전기, 수도, 가스, 전화가설/배관POS케이블	₩10,000	4.4
	주방설비	주방시설	₩10,000	4.4
	소 계		₩161,000	71
영업부문	주방기물	그릇, 칼, 도마 등 주방용품	₩7,000	3
	POS시스템	POS 설비	₩10,000	4.4
	홀 집기/비품	테이블 및 의자 방석 냉난방기 정수기 각종 일회용품/유니폼	₩8,000 ₩500 ₩7,000 ₩2,000 ₩3,000	3.5 0.2 3 0.9 1.3
	판촉물	개업 전단, 기념품	₩2,000	0.9
	소 계		₩39,500	17.2
식자재 부문	농수산물류			
	음료/주류			
	소 계			
기타	기 타	DM발송 무료시식권 메뉴북 테이블 플레이스 사무용품 실내소품 청소용구	₩6,000	2.6
예비비		기타	₩20,000	9
합계			₩226,500	100

일곱째는 추정손익계산서를 작성하여야 한다. 추정손익계산서란 미래의 일정 기간 기업활동으로부터 발생할 이익 또는 손해가 얼마인가를 추정하기 위한 작성표이다.

■ 손익계산서

(2008. 1/1 ~ 2009. 12/31)

항목	금액
Ⅰ. 매출액	215,580
Ⅱ. 매출원가	
(1) 기초상품재고액	74,650
(2) 당기매입액	3,850
(3) 기말상품재고액	
Ⅲ. 매출총이익	3,850
Ⅳ. 판매비 및 일반관리비	105,130
(1) 관리비	2,500
(2) 판매수수료(신용카드)	4,300
(3) 급여	40,100
(4) 보험료	240
(5) 감가상각비	32,000
(6) 교통 · 통신비	1,850
(7) 수도 · 광열비	6,040
(8) 지급임차료	12,000
(9) 접대비	1,600
(10) 수선비	2,900
(11) 운반비	400
(12) 잡비	1,200
Ⅴ. 영업이익	35,800
Ⅵ. 영업외수익	
(1) 주차장대여(주차료 수입)	200
Ⅶ. 영업외비용	
(1) 지급이자	600
(2) 창업비상각	400
(3) 재고자산손실(식자재부패손실)	560
Ⅷ. 경상이익	34,040
Ⅸ. 특별손실	
(1) 투자자산처분손실	500
Ⅹ. 사업소득세 또는 법인세 차감전 이익	33,540
Ⅺ. 사업소득세 또는 법인세	6,708
Ⅻ. 당기순이익	3,168

3. 사업계획서의 구성 및 내용

사업계획서는 계획사업과 관련된 제반사항, 즉 제품시장의 구조적 특성, 구매고객성격, 시장확보 가능성과 전략, 적정투자규모, 자금조달계획, 생산 판매계획, 인력수급계획 등 일련의 사항을 객관적 관점에서 체계적으로 기술한 지침서이다. 사업계획서 작성의 목적은 사업 타당성 여부 검증을 포함해서 창업자 자신의 창업계획을 구체화하기 위한 수단으로 작성 자금조달을 목적으로 작성 및 업체 설립 및 인허가를 목적으로 작성해야 한다.

■ 사업계획서의 구성 및 내용

기본내용	세부내용
기업체 현황	회사소개, 업체연혁, 창업동기 및 산업의 기대효과, 사업전개방안
concept 설정	① 메뉴 ② 메뉴 수 ③ Target Market ④ 입지 ⑤ 가격 ⑥ 서비스 ⑦ 점포 ⑧ 영업시간 ⑨ 이용현황 ⑩ 상호
입지 선정	입지 현황 및 분석, 건물 현황 및 분석
상권 분석	전체 상권 분석, 경쟁자 분석, 소비자 분석, 상권 발전 전망 분석
메뉴 계획	메뉴 내용, 내용의 전망, 식자재 현황
sales & 마케팅 계획	기간별 판매 목표 및 계획, 마케팅 전략 수립
주방 및 인테리어 계획	
조직 및 인력 계획	조직도, 조직 및 인력 구성의 특성, 대표자 및 경영진 현황, 종업원 현황 및 고용계획, 교육훈련 및 고용고객
재무 계획	재무현황 재무추정 · 자금조달 운영 계획표, · 추정 대차대조표 · 추정 손익 계산서 향후 수익전망 · 손익분기점 분석, · 향후의 수익전망
자금운영 및 조달 계획	연도별 증가 및 차입계획 자금조달 문제점 및 해결방안

4. 점포 계약과 인·허가 및 세무관계

1) 점포계약

점포를 계약하기 전에 반드시 관련서류양식을 확인하여 이상 유무를 점검하고 계약에 임해야 한다. 이러한 자세는 예상하지 못한 피해나 사기를 미연에 방지할 수 있다. 이제까지 논의된 기획, 자금, 조직 등은 실제로 실행하지 않은 한 큰 비용은 발생하지 않는다. 그러나 한번 계약이 성립되면 되돌리기가 어려운 상태에 돌입한다. 계약은 그만큼 자신이 투입한 자본뿐만 아니라 앞으로의 자신의 온갖 시간과 정력, 열정을 쏟아부어야 하며, 가족의 생활까지 심각한 영향을 끼친다. 계약을 신중하게 할 이유가 여기에 있다. 다시 한번 다음 사항을 살펴보면

(1) 이곳이라면, 내가 향후 적어도 2~3년간 시간과 재력과 정열을 다시 도전할 수 있는 곳인가?

(2) 시장조사는 충분히 하였는가? 어디에 숨겨진 부분은 없는가? 이때 제삼자의 견해를 냉정히 귀담아 들을 필요가 있다. 흔히 한번 성공한 사람이 자신감에 젖어 낭패를 볼 수가 있다.

(3) 점포가 들어 있는 건물이 건축물대장상 근린생활 시설로 되었고 충성도가 다른 목적이 아닌지 확인한다. 용도변경이 된다고 하여도 해당시청에 반드시 확인한다.

(4) 수도, 전기, 가스, 정화조, 진입로 등이 불법으로 시설되었거나 규정은 없는가?

(5) 미등기, 불법건축항공 촬영 후 원상복귀 명령 부분은 없는가?

(6) 주차장 면적 자체 및 인근은 어떤가?

(7) 건물주의 차입금이 시간의 60% 이상이거나 타 사업의 부진 등으로 설정이 계속 늘어가고 있지는 않는가?

(8) 대형 건물일 경우에는 그 회사의 임대사업규모를 조사한다. 그들은 대개 고문변호사/법무사 등과 계약을 맺고 있어, 그들이 작성한 계약서로서는 어떠한 경우에도 승소할 수가 없다.

(9) 계약면적은 실면적으로 환산해서 해야 세금신고, 환경 부담금 납부액이 줄어든다.

(10) 건물주가 전매금지를 하거나 가까운 시기에 신축, 명도, 타 목적 이용을 하려는 지도 알아야 하므로 계약 전 꼭 만나야 한다.

(11) 건물주의 성격에 대해서도 알아야 한다.

점포의 계약 사항은 점포의 점주와 점포 및 시설물에 대한 양도계약을 체결한 후에 건물주와 임대차 계약을 체결하고 중도금과 잔금을 정산한 후에 입주하여 인테리어 및 설비를 시공한다. 이때 확인해야 할 서류는 다음과 같다.

① 토지등기부 등본관할 등기소, ② 건물등기부 등본관할 등기소, ③ 건축물 관리대장관할 시, 군, 구, ④ 토지대장관할 시, 군, 구, ⑤ 도시계획확인원관할 시, 군, 구

■ 토지 및 건물등기부 등본

건물이나 토지의 등기부 등본은 건물지나 토지의 주소만 알면 누구나 관할 등기소에서 열람할 수 있으며, 해당 건물의 특징과 재산권의 변동사항을 알 수 있다. 후보점포의 건물이나 토지등기부 등본에 다음과 같은 내용이 명시되어 있으면 계약을 보류하는 것이 좋다.

㉮ 가압류, 압류, 가처분 등의 단어가 명시되어 있을 때

㉯ 부동산의 가격에 비하여 과도하게 근저당이 설정되어 있을 때

㉰ 짧은 기간에 소유자가 자주 바뀌고 있을 때

㉱ 제삼자 담보나 금융권이 아닌 개인근저당이 설정되어 있을 때

계약 이후에라도 중도금이나 잔금을 정산하기 직전에 각각 다시 한번 더 등기부 등본의 변동여부를 확인하는 것이 좋다. 또한 건물이 있는데도 불구하고 주소지 등기부 등본에 나타나지 않는 무허가 건물이거나, 후보점포지역이 구획정리 중이거나, 건물소유주가 부재중이어서 직접 계약의 당사자가 되지 아니할 때는 계약을 하지 않는 것이 좋다.

■ 건축물 관리대장

건축물 관리대장은 해당 점포의 임대면적을 확인하는 자료가 된다. 임대면적은 임대료나 관리비를 산정하는 자료가 되기 때문에 중요하다. 또한 건축물의 준공 날짜와 점포의 용도를 확인하는 자료가 된다.

■ 토지대장

토지대장은 건물주와 지주가 동일인인지를 확인하는 자료가 된다. 공시지가를 살펴볼 필요가 있다.

■ 도시계획확인원

도시계획확인원으로 건물의 사용용도와 재개발여부를 확인할 수 있다.

(12) 기타 의뢰사항

① 전화가설

관할전화국에 신청하면 2~3일 후에 가설해 준다.

② 전기증설

한전의 1, 2종 면허업자에게 신청하면 7일 이내에 가설해 준다.

③ 가스 및 상하수도

가스는 가스공사, 상하수도는 구청에 신청하면 된다.

④ 신용카드 단말기

신청하면 2~3일 이내에 설치해 준다.

2) 인 · 허가 및 민원구비서류 사항

창업의 절차 중 인 · 허가 업무도 시간과 경비가 꽤 들어가야 하는 일이고 너무 촉박한 일정에 쫓기다 보면 무시하기 일수인 인 · 허가 업무라 창업일정표에 만들어 넣어 차질 없이 진행시켜야 한다. 창업자가 토지를 구입하고 건물을 신축할 수는 있다고 해도 해당 법령과 시행규칙, 조례 등에서 예외적으로 일반음식점, 단란주점, 유흥음식점, 숙박업소 등으로의 인 · 허가가 날수 없는 곳이 의외로 많다는 것을 아는 사람은 드물다.

또 기존의 업자가 영업행위를 하고 있는 곳이라 할지라도 토지, 건물의 소유자로부터 양도 · 양수의 승인을 받지 아니하고, 전 운영자로부터 인수하였을 때계약금, 중도금, 잔금을 치루고에도 법적으로 정당한 양수자라는 것을 인정받지 못하는 경우가 허다하므로 계약을 치루기 전에 토지 · 건물의 실질소유자를 면담하고 신중하게 계약을 추진하여야 한다. 이때 중개업자의 말만 믿어서는 안 된다.

계약에 앞서 다음의 사항을 점검해 보자.

(1) 해당 지번의 행정관할 시 · 군 · 구의 식품위생과에 인 · 허가를 적법하게 받을 수 있는 곳인가, 또는 받고서 영업행위를 하고 있는가?

(2) 해당 업소가 위치한 건물의 준공검사 및 취득, 등록은 되어 있는가?

(3) 소유권자의 등기 유무 확인과 질권 설정 여부

(4) 법령 또는 시 조례에 의하여 금지하고 있는 영업을 하고 있거나 하려고 하는 것은 아닌가?

- 학교보건법 관련
- 상수도 보호구역
- 국토이용관리법
- 소방법에 의한 각종 규제를 위반한 건축물에 위치한 업소
- 청소년보호법에 의한 각종 행위제한 구역

(5) 채권자로부터 압류, 임의경매 등 건물의 소유권에 대한 변동이 예상되는 징후는 없는가?

(6) 인 · 허가 업무의 세부절차

- 신 규

  영업허가신청서

  시설배치도건물임대차 계약서

  액화석유가스 이용신고서

  교육필증지역동업자조합 지정 기관

  유선 또는 도선사 면허증 신고필증

  식품위생 검사기관이 발행한 수질검사 성적서

- 지위 승계양도 · 양수, 사망, 합병, 경매 등

위 내용 외에 양도인임을 증명하는 서류, 주민등록등본, 인감, 이미 나간 영업 인 · 허가증과 임대차 계약서 등

• 사업자등록해당 세무서

시 · 군 · 구에서 영업허가를 받은 후에는 관할 세무서에 사업자등록신청서를 제출하고 사업자등록과 함께 주류판매신고서휴게음식점 제외를 받아 업장 내 계산대 앞의 잘 보이는 곳에 게첨하여야 한다.

사업자등록신청서세무서 비치

영업허가증 사본원본지참

주민등록 등본법인은 법인등기부 등본

주민등록증 사본

임대차계약서 사본원본지참

금전등록기, 카드 가맹점계약서 등이 필요하기도 하다.

❶ **식품접객영업 신고**구청

신고서	첨부할 서류
식품접객업 사업신고서 –관할구청에서 즉시 처리 –인지대, 면허세	· 위생교육수료필증(음식업 중앙회가 실시, 교육비, 사진 2매, 주민등록증) · 보건증(보건소, 사진 2매, 주민등록증, 혈액 검사비, 인지대) · 조리사 면허증–100평 이상 규모의 사업주 또는 종업원 중 1인

❷ **사업자 등록증**세무서

신고서	첨부할 서류
사업자 등록신청서 2통 –관할세무서에서 즉시 처리 –업종과 업태 기재	· 식품접객영업 신고서 사본 1통 · 임대차 계약서 사본 1통 · 주민등록등본 2통

자료 : 나영선, 외식사업 창업과 경영, 백산출판사, 2006

3) 세무 관련사항

(1) 과세특례자가 되려면

새로운 사업을 시작하는 개인사업자의 경우 연간 매출액이 4,800만 원 미만이 될 것으로 예상되는 때에는 사업자 등록신청서의 과세특례 적용란에 그 내용을 기재해야 한다.

그러나 아래의 경우에는 과세특례자가 될 수 없다. 도매업도, 소매업을 겸업시에는 소매업도 과세특례적용을 받을 수 없음 지역, 업종, 규모 등에 비추어 국세청장이 정하는 국세특례배제기준에 해당하는 경우 연간 매출액이 4,800만 원 미만이더라도 일반 과세가 되고자 하는 경우에는 관세특례적용신고를 하지 않으면 된다.

(2) 간이과세자가 되려면

신규사업자 신규로 사업을 개시하는 개인사업자가 사업을 개시한 날이 속하는 1년의 공급대가의 합계액이 1억 5천만 원에 미달되고, 과세특례 기준금액인 4,800만 원 이상이 될 것으로 예상되는 때에는 사업자등록 신청서상 간이과세 적용란에 표시하면 된다.

점포를 구하면 인테리어를 하기 전에 사업자등록을 먼저 하는 것이 중요 포인트. 인테리어, 기자재 구입 비용 등을 세금계산서를 받을 수 있게 되므로 10%의 부가세 환급을 받을 수 있다(세무사 등에 조언을 구하면 적은 비용으로 안내를 받을 수 있다).

과세 유형별 과세기준

구분	일반과세자	간이과세자	과세특례자
대상 사업자	간이, 과세특례자가 아닌 모든 사업	1년 동안의 공급대가가 4800만 원 이상 1억 5천만 원 미만의 개인사업자	1년 동안의 공급대가가 4800만 원 미만의 개인사업자
과세표준	공급가액	공급대가	공급대가
세율	10%, 0%	업종별 부가율, 10%	일반업종 : 2%
거래징수	의무 있음	별도규정 없음	별도규정 없음
세금 계산서	세금계산서 또는 영수증 교부	세금계산서 교부는 불가능, 영수증 교부	세금계산서 교부는 불가능, 영수증 교부
납부 세액	매출세액-매입세액	과세표준, 업종별 부가가치율, 10%	과세표준, 2%, 3.5%

구분	일반과세자	간이과세자	과세특례자
예정신고 납부	연간 공급가액이 1억 5천 미만인 개인사업자	직전과세기간 납부세액의 50%	직전과세기간 납부세액의 50%
매입 세액	매입세액으로 공제	매입세액의 20%만 공제	납부세액이 24만 원 미만인 경우 적용
미등록가 산세	공급가액의 1%, 법인은 2%	공급대가의 1%	공급대가의 0.5%
소액 무징수	적용대상이 아님	적용대상이 아님	납부세액이 24만 원 미만인 경우 적용
기장	장부에 의해 기장	교부받았거나 교부한 세금계산서 또는 영수증으로 갈음한다.	교부받았거나 교부한 세금계산서 또는 영수증으로 갈음한다.
포기 제도	없음	간이과세자를 포기하고 일반과세자가 될 수 있다.	간이과세자를 포기하고 간이과세자 또는 일반과세자가 될 수 있다.

(3) 신규업자가 알아야 할 기초지식

㉮ 사업을 해서 번 돈, 즉 소득에 대해서는 소득세를 별도로 내야 한다. 모든 사업자가 소득세 납세의무자가 된다. 그러나 소득세는 여러 가지 공제제도가 있어 영세사업자가 이러한 공제금액을 빼고 나면 과세될 소득이 없어 소득세를 내지 않는 경우가 많다. 다만, 신고서는 제출하여야 한다. 사업체가 법인인 경우에는 소득세가 아닌 법인세를 내야 한다.

㉯ 부가가치세는 소비자가 부담하는 세금이다.

부가가치세란 부가가치, 즉 물건을 사거나 파는 과정에서 발생된 가치마진에 대하여 부과되는 세금이다. 사업자는 물건 값에 부가가치세를 포함하여 팔기 때문에 실제세금은 소비자가 부담하는 것이며, 사업자는 소비자가 부담한 세금을 잠시 보관했다가 국가에 내는 것에 지나지 않는다이렇게 세금을 실제로 부담하는 사람과 납세의무자가 다른 세금을 간접세라 한다.

㉰ 직전 과세기간의 공급가액이 7,500만 원 미만인 사업자는 예정신고의무가 없으며, 전기과세기간 납부세액의 50%를 납세고지서에 의하여 납부하면 된다. 간이

과세자, 과세특례자, 간이과세자와 간이특례자는 예정신고의무는 없고 확정신고만 하면 된다.

㉣ 소득세를 신고납부해야 할 사람은 종합소득이자, 배당, 부동산, 사업, 근로, 기타, 퇴직소득, 양도소득, 산림소득이 있는 모든 사람이다. 다만, 소득금액이 소득공제에 미달되는 납세자와 수시부과를 받고 연말까지 소득공제와 소득금액에 변동이 없는 납세자는 확정 신고를 하지 않아도 된다.

㉤ 주고받은 세금계산서 등 과세자료는 빠짐없이 제출해야 한다.

신고는 하였으나, 신고내용이 불성실하거나 누락금액이 있을 경우에는 사후에 세무조사를 받아 많은 세금을 추가로 납부하게 된다.

물건을 사고팔 때 주고받은 세금계산서는 신고 시 빠짐없이 제출해야 한다. 주고받은 세금계산서를 세무신고시 매입, 매출 세금계산서 합계표를 제출하지 아니하면 그 거래내용이 컴퓨터에 의하여 불성실 혐의가 있는 거래로 분류되어 가산세를 부담하게 되는 손해를 보게 된다.

㉥ 신용카드 가맹점에는 직전연도 수입금액이 3억 원 미만인 개인사업자는 신용카드 매출표에 의한 매출액의 1%를 납부할 세액에서 공제한다.

㉦ 과세특례 시 간이과세자의 사업규모가 커지면 일반과세자가 된다. 일반과세자가 되면 과세특례자, 간이과세자와는 달리 영수증 대신 세금계산서를 교부하여야 하고, 납부세액 개선방법이 달라져 상품매입 시 부담한 매입세액을 전액 공제받게 되며, 예정신고 세액고지제도가 없어지게 된다.

㉧ 일반과세자가 되면 다음과 같은 이점도 있다. 흔히 일반과세자가 되면 세율이 2%에서 10%로 인상되어 세금이 급격히 늘고, 각종 의무가 많아지는 것으로 생각되나, 세금계산서를 성실히 주고받은 사업자는 교부받은 세금계산서상의 매입세액매입금액의 10%을 전액 공제하게 되어, 오히려 세금이 적어지는 경우가 많다. 또, 사업을 확장하거나 계절적 상품으로 일시에 많이 매입하는 경우에는 매입세액이 매출세액보다 많아져 환급도 받게 된다.

㉨ 사업이 커지면 법인으로 바꾸는 것이 유리하다. 최근 들어 이런 추세가 증가하고 있으나 반드시 유리한 것만은 아니다. 규모가 커진 사업을 개인으로 할 경우에는

가계와 기업이 혼동되기 쉬워 합리적인 기업경영이 곤란하게 된다. 개인사업을 법인으로 전환하게 되면 대외적인 신용도를 높일 수 있고, 정확한 세무회계 처리로 절세면에서도 유리하다.

5. 점포 개업 시 조직구성

식당 창업의 조직Organization은 시설의 크기, 조리방식, 영업시간, 식탁회전율, 음식 서빙 방식 등에 따라 차이가 난다. French service나 Russian service, 또 한정식 경우에는 고객과 종업원의 비율이 매우 낮지만, 단일 품목 전문식당, 패스트푸드 레스토랑, 카페테리아, 뷔페의 경우 그 비율을 높일 수 있다. 창업자의 경험, 기량 등에 따라 조직의 탄력성을 부여할 수 있다.

10%를 초과해서 조직하는 경우–창업 즉시 매출의 성과가 즉시 나타날 수 있다고 예상하는데 비하여 종업원들의 업무 숙지도나 팀워크가 안 되어 있고, 종업원의 실망 이직률이 높은 업종일 경우에는 자연퇴직이 2~3개월 안에 이루어지기도 한다.

반면 10~15% 정도 미달상태에서 soft opening하는 경우도 있다. 계획된 메뉴 전 품목을 한꺼번에 선보이는 것이 아니라, 고객의 반응을 보아 가면서 서서히 고객 인지도를 높여야 할 경우에는 핵심요원과 최소한의 인원으로 창업하고 충원하는 방식이 필요할 때도 있다. 창업주가 경험이 풍부하며, 장소가 상업지역 이외에 있어 매출증가의 속도가 느린 지역일 경우이다.

6. 점포 신축건물 공사 및 기존점포 공사

1) 신축건물 또는 빈 공간에 신설하는 경우

(1) 시설 기본개념 정립

규모, 인원, 서비스 방법, 냉난방, 간판, 영업허가, 전기 · 전화신청, 광고 홍보 전략 등

(2) 마스터 플랜 작성작업진행표

(3) 시공업자 견적의뢰, 의견 반영

(4) 시공순서 배열

목공사, 조적공사, 전기공사, 배관공사, 타일공사, 페인트 공사, 외부 조경공사, 간판, 카펫, 벽지, 장식물, 가스공사, 냉난방 공사, 식탁 의자, 오디오, 서비스 스테이션 등, 개업 전 마무리 공사와 청소 등으로 한다.

(5) 메뉴 확정에 따른 주방장비와 기물선정, 주문, 반입, 성능시험 시 불가피한 반품/교환여부 등에 따른 기간도 설정한다.

(6) 종사원 선발-교육-실습

(7) 카드 가맹점 계약

(8) 화재보험 계약

2) 기존점포 인수 시 공사

위 순서에 입각하되 부분적인 수리나 위치 변경, 메뉴 변경, 메뉴 변경에 따른 추가, 삭제 등이 필요할 수 있다, 현재 큰 하자 없이 운영되는 경우에는 얼마간 운영해 본 후 문제점이 드러난 후에 손을 대는 것이 유리할 수도 있다, 그러나 화재보험, 산재보험 가입, 전기안전, 화재안전, 가스안전, 보건증 검사에 대비한 준비는 영업개시 후에 바로 시작하는 것이 만일의 경우에 대비하여 안심할 수 없다.

기존영업 중인 점포를 인수하여 전면적인 개보수나 부분적인 공사를 하더라도 그 시기와 공사방법에 따라 차이를 낼 수 있다.

(1) 기존점포의 인수가 연말과 같은 영업성수기인가, 아니면 비수기인가를 본다.

(2) 기존점포의 영업이미지가 좋아 그래도 끌고 가야 하는가, 아니면 전면적으로 새 점포이어야 하는가.

(3) 단기적으로 부분공사만을 할 것인가 전체적인 공사인가.

(4) 기존점포의 lay out에 문제가 있는가, 아니면 단순히 시설이 낡아서인가, 또는 최근의 패션을 도입하기 위해서인가, 취급하려는 품목과 걸맞은 시설을 하기 위해서인가.

위의 모든 사항을 고려하여 내장공사를 결정하였다면 우선 기존점포 내의 시설을 철거하는 공사가 진행되어야 하는데, 지금은 폐기물 처리도 만만치 않기 때문에 이 점 또한 고려되어야 한다. 전통가옥, 전통문양이나, 향수어린 것들은 보관해도 역사가 오랜 업소로 계승하는 방법도 좋은 생각이다.

제3절 상권 및 입지분석

1. 상권분석의 목적

상권분석은 창업자가 사전에 상업성이 있는가를 검토하여 입점을 결정하는데 결정적인 역할을 담당한다. 하지만 이보다 더욱 중요한 것은 창업 후 경영과정에 상권분석의 중요성이 나타난다. 상권의 특성을 알아야 효과적인 경영이 가능하고 판촉 전략이 먹힌다는 것이다.

평수 여하나 업종 구분에 관계없이 가능한 사전에 상권분석을 해 보는 것이 좋다. 상권분석은 창업을 결정하는 요인이기도 하지만 상권분석을 통해 나타난 지식과 노하우가 향후의 사업에 도움이 되기 때문이다. 상권분석이 창업과 경영에 중요한 역할을 담당한다는 뜻이다.

① 상권분석은 고객을 파악하는데 결정적인 역할을 한다.
② 상권분석은 사업의 범위를 결정하는데 도움이 된다.
③ 상권분석은 사업주의 경영능력을 향상시킬 수 있다.

상권분석은 창업자가 직접 실시하는 것이 가장 바람직하며 전문가에게 도움을 받는 경우에도 가급적 현장에 참여해서 분석과정을 면밀히 검토해 보는 것이 좋다.

상권분석은 업종과 그리고 창업자의 사업 환경 등에 따라 달라진다. 분석방법이나 대상 역시 이러한 배경을 토대로 한다. 업종의 특성상 모든 분석과정이 필요한 것은 아니지만 불필요한 것도 아니다. 창업이 아니더라도 가급적 상권분석을 하는 연습을 하는 것이 좋다. 성공은 아니더라도 최소한 실패의 위험을 줄일 수 있기 때문이다.

2. 상권분석의 개념과 특성

사회적인 환경에 영향을 받는 상권은 유기체와 같이 역동적이며, 쉬지 않고 움직인다. 상권Trade Area이 변하는 직접적인 요인은 지하철, 버스노선, 버스터미널 등 교통여건의 변화, 재개발과 도로확장, 신규 경쟁자의 출현 등 입지여건의 변화, 새로운 상업지역의 출현이나 주택단지의 개발, 도시개발, 인구의 대이동, 소비자의 소비패턴의 변화, 경제 · 법률적 환경 등의 변화에 따라 끊임없이 이동하고 변화한다.

상권의 개념을 포괄적으로 보면 상권의 지리적 차원Trade Area Geography : TAG, 상권수요 차원Trade Area Demand : TAD, 상권다양성 차원Trade Area Hete-rogenity : TAH의 3차원으로 구성된 상권개념이 제시된 바 있다.

상권지리란 상권의 지리적 범위를 말하고 상권수요란 지리적으로 설정된 상권범위 내에서 잠재력, 실제적 수요를 의미하며 상권다양성이란 설정된 상권 내의 수요에 대해 제공되는 상품, 서비스의 다양성을 말한다.

즉, 상권이란 특정 사업체가 자신의 상품을 판매하기 위하여 고객을 유인하는 지역적인 범위를 의미한다.

상권은 단일조건에 의해서 만들어지는 것이 아니라 여러 가지 요인에 의해 만들어진다. 일반적으로 레스토랑이 어느 도시에 있으며, 그 도시 가운데에서도 어느 상업밀집지역에 있느냐에 따라서 상권의 여러 가지 상황은 달라진다.

이처럼 상권은 인위적으로 형성되기보다는 다수의 개별소비자가 특정점포를 이용하느냐 마느냐에 따라 자연스럽게 형성된다. 일반적으로 외식업소를 이용하는 고객은 멀리 가려 하지 않기 때문에 상권의 범위에 한계가 따를 수밖에 없다. 물론, 거리가 가깝다고 하더라도 대형 건물이나 시장 또는 큰 도로나 하천 등이 가로막혀 있으면 접근에

장애요소가 되므로 상권은 이러한 입지조건의 특수성과, 또한 업종 · 업태에 따라 그 범위가 다르게 나타난다.

외식사업과 유사한 소매업의 개별점포별 상권의 특성은 다음과 같다.

① 점포의 규모가 크면 클수록 상권의 범위가 넓다.

② 교통이 편리하거나 일류상가에 입지한 점포일수록 상권의 범위가 넓다.

③ 선매품이나 전문품을 취급하는 점포의 상권이 편의품을 취급하는 점포의 상권보다 넓다.

④ 지명도가 높은 점포나 특징이 강한 상품을 취급하는 점포일수록 상권이 넓다.

3. 상권범위에 따른 상권 특성

상권은 그 범위에 따라 다음과 같이 세 가지로 분류할 수 있다. 첫째, 지역상권Contral Ttrading Area은 지역 전체가 가지는 상권으로 총상권이라고도 한다. 둘째, 지구상권District Trading Area은 지역상권 내에서 특정의 입지에 속하는 상업적 상권이다. 셋째, 먹자골목 초입 등으로 업종에 많은 구애를 받지 않을 수 있는 점포상권Individual Trading Area은 지구상권 내에서 특정 입지의 점포가 가지게 되는 상권이다. 이들 세 가지 상권은 그림과 같은 전체적인 구성을 하고 있다.

■ 상권의 구성

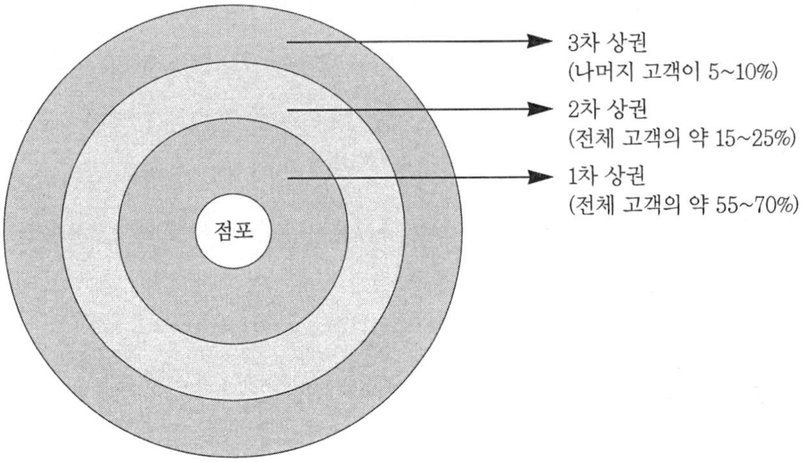

상권은 흔히 1차, 2차, 3차 상권으로 분류한다. 1차 상권이란 전체 구매고객의 55~70% 정도가 분포되어 있는 곳을 말한다. 2차 상권은 15~25% 이상의 고객이 분포되어 있는 곳이며, 3차 상권은 그 이상의 범위로 소규모 점포에서는 큰 의미가 없지만 맛 · 기술 · 브랜드, 전통성, 교통 편리성, 분위기 등에 의해 확장이 가능하다.

■ **상권 범위와 특성**

구 분	고객비중	내점소요시간		거리
1차 상권	55%~70%	패스트푸드	10분 정도	200m
		패밀리 레스토랑	20분 정도	1km
		고급 레스토랑	30분 정도	2.5km
2차 상권	15%~25%	패스트푸드	20분 정도	500m
		패밀리 레스토랑	30분 정도	2.5km
		고급 레스토랑	1시간 정도	5km
3차 상권	5%~10%	패스트푸드	30분 정도	1km
		패밀리 레스토랑	1시간 정도	5km
		고급 레스토랑	2시간 정도	15km

4. 상권에 미치는 영향요인

상권은 어느 한 가지의 요인에 의해서 결정되는 것이 아니다. 일반적으로 업소가 어느 도시에 있으며, 그 도시 가운데 어디에 상업 밀집지역이 있는가에 따라서 상권의 특징은 달라진다. 특히 상권은 교통조건과 같은 접근성에 크게 영향을 받으며, 대중교통 이용가능시간과 영업시간과의 관계, 도로정비상태 등에 의해서도 영향을 받는다. 또한 경영자의 경영철학이나 광고홍보방법에 따라서도 상권은 영향을 받으며, 경쟁업소의 상황이나 다른 쇼핑 가능성의 영향도 무시할 수 없다.

■ 외식상권의 영향요인

요인		내용
외부환경요인	지리적 요인	좌표, 지형, 교통(도로, 노선버스, 지하철), 도로망, 행정구역, 도시계획
	인구통계적 요인	가구 및 인구분포, 주택분포, 통행자 분포, 인구규모
	소비자행동 요인	쇼핑행태, 라이프스타일, 외식, 문화, 레포츠형태, 점포 충성도
	인위적 행위	신도시개발, 택지개발, 도시규모, 산업시설, 상업시설
	사회적 요인	사회적 영향에 의한 기존상권의 변화, 경쟁상황, 다른 쇼핑 가능성
내부환경요인	상품 요인	가격, 요리품질, 서비스수준, 접객태도
	물적 환경 요인	주차장, 셔틀버스운행, 어린이놀이방, 인테리어구조, 규모, 외관의 전망
	경영자 요인	비전제시, 광고 및 홍보, 마케팅전략, 내부마케팅전략

자료 : 나영선, 외식사업 창업과 경영, 백산출판사

5. 외식사업의 타당성 조사와 분석

1) 상권의 조사

상권이란 고객이 흡입되는 지리적 범위, 즉 레스토랑을 이용하는 고객들의 거주 지역을 일컫는다. 다시 정리를 한다면 기존의 영업을 하고 있는 상권 또는 개점하고자 하는 상권에 관한 정보를 수집하고, 그 자료에 따라서 조사분석을 하고 싶은 대상의 문제점과 과제를 찾아내는 활동을 말한다. 이러한 상권조사는 자신이 경영하고 있는 레스토랑의 상권개발전략을 세우기 위한 것이다. 레스토랑의 매출은 상권의 시장환경에 대한 경영능력의 기본자세에 따라 변한다. 따라서 기존상권 또는 출점하고자 하는 상권에서의 사업성공은 다음과 같은 내용을 사전에 숙지되어야만 한다.

(1) 통계자료의 조사

통계자료를 조사하기 위해서는 통계청, 상공회의소, 관공서 등을 이용하여 인구, 세대 수, 가족구성원 수, 주거형태단독, 아파트 등, 소득수준, 학력수준 등을 조사하며, 연령별, 남녀별의 인구구성 등도 파악해야만 한다.

(2) 상권규모의 파악

상권규모를 파악하기 위한 내용을 보면 다음과 같다.

첫째, 고정상권의 파악 내용으로는 주거인구, 고정출근자, 상주인구 등이다.

둘째, 유동상권의 파악 내용으로는 비거주, 비상주 인구 등이다.

셋째, 주간 및 야간 상권을 파악하는 일이다.

넷째, 대형 접객시설의 고정 및 유동상권을 파악하는 것이다.

(3) 통행인구 및 차량의 조사

성별 · 연령별 · 시간대별아침, 점심, 저녁 · 요일별평일, 주말, 공휴일 통행인구의 통행성격을 관찰하고, 통행인구의 수준 등을 파악하여 조사한다. 또는 통행차량은 차종별 · 시간대별로 조사한다.

■ 영업시간대

영업시간대	업소의 입지
아침시장 중심	주택가나 업무지역, 출퇴근코스에 위치하는 경우
늦은 아침과 점심	쇼핑센터나 학교, 관광지 등 인구유발 지역에 위치한 경우
점심시장 중심	업무지역이나 유동인구가 많은 지역으로 도보나 차량으로 10분 이내의 거리에 위치하는 경우
저녁시장 중심	업소의 콘셉트에 따라 그 가이드라인은 다르다. 전문업소(예를 들어 산채 전문점 등)는 상권을 비교적 넓게 가지는 반면 일반적인 업소의 경우 단골 고객을 중심으로 인근지역을 대상으로 한다. 특히 패스트푸드의 경우 저녁시장으로는 다소 한정된 경향이 있다.

(4) 경쟁관계의 조사

동종 및 유사점포에 대해서 경쟁력 우위를 가지려면 여러 가지의 내용들을 조사함으로써 출점 시 전략적인 핵심역량을 키워야 한다.

■ 상권 내 경쟁관계의 조사내용

구 분	내 용
점포 측면	위치, 층별위치, 전체평수, 실평수, 점포형태
주방 측면	주방면적, 설비 및 집기, 동선
인원 측면	종업원 수, 파트타임 및 아르바이트 수 등
영업 측면	영업시간, 표적대상, 이용시간대, 객단가, 서비스형태, 마케팅전략, 간판형태 및 종류, 위생 및 청결, 접객성, 법적 허가 사항 등
메뉴 측면	메뉴구성, 주력메뉴, 스타메뉴, 원가, 식재공급, 품질, 전문성 등
손익 측면	성장성, 안정성, 생산성, 수익성, 매출과 이익, 제조원가, 인건비 구성 등

(5) 상권의 향후 변화

상권조사 반경은 취급업종 및 규모와 입지 등에 따라 다르지만, 대략적으로 거점 반경 150m~500m 정도의 범위 내에서 조사하고, 앞으로의 상권변화 요인에 대해서도 정보를 입수해서 출점 시 반영해야 한다.

첫째, 주변상권의 확대 및 축소 전망, 둘째, 대형 접객시설 개발에 관한 정보, 셋째, 주변건물의 신축 및 철거계획에 대한 조사, 넷째, 경쟁관계가 될 신규업소의 개업 계획에 대한 조사, 다섯째, 정보의 수집처 : 담당관청, 부동산 개발관련업체, 은행, 새마을금고, 지역협회 등을 활용한다.

2) 상권의 분석

(1) 상권규모의 분석

후보점의 규모, 주변시설의 흡인력, 주변인구의 외식형태, 외부유출입 동선, 경합점의 입지 및 경합력, 주변지역의 지형 · 지세, 도로 및 교통시설, 통행인의 성격, 상권의 규모 · 형태 · 수준, 입지의 가능적 · 지리적 위치 등의 여러 요인들을 감안하여 후보점포의 1차 · 2차 · 3차 상권의 범위를 설정한다.

그리고 고정 및 유동상권, 예정업태의 주상권 규모를 분석하고, 이때 조사된 내용을 정밀 분석하고, 전략적 시사점을 토대로 출점계획 시 이를 반영하도록 한다.

■ 외식업소의 상권분석

입지구분	입지특성	주고객층	적합한 업태와 업종
유흥가	· 유동인구가 많음 · 주 · 야간 영업이 가능한 장소 · 터미널, 환승역 중심의 입지	매우 다양	어떤 업종, 어떤 형태든지 양호
번화가	· 유동인구가 많음 · 비싼 임대료 · 야간영업 비중이 큼	매우 다양	어떤 업종, 어떤 형태든지 양호
사무실가	· 점심시간의 매출이 높음 · 휴일과 야간에는 공동화 현상이 일어남	회사원	중저가형의 깨끗한 업소
주택가	· 주말 매출액이 높음 · 임대료가 비교적 저렴 · 거주자가 표적 고객 · 단골고객이 많음 · 고객성향이 비슷	지역주민 가족형 식당	
역세권가	· 유동인구가 많음 · 임대료가 비쌈	매우 다양	중저가의 신속한 서비스 제공 업소
학교가	· 개학기에는 번창하다가 방학기는 한산 · 중복요소가 형성되면 유리 · 대학가는 야간과 방학기간에는 매출 양호하나, 중고교 주변은 야간과 방학기간에는 매출이 감소	학생층	저렴한 가격대의 업종 및 형태
교외가	· 통행 인구가 거의 없음 · 임대료가 비교적 저렴 · 주차장이 넓음	근접지 주민 또는 행락객	주차장이 갖추어진 중고가의 업종

(2) 잠재력 분석을 통한 SWOT 분석

상권의 잠재력 분석Potential Analysis의 경우 1차 상권 규모는 1차 상권지역 내 빌딩의 업무 및 상업시설 규모에 기초하여 상주성 유동인구의 수용규모를 측정하여 산정한다. 또 2차 상권규모는 1차 상권대비 상주성 유동인구의 규모와 주거지역 내 고정인구의 규모를 추정하여 산정한다.

상권인구 수에 있어서 빌딩의 경우 상주인구 수는 사용면적 대비 건축면적 7~10명당 약 1명 정도로 보고 있다. 이처럼 상권규모와 잠재력을 분석할 때 경쟁력 제고를 위해서는 SWOT 분석을 주로 활용하고 있다.

SWOT 분석 기법

업종을 선택하면 그 다음은 SWOT 분석을 통하여 최종적인 평가를 내리고 바람직한 전략을 수립하는 노력이 필요하다.

① 사업을 시작하거나 운영하는 과정에서 일정시점의 주요 환경요인을 기회요인(Opportunity)과 위협요인(Threat)으로 분류하고, 이런 요인을 자기(기업)의 강점(Strengtt) · 약점(Weakness)과 결합시켜 효과적인 전략을 수립하는 것을 SWOT 분석이라고 한다.

② 지혜로운 경영인은 기회를 잘 활용하고 위협을 회피하며, 경우에 따라서는 위협을 기회로 변화시킨다. 즉 환경변화에 따라 기회와 위협이 교차할 때 바람직한 전략대안(戰略代案)을 유리하게 선택한다.

③ 사업환경은 언제, 어디서나 끊임없이 변화한다. 특히 오늘의 우리사회는 놀랄 만큼 빠른 속도로 환경이 변화한다. 레스토랑의 업종도 쉬지 않고 생성(生成)-변화(變化)-소멸(消滅)되는 것이며, 또 계속 분화(分化) 종합(綜合)하면서 새로운 업종이 생긴다.

④ 이런 환경변화와 업종변화 속에서 한편으로 무서운 경쟁관계가 발생하고 바람직한 보완관계가 형성되기도 한다. 따라서 모든 업종을 다 조사하고 연구하여 업종 · 업태를 선택하기는 매우 어려운 일이며, 먼저 자기의 강점과 약점을 냉철하게 분석하고 그에 적합한 후보업종 몇 개를 선정하는 것이 좋다. 그런 다음 기회요인과 위협요인을 분석하여 가장 바람직한 업종을 선택하도록 한다.

구 분	강 점	약 점
기 회	A	C
위 협	B	D

A : 즉시 선택
B : 대안 모색
C : 대안 모색
D : 즉시 취소

SWOT 분석을 통한 환경요인 분석의 고려사항

강점(Strength)	약점(Weakness)
• 기술경쟁력과 탁월한 능력 • 자금 및 투자의 재무적 능력 • 소비자의 소비패턴 및 호의적인 이미지 • 신뢰받고 있는 시장 선도자 및 이미지 • 규모의 경제성 활용 • 실행가능한 정책, 전략, 전술 • 품질과 원가상승의 경쟁력 및 식재료 공급능력 • 입증된 경영관리 수준 • 외식점포 경영노하우	• 불확실한 콘셉트 및 전문성 결여 • 전략의 쇠퇴 및 빈약한 전략 수행 • 수익성 부재 및 경영관리 결여 • 조직력 취약 밀 인적 자원 부재 • 기술력이나 연구개발 미흡 • 운영관리상의 문제 • 본사의 기능과 역할 수준 • 자금동원능력 부족 및 수준 이하의 마케팅 구사

기회(Opportunity)	위협(Threat)
• 틈새시장의 공략과 시장세분화의 창출	• 경쟁자의 신규진입가능성
• 제품군 계열의 다양화 및 다각화	• 대체제품들의 판매량 증가
• 수직적 통합	• 시장성장률의 저하
• 경쟁시장의 정당한 경쟁도구	• 정부정책의 역행
• 시장성 속도	• 시장개방과 경쟁력 가속화
• 정부의 육성과 지원	• 경기침체와 변동에 따른 유연성
• 전략적 집단으로서의 빠른 이행	• 소비패턴의 급격한 변화

자료 : 홍기운(1999), 외식산업론, 대왕사, p.328, 김은숙 외(2004), 외식산업의 창업 및 경영, 백산출판사, p.107

6. 외식산업의 점포 콘셉트 결정요인

콘셉트란 '생산자가 자사의 상품을 다른 상품과 구별된 이미지를 고객에게 인식시키기 위하여 의도적으로 만들어내는 창작물' 로 가장 근접한 우리말의 표현은 특성이라고 할 수 있다. 이러한 이미지에 영향을 미치는 것들은 메뉴, 품질, 서비스, 식자재, 위치, 경영형태, 분위기, 가격 등이며, 이처럼 다양한 영향요소에 의하여 해당 외식업소의 콘셉트가 결정된다.

따라서 경영자는 콘셉트를 개발하고자 할 때 목표시장, 경영형태, 식재료의 조달방법, 업종메뉴의 종류, 업태서비스의 형태, 종사원의 고용방법, 광고 및 홍보방법, 포지셔닝, 인테리어 수준, 입지여건, 요리와 서비스의 품질, 분위기 등을 종합적으로 고려하여야 한다. 물론, 모든 고려요인이 콘셉트에 지대한 영향을 미치지만 업종과 업태가 가장 중요하다. 따라서 신규 참여예정자는 업종과 업태의 선정을 신중하게 하여야 한다.

① 목표시장 : 연령, 직업, 계층 또는 가족 모임이냐, 아니면 사업상 방문인지 등에 따른 이용목적별로 목표고객층을 설정하여야 한다.

② 경영형태 : 직영으로 할 것인지, 아니면 프랜차이즈와 같은 체인형태로 할 것인지를 정해야 한다. 물론, 다양한 직영방법과 체인방법에 따른 세부사항까지도 결정해야 할 사항이다.

③ 식재료 : 직영은 식재료를 1차 상품을 사용할 것인지, 아니면 가공된 식품을 사용할 것인지, 체인점의 경우에 가맹본부에서 어느 정도의 식재료를 어떠한 상태로 공급해 주며, 나머지는 어떤 방법으로 어느 수준에서 조달할 것인지를 결정해야 한다.

④ 업종 : 업종의 결정은 한식, 중식, 양식 또는 닭갈비, 자장면과 같이 제공할 메뉴의 종류를 정하는 것이며, 이때 제공할 메뉴의 수는 몇 가지로 할 것인지를 동시에 결정해야 한다.

⑤ 업태 : 업태의 결정은 서비스형태를 정하는 것이며, 셀프서비스로 할 것인지, 택배나 배달전문으로 할 것인지, 아니면 풀 서비스로 할 것인지를 정해야 한다.

⑥ 종사원 : 종업원의 고용형태와 임금수준을 정해야 한다. 정규직과 계약직 또는 일용직은 각각 몇 명으로 할 것인지, 임금과 복지수준은 어느 정도로 할 것인지를 정해야 한다.

⑦ 광고 : 광고와 홍보방법은 어떻게 할 것인지, 즉 TV, 라디오, 인터넷, 신문, 전문잡지 또는 전단지, 시식회, 무료시식권, 할인권, 간판, POP 등의 방법은 어떻게 할 것인지를 정해야 한다.

⑧ 포지셔닝 : 전체 외식시장에서 진입하고자 하는 점포에 대한 고객의 인지이미지를 어느 수준으로 위치시킬 것인가를 정해야 한다.

⑨ 인테리어 : 점포의 이미지는 인테리어에 많은 영향을 받으므로 어떻게 인테리어를 할 것인가를 정해야 한다.

⑩ 입지 : 입지에 따라 내점객은 달라질 수 있으므로 어디에 입지할지 정해야 한다.

⑪ 품질 : 서비스 외 요리 품질수준은 어느 정도로 할 것인지를 정해야 한다.

⑫ 분위기 : 조명과 음악 또는 인테리어나 종업원은 복장이나 태도, 그리고 입점객의 특성과 유형에 따라 점포의 분위기는 영향을 받는다.

⑬ 가격 : 가격의 결정은 콘셉트뿐만 아니라, 경영전략으로 매우 중요한 요소이다.

7. 외식사업 입지선정의 개념과 중요성

1) 입지의 개념

급변하는 마케팅 환경 하에 레스토랑의 장기적인 효과성을 보장하기 위해서는 레스토랑 입지의 선정, 레스토랑의 적정규모의 결정, 점포 이미지의 확립 및 서비스 수준의 결정 등이 필요하나, 이 중에서도 레스토랑의 합리적인 입지는 가장 중요한 요건이 된다. 따라서 외식산업은 입지가 업소운영의 관건이 된다. 아무리 좋은 메뉴를 갖고 있고 영업방침이 뛰어나다 해도 점포의 위치에 따라 매출액에 영향을 받게 된다. 따라서 업종을 선택한 후 일차적으로 점포의 입지문제를 해결해야 한다. 점포의 위치에 따라 레스토랑이나 분식점, 한식점 등 업종을 결정할 수도 있다.

입지는 점포라는 물리적인 시설이 자리 잡게 될 일정한 공간적 단위로 점포가 자리 잡게 되는 지역을 말한다. 외식은 상품의 주문, 생산, 판매가 동시에 이루어지기 때문에 고객이 쉽게 접근할 수 있는 위치는 고객을 유인하고 타 업소와 경쟁할 수 있는 가장 근본적인 수단이 되기 때문에 외식산업을 입지산업이라고 부른다.

외식산업에서는 업소가 위치한 장소상의 특성에서 유발되는 고객유인력이 사업성패를 좌우하는 중요한 요인으로 작용하기 때문에 대규모 외식체인기업에서는 좋은 입지를 구하기 위하여 전문 입지담당자를 두고 있다. 그러나 입지조건은 교통사정, 도로계획, 인구이동, 경쟁상대의 변화 등 그 조건이 계속 변화하기 때문에 항상 점포주변의 변화를 수용할 수 있는 자세가 중요하다.

2) 입지의 중요성

레스토랑 성공에 영향을 미치는 여러 가지 요인 중에서 가장 중요한 것은 점포의 위치 즉 입지이다. 아무리 전망 있는 업종을 선택하고 점포 노하우가 있다 하더라도, 점포입지, 즉 점포의 목이 좋지 않으면 결코 성공할 수 없다. 실제로 장사에 성공한 사람들의 대부분은 '점포의 목이 좋아서' 라는 말을 잊지 않는다. 그래서 점포사업을 입지사업이라고도 하는 것이다. 하지만 같은 상권 내에서도 점포의 입지는 다르다. 점포입지는 전체 상권에 영향을 받으면서도 개별적인 특성을 갖는다. 창업자는 일단 자신이 선택한 업종이 어떤 상권에 적합한지를 판단한 후 그 상권 내에서 점포입지를 골라야 한다. 점포의 위치가 좋으면 비효율적인 경영으로 인하여 발생되는 문제점들을 다소 극복할 수 있지만 위치가 나쁘면 사업자가 유능하다 할지라도 그 능력을 충분히 발휘할 수 없게 된다. 점포의 입지가 중요한 이유를 세분하여 살펴보면 다음과 같다.

(1) 점포의 입지는 고객을 유인하는 중요한 수단이다.

고객이 점포에 직접 와서 거래가 이루어지는 소매업에 있어서 점포의 입지는 성패의 가장 중요한 요인이다. 점포는 거리, 교통 등의 면에서 고객으로부터 가까워야 한다. 점포가 고객으로부터 가까워야 한다는 말은 점포는 사람이 많이 사는 곳이나, 또는 많이 다니는 곳에 위치하여야 한다는 뜻이기도 하다.

(2) 점포의 입지는 경쟁의 주요 수단이며, 장기적인 결정이다.

점포 경영자들은 경쟁하기 위해 상품의 종류, 가격, 광고 등에 있어서 유사하거나, 우월한 방법을 도입할 수 있으나 점포의 입지는 모방하기 어렵다. 점포의 입지가 결정되면 영업활동 내내 영향을 미친다. 또한, 점포를 이전하는 경우에도 기존거래 고객들이 다시 찾을 수 있으므로 점포는 외식업에 장기적인 영향을 미치는 요인이다.

8. 입지의 종류와 유형

1) 형태별 입지의 종류

우리가 생활수준에 따라서 상류층, 중산층, 하류층이라고 나누듯이 상업지역도 계층이 있다. 각각의 상업지에는 상점들이 서로 경쟁하면서 운영되고 있는데, 일반적으로 상업지는 성격에 따라서 세 가지 정도로 분류한다.

근린형, 지구형 그리고 중심형 또는 번화형이 그것이며, 이를 다시 근린중심형, 지구중심형, 대지구중심형, 부도심형, 도심형으로 세분화해서 나눌 수 있다.

※ 근린형

주거지 근처에 있고 사람들이 일상적으로 자주 쇼핑하거나 외식을 즐기는 상업지를 말한다. 한마디로 동네상권이라고 보면 된다. 동네상권은 오피스상권과 함께 한정된 고정고객을 대상으로 영업하는 대표적인 입지로써, 한정된 고객층을 대상으로 영업하고 이들을 고정고객화해야 하는 입지 형태이다. 근린형은 일상생활에서 자주 구입하게 되는 일반 상품 위주로 판매되기 때문에 일반상품형이라고도 한다.

초보자에게 근린형 상권이 유리하다고 하는 것은 근린형 상가의 경우 권리금이나 보증금 임대료가 싸고 우리에게 익숙한 상품을 주로 취급하기 때문이다.

근린형의 상권 범위는 반경 5백 미터 내외의 거리로, 도보로 이동할 수 있는 거리를 상권으로 보면 된다. 흔히 근린 상가라는 말을 많이 쓰는데 동네에서 이 정도 상권을 범위로 하는 상가 건물을 근린상가라고 한다.

생활용품 전문점의 상권 입지로는 지구형보다는 못하지만 일정 세대수 이상을 가진 근린형 상권을 고려해볼 만하다. 지구형에 비해서 유동인구나 흡수 가능한 세대수는 적지만 상대적으로 권리금이나 보증금 월세가 저렴하기 때문에 사업자의 경영능력에 따라서는 의외로 높은 투자수익을 기대할 수 있다. 단, 근린형이라고 하더라도 전체 흡수 가능한 세대수가 1천 세대 이하라면 생활용품 전문점 사업으로 성공하기란 극히 어렵다. 단지 내 상가는 피하는 게 좋고 근린상가 중 전문상가 건물에 입점하거나 중대형 슈퍼마켓이나 수협매장 등이 입점해 있는 상가 건물이 적당하다. 아파트와 단독, 연립을 합해서 3천~4천 세대가량 되고 인근에 시장이 형성돼 있으며, 판매 업종이 밀집된 상가 거리나 건물이라면 근린 상권으로서는 최고의 점포를 얻는 셈이다. 단, 이때는 점포의 출입구, 주 동선과의 관계, 가시성 등은 반드시 고려해야 한다.

※ 지구형

주거지에서 다소 떨어져 있고 보통 주 단위로 쇼핑하는 물건이나 서비스를 주로 취급하는 곳을 말한다. 일상생활에 필수적인 품목이 아니라 선호품이나 기호품을 주로 팔기 때문에 선호품형 상권이라고 일컫기도 한다.

지구형은 다시 지구중심형과 대지구중심형으로 이루어지는데, 지구중심형은 반경 1

킬로미터 이내의 생활권을 범위로 하며, 대지구중심형은 몇 개의 거주지역을 상권으로 한다.

이 상권은 생활용품 전문점에서는 최고의 상권으로 꼽힐만하다. 지구형 상권내의 점포들은 근린상권에 비해서 점포 구입비가 많이 드는 게 일반적이지만, 이는 A급 입지에 해당되는 말이고, B급 입지의 점포들은 오히려 근린상권의 A급 입지보다 저렴한 점포들이 있으므로 지구 중심상권의 B급 입지 점포를 적극적으로 알아보는 게 좋다. 이런 점포들 중에 앞에서 제시한 생활용품 전문점 입지 조사표의 양식에 따라서 점포를 구한다면 최적의 점포를 구할 수 있을 것이다.

※ 중심형(번화가형)

주거지에서 멀리 떨어져 있으며 쇼핑은 일 년에 몇 회 간격으로 이루어진다. 일반상품 업종은 물론이고 외식업이나 오락, 유흥 등 여러 업종이 복합적으로 구성돼 있어 번화가형이라 하기도 한다.

중심형은 다시 부도심형과 도심형으로 나눌 수 있는데, 신촌이나 영등포 등 교통이나 도시 개발과 함께 새롭게 신흥 상권으로 떠오른 곳을 부도심이라고 하며, 남대문이나 동대문 같이 전통적이고 복합형으로 구성된 중심상권을 도심형이라고 한다.

부도심은 지하철, 철도 등을 축으로 도시의 일부 지역을 상권 대상으로 하며, 도심형은 해당 도시 전체에 세력을 미치는 상권이다.

중심형 번화가형은 생활용품 전문점과는 맞지 않는 상권이다. 권리금이나 점포세가 비쌀 뿐더러 판매 업종의 경우 주로 젊은층 위주로 업종이 구성돼 있고 그밖에 외식과 유흥업이 발달돼 있기 때문이다.

다만 이들 상권에서도 B, C급 입지로 이어지면서 시장이 형성돼 있거나 주택가로 이어지는 지점으로 주부들을 흡수하는 업종이 밀집돼 있다면 최고의 상권이라고 할 수 있다. B, C급 입지는 A급 입지에 비해서 점포 구입비도 훨씬 저렴하므로 기회가 온다면 적극적으로 점포를 물색해볼 수는 있다.

2) 입지의 유형별 특성

외식업소의 입지여건에 따라 고객의 특성이 다르다. 따라서 입지유형을 고려하여 적합한 대응 전략을 마련하여 운영하여야 한다.

■ 입지유형별 특성과 영업전략

입지의 유형	입지특성	주요 고객층	영업전략
비지니스가	점심과 저녁시간대 이용객 많음 주말과 공휴일은 공동화 현상	직장인, 신세대, 젊은 여성	편안한 이미지, 조식제공, 연회수요확보, 아이돌 시간 영업활성화, 단골확보, 중저가의 깨끗한 이미지
주택가	점심 때는 한산, 퇴근길의 직장인, 맞벌이 부부, 주말에 가족고객	주변거주자 주부고객	어린이 놀이시설, 택배서비스, 고정고객 확충
번화가	높은 임대료, 유동인구가 많다. 다양한 고객층, 24시간 영업가능, 어떤 업종과 업태라도 좋다. 주말과 주중 영업편차가 적다.	쇼핑객 극장고객 직장인 데이트 족	적절한 가격 가능(낮은 탄력성), 실내장식으로 분위기 전환, 레저 지향성, 메뉴 차별화, 음료메뉴 강화, 독창적 이미지 구현
역세권	중저가 가격대 고객이다. 주변에 주택가나 상가가 많다.	교통기관 이용객 주변 거주자	카운터서비스와 셀프서비스로 빠른 제공, 빠른 서비스, 중저가
대학가	연간 방학이 두 번이다. 가격에 매우 민감하다.	대학생 대학 내방객	질보다는 양, 셀프서비스로 가격 인하, 젊은 층이 선호하는 메뉴 구성
교외 도로변	시간과 경제적 여유가 있는 고객. 주말의 가족고객이 많다. 외식자체를 즐기는 레저형 고객층 외부 인테리어에 고객이 유인된다.	승용차 소유자 신도시 입주자 도로통과 고객	넉넉한 주차시설,적극적 마케팅 활동, 독특한 분위기 연출한 전문음식점, 서비스와 요리품질에 유의, 분위기와 레스토랑의 테마를 강화
관광지	가격에 덜 민감하다. 성수기와 비수기의 편차가 심하다. 토속음식점이 많고 인기 있다. 단체 관강객이 많다.	관광객, 외식은 부수적 레저성이 강함, 주변상가 입주자	성수기와 비수기 편차 극복 방안 마련, 특산물 메뉴개발, 통합관광 정보망을 통한 마케팅, 관광지역 전체의 이미지 제고 노력

자료 : 나영선(2006), 외식사업 창업과 경영, 백산출판사, p.180

9. 입지선정의 체크 포인트

입지선정은 업종과 업태에 따른 구체적인 입지조건과 기준을 정해야 한다. 가장 우수한 입지조건은 수요층이 두터운 지역이다. 기본적인 수요를 확인한 후에 구체적인 출점 예정지역을 설정하여야 한다. 이러한 입지를 선택하기 위한 체크 포인트는 다음 표와 같다.

■ 외식입지선택 포인트

항 목	내 용
지역 체크	• 업종과 업태의 조건이 적합한가? • 유동인구는 어느 정도인가? • 사람이 어느 정도 모이는가? • 인근점포의 영업상태는 어떠한가? • 상권 내의 상주인과 소득계층은 어떠한가? • 주변지역의 토지이용현황과 향후 전망은 어떠한가?
채산관계 체크	• 경쟁점포의 위치와 영업력의 정도는 어떠한가? • 경쟁점포를 이기거나, 혹은 공존할 수 있는가? • 채산성은 있는가? • 향후 고객 수의 증가는 확실한가?
점포조건 체크	• 점포의 폭, 길이, 넓이, 바닥의 모양은 적당한가? • 주변가게는 적합한가? • 도로에 접하여, 주차장은 있는가? • 짐을 내리는 것은 용이하며, 설비에 문제는 없는가?
가격의 체크	• 가게의 수준과 비교할 때 가격은 비싸지 않은가? • 투자예상비용과 점포가격이 적절한가?

자료 : 중소기업청 소상공인지원중앙센터(1999), 창업절차, 고객용자료 – 0014

10. 입지에 영향을 미치는 요인

1) 입지결정의 전제조건

외식사업체의 상권이 좋다는 것은 곧 입지조건이 양호하다는 것과 일맥상통하는 것이다. 그러나 좋은 조건의 외식사업체의 입지결정에 필요한 조건은 외부적인 요인보다는 내적인 요인이 더 크다는 사실을 명심할 필요가 있을 것이다. 외식사업 창업을 위한 양호한 조건의 입지라는 것은 사업장에 오는 고객들의 주거지에서 가까울수록, 또한 외식고객들이 선택하는 요소가 매우 다양하게 형성되어 있어야 한다는 것이다. 이런 의미에서 입지결정을 위한 전제조건을 살펴보면 다음과 같다.

첫째, 외식사업을 위한 선택한 업종과 입지와의 관계를 현실적으로 파악해야 한다. 물론 업종을 선택하고 입지를 결정하는 경우와 입지를 결정한 다음에 업종을 선택하는 경우가 있지만 가능하면, 업종을 선택하고 입지를 결정하는 것이 바람직하다.

둘째, 입지결정을 하기 전에 외식사업의 장기적인 비전Vision을 생각해야 한다. 사업을 시작해서 단기간 내에 결과를 얻는다고 생각한다면 매우 위험하며, 결과적으로 사업성은 떨어지는 경우가 발생한다.

셋째, 주변여건을 분석해야 한다. 주변의 중대형 건물, 즉 5층 이상의 건물이 어느 정도 분포되어 있으며, 또한 예상 잠재외부 소비자의 분포까지도 고려해야 한다.

넷째, 교통근접성과 도로의 넓이를 고려해야 한다.

다섯째, 상권 내 유사업종과 경쟁업종의 분포사항을 파악하여야 하며, 동시에 시장성의 구조를 고려하여 입지를 결정해야 한다.

2) 입지 조사 방법

(1) 입지 분석 목표

① 자기 점포의 명확한 판매 목표를 산출하기 위한 기초 자료를 수집한다.

② 자기 점포가 확보할 상권의 범위를 파악한다.

③ 후보 점포가 속한 상권의 범위 내에 유명 점포 조사 및 경쟁할 점포를 조사하여 개점 시에 그 점포에 대한 대응책을 마련한다.

④ 현재 혹은 장래의 발전 가능성을 확인한다.

⑤ 현재의 상권에서 가장 인기 있는 서비스는 무엇이고, 그 가격대는 어떻게 형성되어 있는지를 조사하여 자기 점포의 서비스 구성에 참고한다.

(2) 입지 분석 항목

❶ 고객 동향 조사

점포가 들어서게 될 주변 고객의 인구 사회학적 특성을 파악한다. 인구수, 직업분포, 주거 형태, 가처분 소득, 세대수, 경제 수준, 소비형태, 유동 인구, 외식 빈도, 교육 수준 등을 파악하여 이들에게 접근 가능 지역을 택한다.

❷ 기존고객 동향 조사

기존점포 수와, 서비스, 가격, 영업 전략 및 매출 실적 등 경쟁업체를 조사하고 문제점을 파악한다. 특히 경쟁업소의 시설과 목표 시장, 매출액, 수익성, 성공이나 실패 요인을 분석하여 대응 전략을 세운다. 중요한 것은 기존업소와의 차별화 전략을 세워 나가야 한다는 것이다. 서비스, 가격, 기타 고객 관리 등 모든 부분에 있어서 색다른 특성을 선보여 관심을 일으키는 것이다.

❸ 점포 접근의 용이성 조사

점포의 출입이 자유로워야 한다. 따라서 출입구의 위치, 출입계단, 주변의 교통 도로 및 보행 도로 상황, 차량의 통행 방향, 건널목, 주차 시설, 교통신호 체계 등 접근 가능 지역을 선택해야 한다. 특히 도로변에 접한 점포보다는 이면도로에 접한 점포가 좀 더 유리할 수 있다는 점을 참고하여 점포 접근의 용이성을 조사하도록 한다.

❹ 점포 자체의 홍보 가능성 조사

점포의 위치 자체가 주변에 알려질 수 있는 홍보 기능을 가져야 하기 때문에 간판의 위치나 크기, 형태에서부터 건물 전체의 규모와 주변 유동 인구의 규모 등을 파악해야 한다. 홍보는 고객에게 업소의 인지도를 알리는 척도이다.

❺ 주변지역의 특성 조사

점포가 위치할 지역의 특성 즉, 주거지역인지 상업지역인지 공장 혹은 기타 빌딩가인지 조사하고 소속 기능으로써 유흥가인지 시장인지 혹은 숙박시설, 관공서, 학교 주변인지를 조사한다.

❻ 임대료와 수익 관계 조사

위치는 좋지만 임대료가 너무 높은 경우에는 예상 매출액, 수익률 등을 분석하여 선택해야 한다. 실제 임대료 등이 높아 실패하는 경우도 있다. 하지만 위치가 좋은 경우는 과감하게 선택할 필요성도 있다. 이 경우 반드시 수익성 분석을 해본 후 결정하는 것이 좋다.

❼ 교통 및 통행량 조사

도로 구조와 업소의 포인트가 되는 지역의 통행량을 조사해야 한다.

❽ 각종 정보와 법령 조사

시가지의 형성, 도시 계획 상황, 도시 개발 상황, 각종 행정 지도의 내용, 도시 계획상의 규제의 내용 등과 건축법, 소방법, 위생법 등 각종 정보와 법령 등을 조사해야 한다.

제4절 음양오행에 의한 올바른 건물선택 실전

1. 건물 모양과 사무실 길흉화복

좋은 장소인지 나쁜 장소인지를 다양한 관점에서 판단하는데, 토지뿐만 아니라 건물의 모양이나 실내 배치도 중요한 판단 요소이다. 예를 들어 오래된 사찰에 가면 공기가 맑고 넓은 공간처럼 느껴진다. 그것은 건물의 모양과 배치 그리고 건물을 둘러싸고 있는 주변 공간과의 배치가 적당히 긴장감이 있기 때문이라고 할 수 있다.

건물 모양에는 좋아하거나 싫어하는 것이 있으며, 개인의 좋고 싫음을 떠나서 좋은 분위기를 발산하는 건물이 있다. 이런 건물들을 주의 깊게 관찰하면 주변 환경을 의식하여 만들어졌다. 건물은 의도하지 않아도 모든 사람에게 보여지는 것으로 많은 사람이 좋다고 느끼면 좋은 기운을 모을 수 있다. 그러나 반대의 경우도 있다. 이런 모양의 건물은 지나치게 겉모습에 치중하여 외부 이용자뿐만 아니라 내부 거주자에게도 나쁜 영향을 준다. 따라서 이런 영향을 순화시켜 조절한다.

1) 오행으로 본 건물모양과 지붕의 길흉

건물의 모양을 볼 때에는 주택 또는 주변 환경을 풍수학적으로 봐서 길흉을 판단한다. 토지의 지질 · 지형 · 지맥에서부터 건물의 모양 · 크기 · 방향 · 색깔 등을 종합해서 판단하는데, 지형특히 지질이나 지맥 등을 '용맥'이라고 한다은 많은 경험과 영감이 필요하기 때문에 쉽게 판단할 수 없다. 여기서는 비교적 간단하게 판단할 수 있는 건물의 모양이나 주변 건물에 대해 살펴본다.

건물 모양이 최근에는 일반적인 사각형에서부터 독특한 모양까지 매우 다양하다. 풍수에서는 크게 목 · 화 · 토 · 금 · 수라는 5개의 오행으로 구분하는데 대체로 다음과 같은 특징이 있다.

■ 오행으로 본 건물의 길흉

구분	목형	화형	토형	금형	수형
건물 모양	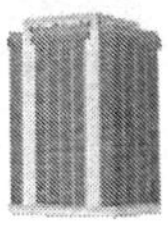				
특징	길쭉한 고층빌딩으로 키가 크고 곧게 뻗은 모양	날카로운 느낌의 건물로 꼭대기가 뾰족한 모양	네모진 느낌의 건물로 사다리꼴의 상자 같은 모양	원형 느낌의 건물로 냄비나 가마솥을 엎어놓은 듯한 모양	곡선 느낌의 건물로 지붕이 물결치는 듯한 모양

지붕의 형상은 중요하다. 보통 가상학에서는 판단 기준으로 집 전체의 입체적인 모양을 봐서 하늘에 가까운 곳은 남쪽으로 간주하고, 마루 등 지면에 가까운 곳은 북쪽으로 간주한다. 그러므로 지붕은 방위로 보면 남쪽이 되고, 남쪽 방위는 두뇌나 심장을 상징하기 때문에 지붕모양은 곧 사는 사람의 머리를 나타낸다.

최근에 지붕모양이 복잡한 건물을 많이 볼 수 있는데, 다종 다양한 지붕모양의 차이는 그 집에 사는 사람의 감성의 차이를 나타낸다. 그러나 지붕 바깥둘레의 평면이 복잡한 건물은 가상으로 볼 때 문제가 있으며, 가능하면 단순한 것이 좋다. 지붕은 집의 균형을 보는 중요한 요소로, 집의 전체 모양을 볼 때 지붕 · 외벽 · 창문 · 바깥 홈 등의 전체적인 통일감을 잘 생각하고 방향성을 고려해야 한다.

2) 상업용 건물의 돌출방위로 길흉 판단

❶ 건물의 돌출방위로 판단

상업용 건물이 어느 방위에서 돌출되었느냐에 따라 다음과 같이 길흉 판단을 한다.

- 북쪽 : 부하나 사원에게 혜택을 줘서 장래성 있는 사회가 된다.
- 북동쪽 : 주위에서 고립되기 쉽고, 자신의 이익을 내세우며 욕심이 많아져서 궁지에 몰린다.
- 동쪽 : 결단력과 재치가 있고 적극적이며 활기 있다.
- 남동쪽 : 번영과 이익이 생기고, 주위에서 신용을 얻어 거래나 교섭이 잘 된다.
- 남쪽 : 연구심이 강해 상품 개발이나 예술 방면에서 능력을 발휘한다.
- 남서쪽 : 여성이 사장이고 사원도 여성 중심이면 좋다.
- 서쪽 : 교제가 성공적으로 잘 이루어지므로 사교 위주의 업무에 좋다.
- 북서쪽 : 정상에 위치한 사람이 권위를 얻어 훌륭한 지도자가 된다. 회사도 발전하고 이익도 커진다.

❷ 입구의 돌출방위로 판단

가장 좋은 건물 방향은 동쪽 · 남동쪽 · 남쪽이고, 입구의 방위로 가장 좋은 것은 남동쪽 · 동쪽 · 남쪽 · 북서쪽이다. 피하고 싶은 방위는 북동쪽 · 남서쪽 · 서쪽 · 북쪽 순서이다. 만약 입구를 길방위에 만들 수 없을 때에는 접수를 길방위로 한다.

상업용 건물의 입구가 어느 방위에서 돌출되어 있느냐에 따라 다음과 같이 길흉 판단을 한다.

- 북쪽 : 뒷문이면 좋지만 정문이 이 방위라면 번영이나 발전이 그다지 없다.

• 북동쪽 : 이귀문남서쪽과 표귀문북동쪽 입구는 방문객에게 좋지 않기 때문에 가능하면 피하는 것이 좋다.

• 동쪽 : 바쁘게 움직이는 것을 의미하는 길상의 입구이다. 많은 일이 들어온다. 음악 · 통신 · 컴퓨터 · 미디어 관련 업종에 좋다.

• 남동쪽 : 대길상의 입구이다. 밝고 부귀를 가져다주는 사람이 출입한다. 또 멀리에서 손님이 많이 오는 방위이다. 외국과 교섭이 많은 기업이나 여행사 · 운송회사 등에 좋다.

• 남쪽 : 학문 · 예술에서 번영하는 입구이다. 진료소, 예술 관련 아틀리에, 학자의 사무실, 학원, 문화센터 등이 좋다.

• 남서쪽 : 이귀문남서쪽과 표귀문북동쪽 입구는 방문객에게 좋지 않기 때문에 가능하면 피하는 것이 좋다.

• 서쪽 : 여성의 출입을 뜻하는 상相의 입구이다. 여성을 상대로 하는 직업이나 음식관계에 좋다. 그러나 금전문제나 경제적인 문제가 생기기 쉽다.

• 북서쪽 : 상류층 고객이 출입하는 입구이다. 사회적 지위가 높은 사람들과 거래나 상담을 하게 된다.

3) 위치분석 방법

❶ 평면 배치도에 따른 방법

우선 건물 평면 배치도 중심에 나침반을 놓고 건물의 좌향을 본다. 그리고 건물의 괘수를 찾아 배치도 중심에 괘를 그려 놓고 각 방위에 해당 괘를 그려 놓는다. 다음은 위의 길흉 판단 기준에 따라 각 위치의 길흉을 판단한다.

예를 들어 子坐午向자좌오향 건물이 있다고 하자. 이 건물은 離格이격 건물 이므로 괘수는 9이고 陽向양향 건물이다. 아래 표와 같이 중앙에 건물 괘수 9에 해당하는 팔괘 離(☲)를 넣고 각 방위에 해당되는 괘를 넣은 다음 위치의 길흉 판단기준의 요령에 따라 각 위치의 길흉을 판단한다. 아래 도표는 건물 괘수에 따른 길흉한 위치를 정리한 것이다. 위와 같은 요령으로 각 건물의 평면 배치도와 나침반패철만 있으면 건물의 괘수를 알아낼 수 있으며, 이 표를 활용하면 쉽게 건물의 길흉위치를 알 수 있다.

■ 자좌오향(이격) 건물의 위치분석

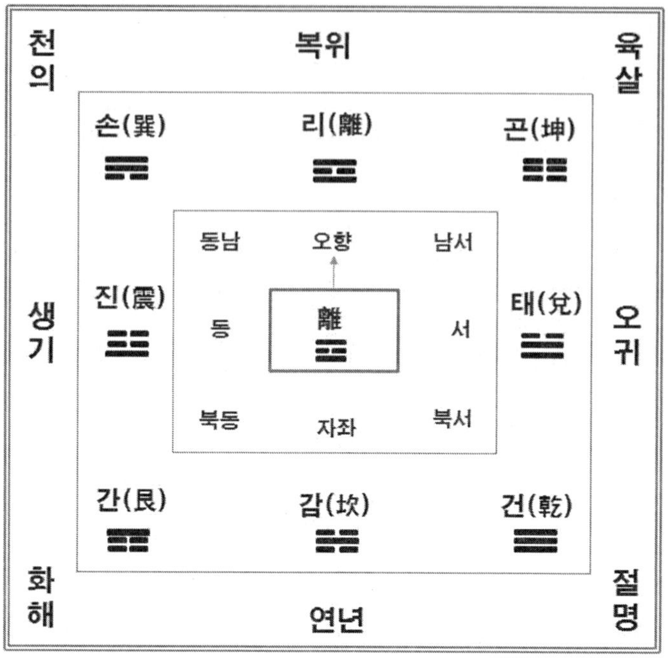

■ 건물 괘수에 따른 길흉한 위치

건물 괘수	8괘		음양향	오행	길한 위치				흉한 위치			
					생기	천의	연년	복위	화해	오귀	육살	절명
1	☵	감(坎)	양	수	남동	동	남	북	서	북동	북서	남서
2	☷	곤(坤)	음	토	북동	서	북서	남서	동	남동	남	북
3	☳	진(震)	양	목	남	북	남동	동	남서	북서	북동	서
4	☴	손(巽)	양	목	북	남	동	동남	북서	남서	서	북동
5	☰	건(乾)	음	금	서	북동	남서	북서	남동	동	북	남
6	☱	태(兌)	음	금	북서	남서	북동	서	북	남	남동	동
7	☶	간(艮)	음	토	남서	북서	서	북동	남	북	동	남동
8	☲	리(離)	양	화	동	동남	북	남	북동	서	남서	북서

※ 건물 괘수 5는 양향건물은 2로 음향건물은 8로 간주함.

2. 사무실의 길흉화복(吉凶禍福)

1) 사장의 자리

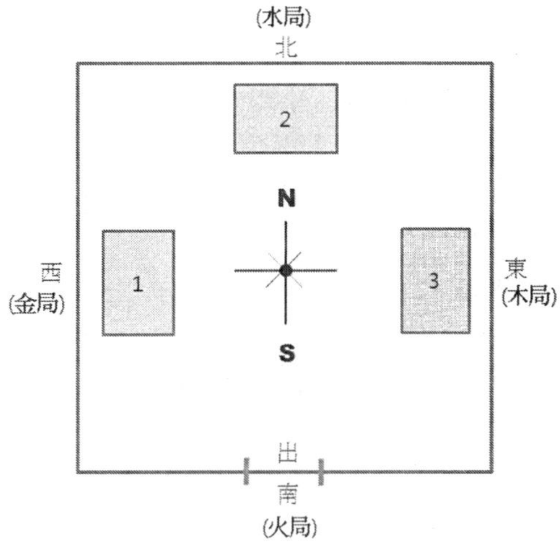

사무실의 자리를 얼마나 잘 맞추어 앉느냐에 따라 사업의 성패가 달려 있다.

어떠한 자리에 앉을까 하는 것은 여간 어려운 일이 아닐 수 없다. 출입문에서 들어오는 사람이 잘 보여야 한다. 보이지 않아야 한다는 등의 의견이 많다. 그러나 언제까지나 사소한 것만 가지고 논할 때가 아니다. 풍수지리의 주역周易 8괘에 따라서 과학적으로 화복론을 논하는 것이 정석이다. 출입문이 남南쪽의 화국火局인데 1번 자리는 서西쪽의 금국金局이고 2번 자리는 북北쪽의 수국水局이다. 3번의 자리는 동東쪽의 목국木局이다. 그렇다면 화火를 생生해주는 자리를 찾게 되면 될 것이다. 수-화水-火는 음양陰陽이 맞으니 좋고 동東쪽의 3번은 목생화木生火하여 좋다.

그러므로 목생화木生火하는 3번 자리가 좋다. 풍수지리에서는 수화水火를 귀격貴格으로 보게 되므로 2번 자리도 괜찮은 자리이다. 그런데 언뜻 보기에 북北쪽과 남南쪽은 수水와 화火이므로 서로를 극剋하기 때문에 좋지가 않다고 생각될지 모른다.

그러나 사주四柱에서는 자오子午는 충沖으로 보기 때문에 좋지 않지만 풍수지리風水地理에서는 8괘八卦에서 합오행合五行으로 보기 때문에 매우 길상吉相으로 보게 된다.

2) 카운터 위치

이 식당은 출입문이 북동北東쪽의 소남토少男土 문에 위치하고 있다. 이렇게 되면 구조가 그리 좋지가 못하다. 돈이 많이 들어오고 호황을 누릴 수가 있는 가상이 못된다. 그렇다고 해서 앉아서 기다리기만 할 수 없는 노릇이다. 계산대를 잘 놓아서 최소한의

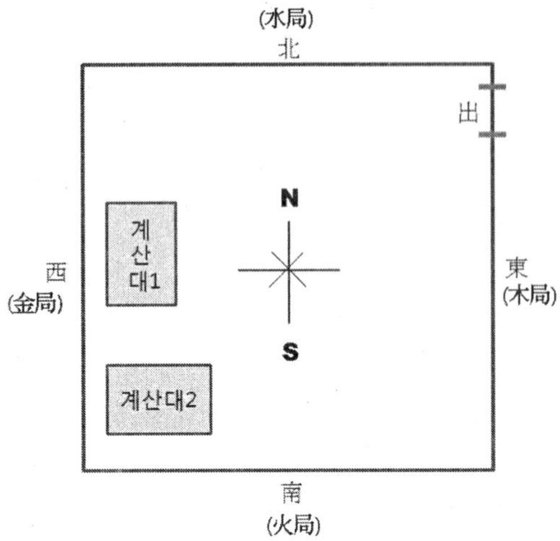

돈이라도 벌어들일 수밖에는 없다. 좋은 자리는 1번과 2번 자리인데 출입문과 너무나 거리가 멀어서 카운터는 보통 출입문과 같이 붙어 있어야 된다.

그것은 손님이 음식을 먹고 나가면서 계산을 하기 때문이다. 이 집처럼 계산대가 안쪽에 있다면 이것은 손님이 음식을 먹고 들어가서 계산을 하는 것으로서 대단히 불편하다. 출입문의 위치나 방향에 따라서 어떠한 업종을 선택해야 할지도 생각해 보는 것이 좋다. 소남토少男土의 출입문은 어떠한 업종을 가려서 한다 하더라도 돈이 많이 들어오는 집은 아니다.

제5절 설계에 대한 설정계획

1. 레스토랑 레이아웃의 목표와 필요성

레스토랑 설계에 있어서 우선 중요한 것은 계획하는 대로 포지션을 명확하게 파악하는 일이다. 프랑스 요리의 고급점이나 호텔의 레스토랑에서 볼 수 있는 디너 중심의 포멀Formal을 지향하는 음식업소와, 일품요리나 음료류에 중점을 둔 캐주얼 레스토랑과는 설계의 포인트가 다르다.

다운타운 중심의 비스트로나 브라스리와는 주로 일품요리류에 따라 일품식 서비스가 되고, 교외의 패밀리 레스토랑에서는 한번에 2~3품, 혹은 트레이 등에서 모두를 한

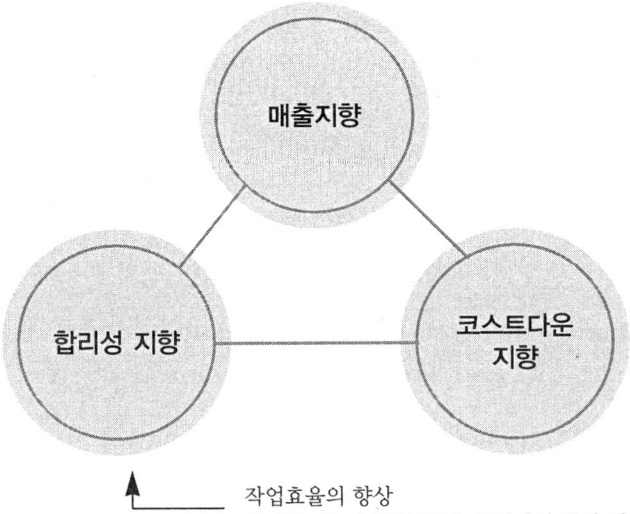

작업효율의 향상
웨이트리스의 동선 연구, 조리사의 동선 연구 등에 의하여 효율적인 좌석배치나 주방기기의 배치 등을 고려한다.

번에 내놓는 경향이 강하기 때문에 테이블의 차수나 통로폭도 달라진다. 고객의 회전수도 꽤 차이가 있어 패밀리 레스토랑에서는 기능성이 중시되며 비스트로 등에서는 분위기가 중시되고 있다.

각종 스페이스와 주방, 팬츄리, 창고 등 후방부문의 각 구획의 적정한 면적배분을 계획하고, 그와 병행해서 각기의 구획과의 기능적인 관련이 있어 능률적인 동선계획을 기본적으로 설계해야 한다. 그리고 레스토랑의 심장부라고 할 수 있는 주방설계는 계획의 조건을 충족시키면서 위치나 공간의 형태 · 면적 등이 결정되지 않으면 안 된다.

레스토랑 서비스 상품을 판매하는 점포의 설계Lay-out는 비용의 관점에서 뿐만 아니라 음식의 질과 서비스의 면에서도 그 운영의 상태와 밀접한 관계를 가지고 있다. 경영자가 건축 · 식품설비공학 또는 실내장식의 전문가일 수는 없지만, 디자인의 설계에 대해서도 숙지하고 있어야 한다.

경영자는 현재와 미래의 새로운 식음료 서비스를 계획하고 운영의 개선을 끊임없이 추구해야만 할 것이다. 왜냐하면 실제의 변화는 때로 운영경비를 절감시켜주고 보다 좋은 서비스의 계기를 마련해 주기 때문이다.

2. 레스토랑 설계 시 매장 분위기 및 상품의 구매 촉진

상품 및 서비스가 최종적으로 고객과 접하는 곳이 레스토랑이다. 이는, 즉 최종적으로 고객이 구매의사결정을 하는 곳이 바로 레스토랑이라는 말과 같다,

그러나 고객은 자신이 필요로 하는 상품 및 서비스가 레스토랑에 있다는 이유만으로 구매의사결정을 하는 것은 아니다. 매장의 분위기, 경영진 및 종업원들의 서비스 형태, 상품의 품질, 가격, 디자인 등이 고객을 최대한 만족시켜 줄 때 고객은 비로소 구매의사 결정을 하게 된다. 특히 최근에는 소비문화를 이끌고 있는 신세대 계층일 경우는 그 구매의사 결정에 있어 가장 큰 영향을 미치는 요소들 중에서도 레스토랑의 인테리어를 손꼽는 경향이 많아지고 있다. 즉, 영업장 분위기에 의해 상품 및 서비스의 구매를 결정짓는 경우가 많아졌다고 볼 수 있다.

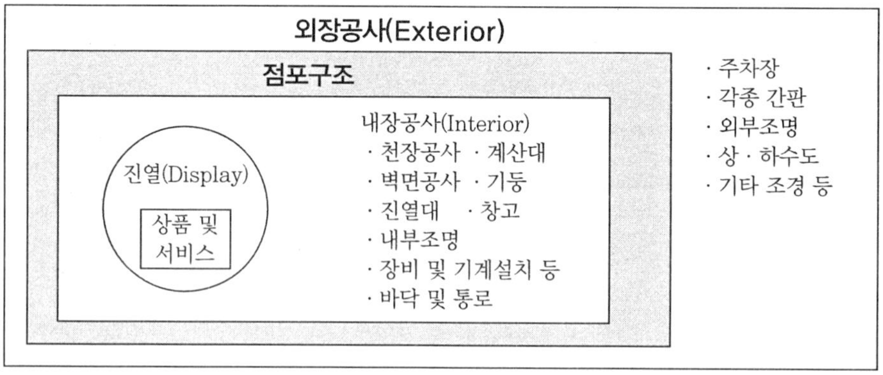

1) 색상에 대한 감정적 반응

특히 레스토랑 분위기의 다양성을 창출할 수 있는 최상의 도구 중의 하나가 조명과 색채의 문제이다. 조명과 색채는 단순한 시각적 체계로서가 아니라 우리 신체에 전적으로 영향을 미치는 물리적인 상호작용을 유발시킬 수도 있다. 색상에 대한 감정적 반응을 정리하면 표와 같다. 이러한 색상에 의한 감각적인 반응은 음식과 관련된 여러 시설에 있어서 요구되는 시설의 개발에 이용될 수 있다.

빛의 밝기는 좁은 공간을 넓게, 넓은 공간을 아늑하게 만드는 효과는 물론 천장의 높낮이도 조정할 수 있다. 음식제공의 시설에 있어서 일반적으로 요구되는 조도는 53.8~538Lux5~50 Foot-candles이다. 아침식사나 점심식사에는 32.3~ 538Lux30~50 Foot-candles, 저녁식사에는 분위기에 따라서 53.8~323Lux 5~50 Foot-candles 정도가 적당하다.

색 상	영 향
빨강(red)	흥분, 자극적
오렌지(orange)	유쾌함, 자극적
노랑(yellow)	자극적, 즐거움
초록(green)	평온, 안정
파랑(blue)	평화, 여유
자주(purple)	공손함, 우아함
갈색(brown)	긴장해소

자료 : Edward A. Kazarian, Foodservice Facilities Planning(USA: AVI, 1983), p.110

2) 레스토랑 업종별 주방 및 식당 Hall 면적

레스토랑에서의 중요한 구성요소는 테이블과 의자이다. 고객에게 안락감을 줄 수 있는 인체공학적인 기능성을 고려해야 한다. 또한 좋은 시설인데도 배열이 잘못되어 종업원이나 고객의 동선에 혼선을 가져와 불편한 레스토랑도 많다. 특히 객석계획에서 일정 규격으로 획일적인 배치를 하였을 경우 회전율이 좋지 않을 때에는 고객을 쫓아버리는 결과를 초래할 수도 있다. 좌석이용률을 최대한으로 높이기 위해서는 공간특성에 알맞게 1인용, 2인용 혹은 4인용 등의 균형 있는 객석계획을 성립하도록 한다. 주방과 레스토랑의 면적비율을 표로 나타낸 거와 같다.

업 종	구성비면적	좌석회전율	식당면적(%)	주방면적(%)	비 고
고급 레스토랑	100(%)	5~6	55~65	35~45	
중국음식점	100(%)	5~6	65~75	25~35	
일본음식점	100(%)	4~5	65~75	25~35	
스테이크하우스	100(%)	2~5	70~80	15~20	
호프집	100(%)	1.5~3	80~85	25~30	
이탈리아식당	100(%)	2~3	70~75	25~30	
일반주점	100(%)	2~3	80~85	15~20	

※ 박병렬, 임붕영, 외식사업주방관리론, 대왕사, 1999, pp266

3) 실내온도

레스토랑의 실내온도 즉 식사온도는 21.1~23.9℃ 정도, 습도는 50% 정도가 적당하다. 계절에 따른 외기의 온도, 조리장비 등에 영향을 받지 않도록 공조시설의 관리에 관심을 갖도록 한다. 또 영업장뿐만 아니라 주방 내의 온도도 주방종사원의 생산성, 음식의 위생문제 등이 직접적으로 관련되므로 세심한 주의가 필요하다.

4) 음향과 소음관리

레스토랑에서의 음향을 BGMBack Ground Music이라고도 한다. 레스토랑의 종류에 따라 여러 종류가 있는데 종업원의 기호에 따라 정해져서는 안 되며, 분위기에 알맞게 조화시켜 고객의 대화에 지장을 초래하지 않도록 한다.

소음관기는 반향음을 줄이고 소음원을 제거하는 것이 바람직하며, 주방의 위치선정, 동력장비, 기기의 사용소음 등은 주방과 연결된 서비스 출입문의 위치 선정이나 형태에 주의한다. 주방소음을 줄일 수 있는 부수적인 사항은 다음 몇 가지로 요약할 수 있다.

① 냉장고 및 기계장비의 선택팬, 모터 등

② 배출장비duct, 수도꼭지의 선택

③ 냄새나 소음방지장치 채택slient closing device

④ 운반용 장비에 루버 범퍼rubber bumper 사용

⑤ 주방과 홀 사이에 서비스 스테이션 설치

⑥ 식기의 세척은 식사시간 후에 가능하면 하도록 하고, 용도에 알맞는 세척기를 설치한다.

5) 부대시설

고객이 이용하는 편의시설로 화장실이나 주차시설 등이 있는데, 주차시설과 출입문의 연계성, 화장실의 위치 등에 대한 세심한 주의가 필요하며, 승용차 1대의 주차공간은 최소공간을 2.3×6m 정도로 확보하는 것이 좋다. 특히 화장실은 남녀로 구분하고, 출입문 바깥쪽보다는 관리적인 측면에서 볼 때 식당 내에 연계시키는 것이 좋다. 변기의 기준은 객석 100개를 기준으로 하면 남자화장실은 소변기 2대, 대변기 1개, 여자화장실의 경우 대변기 2개 정도가 적당하며, 화장을 고칠 수 있는 보조공간도 배려하는 것이 좋다.

3. 레스토랑의 설계 공간

개발이 잘된 레스토랑은 위치에 따라 설치하는 좌석배치 숫자가 영업에 영향을 미치기도 한다. 지역적 위치로 볼 때 100석 규모 정도의 업소로 성공적 운영이 가능한 업소에 200석 이상의 좌석 규모를 가진 업소가 영업할 경우 부수적으로 그 업소의 분위기는 저하되는 경향이 있다. 그러므로 적합한 규모에 부응하는 좌석 수의 설치는 개념의 정립에도 도움이 될 수 있다.

특수 목적을 갖고 있는 레스토랑을 제외한 일반 레스토랑인 경우 일반 고객의 테이블 이용률은 다음과 같다.

- 한 쌍2인 1조 : 40~50%
- 1인 혹은 4인 : 30%
- 4명 혹은 2인 이상의 단체 : 20%

물론 지역적 여건과 업소의 운영 방식에 따라 달라질 수는 있겠지만 이러한 기준에 의해 테이블과 좌석의 배치가 효율적으로 이루어져야 한다.

4인 좌석에 맞는 테이블은 패밀리 레스토랑에는 적합하나 기타 외식업소에는 비효율적일 수도 있다. 따라서 테이블과 좌석 배치는 업소의 운영 방침과 메뉴 취급 종류에 따라 2인이 이용할 수 있는 식탁과 4인이 이용할 수 있는 식탁. 그리고 6인이 이용할 수 있는 테이블로 구분하여 배치하는 것이 좋다.

그리고 테이블과 좌석의 기본 단위에 따라 고객이 왕래할 수 있는 공간통로나 식탁 간의 기본 공간은 고정비와 관계가 있기 때문에 고객의 편의성을 제약하지 않는 범위 내에서 최소화해야 한다.

그러나 이러한 기준도 그 업소의 수준과 분위기, 취급 메뉴와 가격 등에 따라 탄력적으로 적용되어야 한다.

여기서 또 한가지 중요한 사실은 외식업소에 필요 없는 공간과 테이블 및 좌석배치 상태는 배제해야 한다. 다시 말하면 일정 고객의 이용률에 부합하는 규모를 갖추어야만 이용 고객의 업소에 대한 평가가 긍정적으로 나타난다는 사실이다.

테이블이나 식탁의 부족으로 인한 고객의 느낌은 긍정적이나 유효 공간이 많거나 이용 고객에 비해 테이블이나 좌석이 너무 많이 설치되어 있는 경우에는 고객이 심리적으로 만족감을 느끼지 못하게 된다. 따라서 좌석이나 테이블의 설치는 이러한 제반 요인을 고려하여 결정해야 할 것이다.

1) 레스토랑 서비스 통로의 공간

테이블을 서비스하기 위해 허용되는 영역은 최대한의 신체폭×45.7㎝이다. 그러므로 서비스 수행자의 뒤를 통과하려면 최소한 76.2㎝의 공간이 필요하다. 따라서, 1인의 서비스영역45.7㎝+1인 순환영역76.2㎝은 121.9㎝가 된다. 또한 1인이 앉은 의자의 깊이는 테이블 가장자리로부터 45.7~61㎝인데, 식사 후에 일어설 때는 30㎝ 정도 의자가 뒤로 밀려나므로 76.2~91.4㎝를 차지하게 된다. 양쪽에서 같은 상황이 일어난다고 가정하면 결국 서비스통로는 91.4㎝ 정도가 확보되어야 할 것이다.

■ 서비스통로의 공간요구 영역

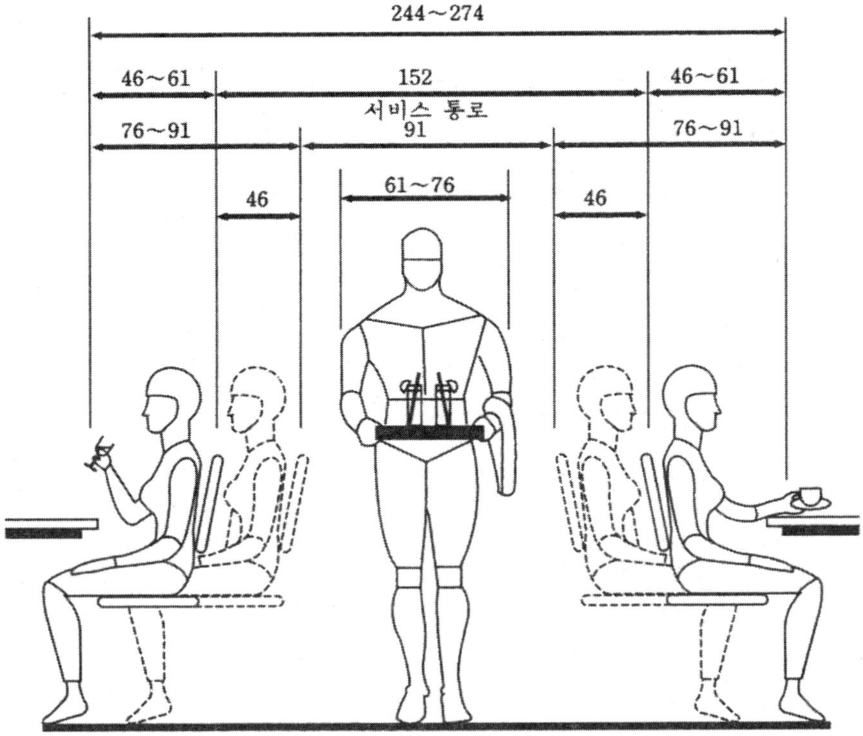

2) 레스토랑 테이블 객석 공간

식사 때 적절하게 쾌적하고 편안한 공간 확보를 위해 최소의 공간을 확보하여 테이블 세팅하는 것이 필요하다. 한 사람의 어깨 폭 넓이인 가로 45cm성인 어깨 넓이와 세로 길이 35cm무리 없이 손이 뻗어지는 범위가 개인 식공간의 기본이 되므로 이 안에 식사하는 데 필요한 테이블 구성요소를 배치한다. 옆 사람과의 간격은 약 15cm 정도 확보하면 식사하면서 부딪치는 것을 방지할 수 있다.

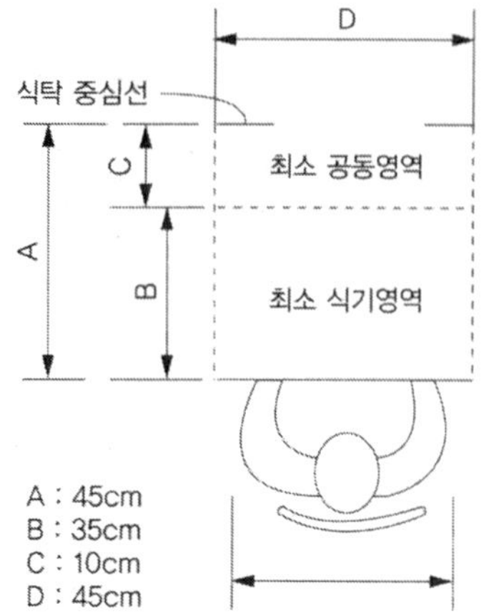

최소 개인 식공간 영역

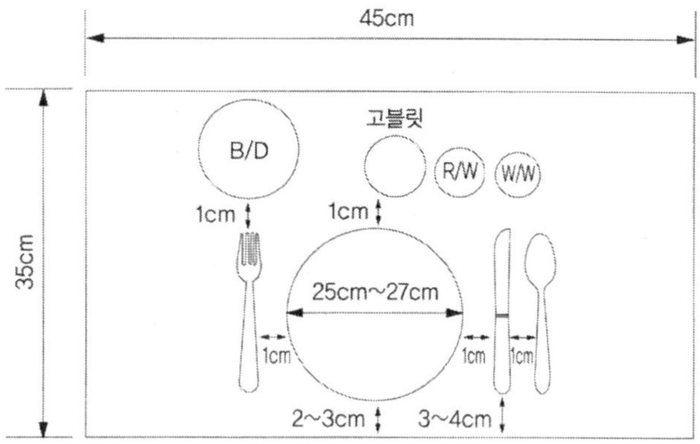

최소 개인 식공간 세팅

3) 사각과 원형 테이블의 공유 식공간

테이블에서 여러 사람이 함께 식사할 때 움직이는 활동범위와 집기 등의 동작 치수에 따른 적절한 공간의 계획이 필요하다. 테이블의 크기를 계획할 때에는 개인 식공간과 공유 식공간의 부분으로 나누어 보는 것이 좋으며, 최소한의 개인 영역에는 식기류와 음료잔, 커틀러리 등을 무난히 세팅할 수 있어야 한다. 또한 식사 도중에 세팅 배치의 흐트러짐도 고려해야 하며, 식사 도중의 자세의 변화에도 고려해야 한다. 이 공간의 영역을 고려하여 수평형태의 넓이는 팔꿈치의 움직임을 포함하여 60cm 정도가 좋으며, 세로 길이는 45cm이며, 식기를 세팅할 때 최적의 넓이는 가로 45cm, 세로 35cm가 이상적이다. 테이블 위에서 공유공간은 덜어 먹는 음식, 꽃, 식탁의 촛대 등 장식품들이 놓이는 공간이다. 공유공간은 생활관습이나 음식의 종류, 식사의 목적, 서비스의 정도, 사람 등에 따라 달라진다.

■ 사각테이블의 공유 식공간

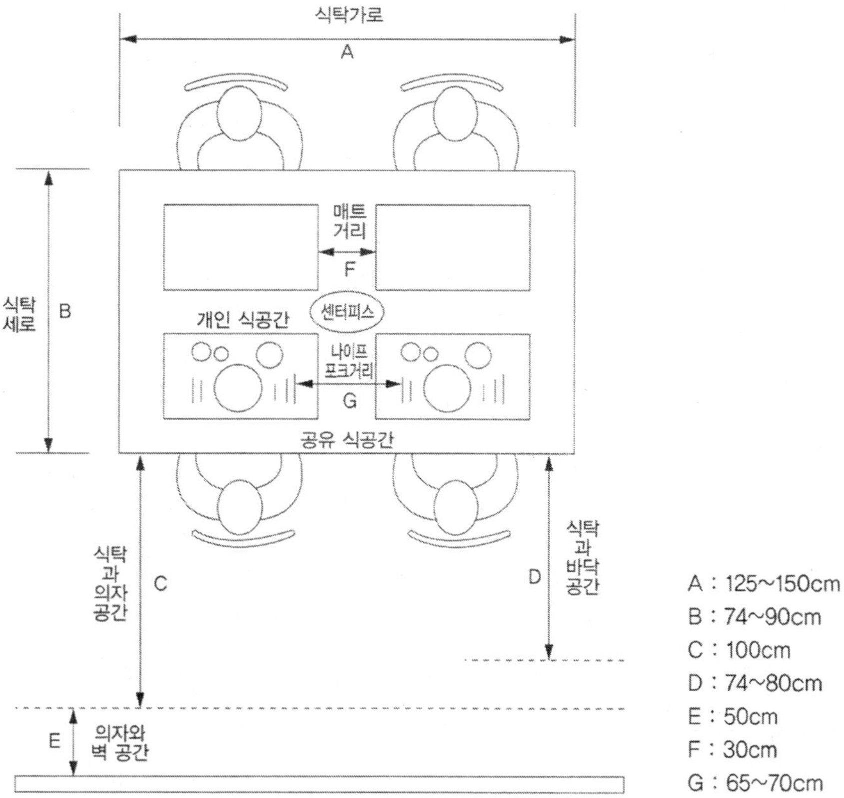

■ 원형테이블의 공유 식공간

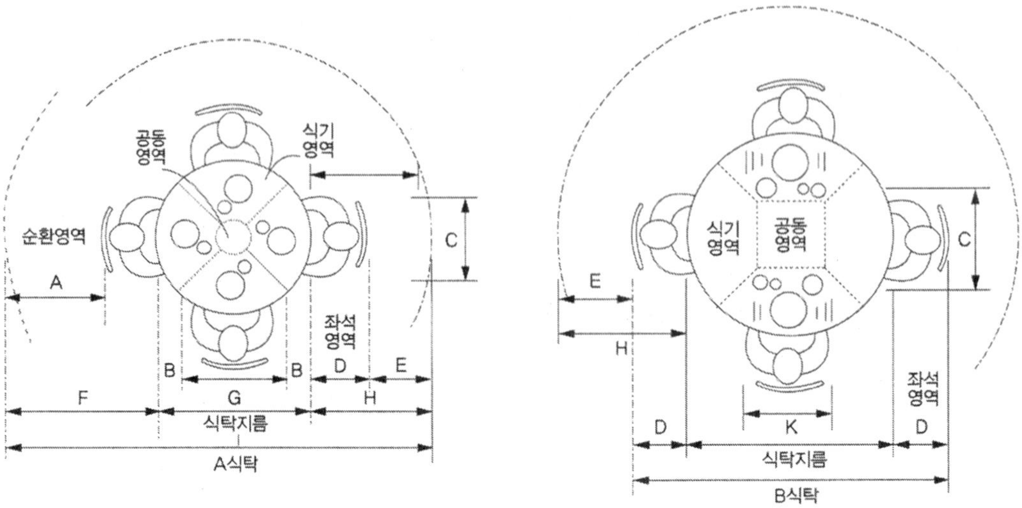

A : 79cm　　E : 45cm　　I : 90cm
B : 15cm　　F : 124~137cm　　J : 240cm
C : 60cm　　G : 60cm　　K : 150cm
D : 45~55cm　　H : 90cm

4) 테이블의 크기와 의자 높이

여유 있고 평안한 식사를 하기 위해 테이블의 크기와 적절한 높이의 테이블과 의자가 계획되어야 한다. 테이블을 연출할 때 기본적으로 알아두면 편리하다. 사람들의 식사자세는 대개 서서 먹는 자세와 의자에 앉아서 먹는 자세, 바닥에 책상 다리를 하고 앉아 먹는 자세 등 세 가지 유형으로 나눌 수 있다. 테이블과 의자는 인체의 지탱과 동작의 편의성에서 디자인되어야 하며, 식사 시의 의자는 먹는 행위와 먹은 후의 휴식의 행위가 이루어지기 때문에 복합적인 요소를 충족시킬 수 있어야 한다. 의자 디자인에서 가장 중요한 사항은 바닥에서부터 의자 자리판까지의 높이이다. 자리판이 높으면 다리 밑의 특정 부위에 압박감을 주며 식사시간이 짧아지기 쉽다.

■ 테이블의 기본 크기와 높이

구분		2인용	4인용	6인용
사각형	가로	65~80	125~150	180~210
	세로	75~80	75~85	80~100
	높이	70~80	70~80	70~80
원형	지름	60~80	90~120	130~150
	높이	70~80	70~80	70~80
좌탁	높이는 33cm가 표준이다			

• 테이블 사이즈 계산방법
–가로(15+45)cm×사람수+15cm
–세로= 35+35+15cm이상=85~100cm

■ 카운터서비스 공간계획

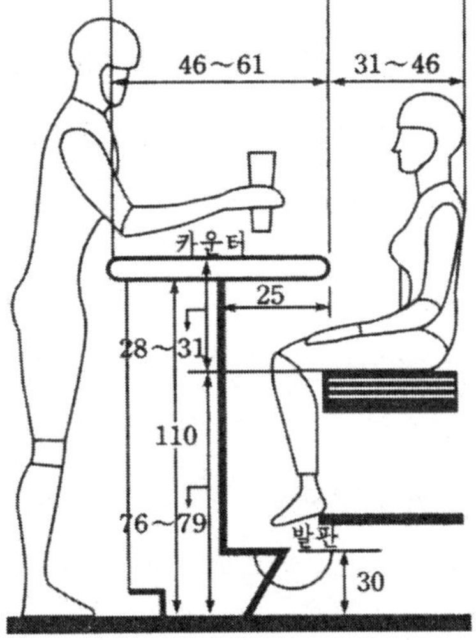

4. 주방의 조리작업 과정

1) 주방의 개념 정의

주방이란 각종 조리기구와 저장설비를 사용하여 기능적이고 위생적인 조리작업으로 음식물을 생산하고 고객에게 서비스하는 시설을 갖춘 작업공간을 말한다. 주방에 대한 학문적 정의에 의하면 주방은 매일매일 재료를 구매해서 인수하여 저장과 가공의 과정을 통해 고객에게 서비스하는 유일한 장소와 같고Richard Flambert, 1989, 건축구조물 또는 이동구축물차량, 선박, 항공기의 구획 내에서 각종 조리기기를 사용하여 조리작업을 행하고, 또는 식품의 저장설비 및 배선설비, 식기세정, 보관설비, 쓰레기처리설비를 사용하고, 음식물을 위생적 또는 기능적으로 제공하는 작업공간이다.

상업용 주방이란 외식사업 등에서 일반객을 만족시키면서 수익을 올리는 것을 목적으로 만들어진 것으로 이를 위해 맛, 가격대, 제공형태, 인건비 등을 고려해서 만들어진 것과 관광호텔 주방이란 관광호텔 부서 중 조리과로서 주방장 또는 조리부서장을 중심으로 법적 자격을 갖춘 조리사가 제법 혹은 양목표에 의한 음식을 조리 가공 처리할 수 있는 조리시설 및 장비, 기구 등을 갖추어 놓은 일정한 장소이다.

2) 주방 조리작업 과정

레스토랑의 원재료인 식자재의 검수에서 시작하여 조리, 서비스, 정리까지의 흐름을 주방의 관점에서 시간적, 공간적 흐름으로 나타내는 것이 주방 조리작업 과정이다.

주방흐름의 결정은 각 작업의 시간과 공간을 정하는 중요한 요소가 된다. 합리적인 주방의 흐름을 결정하는데 중요한 사항은 다음과 같다.

① 작업동선은 십자 교차나 같은 길을 통해서 역행하는 것을 피한다.
② 작업자의 시간과 에너지의 소모를 최소한으로 하는 시간연구 및 동작연구로 신속한 작업과 서비스를 제공하도록 계획한다.
③ 원재료인 식재의 체류는 피하도록 한다.
④ 작업자나 식재의 흐름 간의 거리는 최소한으로 한다.

⑤ 설비는 성능을 고려하되 사용이 용이한 것을 도입한다.

⑥ 공간과 설비의 기능을 최대한으로 활용한다.

⑦ 각 작업이 필요로 하는 시간 및 작업인원수를 산정한다.

■ 주방 조리작업 과정

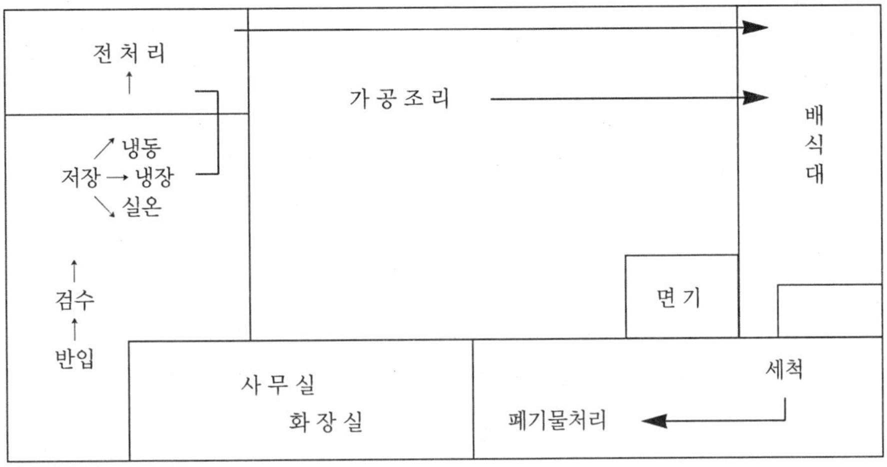

■ 주방의 정형화된 조리가공 공정

검수 → 계량 → 저장 → 전처리 → 정형 → 조리 → 장식 → 배식 → 퇴식 → 세척 → 정리

5. 주방의 설계과정

주방은 식음료 서비스의 생산과 제조를 담당하는 부서로 그 업체의 심장부와 같이 중요하다. 이러한 사실은 대부분의 음식이 주방장이나 공공기관의 식음료 서비스의 경우에도 아직까지 변함이 없는 실정이다. 그러나 최근 몇 해 동안에 많은 변화가 일어났다. 오늘날 30년이나 40년 전과 같이 모든 음식을 처음부터 조리해서 제공하는 식음료 서비스는 거의 없다. 오늘날 대부분의 식당에서는 최소한 몇 가지 품목일지라도 외부에서 가공된 혹은 부분적으로 가공된 식재료를 사용하고 있다.

식재료의 구입형태나 조리방법의 이러한 변화로 주방의 임무를 간소화하고 한때는 없어서는 안 되는 것으로 생각되던 기자재들을 없애거나 혹은 최소한으로 줄이게 되었다. 주방의 크기는 운영의 형태, 제공하는 메뉴, 고객의 수용능력 등 여러 가지 요인의 영향을 받게 되었다. 오늘날 주방의 크기는 전체적으로 영업에 영향을 주지 않는 범위 내에서 점차 축소되어 가는 것이 세계적인 경향이다.

이것은 고정비에 의한 시설 투자분을 영업활성화를 위한 장소로 보다 많이 확보하겠다는 업주의 기본적인 방침이기도 하다. 이와 더불어 주방기능은 보다 합리화되고 짜임새 있는 기능을 갖추어 상당히 생산적이 되어 가는 경향이 있다. 그러나 일반적으로 주방시설은 조리상 지장을 줄 정도의 공간을 확보하여서는 안 된다.

1) 주방 레이아웃

주방은 환경적 측면에서 보면 통풍, 채광, 상하수도시설, 공기가 좋으며, 조리작업과 물품배송 등을 하기에 적당한 위치에 있어야 하고 공해의 나쁜 영향을 받지 않는 곳이어야 한다.

- 객장과의 연락이 원활해야 한다.
- 출입구, 벽, 기둥 등 건물과의 관계가 좋아야 한다.
  (특히 식자재와 잔반의 반출입 및 큰기둥과 두께벽 등이 작업에 방해가 되면 안 된다)
- 적정한 공간이 확보되어야 한다.
- 필요한 주방기기가 작업동선에 따라 배치되어야 한다.
- 통로와 작업공간이 충분히 확보되어야 하고, 통로가 평평해야 한다.
- 작업면과 물품저장 수납부분은 좋아야 한다.
- 청결 부분과 불결 부분이 확실히 분리되어야 한다.
- 가열기류와 물사용기기류가 집약되어 환기설비 및 바닥의 건조와 젖음의 구분이 가능해야 한다.
- 이동기기류가 잘 이용되어야 한다.
- 안전성 및 방재면의 검토가 이루어져야 한다.

• 노동환경 및 종업원의 후생이 고려되어야 한다.

• 조명도도은 확립되어야 한다.

• 생산성이 좋아야 한다.

또한 건축법, 소방법, 보건위생법 등의 지도지침에는 레스토랑의 주방과 관련한 여러가지 사항이 명시되어 있다.

① 주방 쓰레기의 반입출구 여부

② 차량의 출입구

③ 주방의 한쪽면이 외부에 붙어 있을 것

④ 환기, 배연 등의 설비가 가능한 곳

⑤ 레스토랑의 홀에 인접해 있을 것

⑥ 충분한 에너지원의 확보

⑦ 법규제를 만족시키는 위치와 구조

주방을 설계할 때 위와 같은 조건들이 유기적인 관계로 잘 연결되어 있어야 주방의 본질적인 기능이 제대로 발휘되고, 고객에 대한 서비스 역시 원활하게 이루어질 수 있다.

2) 주방설비 선정 시 검토사항

• 메뉴 종류별로 가장 활용도가 높은 설비는? 또한 장래 메뉴를 새로 취급할 경우에 사용할 수 있는가?

• 가능한 설비는 어떤 종류가 가장 효과적일까?

• 설치하는 비용과 운용 비용은 어느 정도인가?

• 설비의 기준으로 전기를 사용할 것인가? 가스를 사용할 것인가?

• 고객의 요구를 수용할 수 있는 용량이 되는가?

• 단일 대형 설치가 유리한가? 아니면 소형 2대 설치가 더 효과적인가?

• 보수 및 수리와 부속의 교환이 용이한가?

• 훌륭한 설비지만 유용성이 앞서는가?

• 사후 관리A/S 체계가 잘 확립되어 있는 설비인가?

레스토랑 경영에 경험이 풍부하지 못한 경영자는 자신이 운영하고자 하는 업소와 유사한 업소를 사전에 탐방하여 설치된 설비를 검토하고 보다 나은 설비와 기종을 선정하기 위하여 상당한 시간과 노력을 투자해야만 한다.

3) 설비의 기준

레스토랑의 주방설비의 기준은 판매하고자 하는 메뉴의 종류에 따라 결정된다. 즉, 취급하는 메뉴의 유형에 따라 어떤 종류의 설비와 시설 형태가 필요한지 가변성이 있기 때문이다.

일반적으로 주방설비의 가변성은 다음과 같은 요인이 고려의 대상이 된다.

- 취급하는 메뉴 종류별로 예상되는 취급량생산량, 규격, 빈도 등을 고려한 설비. 다만, 과대 설비는 경영 압박 요인으로 작용할 뿐만 아니라 시장 동향에 따른 고객의 선호 기준 변화로 메뉴가 바뀔 때 문제가 될 수 있다.
- 전문 외식업소인 경우 고정된 메뉴는 일반 외식업소보다 더 적은 종류의 설비가 가능하다.
- 취급 메뉴의 형태에 따라 설비 사이즈가 커질 수 있음. 또한 설비의 다양화가 요구될 수도 있음을 감안한 설비의 연계성도 고려된다.
- 고객의 서비스 제공 요구나 메뉴 제공 속도 문제를 고려한 설비. 절감된 메뉴 제공 시간은 바로 매출액에 영향을 주는 좌석 회전율과 직결된다.
- 조리되는 메뉴의 영양 보존성과 고객의 인식을 고려한 설비. 절감된 메뉴 제공 시간은 바로 매출액에 영향을 주는 좌석 회전율과 직결된다.
- 조리되는 메뉴의 영양 보존성과 고객의 인식을 고려한 설비. 조리 과정에 영양성을 고려한 설비 고려 즉, Broiling은 Frying보다 고객 선호에 더 적합하며건강식, 비만을 걱정하는 사람, Baking은 생선, 육류, 조류 등을 조리하는 데 있어 건강식으로 인기가 있다. 또한 건강식을 선호하는 고객들은 야채 조리도 증기식 조리나 신선도를 가진 자연 그대로의 야채를 더 선호한다.

그러나 기존 설비를 변경할 수 없는 경우에는 사용시간을 조절하여 효율을 기할 수도 있고 활용도에 따라 소규모의 투자로도 설비의 효율성을 높일 수도 있다.

레스토랑의 주방 표준 설비는 일단 다음과 같이 구분할 수가 있다.

- 식재료를 사입하여 1차 처리한 다음 저장할 수 있는 설비
- 식재료를 사용하여 2차 부분적인 조리를 하여 분야별로 준비할 수 있는 설비
- 사전 준비된 음식을 분야별로 가공 조리할 수 있는 설비
- 분야별로 조리된 음식을 모아 서비스하기 위한 설비
- 각 단계마다 발생하는 위생과 청결 문제를 해소할 수 있는 설비

4) 주방시공업자 및 접속

주방의 작업은 다량의 열원과 물 등을 사용하므로 주방의 공사에는 급배수공사, 가스배관공사, 전기공사 등 여러 분야에 걸친 공사업자의 역할이 정해져 있다.

(1) 건축 및 내장업자

주방의 일반 건축을 비롯해서 객석이나 실내내장 등 주방과의 관계가 매우 깊다. 시공 전의 협의에 따라 그 결과는 좌우되는 경우가 많으므로 설계대로 시공을 기대하는 데에는 충분한 협의가 필요하다.

(2) 급배수 설비업자 및 접속

각 주방기구가 그 기능을 충분히 발휘하기 위해서는 여유 있는 급수의 확보만이 아니라 그 배수의 처리에 대해서도 충분히 검토하지 않으면 안 된다. 환경을 위생적으로 유지하기 위해서는 충분한 배수정화 설비가 요구된다. 주방은 물을 많이 사용하므로 급배수에 필요한 각 배관에 대한 설계, 시공에 주의를 요하며 사용상에 있어서도 정기적인 점검, 청소 등 유지관리에 유의하여야 한다.

급배수의 접속은 수도, 벨브, 유니온 등의 접속, 부품 사이즈, 규격에 대해서 지시할 필요가 있다. 또한 중앙에 놓는 등판이 없는 기기에 붙이는 급수시설은 사용목적에 적합한 높이를 설정한다. 특히, 싱크배수 접속은 싱크 보울의 바닥을 밀어 올리지 않도록 충분히 지시해 둘 필요가 있다. 스팀의 접속에는 바이패스나 트랩의 위치에 유의한다. 이 공사의 최종작업은 접속관의 흔들림 방지밴드 고정, 급탕이나 스팀관의 도장이 된다.

(3) 가스 설비업자 및 접속

주방에 있어서 사용하는 에너지의 대부분은 도시가스 L.P.가스이다. 가스는 방열량이 크고 저장설비의 취급도 비교적 간단하고 특히 도시가스는 저장의 필요가 없는 장점 외에 점화 · 연소 · 조정 등이 다른 연료에 비해서 간단한 특징이 있다. 가스설비의 설계, 시공은 가스사업법에 의한 자격을 가지는 전문설비업자가 시공하도록 되어 있다. 이 설계의 기본은 가스 사용량 산출로 가스소비기기의 종류, 설비 수, 가스 사용량, 각 기기의 동시사용 필요성이나 확률, 장래의 증설계획 등을 고려하여 산정하고 설계사용량을 결정한다.

가스접속은 급배수와 특별히 다른 점은 없으나 통로나 주방작업에 필요한 구획으로 관이 지나가지 않도록 하며 단속이 쉬운 위치에 밸브를 설치할 필요가 있다.

(4) 전기 설비업자

주방에는 주로 100V 또는 220V의 전기가 동력, 열원, 조명 등으로 사용된다. 전기 배선, 분전반, 모터, 전열기구 등의 시공 및 사용상의 안전에 대해서는 전기 사업법과 전기 공사법을 비롯한 관계법규에 의하여 규제를 받는다. 일부 주방에 있어서는 폭발방지나 특정구역의 가스사용 제한 등 안전의 이유에서 전기를 열원으로 사용하는 경우도 있다. 전기배선의 접속 시 주의사항은 누전에 의한 감전사고 예방이다. 주방에서는 다량의 물을 사용하고 그 바닥이 젖어 있는 경우가 많으므로 각 설비나 배선부도 영향을 크게 받는다. 감전사고를 예방하기 위해서는 접지의 설치가 필요하며 아울러 각 기기의 성능저하를 방지하기 위한 배선, 특히 접속부의 습기를 방지하는 노력이 필요하다.

(5) 공조 설비업자

주방은 열원을 다량으로 사용하므로 항상 산소를 보급하고 연소에 의해 배출되는 이산화탄소 및 불필요한 열기, 수증기, 유지 분, 냄새 등을 배기하지 않으면 안 된다. 주방의 환기나 공기조화의 중요성이 강조됨에 따라 전문기술을 가진 공조 설비업자가 설계, 시공한다.

6. 색채에 의한 식공간 배치

색은 인간에게 상징과 감정의 대상이며, 실내공간에 있어서도 색은 '장식' 이라는 명목으로 공간의 형태와는 무관하게 공간의 분위기를 연출하는 보조적인 치장의 수단이 된다. 색은 공간의 이미지를 전달하는 상징의 수단이 될 수 있으며, 장식적이며 회화적인 요소로도 이용할 수 있다. 하지만 때로 색은 공간의 형태를 강조하기 위한 수단으로 활용하며, '색채로 형태를 만들어간다' 는 의미로 볼 수도 있다. '색채로 형태를 만들어간다' 는 말에서 보이는 것과 같이 어떠한 색을 선택하여 사용하는가에 따라 공간의 느낌과 분위기는 달라질 수 있다.

테마에 맞는 식공간을 만들기 위해서는 테이블과 테이블을 둘러싸고 있는 공간의 색채조화가 중요하다. 공간의 이미지는 면적이 큰 바닥과 벽의 색이 좌우할 경우가 많기 때문에 코디네이트를 할 때는 그 장소의 바닥과 벽의 색을 고려하는 게 중요하다.

일반적으로 테이블탑만을 염두에 두고 식공간 연출을 하는 경우가 많이 발생하는데, 그럴 경우에 주변의 환경과의 부조화로 인하여 오히려 연출하고자 하였던 이미지에서 벗어난 결과를 빚어낼 수도 있다. 따라서 식공간을 연출할 때에는 바닥의 색상과 톤을 체크하여 어울리는 이미지로 테이블을 코디네이트 하는 것이 좋으며 식공간의 조명빛과 색도 코디네이트 컬러에 영향을 끼치므로 식공간에 사용되고 있는 조명이 어떠한 조명인지 파악하는 것이 좋다.

기본적으로 형광등을 비롯한 푸른색의 빛은 차가운 색 계열한색을, 백열등과 같은 오렌지색 계열은 따뜻한 색 계열난색을 돋보이게 한다. 자연광이라도 아침 일찍은 푸르스름해 보이는 빛, 저녁에는 오렌지색처럼 따뜻하게 보이게 되므로 외부의 빛의 영향을 받는 장소라면 그것을 감안해서 컬러를 사용하는 것이 좋다. 한색과 난색에 대한 느낌을 어떻게 가지는가와 어느 쪽의 빛과 색을 선호하는가는 생활하는 곳의 기후, 풍토, 또는 개개인의 경험에 의해서 다르게 표현되어지고 받아들여진다.

가장 쉬운 예로 추운 지역에서는 따뜻하게 느껴지는 백열전구나 형광등이 주로 사용된다. 평균 기온이 낮아 따뜻한 느낌의 빛은 감각적으로 실내온도를 높이는 것과 같은 효과가 있어 쾌적한 인상을 주는 효과가 있기 때문이다. 반면에 따뜻한 지역에서는 서늘한 이미지의 흰색의 빛을 선호하고 있다.

색상환을 살펴보면 난색의 색상환에 존재하는 자주, 빨강, 주황, 노랑의 색상은 따뜻한 느낌을 주며, 한색 색상환에 존재하는 청록, 파랑, 남색의 색상은 차갑게 느껴지는 색상이다. 이러한 색에 따라서 실내온도가 같아도 어떠한 색을 이용해서 식공간을 연출했는지에 따라 체감온도가 달라지기도 하므로, 식공간에 있어 어떠한 색을 사용하는지는 매우 중요하다.

이러한 온도감은 식공간에서 색채를 설계할 때 중요한 요소가 되는데, 여름에는 한색 계통의 색을 사용하고 겨울에는 난색 계통의 색을 사용하는 것이 바로 그 예이다. 색상환에서 난색과 한색 사이에 위치하는 색은 중성색이라 불리며 극단적인 색의 온도감은 존재하지 않는다. 이러한 경우는 유채색의 경우이며 무채색은 경우에 따라 한, 난감의 변화가 존재한다. 소재의 이미지에 따라 같은 색상이라도 온도감을 느낄 수 있기도 하고 온도감을 느끼지 못하기도 한다.

■ **색채의 온도감**

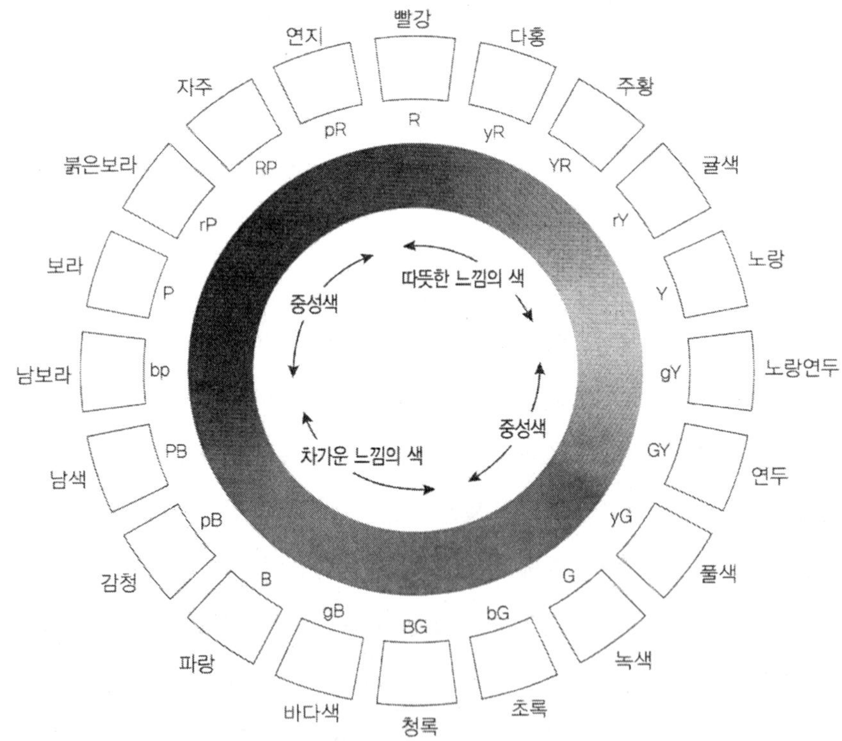

제6장

06 메뉴와 식자재관리 및 HACCP 제도

제1절 메뉴관리

1. 메뉴(Menu)의 개념

메뉴는 고객에 대한 식당의 모든 약속을 집합시켜 놓은 하나의 표이다. 그러므로 메뉴를 통하여 소비자들이 받는 이미지, 느낌, 표시된 가격, 예상되는 품질 및 서비스는 이것을 보고 식음료라는 상품을 구매하려는 고객에게는 그것이 바로 기대하는 가치가 된다.

그러므로 능률적인 메뉴란 근본적으로 메뉴자체의 완벽성에 기초한 개념으로 평가되기보다는 식당이 실제로 생산하고 제공할 수 있는 제품과 서비스 및 분위기 등과 일치하는 것일 때에 달성될 수 있는 개념으로 이해되어야 한다.

이런 관점에서 메뉴는 식당이 가지고 있는 입지여건, 시설, 서비스, 가격 및 이미지 등을 통합한 하나의 시장 패키지이다.

이처럼 메뉴는 식당경영자와 소비자를 연결시켜주는 커뮤니케이션 고리만큼 양측에 대해서 동시에 유익하고 강력한 매력을 줄 수 있는 것이 되어야 한다.

그러기 위해서 메뉴는 가장 능률적으로 계획되고 그 경영성과가 면밀히 분석, 평가됨으로써 수익성 있는 식당경영을 도모할 수 있도록 관리되어야 한다.

■ 메뉴의 역할

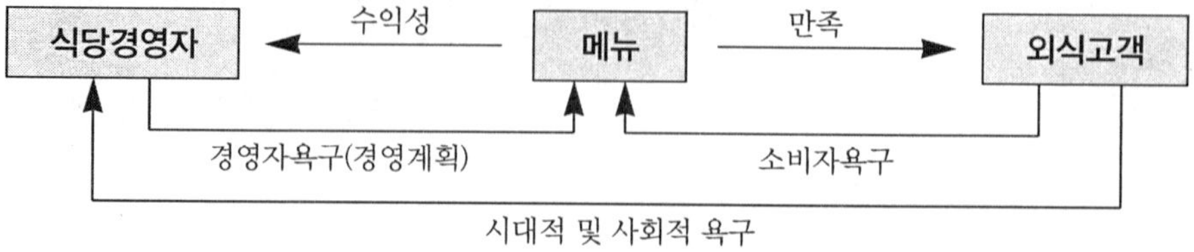

2. 메뉴의 분류

메뉴는 학자들마다 여러 가지 기준에 의해서 분류될 수 있는데, 이를 정리해보면 메뉴가 고정되어 있느냐, 아니면 주기적으로 바뀌느냐의 메뉴품목 변화 정도에 따라서 고정메뉴Fixed Menu와 사이클메뉴Cycle Menu로 분류할 수 있고, 요리의 제공방법과 메뉴 가격의 구조에 따라 정식메뉴Table d' hote menu, 일품요리메뉴A la carte menu, 그리고 앞의 두 메뉴를 혼합한 콤비네이션 메뉴Combina-tion Men로 분류할 수 있다. 또한 식·음료가 제공되는 시간과 장소에 따라 아침, 점심, 저녁메뉴 등과 한식, 양식, 중식, 특별메뉴Special Menu 등으로 분류되기도 한다.

1) 메뉴변화 정도에 의한 분류

(1) 고정메뉴(Fixed Menu)

고정메뉴는 정식요리 메뉴, 일품요리 메뉴, 그리고 콤비네이션 메뉴를 모두 포함하는 것으로 고객에게 제공될 아이템을 메뉴상에 인쇄하여 일정 기간예 : 6개월~1년 같은 아이템을 반복하여 제공하는 메뉴를 말한다. 이 메뉴에 대한 장·단점은 다음 표와 같다.

장점	단점
· 노동력이 감소한다. · 재고가 감소한다. · 통제나 조절이 용이하다. · 품목마다 품질을 높일 수 있다. · 남는 음식이 더 적다. · 식자재 비용이 더 낮아진다. · 상품에 관한 지식을 가질 수 있다. · 교육훈련이 적다.	· 메뉴에 싫증을 느낀다. · 계절별 메뉴조정이 잘 안 된다. · 시장이 제한적이다.

(2) 순환메뉴(Cycle Menu)

일정한 간격을 두고 주기적으로 아이템이 바뀌는 사이클메뉴는 주로 단체급식을 취급하는 학교의 카페테리아, 병원, 회사의 구내식당, 군대 등에서 많이 이용되고 있는 메뉴이다. 고객에게 보다 폭넓은 선택의 기회를 제공하다. 장단점은 아래 표와 같다.

장점	단점
· 고객에게 변화된 느낌을 줄 수 있다. · 계절적으로 메뉴 조정이 가능하다.	· 메뉴가 너무 자주 순환되면 메뉴에 싫증을 느낀다. · 식자재 재고가 남을 수 있다. · 아주 숙련된 조리사가 필요하다.

3. 메뉴계획

고객의 필요와 음식서비스의 조직목적을 평가한 이후에 중요한 단계는 메뉴를 계획하는 것이다. 메뉴계획은 음식서비스 업체에 있어 가장 중요한 과업들 중의 하나로 음식서비스 시스템의 필수적인 요소이다. 즉, 메뉴는 업체에 의하여 제공되는 음식목록으로 고객의 욕구와 수요에 바탕을 두고 조직목표를 달성하기 위하여 고안된 업체에 의하여 제공된 식음료에 관한 설명서라고 할 수 있다.

메뉴는 음식서비스 시스템의 모든 것을 한군데로 집중할 수 있도록 하는 초점이기도 하다. 음식서비스 영업의 성패는 메뉴와 그것을 어떻게 제공하느냐에 달려 있다. 이것은 영업의 수익 정도를 결정할 수 있는 것으로 모든 노력이 메뉴계획 시에 필요하고 영업의 모든 측면을 고려할 필요가 있다. 메뉴계획은 음식서비스 시스템의 모든 측면을 고려하여 메뉴가 계획되는 과정이다. 경영자와 소비자 모두의 관점에서 받아들일 수 있는 식음료의 선택이 이루어져야 한다.

신중한 메뉴계획은 효율적인 고객만족, 직원동기와 관리의 바탕이다. 메뉴를 계획하기 이전이나 계획 시에 고려되어야 하는 요인은 경영자와 소비자의 측면이다.

경영자 측면에 있어서 주요 고려해야 할 사항은 메뉴가 업체의 목표와 목적에 상반성이 있어야 한다는 것이다. 메뉴는 조직의 목표를 반영할 수 있어야 하고 그 업체에 음식서비스의 존재를 위해 필요한 것을 반영할 수 있어야 한다. 그리고 수요될 예산은 음식판매의 소득과 음식원가비율에 따라 달라지며, 따라서 음식판매의 소득은 고객의 가처분소득, 시설의 위치, 서비스의 유형과 다른 결정요인에 따라 달라진다. 상상력, 효율성과 창의성을 바탕으로 한 계획이 서야 하며, 이용가능한 자원들 모두의 효과적인 이용이 메뉴를 계획하는데 있어 필수적이다.

업체 유형에 따라 예산은 기대비용과 자본에 의하여 계획되거나 또는 특정기간의 고객 수 예측에 의하여 계획된다. 음식원가비율은 예산을 결정하는데 있어 아주 귀중한 도구이다. 메뉴의 탐색과 선택은 일괄된 평균지급가격을 가져올 수 있는 기대치에 도달하기 위하여 필요하다. 또한 음식서비스의 주요자원인 원재료는 수요와 공급에 영향을 미치는 계절변동에 따라 달라진다. 메뉴들은 음식상품의 계절적 이용가능성이나 비이용가능성을 최대한 이용할 수 있는 방식으로 계획되는 것이다. 또한 업체의 위치와 시장의 접근가능성은 메뉴계획에 영향을 미친다. 대도시에 위치한 업체들은 여러 음식상품이나 그들의 대체품을 획득하는 데 비교적 부담이 적다.

또한 메뉴를 계획할 때에는 효율적인 물리적 시설과 장비, 그것을 다루는 직원의 능력 또한 고려해야 할 사항들이다.

1) 메뉴계획 시 고려사항

❶ 식당의 입지성을 고려한다.

레스토랑의 입지조건은 메뉴의 조건을 결정한다. 레스토랑이 도심지에 위치하는지, 아니면 교외나 주택가에 위치하느냐에 따라서 메뉴 구성방법은 달라질 수 있다. 식당의 입지조건은 고객을 결정하기 때문이다.

❷ 시장성을 파악한다.

주변환경의 메뉴판매상화를 파악하여 차별화 전략을 이루어 나가야 한다. 주변에서 사라져 가는 메뉴인지, 아니면 현재 인기 있는 메뉴로써 경쟁력을 갖는 메뉴인지에 대한 시장성 조사가 이루어져야 한다.

❸ 경제성을 고려한다.

메뉴구성의 목적은 원가절감을 통한 이윤창출에 있다. 식당 경영에서 메뉴가 판매수단이고 상징적 존재가 되기 때문이다. 고객의 욕구를 충족시키면서 어느 정도의 수익성을 확보할 것인지 사전통제가 전제되어야 한다.

❹ 시장의 상황을 파악한다.

메뉴를 구성하기에 앞서 구입시장의 성격을 사전에 파악해야 한다. 구매책임자는 메뉴계획자와 협조하여 시장특성에 맞게 구매계획을 세워야 한다. 특히 계절메뉴나 특산물, 연회 시 사용될 메뉴확보에 주의를 기울여야 한다.

❺ 생산방법이나 조리시설에 대한 여건을 고려한다.

조리사의 기술, 조리장의 설비, 작업조건에 따라 메뉴의 구성이 달라질 수 있다.

❻ 조리나 서비스에 소요되는 노동력을 파악한다.

현재의 종업원을 충분한 서비스가 가능한지, 인건비에 비례하여 경제성을 갖는지, 또는 조리와 서비스에 소요되는 시간의 적정성을 예측할 수 있어야 한다. 아무리 좋은 메뉴라 하더라도 노동력과 과대한 시간이 요구된다면 메뉴로서의 상품가치를 잃게 된다.

❼ 적정판매가격을 고려한다.

메뉴의 구성은 적정한 판매가격을 통하여 경쟁력을 대처하고 식음료판매를 증대하여 식당경영에 기여할 수 있어야 한다. 식음료 재료의 예정원가인 표준원가를 초과하지 않도록 하여 고객의 경제적 수준에 부합하고 목표이윤을 실현할 수 있어야 한다.

❽ 주고객층에 대한 사전조사가 이루어져야 한다.

입지조건에 따라 달라질 수도 있는 문제이지만, 고객층을 지역별 · 연령별 · 소득별 · 성별 · 지역별로 세분화하여 차별화 전략을 구사하여야 한다.

❾ 메뉴구성은 고객의 영양적 측면을 고려하여 작성한다.

식습관의 변화에 따라 고객의 취향이 점차 건강식 위주로 바뀌고 있는 추세에 있다. 질적 서비스 향상의 차원에서 건강식 · 영양식 위주의 메뉴를 고려한다.

4. 메뉴가격 결정 산출법

많은 레스토랑들이 경영자 또는 관리자의 주관적인 판단에 의해 메뉴가격을 책정하고 있다. 이러한 방법은 그만큼의 경험과 노하우를 필요로 하며, 실패할 가능성이 높을 뿐만 아니라 경영내용을 분석하는데 타당성 있는 자료를 제시하지도 못한다. 따라서 레스토랑이 기대하는 수익과 고객들의 가치관을 기준으로 과학적이고 객관적인 메뉴의 가격책정이 필요하다. 메뉴가격의 결정은 업소의 경제적 목표인 이윤을 결정하는 요소로 이의 결정법으로는 고객중심의 가격결정법, 식품원가율법, 이윤가격법 등이 있다.

1) 고객중심의 가격결정법

고객의 입장에서 경영자가 가격을 결정하는 방법으로, 고객이 지급할 수 있는 수준으로 가격을 결정하는 방법이다. 가치를 반영하는 가격법으로 이를테면 직장인의 점심 지출액은 3,000원을 넘지 않아야 한다는 입장에서 업소의 메뉴가격을 3,000원으로 설정하는 방법이다. 오늘날 가격파괴점의 가격결정법은 원가를 합해 나가는 방식이 아니라 고객이 지급할 수준을 결정한 후 원가를 그에 맞게 조정하는 업 투 다운Up to Down의 방식을 택한다.

2) 최고가격법

최고가격법Highest Price Method은 경영자가 메뉴품목을 최대한으로 평가하여 고객이 최고 지급할 수 있겠다 싶은 가격을 선택하는 것으로 영업활동과 고객의 반응에 따라 단계적으로 가격을 조정하는 방법이다.

3) 최저가격법

최저가격법Loss Leader Price Method은 상품가치의 최저가를 선택하여 고객으로 하여금 레스토랑의 매력을 느끼도록 하는 방법이다. 이 방법은 낮은 가격을 보고 레스토랑에 들어와 다른 음식까지 주문하도록 유도하는 것으로 가격과 질의 비교에 따라 높은 매출을 기대할 수 있다.

4) 적정가격법

적정가격법Reasonable Price Method은 경영자 또는 관리자의 경험과 추측에 의한 주관적인 판단에 의해서 이 정도면 적당하다고 생각하는 가격을 선택하는 방법이다.

5) 원가율 가격법

식품원가의 비율에 따라 가격을 결정하는 방법으로 식품원가의 비율이 낮을수록 매출이익은 증가한다는 이론에 기초한 것이다. 실제로 가격이 식품원가에 직접적으로 비례하는 경우에는 적합할 수 있으나 업소마다 주력메뉴와 봉사메뉴의 차별로 매출이익과 일치하지 않는 경우 및 메뉴별 서빙조건 등 식품 이외의 원가요소의 비용증대로 실제의 적용에는 어려움이 있다. 예를 들면 설렁탕의 가격이 4,000원으로 원가율이 30%인 경우 매출이익은 1,800원이나 갈비의 가격이 10,000원에 원가율 45%로 가정하면 이때의 매출이익은 5,500으로 원가율은 높으나 매출이익이 증가하게 된다. 아울러 지나친 원가통제는 외식사업의 경우 품질의 저하를 동반한다는 사실과 외식을 하는 입장의 고객은 가격보다 품질에 우선한다는 사실에 주목해야 한다.

6) 손익분기 가격법

업소의 매출과 변동비, 고정비를 추정하여 목표이익을 설정하여 가격을 산출하는 방법으로 어느 김밥전문점의 고정비가 30,000,000원에 변동비가 1,000원이라 하자. 메뉴가격 2,000원에 50,000개를 판매한다면 그 매출액은 1억으로 2천만 원의 목표이익을 구하게 된다. 수익과 비용이 일치하는 손익분기를 구하여 보면 메뉴가격 2,000원에 30,000개를 팔았을 경우 그 손익분기에 이르게 된다.

$$\text{손익분기} = \frac{\text{고정시}}{\text{공헌이익(판매가격}-\text{변동비)}} = \frac{30{,}000{,}000}{1{,}000(2{,}000-1{,}000)} = 30{,}000$$

이 손익분기 가격법은 현재 메뉴의 가격을 인하하여야 하는 경우 그 인하의 하한선을 산정하는데 주로 이용한다.

7) 이윤가격법

이윤가격법은 식품의 원가와 이윤을 함께 고려하여 결정하는 방법으로 실용적이며 합리적인 가격결정법이라 할 수 있다. 이는 연간매출액과 영업비, 매출이익에 따라 가격승수를 결정한 후 표준 원가에 배부하는 방법으로 다음의 예로 설명하겠다.

(예) 갑 업소(설렁탕 전문)의 1년 예산계획

1. 예상 총매출 10억 원
2. 식품 외 비용 5억 원
3. 예상 매출이익 1억 원
4. 메뉴당 표준원가 1,500원

① 총식품원가
=총매출액-(식품 외 비용+매출이익)
=10억-(5억+1억)=4억 원

② 가격승수의 산출
=총매출액/총식품원가
=10억/4억=2.5

③ 메뉴별 기본가격
=표준메뉴원가×2.5=3,750원

위의 갑 업소의 설렁탕 판매가격은 식자재비의 가격변동이 없고 식자재 외 비용이 일정하며 예상 매출이익율 1억으로 가정하는 경우 3.750원이 된다. 일반적으로 업소에서 채택하는 메뉴의 판매가격은 100원 미만의 정리 등으로 3,800원으로 결정하게 된다.

5. 메뉴품목의 배치요령

1) 시선에 의한 배치

메뉴북이 고객에게 제시되는 순간부터 마케팅활동은 시작된다. 메뉴북을 펼쳐 보는 순간 고객의 시선이 움직이는 방향에 따라 매출이 변화하기 때문에 메뉴품목의 전략적인 매치는 중요한 부분이다. 미국 레스토랑협회NRA의 조사에 의하면 고객이 메뉴를 읽는데 평균 1분 49초 정도를 소비한다고 한다. 이러한 결과를 살펴볼 때 많은 페이지로 메뉴품목을 나열해 놓는 것은 좋지 못하다.

미국의 메뉴 컨설턴트이자 디자이너인 윌리암 도플러William Doerfler는 고객의 시선촛점에 따라 단일페이지 메뉴Single Page Menu, 두겹 메뉴Two Panel Menu에서는 그림과 같이 메뉴북을 이등분한 상단에 수익성이 높은 메뉴품목을 배치시켜야 한다고 하였다.

■ **메뉴 디자인 형태에 따른 메뉴품목의 배치**

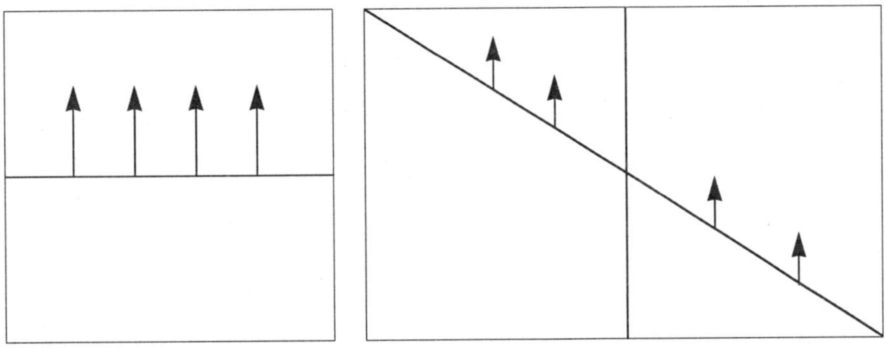

자료 : Jack E. Miller & David V. Pavesic. op. cit. p39

한편, 미국의 코체바 교수는 그림에서와 같이 고객이 메뉴를 처음보았을 때, 빗금친 부분에 시선이 집중되고, 이어서 오른쪽 코너 상단 → 왼쪽 → 아랫쪽, 그 다음에 오른쪽 아래를 가로질러 위로 시선이 집중된다고 하였다.

■ **메뉴시선**

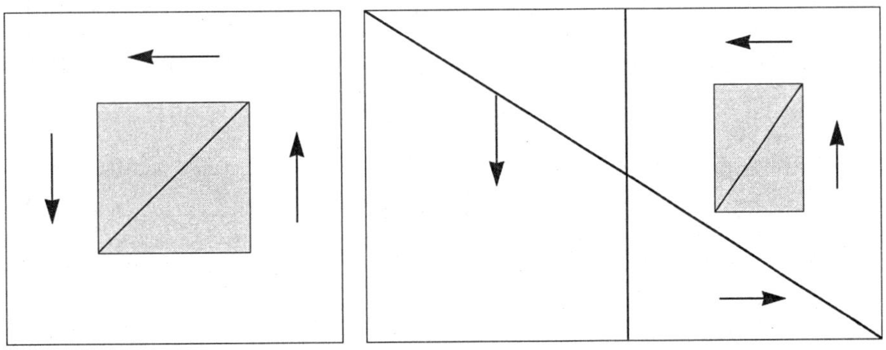

자료 : Jack E. Miller & David V. Pavesic. op. cit p34

2) 가격에 의한 배치

가격이 높고 낮은 순서에 따라 메뉴품목을 배치하는 것은 좋지 못하다. 가격은 될 수 있는 한 고객이 혼동되도록 배치하며, 가장 수익성이 높은 메뉴품목을 시각초점이 가장 좋은 곳에 배치하도록 한다.

6. 메뉴작성 시의 역할

① 같은 종류의 음식이 중복되어서는 안 된다. 이것은 생선, 육류, 가금류, 업조류, 각종 야채류나 과일을 막론하고 마찬가지다.

② 요리의 장식에 주의해야 한다. 좀 더 품위있는 요리를 제공하기 위해서는 색의 조화와 요리의 재료에 알맞은 곁들이Garniture 배합과 구색을 맞추어야 할 것이다.

③ 같은 색깔의 육류와 똑같이 제공되어서는 안 된다. 즉 White Meat가 두 종류라든가, Dark Meat가 두가지 이상 서로 같은 메뉴에 제공되어서는 안 된다. 예를 들면, White Meat의 경우 같은 생선류인 새우요리 다음에 송어Trout 요리가 나온다든가, 또는 Dark Meat의 경우 Pork 요리가 Beef나 Lamb 요리와 함께 따라 나와서는 안 된다.

④ 비슷한 소스Sauce를 두 가지 이상 제공해서는 안 된다. 예를 들면 Bearnaise Sauce가 육류와 함께 야채에 사용하는 것을 피해야 한다. 이 두가지의 소스는 거의 만드는 재료가 같기 때문이다.

⑤ 같은 조리방법Cooking Methods을 두 가지 이상 같은 메뉴에 사용하는 것은 금물이다. 예를 들면, Fried Fish 다음에 Fried Chicken이나 Beef Cutlet 같은 주요리를 낸다든가, 또는 Fried Fish의 가니쉬로 Fried Potato, 혹은 후식으로 Apple Fritter 등을 내어서는 안 된다.

⑥ 코스의 균형은 Light Dish에서 중식Heavier Dish으로 맞춘다. 예를 들면, Appetizer나 Soup같은 경식에서 시작하여 앙뜨레나 Main Dish로 구성한다.

⑦ 레스토랑의 정비 및 주방과 서비스 인원에 맞는 요리를 제공한다.

⑧ 메뉴는 불어로 표기하는 것을 원칙으로 하되 그 나라의 고유한 요리는 그 나라의 표기대로 기술한다.

⑨ 계절 · 요일 등의 감각에 따라 알맞은 메뉴를 작성한다. 즉, 여름에는 찬 요리Cold Dis, 겨울에는 더운 요리Hot Dish 등으로 해서 그 계절에 맞는 과일과 야채요리, 또는 그 지방의 특산물 등이 제공되도록 한다.

· 저녁메뉴에는 가급적 견고한 요리Hard Dish를 삼가하도록 한다. 저녁식사 후에는 일반적으로 운동량이 적어지면서 수면을 취하게 되므로 소화가 잘 되는 요리를 제공한다.
· 영양적으로 메뉴를 짠다. 연령별 · 성별 · 직업별로 음식의 양과 질을 균형 있게 배합하여 열량을 공급해야 한다.

7. 메뉴의 다양성과 전략

[반드시 실패하는 불황기 상품전략 10가지]

상품전략에 실패하지 않는 비결은 무엇인가?
실패하는 길만 벗어나면 최소한 손해는 보지 않을 것이다.
불황기 극복을 위한 외식업 상품전략을 소개하면 다음과 같다.

① 주의의 소문만 듣고 메뉴를 바꾼다.
'어느 메뉴가 뜨고 있다' 는 소문만 믿고 메뉴를 바꾸면 이미 실패한 것이다. 잘나가는 메뉴전략을 추구하는 레스토랑은 벌써 충분한 사전조사를 통한 전략을 세운 것이다.

② 고객들에게 친숙한 메뉴보다는 아주 특이한 메뉴를 도입해 본다.
타 업소에서 전혀 시도해보지 않은 특이한 메뉴를 도입하여 신규고객 창출을 계획한다면 요즘 같은 어려운 시기에는 신 메뉴에 대한 광고를 끝내기도 전에 간판이 내려갈 확률이 크다.

③ 업태 · 업종 구분 없이 주위에서 권하는 대로 메뉴 개발을 해본다.

자기 점포의 대표메뉴, 기존업태, 주방능력, 인원 등을 전체로 한 메뉴개발보다는 친구 또는 아는 사람들의 얘기를 맹목적으로 듣고 따라하면 실패하기 십상이다.

④ 주변의 상권을 무시한 나홀로 메뉴전략을 펼친다.

정답던 고객이 얼마나 무섭게 변했는지 잘 모르면서 메뉴전략을 펼치는 것은 금물이다. 고객의 주머니 사정, 기호가 어떻게 급변했는지 늘 생각하고 늘 살펴보고 꼼꼼히 따져봐야 한다.

⑤ 영업 전반을 아직도 관리자에게 일임한다.

일임운영은 이제 실패의 지름길이 될 수 있다.

경영주가 24시간 불철주야 뛰어도 모자라는 시대다. 세심한 부분까지 체크하고 바꿔보고 협력하며 꾸려나가야 한다.

⑥ 무조건 가격파괴를 도입한다.

고객은 싼 게 비지떡이란 것을 똑똑히 알고 있다.

메뉴와 가격이 '적절한 가격절감'을 지녔다는 생각이 전제가 될 때 만족감을 느끼고 효과적인 가격파괴가 된다. 식자재 구매를 비롯한 운영전반에 걸친 구조조정 없이는 저가메뉴 판매가 절대 능사가 아니다. 제살 깍아먹는 바보가 되기 십상이다.

⑦ 늘 자기업소 메뉴가 최고인 줄 안다.

이제야 말로 외식시장은 처절한 생존경쟁이다.

과거의 영화는 벌써 사라진지 오래며 내가 최고라는 생각을 했다가는 큰 코다친다. 무식한 경영주가 소신과 고집이 있으면 개인의 파면 이전에 업계의 발전을 가로막는 공적公敵이 되는 시대다.

⑧ 신 메뉴 도입을 위해 기존 메뉴를 과감히 없애고 자주 메뉴변화를 준다.

안전을 버리고 위험을 선택하는 케이스다. 지금 매출이 떨어지는 것은 누구나 겪고 있는 현실이다.

신 메뉴 개발에 많은 노력과 경영을 소진하지 말고 이미 고객에게 알려진 대표메뉴가 있다면, 그 품목을 더욱 보강하고 전문점으로서의 승부를 걸어라. 그나마 시장평균수익은 유지할 것이다. 기본을 잘하는 것이 가장 잘하는 것이란 말이 있지 않은가?

⑨ '미워도 다시 한번'에 미련을 갖는다.

판매율이 저조한 메뉴를 객단가가 높다는 이유만으로 고집하고 있지 않은가? 메뉴 품목 중 5% 미만의 판매율을 가진 것은 과감히 삭제하라. 쓸데없는 고집은 이미지만 하락시킨다.

⑩ 개인의 식단표로 영업을 한다.

경영주의 입맛에 따라 자기가 좋아하는 메뉴로 개인 식탁을 만들고 있지 않은가? 절대로 고객의 입맛은 경영주의 입맛과 다르다는 점을 명심하자. 고객의 입장에서 레스토랑을 이용해 보고 정확한 안목을 가진 주위의 조언에 경청하라.

어떠한 식음료 서비스를 막론하고 아무리 메뉴가 한정되고 고객이 바뀐다 해도 서비스하는 음식은 식욕을 돋울 수 있도록 제공해야 한다. 이것은 메뉴 계획자에게 문제점을 부과하는 것이지만, 한편으로 창조적인 상상력과 연구심을 발휘할 수 있는 기회를 준다.

이러한 다양성을 추구해 나가기 위해서는 요리를 세분화시키고, 메뉴의 폭과 다양성을 동시에 추진하면서, 이에 대한 메뉴 전략을 짜야 한다. 특히 메뉴 평가에 있어서 다음과 같은 내용도 중요시하고 있다.

① 메뉴의 다양성Variety : 계절상품이 있는가? 사용하는 식재료는 다양한가? 다양한 조리방식을 이용하는가?

② 메뉴의 특별 아이템Speciality Items : 오늘의 메뉴, 건강 메뉴, 다이어트 메뉴 등의 유무

③ 메뉴의 독창성과 창조성Uniqueness & Creativity : 메뉴가 새로운가? 유일한가? 창조적인 것인가?

④ 메뉴의 정확성Accuracy : 메뉴 상 아이템의 설명에 있어서 진실성생산지와 원산지, 식재료의 상태 등

⑤ 메뉴 상의 다이어트와 영양가 문제Dietetic & Nutritive Concerns : 저당, 저염, 저칼로리, 저콜레스테롤, 고단백의 아이템이 있는가? 건강과 다이어트 식품에 대한 정보가 제공되는가?

8. 색채에 의한 음식의 의미

Color	감정적 작용	기후적 작용	공간적 작용
Green	아주 조용함	아주 차가움-중성	멀리 있음
Red	흥분된-아주 자극적	따뜻함	가까이 있음
Orange	자극하는	아주 따뜻함	아주 가까이 있음
Yellow	자극하는	아주 따뜻함	가까이 있음
Brown	자극하는	중성적	아주 가까이 있음
Violet	공격적, 낙담시키는	차가운	근처에 있음
Blue	차분한	차가운	거리가 있는
White	억제하지 않는		눈에 띄게 가까운
Black	억제하는, 말이 없는		경계가 없는

색채와 식욕은 밀접한 상관관계에 있으며 색채에 따라 연상되는 후각적 감각도 달라진다. 식욕을 자극하는 색에는 따뜻한 빨강 계열, 주황 계열, 따뜻한 노랑, 밝은 노랑, 선명한 녹색 등이며 음식점에서 파랑, 마젠타, 보라, 짙은 녹색 계열, 검정 등은 자칫 음식이 부패해 보일 수 있으므로 피해야 한다.

식재료의 색은 색상마다 나누면 많은 색상과 적은 색상이 있는 것을 알 수 있다. 특히 많이 볼 수 있는 것이 Red 계열, Yellow Red 계열, Yellow 계열, Green Yellow 계열,

Green 계열과 흰색에서 검정색 사이의 무채색이라고 보여진다. 과일, 야채는 Red부터 Green Yellow 계열까지 넓게 나타나고 Red 계열보다 보라색 빛이 도는 Red Purple 계열을 더 많이 볼 수 있다. 잎이 있는 야채는 Green Yellow 계열로부터 Green 계열로 집중되어 있으며 고기나 빨간 어류와 조개류는 Red 계열로 볼 수 있다. 등푸른 생선은 Blue 계열로 분류할 수 있다. 소수이지만 Purple Blue, Purple 계열의 과일 야채도 나타나곤 한다. 무채색 중에 흰색을 대표하는 것은 밥, 밀가루 등을 들 수 있다. 검은색을 대표하는 것은 김, 녹미채 등의 해초류로 분류할 수 있다.

요리의 색에 대한 사람들의 반응은 매우 즉각적이고 민감하며, 나아가 식욕의 증진과 감퇴의 직접적인 원인이 되기도 한다.

순색 중에서 빨간색이 가장 식욕을 돋우는 색이며빨간 사과, 빨간 딸기, 선홍빛 쇠고기 주황색 쪽에 가까울수록 식욕은 더욱 자극되는 것으로 알려져 있다.

그러나 노란색 계통은 식욕을 감소시키며, 연두색에서는 현저히 감소한다. 하지만 대자연의 신선함이 있는 초록색이 되면 다시 식욕이 증가되는 반면, 파란색은 식욕 자극에 별다른 효과가 없는 것으로 나타났다.

잘 익은 고기나 빵 종류의 곡물을 연상시키는 고동색도 짙은 주황계통으로 식욕자극에 상승효과를 보인다.

따라서 대부분의 사람들에게 복숭아색, 빨간색, 주황색, 갈색, 담황색, 진노랑색, 맑은 초록색 등이 식욕을 돋우어주는 색으로 알려져 있으며, 분홍색, 엷은 파랑색, 엷은 자주색 같은 색은 들쩍지근하게 느껴져 요리의 색으로는 잘 쓰여지지 않는다.

분홍색은 요리에 사용하기 어려운 색이며, 파란색은 식욕을 돋우지는 못하지만 다른 요리들을 더 맛있어 보이게 해준다. 즉 파란색은 요리 그 자체의 색으로는 적합하지 않지만 요리의 배경색으로는 중요하다고 할 수 있다. 주방에서 요리를 만들어 접시에 담을 때 색채에 대한 감안을 한다면 좋은 요리를 고객에게 제공할 수 있을 것이다.

예를 들면, 주방에는 형광등을 켜고 일하지만 식당에는 붉은 백열등이 있어 요리가 다르게 보일 때가 있다. 그리고 테이블 탑의 요소 모두를 온통 난색 계열로 통일하면 오히려 식욕을 저하시키는 역효과를 낼 수도 있다는 점이다.

빨강이나 오렌지, 노랑은 포인트로 아주 조금만 사용하여 강조할 때 가장 효과적이라고 볼 수 있다. 소스의 색도 중요하다. 갈색 소스가 진하면 맛이 진하게 느껴지고 반대로 소스의 색이 엷으면 맛도 담백하게 느껴진다.

일반적으로 요리나 식품의 색은 짙을수록 맛도 진하게 느껴지는 경향이 있다. 예를 들면 빨간 수박과 노란 수박을 비교해 보면 빨간 수박이 더 달고 맛있게 느껴진다.

이렇듯 색의 종류는 물론 색의 농도도 맛에 큰 영향을 줌으로 요리사는 요리를 디자인할 때 염두에 두어야 한다.

식기류를 선정할 때도 맛에 영향을 미치므로 주의해야 한다.

굽거나 조린 요리는 갈색인데 이것을 청색 그릇에 담으면 더 맛있어 보인다. 특히 샐러드 같은 신선한 색깔의 요리를 유리 그릇이나 나무 그릇에 담으면 보기에도 좋고 식욕을 돋우어준다. 그리고 디저트는 역시 흰색 접시에 담으면 요리의 질이 높아 보인다, 또한 접시의 색도 중요하지만 크기에 따라 요리의 맛과 멋이 표현되기도 한다.

요리의 이미지색은 여러 가지가 있다. 요리 이미지색의 기본이 되는 것은 요리다움을 나타내는 "요리색"이다.

식품의 경우에는 식품색이 이미지를 좌우한다. 검은 쌀과 장아찌 같은 것이 잘 팔리지 않는 이유는 식품의 색이 이미지를 좌우하기 때문이다. 그러므로 요리는 이미지색을 잘못 선택하면 실패하게 된다.

이러한 요리가 올라가서 하나의 이미지를 연출하게 되는 것이 식공간이므로 식공간을 연출할 때에는 음식의 색도 고려하여 연출하는 것이 좋다. 그러나 현실적으로 음식의 색은 다양하고 그 색의 분포가 넓기 때문에 하나의 음식에 중점을 두어 연출하는 것보다는 전반적인 음식의 분위기와 그 식공간의 역할을 고려하여 연출하는 것이 좋다.

■ 요리에 대한 이미지 색

Color	이미지
White	청결한, 부드러운, 차가운, 담백한, 영양가 있는
Gray	맛없는, 불결한
Pink	달콤한, 부드러운, 로맨틱한

Color	이미지
Red	달콤한, 영양가 있는, 신선한, 매운
Deep Red	달콤한, 따뜻한, 진한맛, 색이 지나치게 진한(칙칙한)
Brown	맛없는, 딱딱한, 따뜻한, 진한맛
Deep Brown	맛없는, 딱딱한, 따뜻한, 진한맛
Orange	달콤한, 영양가 있는, 독이 있어 보이는, 맛있는, 상큼한
Deep Orange	오래된, 딱딱한, 따뜻한
Cream	달콤한, 영양가 있는, 산뜻한, 맛있는 부드러운
Yellow	영양가 있는, 맛있는, 산뜻한, 상큼한
Greenish Yellow	오래된
Deep Yellow	오래된, 맛없는
Yellowish Green	산뜻한, 시원한
Yellow Green	산뜻한
Olive Green	무거운, 불결한
Green	신선한
Greenish Blue	시원한
Blue	시원한, 부패

■ 오색과 연상 이미지

오행	오색	오미	오장	오정	오상	계절	방위	동물
나무(木)	청(靑)	신맛	간장	기쁨	仁(인)	봄	동	용
불(火)	적(赤)	쓴맛	심장	즐거움	禮(예)	여름	남	봉황
흙(土)	황(黃)	단맛	비장	욕심	信(신)	환절기	중앙	사람
쇠(金)	백(白)	매운맛	폐장	분노	義(의)	가을	서	호랑이
물(水)	흑(黑)	짠맛	신장	슬픔	智(지)	겨울	북	거북이

특히 오색五色은 현대과학에서도 실험하여 발표한 예가 많다. 일례로 일상생활에서 가재도구의 일체를 적색赤色만을 사용하게 하였는데 성격이 급해지고 혈압은 상승上昇하고 맥박이 빨라지는 등 변화의 현상이 나타나는 것이라고 발표한 예도 있다.

■ 음양오행의 5가지 색깔음식과 오장육부

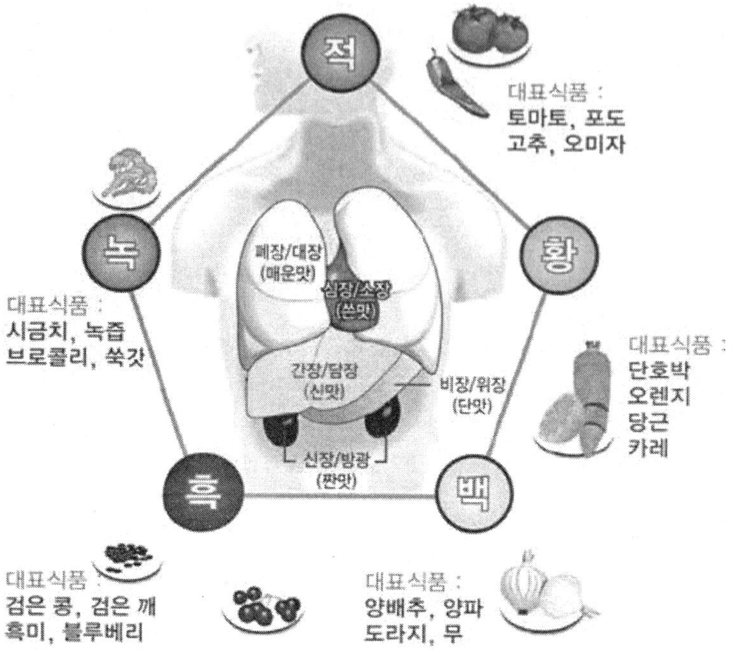

9. 식기의 색깔

서양식기의 경우는 요리가 담겨지는 부분이 희고 테두리에 무늬가 있는 경우가 많다. 식기의 모양이나 형태는 그 나라의 식생활이나 조리법에 따라 이루어지게 되어 있다. 서양요리는 소스가 들어간 음식이 많고 어떤 소스의 색도 잘 보이도록 음식이 담겨지는 부분이 흰색이라고 생각할 수 있다. 즉 음식을 돋보이게 하기 위하여 식기에 색을 자제하여 흰색 식기를 사용하였으며, 완성된 음식의 형태가 아름답기 때문에 플레이트를 많이 사용하고 있다. 하지만 동양 식기의 경우는 특별히 그런 경향이 없으며 그릇에 자유로운 무늬가 사용되고 있다. 또한 식기의 경우 깊이감이 있는 그릇을 사용하는 경우가 대부분인데, 국물요리를 담기 위한 용기의 형태로 모양을 갖추고 있다. 동양요리는 국물이 많은 것을 넘어서서 음식의 형태가 보이지 않을 정도로 익히거나 끓이기 때문에 음식이 잘 보이지 않는 형태의 그릇이나, 뚜껑이 있는 용기를 사용한다.

서양식기나 동양식기에서도 자기의 경우는 색의 경향이 비슷한데, 그 중 가장 많은 주류를 차지하고 있는 색상의 톤은 Purple Blue 계열이 많다. 두 개의 틀린 점은 도기의 경우에서 볼 수 있다. 동양의 도기는 흙으로 만들기 때문에 Yellow Red 계열, Yellow 계열이 많다. 이러한 식기의 색으로 인해, 동양의 테이블과 식공간이 약간 톤다운된 이미지를 지니게 되었다. 하지만 이러한 것은 서양의 문화에 비해서 자연과 가까워지려 하는 동양의 사상과 문화에서 나오는 것으로 자연과 가까운 색으로 다가가려는 노력이라고 보인다. 하지만 최근에는 서양식기에서도 동양의 음식이나 식기에 관심을 가져서 서양식기에 동양 도기와 자기의 색 배합이 적용된 식기들이 나오고 있다.

제2절 식자재 관리

1. 식자재의 정의와 유통변화

레스토랑에 필요한 자재를 효율적으로 관리하기 위한 과학적인 관리기술이라 할 수 있으며, 식음료 자재관리는 레스토랑에 필요한 품목을 명확히 파악하는 때부터 시작된다.

효율적인 관리란 합리적, 능률적인 관리로 자재의 분류, 소요량 산정, 구매, 보관, 공급, 처분에 이르는 일련의 과정을 합리적이며 능률적으로 수행하는 것이며, 과학적인 기술이란 전문기술과 경험을 필요로 하는 관리경영영역으로 고도로 발전된 관리기술에 대한 전문지식과 경험을 갖추어야 하는 숙련된 특수 업무를 뜻한다.

식음료 자재관리는 기존규격명세에 입각해서 가장 양질의 상품을 최저가격으로 획득하려는데 그 목적이 있는 구매와, 주문한 양과 질의 상품을 이미 견적된 가격으로 획득하려는 것이 목적인 수령과, 적당한 양의 재고상품을 유지하고 절도나 오손에 의한 손실을 막으려는데 목적이 있는 저장 그리고 상품의 방출을 허가하고 그 지급처를 매일

매일 적절한 방법으로 밝혀두려는데 목적이 있는 출고가 있다. 그리고 외식사업에서의 식자재유통은 빠르게 변화되고 있다. 외식산업의 주품목은 음식이다. 이러한 음식을 다루는 외식업체의 변화는 식자재를 다루는 주방의 환경이 과거의 전통적인 방법에서의 생산방식과는 많은 변화가 진행되고 있다. 이러한 변화는 음식을 만드는데 이용하는 식재료 상태에서 찾을 수 있다. 그리고 식재료 상태의 변화는 주방의 생산 활동 전반에 대한 변화를 가져오고 있다.

첫째, 주방기기는 단일용도에서 다용도로, 준비와 생산중심에서 보관과 재품중심으로, 수동에서 자동으로 바뀌어 가고 있다는 점이다. 이러한 변화는 주방기기와 식품가공기술의 발달로 가능하게 되며, 조리사에 의해서 실행되던 대부분의 업무가 다른 장소에서 행하여지기 때문에 준비와 생산중심에서 보관과 재품 중심으로 바뀌고 있다는 점을 확인할 수 있다. 이러한 전통적인 방식으로 운영되던 외식사업체가 경쟁력을 잃어가고 있기 때문에 향후 이러한 변화는 지속될 것으로 판단된다. 또한 생산과 소비가 시간 또는 장소 또는 시간과 공간적으로 이원화할 필요성을 인식하고 있어 앞서 언급한 변화를 추론할 수 있다.

둘째, 주방공간은 생산과 판매주방으로 분리되고, 준비주방의 집중화가 이루어지며, 원식재료를 저장하는 공간은 축소됨과 동시에 보관공간에 대한 확대가 진행된다. 그리고 전체적인 주방공간은 축소되어 간다는 점이다. 생산활동이 중앙주방을 중심으로 집중화 또는 외부화되기 때문에 업장 주방은 서비스 주방으로 전환되게 된다. 그 결과 주방인원과 주방의 공간, 그리고 기기와 보관을 위한 장소가 축소되게 된다. 그리고 사용하는 식재료의 상태가 전처리 과정을 거친 것들에 대한 양과 종류가 많아진다는 점 또한 이러한 변화를 뒷받침하고 있다.

셋째, 생산방식은 주문에 관계없이 계속적으로 실행되며, 판매중심에서 준비중시 Miss en Place로, 그리고 소품종 대량생산에서 다품종 소량생산으로, 전통적인 푸드 서비스시스템Food service system에서 취합/서브Assemble/ Serve 중심으로 바뀌고 있다는 점이다.

이러한 현상은 최근 들어 식음료 부분의 특성 중의 하나인 생산과 판매의 동시성을 극복하기 위한 접근법과 제공하는 식재료의 상태의 편리성인 학계를 중심으로 꾸준히 연구된 결과 영업활동의 단계를 축소할 수 있는 새로운 방안이 제시되고 있음이 그 현상을 설명할 수 있다. 즉, 생산과 판매를 시간과 공간적으로 분리할 수 있다. 즉, 중앙주방 및 메인주방을 중심으로 생산과 판매, 시간과 공간적으로 분리하는 기법의 도입을 보면 쉽게 이해할 수 있다. 이 기법의 실용화로 패스트푸드와 패밀리 레스토랑이 좁은 공간에서 적은 인원으로 높은 생산성을 올리고 있음을 감안하면 향후 업종과 업태에 관계없이 이 기법의 도입은 확산될 것으로 전망하고 있다. 그러나 모든 업종과 업태가 이와 같은 생산방식으로 모두 변화를 겪는 것은 아니며, 부분적으로 전통부활이라는 측면을 강조하는 곳도 있다는 점을 인지하여야 한다.

넷째, 식재료 관리방식은 대량구매에서 소량구매로, 원상태의 식재료Raw fresh materials에서 반만 준비된 상태, 또는 완전히 준비된 상태로 서비스할 수 있도록 준비된 상태로 바뀌고 있다는 점이다.

이러한 변화는 외국의 유명 식품회사들이 최종 소비자가 사용하기 편리한 상태의 식재료를 공급하고 있으며, 국내의 식재료 공급업자들도 전처리가 된 식재료의 공급량을 늘리고 있음을 보면 쉽게 알 수 있다.

다섯째, 서비스 형태 또한 기존의 서버와 고객대면 서비스에서 조리사와 고객대면 서비스로 빠르게 바뀌고 있다. 이러한 현상은 조리사가 음식만 만드는 사람으로 남아서는 안 되고, 음식을 판매하는 사람으로의 역할도 동시에 수행하여야 한다는 뜻이다. 결국, 이러한 변화들은 주방의 생산방식의 변화를 요구하기 때문에 주방의 인적자원의 수와 기능, 기기, 시설, 공간의 분배, 관리방식, 메뉴의 개발 등과 같은 모든 면이 변화를 겪을 수밖에 없을 것으로 사료된다. 물론 차별화 차원으로 전통적인 생산방식으로 외식사업체를 다점포화하기 어렵다는 점을 고려하면, 특수하게 독립적으로 운영하는 단일 외식사업체의 경우를 제외하고는 생산활동에 대한 큰 변화를 겪을 것으로 판단한다. 즉, 유연한 생산방식이 도입될 것으로 사료된다.

2. 식자재 및 음료관리의 효과와 기능

식재료를 취급하는 관계자들이 원가에 대한 의식을 높이게 하고 합리적인 방법으로 관리되어 금일의 낭비가 명일에 방지가 되도록 하는 데 있는 것이다. 그러므로 식재료 관리를 실시함으로써 아래와 같은 효과를 기대할 수 있다.

1) 식자재 및 음료관리의 효과

① 장비가 방지되어 예정된 목표이익을 실현한다.

② 실제원가계산생선의 경우 뼈, 머리, 내장을 제외한 실제요리에 사용하는 부분에 대한 원가를 계산하는이 정확하게 계산되기 때문에 식재료 처리에 있어서 낭비하지 않도록 주의하게 된다.

③ 원가기준 카드를 각 메뉴대로 만들기 때문에 식재료의 가격변동에 민감해진다.

④ 식음료자재의 원가를 알게 되므로 취급에 주의하게 된다.

⑤ 낭비방지와 절약의식이 다른 분야에도 시너지효과를 일으킨다.

⑥ 식음료 상품의 생산이 계획적으로 진행되며 영업성적에 지대한 관심을 갖게 된다.

⑦ 영업, 조리, 구매의 일이 상호 이해되고 인간관계가 잘 이루어진다.

⑧ 검품검량이 확실해지므로 재고수량에 관심을 갖게 되고 보관에 최선을 다하게 된다.

⑨ 메뉴의 인기도 파악이 명확해지므로 메뉴 엔지니어링에 도움이 된다.

⑩ 식음료 생산부서(주방, Bar)의 관리가 용이해진다.

2) 식자재 및 음료관리의 기능

(1) 기본기능

식음료자재 관리도 생산관리의 일환이므로 생산 제1차 관리가 적용된다.

① 품질관리 : 구매명세의 결정, 납품검사, 구매처에 대한 품질 및 기술지도를 통하여 품질의 향상과 불량의 감소를 도모한다.

② 원가관리 : 구입품의 원가관리 또는 허용원가를 설정하며 적시적량 발주, 적정재고 운용, 구입처와의 공동연구 또는 기술지도를 통하여 원가절감을 꾀한다.

③ 공정관리 : 소요량 납기의 결정, Lead Time기획에서 생산까지의 시간 또는 발주에서 배달까지의 시간에 기준한 발주조정, 진도의 점검을 통하여 납기 및 수량의 확보와 납품지연을 방지한다.

(2) 부수적인 기능

자재관리의 고유기능으로 다음과 같은 관리가 시행되며 종합적인 실시가 효과적이다.

① 재고관리 : 원가절감, 적정재고유지, 원재료 회전율 향상으로 요약되며 저장품의 적정재고 유지에 중점을 둔다. 사내 전 재고자산에 대한 재고 관리로 재고수량과 금액의 기준을 설정할 필요가 있다.

② 저장관리 : 자재의 보관이나 운반을 합리화하고 이에 소요되는 인건비, 기타 비용을 절감하며 자재의 품질을 유지하여야 한다. 입고 시에는 구입처로부터 납품되는 방식에 대한 규제가 필요하며 출고 시에는 현장 운반 관리자와의 협조가 필요하다.

③ 구매관리 : 구매는 하나의 영업행위로 그 방법과 합리성 여부에 따라 이익을 추구할 수도 있고 손실을 초래할 수도 있다. 시장상황, 대체재 및 신개발, 거래선, 거래조건 등을 연구하고 시장상황이나 가격에 따라 선구매, 단가계약 체결, 구입처 간의 경쟁유도 등이 필요하다.

3. 식자재의 분류

우리나라 식품성분표에서는 1,130여 종으로 식품을 분류하고 있으나, 각 지방이나 지역에 따라 다양한 식재료가 사용되고 있다. 식자재의 분류는 일반적으로 음료와 식료로 분류하고, 다시 국산과 수입산으로 구분한다. 이것을 다시 육류 · 가금류 · 육가공품류 · 생선류 · 어패류 · 유제품 · 향신료 · 야채류 · 과일류 · 잡품류 등으로 대분류하고, 필요에 따라 중분류 · 소분류한다.

음료의 경우에는 위스키, 진, 보드카, 럼, 브랜디, 리큐르, 와인, 에프리티프, 샴페인, 맥주, 주스류 및 소프트 드링크, 기타 등으로 분류한다. 위스키의 경우에는 특히 산지에 따라 스카치 위스키, 아일리쉬 위스키, 아메리칸 위스키, 캐나디안 위스키로 분류하고, 다시 스카치 위스키를 스카치 위스키 프리미엄, 스카치 위스키 스탠다드로 분류하기도 한다. 또한 와인은 레드와 화이트로 구분하여 저장하고, 산지별로 구분하여 저장한다.

식음료재료는 저장하는 장소에 따라서 분류하고, 때에 따라서는 구매와 검수의 절차를 걸쳐서 들어 온 식재료를 저장창고에 저장하느냐, 혹은 주방으로 직접 가느냐에 따라 분류할 수도 있다.

1) 저장장소에 따른 분류

식재료를 저장할 장소는 냉동창고와 냉장창고 및 일반저장창고로 나누어지는데, 식재료의 종류와 상태에 따라서 장기간 보관할 수 있는 식재료가 있는가 하면, 식재료의 특성상 단기간 보관할 수밖에 없는 품목들도 있다.

(1) 냉동창고 보관식 재료

주로 냉동된 육류 · 생선류 · 야채류 등으로 냉동창고에서 냉동상태로 보관한다. 냉동식재료지만 함께 보관하는 것이 아니고, 식재료의 특성을 고려하여 각각 분류하여 냉동창고에 보관한다.

(2) 냉장창고 보관식 재료

비교적 너무 장시간 사용하지 않는 식재료를 신선하게 사용하기 위해서 보관하는 장소로 주로 야채 · 생선류 · 육류 · 난류 · 가공식품 · 유제품 · 생선류 · 어패류 및 신선한 가금류 등을 품목별로 분류하여 보관하는 것이 이상적이다.

(3) 일반저장창고 보관식 재료

일반창고에 보관하는 식재료의 경우에는 상온에서 보관이 가능하며, 비교적 보관기간이 긴 식재료로는 곡물류 · 소스류 및 각종 향신료 등이 여기에 속한다.

(4) 음료저장창고

최상의 상태에서 음료를 분류할 수 있게 만든 창고이며, 음료의 특성에 따라서 상온에서 보관하는 것과 시원한 상태로 보관하는 음료가 있다. 또한 음료의 보관을 위해서는 와인 셀러Wine Cellar를 갖추어야 한다.

2) 검수 후 식재료보관에 따른 분류

(1) 저장구매

저장구매Store Purchase는 식재료가 구매되어 검수를 거친 후 일단 저장고로 입고入庫되는 품목을 말한다. 주로 보관기간이 장기간인 냉동된 식재료 · 곡물류 · 가공식품 · 캔종류 등이 여기에 포함된다.

(2) 직접구매

직접구매Direct Purchase는 식재료를 구매하여 저장하지 않고 바로 영업장이나 주방으로 보내어 당일 생산 및 판매하는 식재료를 말한다.

3) 일반적인 식재료의 관리 측면에서의 분류

(1) 일반적인 식재료 분류

식재료 구분		내 용
축산물	육류	쇠고기, 돼지고기, 가금류(닭, 오리, 칠면조 등), 기타(양고기 등)
	유제품류	우유, 치즈, 버터, 요구르트
	육가공류	베이컨, 햄, 소시지
농산물	곡류	쌀, 보리, 밀 등
	야채류	잎채소류(샐러리, 시금치 등), 뿌리채소류(당근, 감자, 우엉 등)
	과일류	사과, 배, 포도, 오렌지 등
수산물	어류	광어, 조기, 참치 등
	갑각류	게, 가재, 새우, 바닷가재 등
	패류	조개, 석화(굴)
	연체류	오징어, 문어
	해조류	김, 미역
유지	각종 동·식물성 기름	참기름, 들기름, 올리브유, 라드유
가공식품	일반 가공품	옥수수 캔, 냉동만두, 건포도, 잼, 각종 소스, 토마토 케첩
	조미료류	소금, 후추, 다시다, 설탕 등

식재료 구분		내 용
음료	주류	소주, 맥주, 와인, 양주
	음료수류	커피, 주스류, 콜라, 사이다
비식품류	종이냅킨, 세제, 요지 등	

(2) 저장식품의 종류

저장방법 구분	내 용
장기 저장식품	곡류 및 가공품, 두류, 종실류, 유지류, 조미료, 당류, 건조식품, 통조림 및 병조림류
단기 저장식품	육, 어가공품류, 유지류, 난류 등
신선식품	어패류, 육류, 두부류, 채소류, 과일류
냉동식품	육가공품, 수산가공품, 과즙, 유제품, 제과, 제빵류

4. 일반적인 외식업소에서의 식자재관리

대규모 업소에서는 전담 직원이 있어 식자재의 구매, 검수, 저장, 출고 등 일련의 업무를 맡는다. 그러나 문제는 대규모 업소와 같이 인력이나 적절한 시설을 확보할 수 없는 소규모의 업소들이 어떻게 하면 큰 비용을 들이지 않고서 효율적으로 식자재관리를 할 수 있을까 하는 점이다. 소규모 업소에게 유용한 식자재관리 방법은 아래와 같다.

① 한 점포나 한 장소에서 필요한 것을 모두 구입하는 방법으로 배달 횟수를 가급적이면 줄인다.

② 경영주가 직접 식자재의 검수, 품질검사 등을 일괄 처리한다. 값비싼 식자재는 주저장실로 보내고, 덜비싼 식자재는 주방으로 직접 보낸다.

③ 경영주나 업무위임을 받은 지배인은 평균재고량의 값비싼 식자재를 요리사, 주방장 또는 바텐더주류의 경우 등의 실제 사용자에게 교대근무 시각에 맞추어 출고시킨다.

④ 주요 저장실을 잠근다.

⑤ 동일 교대시간 동안에 추가로 식자재가 필요할 때에는 경영주나 지배인이 추가로 식자재를 출고한다.

⑥ 한 교대조의 마지막에 경영주나 지배인은 그 시간대에 사용되지 않은 고가의 식자재를 회수하여 주된 저장실에 수납한다.

⑦ 경영주나 지배인은 한 교대조가 사용한 고가 식자재의 수량을 기록하고 경리담당자에게 그 기록을 전달하여 경리담당자는 구매사항과 판매사항을 대조한다. 이를 대조해서 총재고량에서 빠진 식자재의 양과 판매된 양에 비교적 큰 차이가 발견되면 즉시 원인을 규명해야 한다.

5. 효율적인 식자재관리의 기능

1) 식자재 관리의 목적

식자재관리를 한마디로 정의하면 영업활동에 필요한 식자재를 효율적으로 관리하기 위한 과학적인 관리기술이라 할 수 있으며, 식자재관리는 영업활동에 필요한 품목을 명확히 파악하는 때부터 시작된다.

효율적인 관리란 합리적 · 능률적인 관리로 식자재의 분류 · 소요량 산정 · 구매 · 보관 · 공급 · 처분에 이르는 전 과정을 합리적이고 능률적으로 수행하는 것이며, 과학적인 기술이란 전문기술과 경험을 필요로 하는 관리영역으로 고도로 발전된 관리기술에 대한 전문지식과 경험을 갖추어야 하는 숙련된 특수업무를 뜻한다.

식음료와 관련한 식자재관리는 상품이 구입되는 과정에서 판매될 때까지 그 동안에 수행되는 여러 가지 활동과 수많은 사람들의 영향을 받는다는 사실이다. 기초적인 영역 내에서 수행된다면 그 뒤의 식품가공의 여러 단계에서 원가를 효율적으로 관리하기 위한 토대를 마련할 수 있을 것이다.

그러므로 식자재를 이해하기 위해서는 다음과 같은 기초적인 최저가격으로 획득하는 데 운영과정들이 지니는 근본목적을 염두에 두어야 할 것이다.

① 구매 : 기존 규격명세서에 입각해서 가장 양질의 상품을 최저가격으로 획득하려는 데 그 목적이 있다.

② 수령 : 주문한 양과 질의 상품을 이미 견적된 가격으로 획득하려는 것이 그 목적이다.

③ 저장 : 적당한 양의 재고상품을 유지하고 신선도 유지와 파손에 의한 손실을 막으려는 데 그 목적이 있다.

④ 출고 : 상품의 방출을 허가하고 그 지급서를 매일매일 적절한 방법으로 밝혀 두려는 것이 그 목적이다.

위와 같은 목적을 달성하기 위해 입증된 여러 가지의 실용적인 원리 · 방법 및 과정을 통해 운영되고 있는 것이다.

2) 식자재의 기본적인 문제

외식업의 영업활동에 수반되는 물자는 원 · 부자재, 소모품, 비품, 저장품, 제공품, 매입상품과 기계, 장치 및 설비와 이의 보수 · 유지에 사용되는 부속품, 금형, 소모성 공구 및 각종 영선 자재 등이 총망라되어 완벽하게 갖추어진 가운데 효율적으로 운영되어져야 한다. 그러나 어떠한 외식업체라도 이러한 내용을 모두 갖추고 영업한다는 것은 대단히 어려운 실정이다.

3) 매입력 강화로 인기상품 개발

(1) '매입력'의 강화로 고품질의 재료 입수

생선, 육류, 야채 등 음식점에서 취급하는 식자재에는 여러 가지 종류가 있다.

이 식재의 매입을 업자 측의 재량에 맡기는 음식업소가 적지 않다. 이렇게 하면 품질이 좋은 식재를 입수하기 어렵다. 식재의 품질 여부가 요리의 맛을 크게 좌우함은 말할 나위도 없다. 식자재에 따라서 판매성적이 현저하게 달라지는 것은 아니다.

그러므로 보다 질 좋은 식자재를 입수하는 것은 매상고의 향상과 크게 관련된다. 즉 다시 말하면, 인기 있는 상품개발과 연결된다.

좋은 식자재를 입수하려면, 매입력을 강화시켜야 한다. 자기 음식업소에서 취급하고 있는 식자재에 강한 흥미를 가지고 연구를 한다. 어느 정도 기초지식이 없으면 매입업자가 가지고 오는 식자재를 평가할 수 없기 때문이다.

업자가 가지고 오는 식자재를 찬찬히 음미한다. 의문점이 있거나 불만이 있으면 그 자리에서 직접 업자에게 질문을 한다. 그래도 의문이 풀리지 않으면 동업자의 의견을 참조한다.

서서히 식자재를 보는 안목이 길러져 식자재를 제대로 볼 줄 아는 안목도 매입능력에 해당된다. 매입한 재료가 음식업소 측의 요구수준에 못미치면 그 자리에서 반품할 줄 알아야 한다.

경영자가 이처럼 식자재를 신중하게 다루면, 매입업자들에게 '저 음식업소는 정확한 곳이야. 조심하지 않으면 망신당해' 라는 인식을 심어주어 질 좋은 식자재를 공급하려고 노력한다.

업자에 대해 압박감을 주는 것이 바로 '매입능력' 이며, 그로 인해 고품질의 식자재를 계속 확보할 수 있다.

(2) 다른 음식업소보다 한발 앞서 최신 식자재 매입

새로운 식자재가 계속 쏟아져 나오고 있다. 특히 최근은 소재 자체보다도 냉동식품이나 조리제식품의 신제품 출현이 현저하다. 제품내용도 광범위하며 풍부한 종류를 갖추고 있다.

미래의 음식점은 이같은 최신 식자재의 정보를 남보다 빨리 확보하도록 노력해야 한다. 아울러 그 조리법도 알아둔다.

이러한 정보 수집력이야말로 음식점에 필요한 매입력이다.

평소에 매입업자가 들려주는 신제품에 대한 정보를 강렬한 흥미와 함께 주의 깊게 듣는 습관을 가지도록 한다.

그런데 음식점 경영자나 조사자는 새로운 식자재에 관한 정보에 부정적인 반응을 나타내는 수가 많다.

'지금 사용하는 것만으로 충분합니다.'

'그런 재료를 뭣하러 사용하죠?'

'다른 음식업소에 가서 말씀해보시죠'

'바쁘니까, 그런 것에 신경 쓸 시간이 없어요.'

최신 제품에 대해 알려고도 하지 않고 더구나 사용해본다는 생각은 아예 하려고 하지 않는다. 그러나 시대의 변화와 함께 식자재도 변하고 있으며 그에 따라 팔리는 상품도 크게 변하고 있다. 그러므로 새로운 식자재에 대해 적극적으로 알려는 노력이 필요한 것이다.

어떤 레스토랑에서 업자들이 소개하는 새로운 식자재에 대해 적극적으로 흥미를 표시했다. 신상품개발을 위한 절호의 기회라고 보고 연구를 했다.

최신 식자재를 어떻게 하면 우리 음식업소에서도 이용할 수 있을까. 업자와 함께 머리를 맞대고 궁리를 하며 상품화에 노력한 끝에 만들어낸 상품 중에는 실제로 히트 메뉴로 성공하는 것이 있고 그렇지 못한 것도 있다.

그러나 그 같은 노력을 함으로써 다른 점포보다 한발 앞서 새로운 식자재에 대한 정보를 입수할 수 있다. 그로 인해 신상품 개발이 보다 쉽게 이루어져 레스토랑의 활성화에도 기여했다.

이것도 역시 '매입력' 을 강화시킴으로써 얻을 수 있었던 큰 장점이라고 할 수 있다. 단, 주의해야 할 것은 매입업자가 소개하는 식자재를 무분별하게 마구 채택하면 레스토랑 고유의 메뉴가 없어지고 만다는 사실이다.

새로운 식자재에 흥미를 가지고 그것을 이용하는 것은 좋지만, 자기 점포에 어울리는 식자재와 어울리지 않는 식자재를 구별할 줄 알아야 한다. 알맞은 식자재를 선별하는 안목이 필요하다. 이 선별력 또한 매우 중요한 매입력에 해당된다는 사실을 잊지 말아야 한다.

(3) 타 업종의 식자재에도 관심표명

예를 들면 메밀국수와 프라이드 치킨, 김밥과 우동, 햄버거 스테이크와 스프와 같은 혼합 메뉴가 큰 인기를 끌고 있다. 이러한 손님의 기호변화를 고려하여 타 업종 식자재에도 흥미를 가져볼 필요가 있다.

자기 업종의 식자재에만 흥미를 가지는 경영자나 조리사가 적지 않은데, 지금부터라도 타 업종의 식자재에 고려해 흥미를 가지고 지식을 쌓아갈 필요가 있다. 그것이 결과적으로 '매입능력' 으로 나타나며, 업종혼합 메뉴를 개발할 때 큰 위력을 발휘하게 된다.

예를 들어보자. 어떤 음식업소에서 '마파두부우동'이라는 신상품을 개발하여 큰 인기를 끌었다. 이것은 중화요리점의 마파두부에서 힌트를 얻어 개발한 것인데, 우동국물 대신 중화스프를 사용했다. 이 중화스프는 음식업소에서 직접 만들면 시간이 걸리기 때문에 시판품을 사용했다.

이 메뉴는 경영자가 타 업종의 식자재에 흥미를 느껴 평소에 정보수집을 계속하고 있었기 때문에 개발이 가능했던 것이다. 정보수집력, 즉 매입력이 큰 위력을 발휘한 좋은 예라고 할 수 있다.

(4) 최신 그릇에 대한 정보를 신속하게 입수

그릇 혁명이라는 용어가 생길 정도로 최근에는 새로운 그릇이 다양하게 만들어지고 있다. 이러한 그릇에 대한 정보를 신속하게 입수하여 신상품개발에 응용하는 것도 '매입력'에 해당된다.

■ **식자재(食資材)의 표준화 메리트**

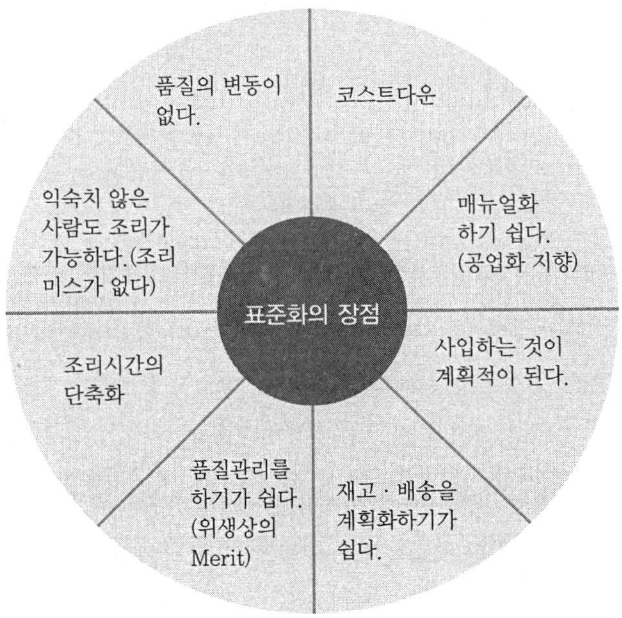

매입업자들이 그릇 판매도 활발하게 하는데, 그들의 판매력을 이용하여 최신 그릇의 경향이나 인기메뉴에 어울리는 그릇의 모양새 등에 대한 정보를 적극적으로 수집한다. 이 정보 수집력이 히트 상품을 개발할때 큰 도움을 줌은 말할 나위도 없다.

언제나 다른 음식업소보다 먼저 최신 그릇에 대한 정보가 입수되도록 매입업자와의 돈독한 인간관계를 평소에 쌓아둔다.

제3절 HACCP 제도

1. HACCP 제도의 개념

HACCP 개념은 1995년 우주식품개발에 참여한 미국 Pillsbury사에서 보다 안전한 우주식품 개발을 목표로 최초로 적용한 이후 1970년대 초에 관련학회 등에 보고되어 식품위생관리 관계자들의 관심을 집중시켰으며, 그 후 많은 연구와 노력으로 1980년대에 일반화되었다. 최근 식품산업을 비롯하여 의약 · 유통 · 외식 · 급식산업에 있어서도 위생적이고 안전성이 확보된 식품을 생산하고 유통시키려는 세계적인 추세에 발맞춰 새로운 위생 및 품질관리제도를 활용하려는 많은 연구가 이루어지고 있다. 그 가운데 HACCP제도가 도입되어 활용검토 중에 있는데 HACCP란 Hazard Analysis Critical Control Point System의 약자로 "식품의 위해분석 및 중요관리점 관리 또는 감시제도"이다.

즉 HACCP제도란 HA위해분석와 CCP중요관리점 감시의 두 가지 분야로 되어 있으며, 식품의 안전성 및 품질을 확보하기 위하여 식품에 관계되는 위해를 확인하고 이를 방지하기 위한 관리방법이라고 할 수 있다.

HACCP제도란 어떤 특별한 시설이나 고도의 기술이 필요한 것으로 생각할 수 있으나 이 제도는 합리적이면서 언제나 쉽게 시행할 수 있는 식품의 과학적 품질 및 위생관리 방법이라는 것이 FAO 및 WHO 등 국제기관의 평가이며, 이 제도의 특징을 요약하면 다음과 같다.

첫째, HACCP 제도는 원래 식품의 미생물관리를 목표로 개발한 관리제도이지만, 이 개념은 미생물로 인한 위해방지뿐만 아니라 유독화학물질의 관리나 이물질 등 물리적인 위해방지도 적용이 된다.

둘째, HACCP 개념은 식품의 재배, 사육 등 제1차적인 생산단계에서부터 최종소비자의 손에 들어갈 때까지 식품의 생산, 유통체계 전반에 걸쳐 일관되게 적용된다.

셋째, HACCP 제도는 국제적으로 우수한 과학적 관리방법이라 할 수 있으며, 어떤 특별장치 · 설비도 필요하지 않고 손쉽게 실시할 수 있다. 즉 지금까지의 위생 및 품질관리방법은 주로 최종제품의 검사가 중심이 되어 왔으나 이 제도는 위해발생의 사전예방에 초점을 두고 있기 때문에 관리결과를 신속하게 얻을 수 있는 것이 특징이다.

넷째, HACCP 방법으로 결과를 신속하게 얻을 수 있으므로 감시나 검사는 주로 물리학적 · 과학적 · 관능학적 검사에 의해 행하여지고 있다.

이처럼 HACCP system은 식품제조 공정관리상태에 초점을 맞춰 발생가능성이 있는 위해를 분석 · 예측하여 발생할 수 있는 위해의 우선순위를 중심으로 포인트별 관리하는 방식이면서 사전 예방시스템이고, 식품의 안전성safety, 건전성wholesomeness 및 품질의 양호성soundness을 확보하기 위한 체계화된 감시 · 지도방법이라고 할 수 있다.

2. HACCP 제도의 활용

주로 식품산업에서 많이 활용되고 있는 HACCP 제도를 최근에 음식점, 단체급식소, 기내 캐터링 등 외식산업에도 점차 확산해 가고 있다. 특히 외식산업의 경우 식재의 구매시점부터 요리와 고객이 섭취할 때까지 전 과정에 걸쳐 활용되고 있는데, 음식의 위해방지와 예방 그리고 품질관리 측면에서 뿐만 아니라 음식물쓰레기 발생을 최소화하는데 이용되고, 주방이나 센트럴 키친central kitche)에서 중점관리 포인트라고 볼 수 있다. 외식산업에 있어서의 HACCP는 모든 음식물의 부패와 변질, 살균과 소독, 작업인의 숙련도와 작업환경, 교육 등을 통해 음식물쓰레기 발생도가 좌우된다고 보기 때문에 위생적인 처리와 기능적인 전문성이 중점관리 포인트로 작용하고 있다.

음식물쓰레기 발생최소화를 위해서는 가축의 경우 사육에서부터 최종소비자나 고객에 이르기까지 전 과정에서 HACCP의 필요성이 대두되고 있다. 특히 보관 측면에서는 저장온도 · 저장방법 · 저장용량 · 저장기간 등에 따라 축육의 부패와 변질에 관여하게 되고, 요리 측면에서는 부산물 발생을 억제하거나 부산물을 활용하여 부가가치를 높이면서 작업 시 로스율을 최소화하는 교육훈련이 필요하다고 볼 수 있다. 또한 작업량의 조절, 신속한 활용, 미생물 오염방지, 경제적인 구매관리 등을 통해 사전 음식물쓰레기 발생을 예방하거나 줄이면서 부가가치를 높이는 통제 관리가 필요하게 된다.

한편 선도관리 부재로 인해 폐기처리량이 많이 발생하고 있기 때문에 원료육 입고 시 재고관리기술이 필요하며, 상품화나 요리공정, 작업장의 청결유지에서부터 육류 · 어육 · 과채류 등의 최소한의 불가능한 식재료를 제외한 쓰레기 발생을 줄이는 반복교육이 필요한 실정이다. 따라서 HACCP 제도의 도입 활용은 앞으로도 지속적인 과정별, 공정별로 위생과 보관, 작업 등에 있어서 쓰레기와 부산물 발생을 근본적으로 예방하고, 중요관리 포인트를 수시 검사 · 지도 · 통제하는데 필요하다고 할 수 있다.

3. HACCP Plan의 7가지 원칙

1) 위해분석(Hazard Analysis) 및 위험평가 수행

인체의 건강을 위해할 우려가 있는 생물학적 · 화학적 · 물리적 인자를 분석 및 평가하는 것으로, 어패류의 경우 생산 · 어획 · 채취단계에서부터 원재료의 보존 · 처리 · 제조 · 가공 조리를 거쳐 제품의 보존 · 유통단계를 지나 최종적으로 소비할 때까지 각 단계에서 발생할 가능성이 있는 잠재적 · 실제적 위해의 확인과 각 위해에 대한 위해도 평가를 실시한다.

2) 중요관리점(Critical Control Point : CCP)의 결정

각 단계에서의 존재하거나 발생할 수 있는 잠재적 · 실제적 위해를 제거하거나 기준치 이하로 감소시킬 수 있는 관리점을 설정한다.

3) 각 CCP에 대한 관리기준 설정

각 중요관리점에서 위해를 관리하기 위하여 적용하는 각 위해에 대한 기준치로, 가열처리식품의 경우 식품위생안전 확보에 필요한 열처리의 온도 및 시간, 그리고 건조식품의 경우 위해요소 발생저지에 필요한 수분활성의 정도 등이 포함될 수 있다.

4) 각 CCP에 대한 모니터링

중요관리점에서 허용한계기준 부합을 위한 운영조건이 적절히 이행되고 있는지를 감시하는 방법을 구체적으로 설정한다.

5) CCP기준에서 벗어날 경우에 취할 개선조치 설정

중요관리점에서 허용한계기준이 준수되지 않았을 경우에 취하여야 할 시정조치에 대한 이행 계획을 설정한다.

6) 기록유지(Record Keeping) 방법의 설정

HACCP 시스템 이행기록을 문서화하는 단계로 HACCP 계획의 수립 및 이행에서 발생한 각종 기록은 반드시 문서화하여 일정 기간 유지하여야 한다.

7) 확인절차의 설정

확인절차는 제조업자나 감독관리기관에 의해 독립적으로 될 수 있게 하여 HACCP 제도가 올바르게 행하여지고 있는지를 확인될 수 있도록 설정되어야 한다. 모니터링 및 감사방법, 무작위 시료채취 및 분석을 포함하는 방법 · 검사 등을 사용할 수 있다.

확인과정은 서류상 기록의 검토, 미생물학적 · 화학적 · 물리적 감사, 관리기준의 부적합에 따른 개선조치, 폐기조치의 재검토, 설정된 관리기준의 적합성 확인 등이다.

제7장

07

인적자원관리와 고객만족 서비스

제1절 인적자원관리

1. 인적자원의 의미

외식업에 근무하고 있는 종업원은 가정에서 보다 더 많은 시간을 점포 내에서 보내고 있다. 제2의 가정이라는 인식을 갖고 근무할 수 있는 분위기 조성이 필요하다. 그러나 많은 종업원들의 직업관이 뚜렷하지 못해 안정된 생활을 누리지 못하고 있으며, 종업원도 한 공동체임을 인식하여 주인의식을 갖고 근무할 수 있는 여건 조성이 미흡하기에 기업과 경영주에 대한 신뢰도가 낮은 실정이다.

또한 고객으로부터 인간적인 대우를 찾아보기가 어려운 것이 현실이다. 그 결과 경영주 · 종업원 · 고객 3자 간의 관계가 원활하지 못하여 모두에게 손해를 입히고 있고, 악순환이 계속되고 있다 해도 과언이 아니다.

우선 경영주가 종업원에게 해야 할 일로, 일을 할 수 있는 분위기를 조성해줄 것을 당부하고 싶다. 예를 들어 일본 생산성본부에서 조사한 자료를 보면, '당신이 의욕적으로 일하고 싶은 때는 어느 때인가' 라는 질문에 대해 젊은이들이 꼽은 대목은 '내가 하고 있는 일이 회사를 위해 중요한 역할을 하고 있다고 느껴졌을 때30%', 다음으로 '인간관계가 원활히 되어 있을 때21%', 세번째는 '어려운 일에 도전할 수 있는 기회가 주어졌을 때20%' 라는 것이었다.

한편 일본의 외식산업에 있어서의 노동력 부족현상을 다음과 같이 설명하고 있다.

외식산업은 빅 비즈니스Big Business로 성장했기 때문에 일본산업 전체의 매커니즘에 여러 가지로 직접적인 영향을 끼치고 있다는 것이다. 1990년대 이후 외식산업은 노동력 문제 · 기술혁신Innovation · 자원환경문제가 기본이 되고 있는 것이다.

그 중에서 외식산업계에서도 가장 심각한 문제는 노동력 부족이다. 노동력 문제가 활발히 사회의 공통문제로 표면화된 것은 1988년부터였다. 그 후 몇 년이 지나도록 개선의 징후는 보이지 않고 있다. 외식산업은 서비스 산업이며, 물질재물 · 메뉴을 판매한다는 측면 외에도 무형의 서비스를 판매하고 있다. 또한 판매하고자 하는 상품메뉴이 요리이기 때문에 점포에서의 제조공정조리작업을 필요로 한다.

따라서 제조 · 판매의 두 가지 측면에서 많은 인력을 필요로 하는 인력 산업이라고 표현하고 있는 것이다. 과거 외식산업의 급성장시대에는 인력을 많이 흡수하기 위해 파트 타이머 · 아르바이트 시장의 팽배를 이끌어 공헌하면서 사회적 의의가 강조되기도 했다.

그러나 최근에는 외식산업이 파트 타이머 · 아르바이트 시장에서 극단적인 인력난에 처해 있다. 통상 이 문제는 시간급의 인상이라든지, 채용기준의 완화에 기업 측이 다소 양보하게 되면 해결될 수 있는 문제이다. 그러나 오늘날의 노동력 부족 문제는 이러한 상대적 부족문제의 영역을 넘어서 점포운영에 필요한 인원을 어떠한 수단을 강구해도 확보할 수 없는 절대적 부족의 영역이다.

그래서 그동안 외식업에서는 일부 점포의 영업시간 단축에 직면하고 있다. 또 신규 점포계획도 연기 또는 중단사태에까지 이르고 있다. 이처럼 심각한 노동력 부족문제는 앞으로 일본의 경기가 호경기에서 불경기로 바뀔지라도 해소되지 않을 것이라고 진단하고 있다. 그러나 현재의 노동력 부족문제가 국민일반의 의식이미지 문제 때문이기도 한다. 더 나아가서 일반의 노동력시장에 있어서도 우수한 인재의 조달이 과거 고도 성장기에 대량 채용한 사원에 대한 처우 문제도 심각하게 대두되고 있다.

이처럼 외국의 사례에서 보았듯이 앞으로 우리나라에서도 서로 간 자기 자신의 입장과 상대방에서 무엇을 어떻게 해주어야 할지에 대하여 현황파악 → 인식 → 대책수립계획 → 행동→ 개선효과 → 목표달성만족의 과정에 이르도록 인적자원을 관리해야 하겠다.

왜냐하면 외식업은 바로 피플 비즈니스People Business, 다시 말해 종업원들의 의욕에 따라 점포의 번성이 결정되기 때문이다. 얼마만큼 점포에서 근무하는 사람을 즐겁게 해주는가, 얼마만큼 의욕을 불러일으키는가 하는 것이 점포번성의 열쇠가 된다. 이것을 점포의 활성화라고 하는데, 이 활성화의 포인트는 ① 완전한 권한의 위임, ② 정당한 평가, ③ 계획적인 운영, ④ 전원 참가의 4항목을 실행하는 것이다.

서비스 요원의 자질

① 능률적Efficiency

② 근면성Diligence

③ 질서Orderliness

④ 검소Frugality

⑤ 정직Scrupulous Honesty

⑥ 행동결정의 합리성Rationality in decisions on action

⑦ 현대사회구조의 변화수용태도Preparedness for change

⑧ 변화상황 속에서도 기회를 포착할 수 있는 조심성Alertness to opportunities as the arise in changing world

⑨ 정력적인 기업활동Energetic Enterprise

⑩ 청렴과 자기도취Intergity and Self-geliance

⑪ 협동성Cooperativeness

⑫ 시간엄수Punctuality

⑬ 장기적인 비전 확립Willingness to take the long view

2. 종업원의 채용방법

1) 종업원 채용의 의미

레스토랑을 성공시키기 위해서는 상품력, 서비스력, 그리고 점포력, 이 세 가지 조건을 충족시키지 않으면 안 된다. 이 세 가지 조건, 맛있는 요리를 만들고, 미소로 서비스에 노력하고, 점포를 항상 청결하게 유지할 때 비로소 고객에서 지지받는 것이다.

레스토랑은 원료를 사입, 가공조리하고, 게다가 서비스를 곁들여야 겨우 상업으로써 성립하고, 또한 손님에게 기분 좋은 식사를 제공하기 위해 점내를 청결하게 유지하고, 좋은 느낌으로 장식한다는 것은 여러 가지로 사람의 손을 요하는 일이다.

근대적인 공장은 오토메이션으로 로버트가 물건을 제조해 주지만 레스토랑은 점내에서 일하는 종업원의 손으로 모든 것이 이루어진다.

때문에 레스토랑에서 일하는 종업원들이 일할 의욕이 없거나 기술이 떨어진다면, 곧 점포의 품질이 큰 폭으로 떨어지게 된다. 이와같은 의미에서 레스토랑을 피플비즈니스라고 하고, 점포에서 일하는 한 사람 한 사람의 질(質)이 문제가 되는 것이다.

따라서 레스토랑에서는 좋은 인재의 확보를 위해 동분서주한다. 어떻게 좋은 인재를 확보해 점포에 어울리는 종업원으로 육성해 나가느냐가 성공음식점 만들기의 키포인트가 되기 때문이다.

2) 외식사업 종업원 채용방법

일반적으로 레스토랑에서는 종업원을 채용할 때 너무 쉽게 타협적인 채용방법을 취하는 경우가 많다. 즉 항상 일손이 부족하여 '마음에 안 들지만, 일단 채용해보자' 라는 식으로 채용하는 경영자가 많다. 이러한 타협이 점포의 레벨을 떨어뜨리는 요인이다.

간단한 면접을 하고 나서 "언제부터 일해주시겠습니까?" 라는 식의 채용으로는 절대로 좋은 인재를 모을 수 없다.

우선 정확한 채용방법, 구분된 인사고용이 중요하다. 그러므로 이상적인 ① 정사원, ② 파트 · 아르바이트의 채용방법은 다음과 같다

(1) 종업원의 채용방법

좋은 인재를 채용하기 위해서는 정기적 채용이나 결원을 충원할 때일지라도 최소 3회의 면접을 한다. 첫 번째는 회사의 고용조건을 명시하고, 응모자의 질문에 명확하게 답할 수 있음과 동시에 규모가 작은 곳이라면 사장이나 그에 버금가는 직원이 회사의

장래, 외식산업의 전망을 이야기하고, 또한 응모자가 어떠한 희망을 가지고 응모했는가를 묻는다.

이처럼 면접에는 1~2시간 정도의 시간을 할애해야 하며, 이 시간 내에 응모자의 대응자세를 빠짐없이 관찰한다. 대체로 이 첫 번째 면접에서 반 정도가 낙오된다.

두 번째는 회사가 경영하는 점포를 함께 돌며, 식사를 하면서 회사의 경영이념과 영업방침에 대해 이야기하고, 응모자의 장래나 인생관을 듣는다. 이에는 약 2시간 정도 걸린다. 여기서 또한 반 정도는 탈락된다. 그리고 세 번째 면접에 응해온 사람은 자신을 갖고 채용해도 된다. 그는 틀림없이 눈빛이 빛나고, 자신의 인생을 회사에 걸겠다는 결의가 있음이 틀림없다. 따라서 실제 채용자는 응모자의 20~30% 정도로 되지 않는다. 면접에 노력하는 만큼 회사가 구하는 좋은 인재를 확보할 수 있다.

식자재를 사입하거나 점포를 건축할 때에는 모든 노력을 다하나 인재를 채용할 때에는 그 사람의 질質에 그다지 신경을 쓰지 않고 채용해 버리는 것이 현실이다. '사람'이야말로 음식점에서 가장 많은 돈을 들여야 하는 대상이다. 그 증거로 한 사람의 정사원을 10년간 고용해서 급여, 보너스, 복리후생비를 계산해 보면, 곧 그 의미를 이해할 수 있을 것이다. 면접은 가능한 부하에게 맡겨서는 안 된다. 회사의 오너나 그에 버금가는 지위를 가진 사람이 면접을 해야 한다.

이렇게 신중하게 채용하지 않기 때문에 이직률離職率이 높으며, 대충대충 채용하므로 채용과 퇴직의 악순환을 반복하게 되는 것이다. 게다가 사회보험, 퇴직금도 없는 것이 일반적이라 채용된 종업원들이 서둘러 가망 없다고 판단하고 그만두는 것이 당연할지도 모른다.

특히 정사원을 채용할 때는 몇 년 정도 일하면 어느 정도의 기술을 습득할 수 있고, 어느 정도의 수입이 되는가를 명확하게 제시해야 한다.

(2) 파트 · 아르바이트의 채용방법

레스토랑 경영을 정사원만으로 운영하는 기업은 극히 드물며, 파트 · 아르바이트에 의존하는 경우가 일반적이라 할 수 있다. 패밀리레스토랑에서는 정사원 1할, 파트 · 아르바이트 9할의 비율로 고용하고 있는 것이 대부분이다. 따라서 음식점의 현장레벨은 이 파트 · 아르바이트의 질에 따라 크게 좌우된다고 해도 과언이 아니다.

그렇다면 양질의 파트 · 아르바이트는 어떻게 면접을 하고 채용해야 할 것인가.

이것 또한 정사원의 면접처럼 면접방법이 중요한 포인트가 된다.

우선 응모자가 어떤 기분으로 응모하러 왔는가? 시간급을 어디에 사용하는가?

그것을 명확하게 알고, 파트의 경우에는 '가정살림에 도움이 되기 위해서', '아이들의 교육비를 벌기 위해서' 와 같은 진지한 목표가 있으면 좋겠지만, '시간이 나니까, 시간을 때우기 위해서' 점포에 취직하려는 사람은 채용해서는 안된다.

이런 경우에는 함께 일하는 동료와 협조가 되지 않기 때문이다.

아르바이트도 마찬가지로 '여행갈 여비를 벌기 위해서' 라든지 '오토바이를 사기 위해서', '학비를 벌고 싶어서' 라는 정확한 목표가 있는지 없는지를 정확하게 파악해야 한다.

파트 · 아르바이트를 채용하고자 할 때는 응모면접표를 준비해 두고, 질문사항과 확인사항을 명확하게 해 둔다.

① 통근 시에 무엇을 이용하는가? 버스, 지하철, 오토바이, 자전거, 도보, 승용차 시간은?

② 일하는데 가족의 동의를 받았는가?

③ 아이가 있는 경우, 보육원이나 유치원, 학교 등의 행사는 미리 알고 있는가?

④ 급하게 쉬는 경우에는 어떠한 경우를 생각할 수 있는가?

⑤ 회사 사정으로 부득이한 경우에는 사전에 알려주면 출근이 가능한가?

⑥ 학교에서 허가를 받았는가? 고등학교, 대학교

⑦ 부모님에게 허락은 받았는가? 고등학교, 대학교

⑧ 시험은 몇일부터 몇일까지인가? 고등학교, 대학교

특히 파트 · 아르바이트의 채용절차가 끝나면 고용계약서를 잘 활용하여 좋은 인력을 채용하는 것도 바람직하다.

■ 왜 레스토랑에 인재가 오지 않는가?-악순환(사례)

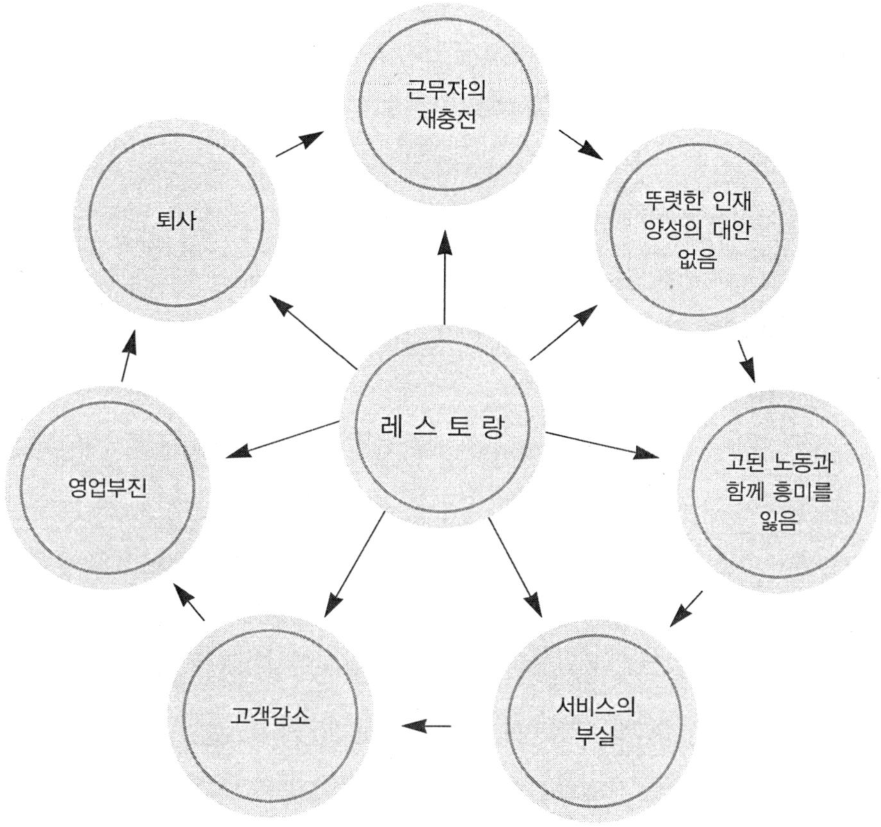

- 고된 노동을 요구한다
- 개성(個性)을 찾기 힘들다
- 보수가 적다
- 사회적 인식이 낮다

고용계약서 작성 시 최소한 명시해 두어야 할 사항은

① 시간급에 대한 그 지급방법

② 직종일의 내용에 대해서

③ 노동시간에 대해서

④ 휴식시간에 대해서

⑤ 식사시간과 식대부담에 대해서

⑥ 교통비 지급에 관해서

⑦ 휴일에 대해서

⑧ 세탁물의 룰에 대해서

이러한 것이 명확히 되어 있을 때 비로소 응모자는 안심하고 일할 수 있다. 이러한 사항을 쌍방 확인하고 채용하게 되면 나중에 발생될 문제를 막고, 상호 양호한 고용관계를 유지할 수 있는 것이다.

3) 음양오행에 의한 정사원 채용방법

(1) 음양오행의 의미

음은 땅이고 양은 하늘이다. 하늘과 땅이 서로 통하여 만물을 생성하고 키워내며 순환하여 모든 만물이 무궁히 발전하는 것이 음양의 조화이다 그리고 木火土金水 오행의 특수한 기는 우주만물의 원천을 이루며, 인간을 포함한 모든 생물체의 근본이 氣에 있다.

태양이 있으면 밝고, 태양이 없이 달이 뜰 때는 깜깜하다. 태양과 달은 밝고 어두움, 곧 음양의 기준이 된다. 한 주일의 첫째 날은 일요일이고, 둘째 날은 월요일, 이는 달을 의미한다. 그 다음 화, 수, 목, 금, 토는 각각 화성, 수성, 목성, 금성, 토성의 다섯 개 별을 나타낸다. 곧 일주일을 구성하는 일日부터 토土까지는 하늘에 있는 일곱 개 별의 이름에 따라 구성된 것이다.

일곱 개 별을 일주일의 지표로 사용하게 된 것은, 고대인들이 하늘의 변화에 따라 삶이 좌우된다고 믿고 별에 제사를 지낸 데서 그 배경을 찾을 수 있다. 제사의 대상은 날마다 바뀌었는데, 첫째 날은 태양에 대하여, 둘째 날은 달에 대하여, 다음으로 화성, 수성, 목성, 금성, 토성 순으로 제사를 지내다가 일곱 날이 지나면 다시 태양부터 그 순서를 반복했다고 한다.

오행五行은 만물을 이루는 '기氣의 5가지 기능' 이라고 할 수 있으며, '기의 5가지 기능' 이란, 목木, 화火, 토土, 금金, 수水, 5행行을 말한다. 행行이란 통행通行, 유행流行, 운행運行이란 의미로, 5가지의 기가 아무런 제약 없이 자유자재로 움직이고 작용하며 순행하는 것을 가리킨다. 예를 들어 하루가 아침 → 낮 → 저녁으로 바뀌어 다시 아침으로 순환하는 것도, 1년이 봄 → 여름 → 가을 → 겨울로 바뀌어서 다시 봄이 되는 것도 모두 오행이다.

오행이란 목木, 화火, 토土, 금金, 수水의 다섯 가지 기운이다. 그 의미는 다음과 같다. 목은 나무와 같이 수직 상승하는 기운을 말한다. 하늘로 올라가려는 성질이다.

화의 기운은 불꽃과 같이 기운이 사방팔방으로 확산되어 폭발하는 힘을 말한다.

토는 수, 화, 목, 금의 기운을 골고루 갖고 있는 기운이다.

금은 수축하려고 하는 힘이 있다. 가을이 되면 모든 물체는 쌀쌀한 기운 때문에 움츠려든다. 수는 물처럼 아래로 내려가는 기운이다. 모든 물체는 아래로 떨어지는 성질을 가지고 있다.

(2) 오행의 상생과 상극의 원리에 따라 직원채용

오행은 끊임없이 서로 상호작용을 하는 관계로 크게 상생관계와 상극관계가 있다. 상생관계는 자연이 봄→여름→가을→겨울로 순환하듯이 오행도 목→화→토→금→수로 순행하는 관계이다. 따라서 서로 생하거나 도와주는 관계이다 나무木는 잘 타기 때문에 불火과 상생하고, 불은 나무를 불태워 땅이 되기 때문에 흙土과 상생하며 흙은 고체화되어 금속이 되기 때문에 금과 상생하고, 금은 용해되어 기체가 되기 때문에 수와 상생하며, 수는 초목을 푸르게 하기 때문에 목과 상생한다.

반면에 상극관계는 수→화→금→목→토로 역행하여 자연의 모든 생명이 멸하는 것이다. 따라서 서로 극하거나 억누르는 관계이다. 목은 땅속의 양분을 다 마시기 때문에 토와 상극하고, 토는 물을 막아 가두기 때문에 수와 상극하며, 수는 불을 끄기 때문에 화와 상극하고 화는 금속을 녹이기 때문에 금과 상극하며, 금은 나무를 베어 쓰러뜨리기 때문에 목과 상극한다. 그러나 상극이 무조건 나쁜 것만은 아니다. 상극의 원리를 이용하여 물로 불을 끄고, 불로 쇠를 녹여 철물을 만들며, 쇠로 나무를 자르고, 나무로 흙을 파서 사람에게 이롭게 이용하듯이 문명의 산물은 모두 상극의 원리에 따라 발명되어 사람들의 삶에 도움을 준다.

이러한 상생, 상극 관계를 이용하여 길한 주거지 등을 찾고 상생관계를 바탕으로 자신에게 맞는 방위를 찾아 자신과 궁합이 맞는 장식물이나 색 등으로 인테리어를 하면 좋은 기운이 작용한다. 즉 상생과 상극의 원리를 이해하여 직원채용도 해야 한다. 예를 들어 사장으로서 책임자를 채용할 경우 사장과 잘 맞는 직원을 채용해야 만이 효과적으로 영업장을 이끌어 갈 것이다.

예를 들어 목의 책임자와 화의 기운을 가지고 있는 사장이라면 나무가 불에 잘 타는 목의 성격이므로 사장을 생하게 해준다. 반면에 목의 책임자와 토의 사장이라면 나무뿌리가 땅의 양분을 취하는 성격이므로 땅이 말라버리는 형국이 되어 사장한테 좋은 영향을 주지 못하는 형국이다. 따라서 사람을 채용할 때는 이러한 영향이 영업에 미칠 수 있다는 것을 잘 알아야 한다.

■ 오행의 상생과 상극원리

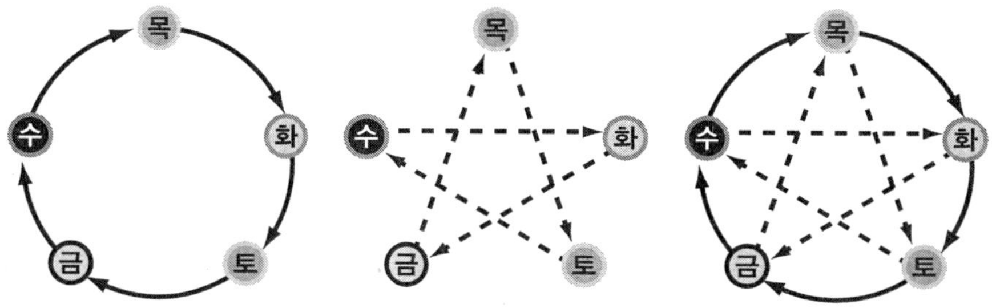

오행의 상생관계　　오행의 상극관계　　오행의 관계

오행의 상생		오행의 상극	
목생화 (木生火)	나무는 불에 타고, 불은 나무를 연료로 하여 더욱 활활 탄다. 따라서 나무는 불을 생한다.	목극토 (木剋土)	나무는 흙에 뿌리를 박고 땅의 양분을 취하므로, 땅이 말라버린다. 따라서 나무는 흙을 극한다
.화생토 (火生土)	불은 모든 물질을 태워서 재를 남기고 토지를 비옥하게 만든다. 재는 흙이다. 따라서 불은 흙을 생한다.	토극수 (土剋水)	흙은 물을 가두어 흐름을 막으며, 물이 더러워진다. 따라서 흙은 물을 극한다.
토생금 (土生金)	땅속에서 금속이나 광물이 생성된다. 따라서 흙은 금을 생한다.	수극화 (水剋火)	물은 불과 반대 성분으로 불을 꺼버린다. 따라서 물은 불을 극한다.
금생수 (金生水)	금속 성분에서 물이 나오고, 바위틈에서 물이 솟아나온다. 따라서 금은 수를 생한다.	화극금 (火剋金)	금속이 단단하지만 불은 그 열로 금속을 녹인다. 따라서 불은 금을 극한다.
수생목 (水生木)	물이 있어야 나무가 성장할 수 있다. 따라서 물은 나무를 생한다.	금극목 (金剋木)	금속으로 나무를 베거나 다듬는다. 따라서 금은 목을 극한다.

3. 종사원 위생관리

1) 위생관리의 중요성

식품에 있어서 불가결한 요소인 안전성으로 본다면 그 안진성을 제시하는 하나의 지표는 식중독의 발생상황이라고 할 수 있다.

우리는 이러한 식중독 발생 원인이 되는 식품을 제조, 가공, 조리, 저장, 운반, 판매 등을 함에 있어서 보다 더 위생적인 관리로 그 안전을 확보하여야 하며, 이를 위하여서는 제일 먼저 이에 종사하는 종사자의 개인의 위생관리가 중요한 것이라 하겠다.

2) 식품취급의 유의점

식품을 위생적으로 취급하고 관리하기 위해서는 제조 가공시설뿐만 아니라 이들과 접촉하여 위해를 일으킬 수 있는 모든 부분들을 깨끗하고, 위생적으로 취급 관리하여야 한다.

이처럼 식품을 위생적으로 유지하면서 안전성을 확보하기 위한 조건들을 아래와 같이 크게 세 가지로 볼 수 있으나, 이들 중 어느 것 하나 결여되어도 식품의 위생적인 올바른 취급과 관리는 보장되지 않는다.

첫째 : 사용하는 원료가 위생적으로 안전할 것

둘째 : 식품을 취급하는 사람의 위생 관념이 철저할 것

셋째 : 식품을 제조하는 시설 및 기구가 위생적으로 관리되어 있을 것

우리나라의 식품위생법 제3조의 규정에서는 '판매를 목적으로 하는 식품 또는 식품첨가물의 채취, 제조, 가공, 사용, 조리, 저장, 운반 및 진열은 깨끗이 하고 위생적으로 행하여야 하며, 영업상 사용하는 기구 및 용기 · 포장은 깨끗하고 위생적으로 다루어야 한다' 라고 규정하고 있다.

(1) 시설의 위생관리

식품관계시설은 항상 청결하고 위생적으로 관리하여야 한다. 식품관계시설의 위생은 식품의 생산, 처리, 가공, 조리, 판매 등의 시설에 대하여 위생상 요구되는 여러 가

지 조건들이 있다. 시설위생의 대상이 되는 식품관계시설은 식품생산 및 집산지시설, 식품처리가공 및 저장시설, 식품의 조리판매 및 급식시설 등 여러 가지가 있다. 그러나 시설이나 설비가 아무리 훌륭히 잘되어 있더라도 이를 관리 운영하는 종업원이 식품위생에 대한 지식이 없거나 태만할 경우, 식품에 의한 식중독 등 위생상의 사고가 언제 발생할지 모른다.

식품은 위생적인 시설로 위생적인 관리하에 위생적으로 생산, 제조, 가공, 조리하여 소비자가 섭취할 수 있어야 한다. 이러한 점에서 식품관계의 영업은 업종별로 식품위생법 제21조의 규정에 의거 시설기준이 마련되어 있다.

(2) 기구류의 위생관리

작업이 끝난 후 식품 및 첨가물에 직접 접촉되어 오염될 우려가 있는 이들 기구류는 세척, 멸균하여야 한다. 사용할 때에는 필요에 따라 세척, 소독, 멸균한다.

살균할 경우 끓는 물속에 5분 이상 담그어 두고 약액을 사용할 때에는 농도와 시간을 고려하여 소독을 하여야 한다.

그리고 약 80℃의 물을 이용하거나 증기를 사용할 경우, 소정의 침지시간, 온도, 압력 등을 정확하게 지켜 소기의 목적을 달성하여야 한다.

(3) 식품취급 시의 위생

식품은 항상 청결하고 위생적으로 취급하여 병원미생물, 먼지, 유해물질 등에 의하여 오염되지 않도록 하여야 한다.

식품종사자의 손에 의하여 식품이 오염 또는 부주의로 병원균을 식품에 부착시키거나, 유독물질을 혼압시키는 일이 없도록 최선의 주의를 해야 한다.

조리된 식품은 조리 후 사람의 손, 파리, 바퀴, 쥐, 먼지 등에 의하여 오염되는 일이 없도록 적절히 보관하여야 한다.

살충제, 살균제, 기타 유독약품류는 보관을 철저히 하여 식품첨가물로 오용하는 일이 없도록 주의하여야 한다.

(4) 식품보전상의 위생

생산, 제조, 가공 및 조리될 식품 및 원료는 항상 위생적으로 보관 · 사용되어야 한다. 원료는 방서, 방충설비가 잘 되고 환기가 잘 되는 창고나 보관시설에 잘 정리, 정돈하여 보관하여야 한다. 저온에 보관하여야 할 식품들은 냉장고나 냉동실에 보관하여야 한다.

3) 식품종사자의 유의점

식품에 관한 위생을 유지하기 위하여는 무엇보다 식품을 취급하는 설비나 기구와 같이 식품을 취급하는 종사자의 마음가짐이 대단히 중요한 것이라 하겠다.

설비나 기구는 많은 투자를 하면 청결한 것 또는 위생적인 것, 그리고 훌륭한 것, 편리한 것 등을 얼마든지 마련할 수가 있다.

그러나 이것을 취급하는 사람들의 마음가짐이 나빠지면 바로 비위생적인 것으로 된다. 식품을 청결과 위생을 고려하지 아니하고 비위생적으로 취급한다든지 조잡한 취급 방법으로 식품을 다루게 되면 세균이 부착하여 번식하고 또한 부패 · 변질되어 먹을 수 없는 식품으로 되고 이는 곧 식중독을 발생케 하는 것이다.

예를 들면 이질균의 보균자가 용변 후 손을 깨끗이 씻지 않는다든가 씻었어도 불충분하게 씻었을 때에는 그 균은 손에 그대로 남아 있으며, 그 손으로 식품을 접하게 되면 손에 있는 균이 그 많은 식품을 오염하게 되는 것이다.

또한 이처럼 오염된 식품이 다른 식품으로 접촉하여 균이 널리 확산하여 전염되어 가는 것이다. 만약 그 사람이 음식점에서 조리를 하는 사람 같으면 음식점에서 식사를 한 많은 사람들은 전염이 되어 집단 이질의 원인이 될 것이다. 그런가 하면 그 사람이 한 가정의 주부라고 한다면 한 집안이 모두 이질병에 이환되어 큰 문제가 야기될 것이다.

이처럼 우리들의 몸 가까이 있는 것을 잊어버리고 식품취급을 조심성 있게 다루지 아니할 때 건강을 유지한다는 것은 퍽 어려운 것이라 하겠다.

물론 같은 식품을 취급하는 입장에 있는 사람이라 할지라도 식료점이나 슈퍼마켓 같은 곳에서 판매되는 식품의 제조업자와 음식점의 조리자나 종업원 그리고 한 가정의 주부 등이 사회에 미치는 영향을 고려할 때에는 비교가 될 수 없으나 적게는 한 가정의 주부라 할지라도 몇 사람의 가족에게 영향을 주는 것은 동일하다고 하겠다. 그러므로 식품을 취급하는 사람들은 항상 식품을 정성껏 다루는 마음가짐이 중요하다고 할 것이다.

따라서 사회에 미치는 영향이 큰 식품의 제조자나 많은 사람에게 식사를 제공하는 음식점 같은 곳에서는 식품위생법이라는 법률에 따라서 위생상 위해가 발생하지 않도록 여러 가지 규제가 이뤄지고 있는 것이다.

특히 위생상의 문제는 개인 개인의 마음가짐이 가장 기본이 되는 덕목인 것이다.

모든 사람들이 매일 이러한 중요성을 인식하지 아니한다면 아무리 엄격한 규제나 규범도 그 효과를 기대할 수가 없을 것이다.

그러면 어떤 방법의 마음가짐이 필요한 것일까?

첫째 : 식품은 청결히 취급하자.

둘째 : 식품의 저장시간에 조심하자.

셋째 : 식품을 보존한다든지 저장할 때 온도에 대하여 조심하자.

4) 식품종사자의 위생관리

사람의 건강을 유지하기 위해서는 식품 그 자체의 위생은 물론, 식품을 취급하는 '사람의 위생' 을 고려하지 않으면 안 된다. 따라서 식품취급자의 위생으로서는 적어도 다음에 열거하는 것을 유의하여 작업에 종사하여야 한다.

첫째 : 전염성의 질환자 또는 손에 화농성의 상처가 있는 사람은 절대로 식품취급에 종사하여서는 안 된다.

둘째 : 식품은 직접 취급하는 사람, 기타 식품에 접촉하는 사람은 모든 것이 청결하고 깨끗하게 세탁된 위생복을 착용하고 모자나 마스크의 착용을 반드시 행하여야 한다.

셋째 : 식품취급종사자는 종업시간 중 손을 항상 청결히 유지하고 용변 후에는 반드시 손을 씻어야 한다.

(1) 식품종사자의 건강

식품은 세균이나 곰팡이에 의하여 부패한다든지 품질을 저하시킨다. 또한 세균 중에는 전염병이나 식중독의 원인이 되는 세균도 있다.

이러한 병원균은 식품의 제조나 판매와 같은 과정에서 유입되는 것이 많다. 그 경로를 밝혀보면 식품종사자 가운데 병원균의 보균자를 발견하는 사례가 많다.

식품종사자가 가벼운 설사를 하고 있는 정도의 경우라도 이질균이 있었던 예는 적지 않기 때문에 이를 경계해야 함과 동시에 건강진단을 받아 식품을 취급하는 작업에 종사하지 않으면 안 된다. 또한 특별한 질환이 아니고 가벼운 손의 화농상처가 식중독의 원인이 되는 포도상구균이 식품에 옮기는 경우가 많다.

그리고 콧물 가운데에서도 포도상구균이 존재하는 경우가 있다.

이러한 것을 감안할 때 식품취급자는 항상 모든 부분에 이르기까지 건강하여야 하는 것이 가장 중요하다고 할 것이다. 따라서 신체의 청결을 유지하여 작업 중에 병원균이 식품에 이행하지 않도록 하여야 할 것이다. 이런 관점에서 작업 중 마스크의 착용은 필연적인 것이다.

❶ 건강진단

- 영업자의 의무
  - · 건강진단은 종사자의 채용 시와 정기적 또는 임시로 행하여야 하며, 위생분야 종사자 등의 건강진단 규칙 등 일반건강진단항목 및 그 횟수에 따라 건강진단을 받도록 하여야 한다.
  - · 건강관리계획을 세우고 종사자의 건강진단 등의 정보를 기록하여 두어야 한다.
  - · 종사자의 건강상태를 파악하고 이상이 있을 경우 곧 의사의 진단을 받게 하고 식품취급에 종사시켜서는 안 된다.
- 종사자의 의무
  - · 질병에 걸렸을 때에는 신속히 책임자에게 신고를 행하고
  - · 건강상태에 충분히 주의를 기울이고 건강 유지관리에 노력하여야 한다.

• 영업에 종사하지 못하는 질병의 종류

· 전염병예방법에 의한 제1군 전염병 중 소화기계 전염병

· 전염병예방법에 의한 제3군 전염병 중 결핵비전염성인 경우 제외

· 피부병 기타 화농성질환

· B형간염전염의 우려가 없는 비활동성 간염은 제외

· 후천성면역결핍증전염병예방법에 의하여 성병에 관한 건강진단을 받아야 하는 영업에 종사하는 자에 한함

❷ 손의 위생

식품을 취급할 때 손이 가장 중요한 역할을 하고 있다. 그래서 식품을 취급하기 전이나 용변 후에는 반드시 손을 씻지 않으면 안 된다. 이처럼 손을 씻어야 하는 것은 누구라도 알고 있는 사실이나 이의 실행은 대단히 어려운 것이다. 또한 손을 씻는 방법도 사람에 따라 여러 가지가 있다. 한 치 정도의 물에 손이 닿을 정도에서 비누나 역성비누를 사용하여 손을 씻는 사람도 있다. 따라서 한 치 정도의 물에 손을 닿을 정도로 손을 씻을 경우 대장균은 거의 손에 남게 된다.

이와 반대로 비누만을 사용하여 정성껏 손을 씻으면 거의 모든 균은 없어진다. 비누는 균을 살균하는 것이 아닌 씻어 흘려 없애는 것이고 또한 더러운 먼지 같은 것을 제거하는 작용을 하는 것이다. 그러므로 이때 다시 역성비누를 사용하는 것이 좋다. 이는 냄새도 없고 독성도 적으므로 식품종사자의 소독방법에는 가장 적합한 방법인 것이다.

그러나 역성비누는 더러운 것을 떨어뜨리는 세척력은 약한 것이기 때문에 더러움이 많은 손을 씻고자 할 때에는 비누와 함께 병용하는 것이 바람직하다. 손은 항상 이처럼 청결히 하여 유지되어야 하고 특히 용변 후, 조리 전, 식품취급 전에는 반드시 올바른 손 씻는 방법에 따라 손을 씻어야 한다.

참고로 이질균이 화장지를 뚫고 손을 오염케 하는 실험결과를 제시해 보면 다음과 같다.

	일반가정 휴지	부인용 휴지	수세변소용 휴지
물 같은 변	3~8매	10~26매	4~6매
농점혈변	3~8매	8~26매	2~3매
보통변	3~5매	4~8매	2매

(2) 손톱깍기

손톱을 길게 하여 손톱 밑이 더러워지면 아무리 손을 잘 씻어도 청결하다고는 할 수 없다. 손톱 밑에는 대장균이나 포도상구균이 있어 식중독이나 전염병의 원인이 되기도 한다. 손톱을 항상 깨끗하게 하기 위해서는 짧게 깍는 것이 제일 중요한 것이다. 따라서 손톱을 보면 숙련된 식품종사자인지 여부를 알 수 있는 것이다.

(3) 손 씻기 시설

① 사용자의 수와 시설규모 등을 고려하여 충분한 수를 설치

② 사용이 편리하고 식품 등을 오염시키지 않는 위치에 설치

③ 손 씻기 전용의 것으로 설치

④ 크기는 최저 좌우 40cm, 안길이 30cm이고 높이는 팔꿈치를 씻을 수 있는 높이

⑤ 가능한 한 발로 밟는 식이며, 온수가 나오도록 함

⑥ 비누, 손톱용 브러쉬, 소독액역성비누 등을 함께 준비

(4) 손 씻기 방법

① 손 씻기 전에 손톱을 짧게 깍고 시계, 반지 등을 뺀 후

② 팔꿈치부터 그 아래를 흐르는 물로 씻고

③ 비누를 손에 칠하고 거품을 낸 다음 손톱브러쉬 등을 이용하여 손톱의 구석구석까지 때를 없앤 후

④ 비누를 잘 씻어 내리고 역성비누액으로 소독한다. 이때에는 역성비누10%용액의 원액을 몇 방울 손에 떨구어 30초 정도 잘 비벼 씻는다.50~100배 희석한 경우에는 2분 이상 손을 담구어 소독한다

⑤ 소독액을 충분히 수세하고 깨끗한 수건이나 종이 타올로 닦는다. 또는 온풍으로 건조시킨다. 1회용 종이타올이나 자동손건조기를 사용하는 것이 바람직하며 타올을 사용할 경우에는 청결한 타올을 사용하고 공유하지 않아야 한다.

일반비누는 손의 세척작용은 있으나 미생물을 죽이는 작용은 거의 없으므로 반드시 소독액에 담구는 것을 습관화하여 미생물의 오염을 방지할 필요가 있다.

(5) 손의 보호

손은 세제에 의해서나 여러 가지 식품취급 시 거칠어지거나 상처가 생겨 병원미생물에 오염되기 쉽다. 따라서 이를 예방하기 위해서는

① 세척제 등은 반드시 적정농도로 사용하고

② 용기 · 기구 등의 세척시에는 맨손 작업을 피하고 반드시 고무, 플라스틱 장갑을 사용하며

③ 손작업 후에는 손을 잘 씻고 헹구어 세척성분이 남지 않도록 하고

④ 손의 물기는 완전히 제거하며

⑤ 유성크림 즉 핸드크림 또는 콜드크림으로 잘 문지르고

⑥ 손을 잘 마사지하여 혈액순환을 좋게 하고 피지방 성분을 보충하여 손을 보호하도록 하여야 한다. 만약 손이 거칠어지거나 상처가 생겼을 경우에는 피부과 전문의에게 검진을 받아 치료를 하여야 한다.

(6) 복장의 위생

식품공장에서 직접 식품에 접하는 작업에 임하는 사람은 청결한 작업복을 입고 그물망의 모자 또는 삼각두건 및 마스크를 착용하여야 한다. 이때 작업복도 백색이 좋은데 이것은 백색이 옷의 더러움을 빨리 발견할 수 있고 세탁이 용이하기 때문이다.

다만 원료 생선이나 육류 등을 다루는 등의 전 처리를 하는 오염 작업구역에서는 일반적으로 고무장화를 착용하는 이외에 고무나 플라스틱 등의 장갑이나 앞치마 등을 이용하게 되는데, 이 구역에서 일하는 종사자의 복장, 신발은 오염을 방지하기 위하여 전용의 것으로 한다. 한편 조리, 가공 이후의 비오염작업구역에서의 복장, 신발 등은 오

염작업구역에서의 그것과 확실히 구별해야 한다. 또한 작업자의 복장은 항상 청결을 유지할 수 있도록 세탁해야 한다. 현장의 식품위생책임자는 복장 등에 항상 주의하여 이들이 제품의 2차 오염원이 되지 않도록 감시 · 지도를 하여야 한다.

(7) 신체의 청결

식품에 종사하는 사람들은 다른 사람들에게 불쾌감을 주거나 식품위생상 좋지 않은 버릇은 하지 않아야 한다. 식품의 취급과 관련한 종사자의 위생적인 습관으로는 다음과 같은 것이 있다.

① 손은 항상 청결을 유지하여야 하며 손이 트거나 상처 등이 생기지 않도록 주의하여야 한다.

② 손톱에는 매니큐어를 칠하지 않고 항상 짧게 자르며 작업 중에는 반지나 손목시계 등의 장신구를 착용하지 않는다. 특히 반지는 손의 세균오염을 가중시키므로 반드시 제거하여야 한다.

③ 모발은 항상 가지런히 하며 신체는 늘 청결히 한다.
작업장 내에서는 흡연, 객담을 하지 않고 음식을 먹지 않아야 한다.

④ 침이나 가래를 뱉는다든지 머리카락이나 코, 입에 손을 대는 등 비위생적인 행위를 하지 말아야 한다.

제2절 고객만족 서비스

고객을 만족시키지 않고서 이룰 수 있는 일은 아무 것도 없다. 고객만족 핵심은 서비스에 달려 있다. 서비스는 외적 표현에 의해서 전달되고 고객을 움직이는 커뮤니케이션 기술이다. 서비스 커뮤니케이션의 흐름이 고객만족 경영의 기초가 되며 또한 서비스리더십의 기본이 된다. 따라서 서비스리더에게 요구되는 능력이란 고객에 대한 커뮤니케이션 기술을 쌓아가는 일이다. 상품, 유니폼, 언어, 행동, 말투, 정성, 배려, 편의제공, 부가가치 제공 등 모두가 고객에게 제공되는 유형 · 무형의 서비스들이다. 고객은 제공되는 서비스를 통하여 가치를 느끼게 되고 궁극적으로 서비스 가치를 고객만족의 기준으로 삼게 된다.

1. 고객만족의 중요성

1) 재구매고객 창출

한 조직이 제공하는 상품 및 서비스에 만족한 고객은 다시 그 조직의 상품을 구입하게 되고, 고정고객으로 정착하게 하는 효과가 있다. 때문에 만족한 고객을 많이 확보한 조직은 다른 경쟁조직의 시장진입을 어렵게 하는 진입장벽 효과도 갖게 된다. 만족한 고정고객은 조직이 신제품, 신시장진입을 시도할 때보다 호의적인 반응을 보여 신제품이나 다른 사업으로서의 확장을 도와 조직의 성장에 기여하게 된다.

2) 마케팅비용의 효율성 제고

고객을 만족시킴으로써 광고효과를 극대화시킬 수 있다. 만족한 고객은 주변사람들에게 구매를 유도하는 구전효과가 있어 구전광고를 통한 광고효과를 기대할 수 있다.

3) 가격우위 효과

고객만족도가 높은 조직은 경쟁조직에 비해 높은 가격수준을 책정하고 가격우위 효과를 통해 장기적인 관점에서 높은 이윤을 창출할 수 있다. 제품이나 서비스에 만족을 느끼게 되면 비용을 지급하는데 주저하지 않을 뿐만 아니라, 더 큰 만족을 얻기 위해 더 높은 가격의 제품을 구입할 용의를 가질 가능성이 높아지기 때문이다.

4) 판매비용 절감

이미 만족한 고객은 가격에 민감하지 않으므로 더 많은 이익을 창출할 수 있으며, 처음 구매의 1/5 정도의 비용으로도 재구매 유도가 가능하다. 신규고객을 개척하는 것과는 달리 판매대상 자체가 명확하고, 표적시장이 명확하여 효율적 접근이 용이하다. 또한 고객의 욕구와 기대치를 예측하여 불필요한 지출을 감소하는 효과도 있다.

2. 고객만족과 서비스본질

고객만족은 제품이나 서비스 사용 후 고객이 느끼는 기쁨 또는 실망감 같은 심리적 반응으로 고객이 느끼는 욕구나 기대의 충족 정도를 의미한다. 소비자는 사용경험을 통해서 지각된 실제성과가 구매 전 기대치를 충분히 충족시킨다고 판단될 때 만족하고, 지각된 실제성과가 기대수준에 미치지 못한다고 느끼면 불만족한다. 만족 · 불만족의 경험은 소비자의 태도 및 행동에 직접적이고 결정적인 영향을 미치게 된다.

■ 고객만족 개념

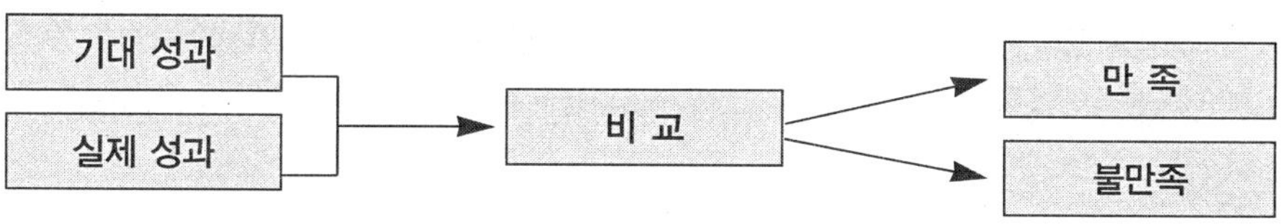

따라서 현대사회의 많은 분야에서 서비스라는 말을 다양하게 사용하고 있으나, 실은 포괄적이며 추상적인 서비스문화 속에서 생활하고 있는 것만은 사실이다. 즉 서비스의 문화를 정리해 보면 다음과 같이 3가지 의미의 서비스본질이 내포되어 있다.

1) 정신적 서비스

고객은 진짜 "왕"피터 드래커, 고객은 "황제"IBM의 용어, 고객은 "신"SONY의 용어이다. 라는 슬로건의 서비스요원으로 하여금 서비스라는 개념을 정식적 차원에서 주입시키는 소위 환대산업hospitality industry의 지도이념인 것이다.

다시 말하면 "모든 환대산업은 고객에의 봉사사업이다"라는 경영방침을 의미하고 있다 하겠다. 따라서 서비스요원들은 고객제일주의와 고객지향적인 서비스를 하나의 신앙으로 하여 정신적인 기본자세가 정립되지 않으면 안 된다.

2) 태도적 서비스

서비스를 정신적인 측면에서 생각할 때에는 문자 그대로 그 자체는 막연하고 추상적인 존재에 불과하다. 아무리 고객서비스에 투철하도록 경영방침을 정했다 하여도 이것이 실질적인 면으로 표시되어 고객들에게 느껴지게 하지 않고는 아무런 의미가 없다.

태도적 서비스에서 중요한 것은 다음과 같다.

❶ **접객태도**(attitude)

고객이 눈앞에 나타났을 때 즉시 고객중심적인 반응을 나타내는가, 고객과 응대하고 있는 중에 고객을 무시하거나 하는 인상을 주고 있지 않는가.

❷ **표정**(expression)

얼굴표정은 상냥한가? 표정은 첫인상, 이미지를 결정짓는다.

밝은 표정은 인간관계의 기본이며, 첫인상은 처음 대면 후 5초 이내에 80% 가 결정된다. 고객을 모욕하거나 또는 냉소적인 시선과 태도는 나타나지 않도록 주의한다.

❸ **동작**(service manners)

접객의 과정에서 난폭한 동작, 고객에 대한 무신경한 행동 등을 나타내지는 않는가, 절도 있고 기분 좋은 접객서비스를 하는가.

❹ **표현**(speech)

표현은 간결하면서도 경쾌하고 확신을 심어줄 수 있어야 하며, 경어는 정확하게 사용할 줄 알아야 한다.

3) 기능적 서비스

기능적 서비스는 상품에 대한 지식과 정보 그리고 상품의 특징과 장 · 단점 등의 습득이 우선 전제되어야 한다. 또한 응대하는 고객들의 욕구심리를 파악하는 통찰력이 있어야 하며, 판매업무의 수행능력 등이 기능적 서비스의 영역에 속한다.

사실상 정신적 · 태도적 서비스가 제아무리 잘 되었다 해도 이것만으로는 서비스가 완전할 수 없는 것이다. 이처럼 기능적 서비스는 자체 내 정비와 운영제도 그리고 인적자원의 확보가 뒷받침되어 전체 팀워크가 잘 이루어질 때 비로소 가능한 것이다.

3. 고객만족 경영의 과제

1) 최고경영자의 강력한 의지

최고경영자는 고객만족을 달성하기 위한 강력한 의지를 조직내부의 구성원에게 전파하여야 한다. 경영자의 권한이 조직내부의 모든 부문에까지 전달될 수 있도록 고객만족 경영체제를 구축하는 것이 고객 만족경영의 최우선 과제이다.

2) 고객지향적 조직문화 구축

고객지향적 이념 설정, 고객정보시스템 및 교육시스템 구축, 고객만족 성과와 보상시스템을 연결해야 한다. 경영층은 무엇을 얼마만큼 어떻게 현장을 지원해야 하는지에 관한 지원책을 마련해야 하고, 고객의 불만을 가장 잘 알고 있는 현장 근무자의 견해를 직접 청취할 수 있는 의사소통로를 마련해야 하며 접점부서 근무자에게 재량을 가능한 최대로 보장해야 한다.

3) 내부고객의 만족

자사의 상품과 서비스에 만족하지 못하는 구성원들이 자부심을 가지고 고객에게 판매 · 서비스 활동을 할 수 있도록 해야 한다.

4) 서비스의 관리

서비스는 제2의 상품으로 수준이 높은 조직 간의 경쟁수단인 동시에 적극적 · 전향적 · 지속적으로 제공되어야 한다. 순간적 감정이나 감명, 접객 요원의 태도가 결과를 좌우하기도 하고, 서비스상품 개발과 고객접점 관리를 통하여 서비스 질의 향상이 가능하다.

5) 고객정보관리 체제 구축

고객정보관리 체제를 구축한 후 고객만족의 성과를 명확히 측정해야 하고 이를 토대로 철저히 보상하는 평가시스템의 운영이 필요하다.

4. 고객만족 서비스 원칙

고객을 알아보라. 고객서비스의 가장 기본적인 원칙은 고객을 아는 것이다. 고객에게 가장 기분 좋은 말은 이름과 직함을 불러 주는 것이다. 설령 초면인 고객에게도 마치 그 전에 알고 있는 듯한 뉘앙스로 친근하게 접근을 시도해야 한다. 서비스 고객은 항상 기억되기를 바라고, 환영받고 싶어하며, 관심을 바라고, 중요한 사람으로 인식되기를 바란다.

첫인상을 좋게 하라. 첫인상이 나쁘면 이를 만회할 기회가 오지 않으며, 아무리 좋은 서비스를 제공해도 선입견을 가지게 된다.

고객의 기대에 부응하라. 고객은 우리의 영업 매뉴얼을 읽으려고 하지 않으며, 우리의 정책이나 업무절차를 알고 싶어하지도 않는다. 단지 그들의 욕구를 충족시켜 주기를 원한다. 특히 고객은 규정 외의 친절에 더 고마움을 느낀다.

고객의 수고를 들어주라. 고객은 서비스를 구매하면서 가능한 적은 시간과 노력을 추구하고자 한다.

고객의 의사결정을 촉진하라. 고객은 결정하기를 주저한다. 그들은 결정을 내리기 위해 추천이나 권유를 기다리고 있다. 한번의 구매보다는 계속적인 구매가 되도록 노력해야 한다.

고객의 관점에서 보고 다투지 말라. 고객은 반드시 우리가 보는 시각으로 사물을 보지 않는다. 아무리 우리의 서비스 상품이 우수하고 저렴하다고 하여도 고객이 아니다고 하면 아닌 것이다. 고객이 원하는 것을 고객 이상으로 알고 있다는 생각은 무지에서 오는 오만의 산물이다.

고객의 시간을 침범하지 말라. 기다리며 보내는 시간은 실제보다 4배나 더 길게 느껴진다.

고객이 회상하고 싶어하는 추억을 만들라. 고객은 기억나는 좋은 시절을 다시 만들고 싶어 한다. 이것은 고객애호도의 기초이다.

나쁜 경험은 오래 기억된다는 것을 알라. 고객은 좋은 경험보다는 나쁜 경험을 더 오래 그리고 더 생생히 기억한다.

고객에게 항상 빚지고 있다고 생각하라. 고객이 지불한 요금에 대해서만 감사하게 생각해서는 안 된다. 고객이 지급한 요금과 시간 투자에 비하여 가치를 크게 느끼고 떠나도록 해야 하며, 다음에 그 고객이 다시 올 때는 더 많은 가치를 제공하겠다는 마음의 빚을 안고 있어야 한다.

5. 서비스 이미지의 중요성

21세기는 전달하고 싶은 이미지를 선택하고, 그것을 적절히 연출하는 법을 알아야 하는 시대이다. 우리 모두 스스로 선택한 자신에게 가장 적합한 배역을 훌륭하게 연기하는 배우로서 자신의 이미지를 표현할 수 있어야 한다. 다른 사람들이 나의 이미지에 기대하는 역할 때문에 말과 행동에 제약을 받게 되고, 그러다 보면 어느새 나의 중심까지 변화되었음을 발견하게 될 것이다. 이토록 중대한 우리의 이미지를 그저 다른 사람의 주관적 사고에만 맡겨둔 채, 수동적이고 무기력하게 방관하는 태도는 피해야 한다. 특히 이미지의 구성에서는 시각적 이미지, 청각적 이미지, 기타 이미지로 나타낼 수 있다.

시각적 이미지 55% 얼굴을 중심으로 한 전체적인 모습을 뜻하며, 이미지 구성요소 중 가장 큰 부분을 차지한다. 보이는 모습으로 외모, 헤어스타일, 복장, 메이크업, 동작 및 걸음걸이 등이 이에 해당한다.

청각적 이미지 38% 음성 등이 청각적 이미지에 해당되며, 이미지를 구성하는 요소 중 시각적 이미지 다음으로 많은 부분을 차지한다. 목소리, 말의 속도와 톤 등이 이에 해당한다.

기타 이미지 7% 말의 내용 등을 의미한다. 이 세 요소가 모여서 첫인상을 결정하게 된다.

6. 접객 서비스의 중요성

고객을 상대로 서비스를 제공하는 데 있어서 시간대별 · 업태별로 종류와 차이가 있음을 사전에 숙지하고 있을 때 중요성에 부응한 서비스를 제공할 수 있다. 여기에서는 내용 위주로 몇 가지 사례를 소개하고자 한다.

첫 번째로 먼저 외식산업에 있어서의 시간대별 서비스는 그림과 같이 크게 Before service, In service, After service로 구분된다.

둘째, 업태별로 서비스가 차지하는 비중의 예를 들면, 그림과 같이 많은 차이점을 발견할 수 있다. 셋째, 서비스는 물적 · 인적서비스로 대별된다. 이 중에서도 종업원에 의해 고객에게 제공되는 인적서비스야말로 무한대의 상품력, 즉 고부가가치의 상품을 창출시키는데 중요한 몫을 담당하게 될 것이다. 그래서 다음 내용과 같은 접객종업원이 마음가짐부터 재정립시켜야 한다는 것이다.

① 주인과 고객과의 다리 역할 수행

② 풍부한 서비스는 폭넓은 인간성에서 출발

③ 보다 신중한 서비스

④ 상냥함을 소중하게

⑤ 스스로 할 수 있는 일의 발견

⑥ 고객에 대한 배려

⑦ 재치를 소중하게

⑧ 상대의 입장에 설 것

■ **시간대별 서비스의 종류**

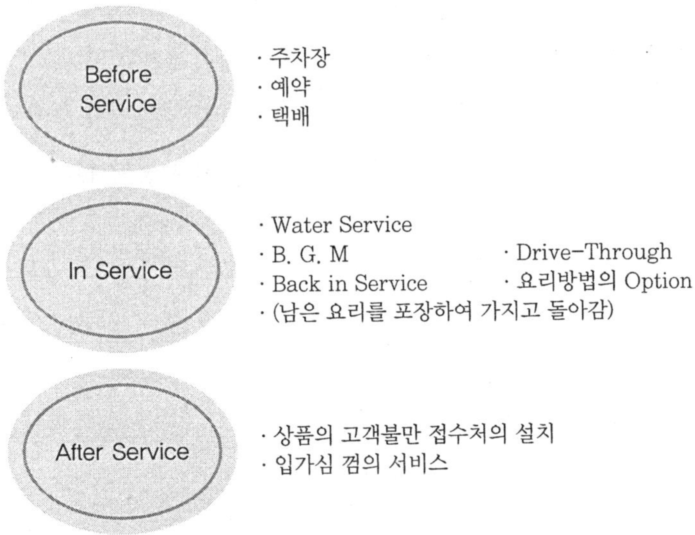

■ **업태별 세일즈 포인트 차이**

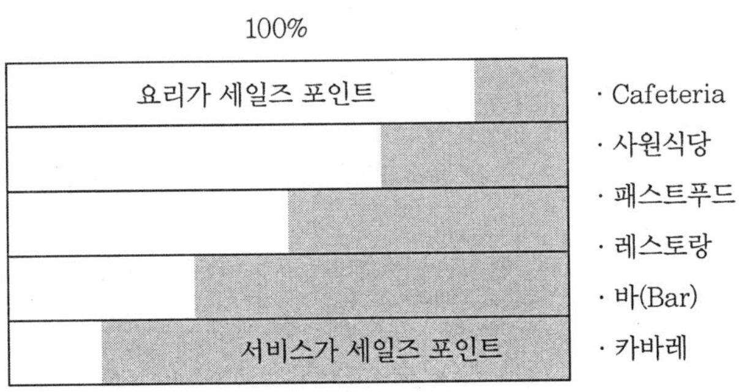

넷째, 다음과 같은 고객 만족의 조건을 숙지하고 있어야 한다.

① 분위기가 편안할 것

② 신속 · 명랑 · 친절한 서비스

③ 다양한 메뉴를 선택

④ 고객의 기호에 적합한 요리 제공

⑤ 가격이 적당

결국 서비스란 이러한 조건을 전제로 해서 고객의 욕구를 만족시킬 수 있는 재치와 기민한 행동인 것이다.

이상과 같이 시간대별 서비스의 종류, 업태별 서비스의 차이, 접객종업원의 마음가짐, 고객만족 조건에서 예시한 바와 같이, 고객을 상대하고 있는 접객종업원이 숙지하여야 할 내용은 우선 광범위한 데서부터 세세한 부분에까지 정확하게 알고 서비스에 임해야 한다는 것을 알 수 있다. 그 이유를 단적으로 표현하다면 다음 그림에서 보여 주는 바와 같이 고객만족은 전적으로 접객종업원에 의해 기대할 수 있기 때문이다.

■ 접객서비스의 중요성

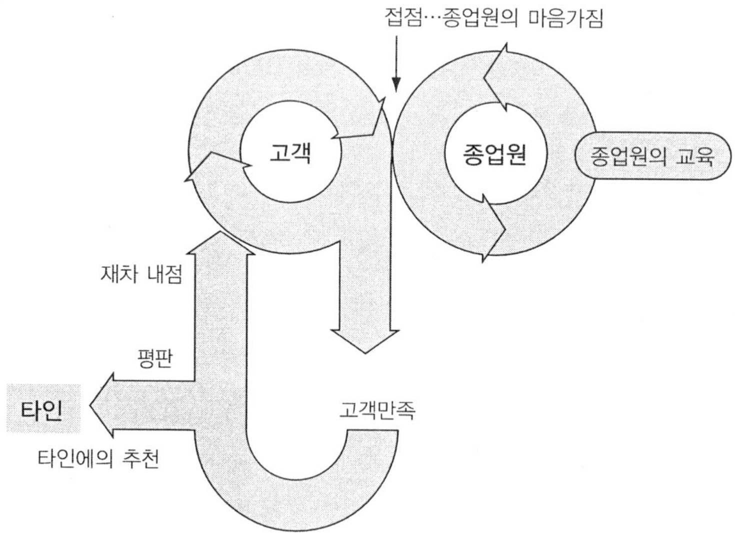

7. 접객 서비스 요령

외식업에서의 서비스란 '환대하는 마음', '호스피탈리티'가 최대의 요건이 되는 것이다. 그러면 어떻게 하면 '이 점포는 서비스가 좋다'는 말을 들을 수 있을까?

여기에는 ① 복장, 몸가짐 ② 태도의 정형定型 ③ 웃는 얼굴 ④ 배려 등 4가지 항목이 아주 중요하다고 생각된다. 이러한 네 가지 항목들이 조화를 이루어 고객을 접대할 때 진정한 서비스력이 발휘된다고 볼 수 있다.

■ 접객 서비스 요령

내 용	버 릇	비 고
전화 응대	"감사합니다. ○○레스토랑 ○○입니다."	
고객을 보면	항상 마음에서 우러나오는 미소, 고객의 눈과 시선을 맞춘다.	고객이 테이블에서 호출할 경우 허리를 굽혀 눈높이를 맞춘다.
고객 안내	먼저 보는 사람이 안내(모두 예약 상황 숙지) 영업장 전체 및 고객의 상황을 확인 후 안내	만석일 경우 좌석 가능 시간을 고객에게 알려 기다리게 한다.
주문받기	상품지식을 숙지할 것, 조리시간, 바쁜 시간, 주방의 상황, 음식주문, 고객에게 음료 추천하기, 복창하여 재확인, 고령자 및 레이디퍼스트 기록	서비스맨은 고객에게 업소의 상품을 설명하고 상담도 한다. 기록은 고객에게 믿음을 준다.
식음료 서빙	주문한 식음료를 확인 복창 후 서빙. 서빙 후 더 필요한 것을 물어보는 버릇과 "맛있게 드십시오"란 버릇, 빈 잔을 치울 때 "한 잔 더 드시겠습니까?", "○○정식입니다.", "더 필요한 것 없습니까"	매장 신장과 일의 효율이 있음.
기물 취급	글라스를 들면 항상 밝은 곳을 향하여 글라스의 청결 및 파손 유무를 점검, 집기류는 손잡이만 잡는다.	실수를 방지하고 업무의 능력을 올린다.
이동 시	주방에 들어갈 때 주위 테이블을 둘러보며 빈 접시는 바로 치운다. 빈 접시의 경우 "더 필요한 것 없습니까" 빈 병 혹은 잔의 경우 "한 병(한 잔) 더 드시겠습니까?"	업무의 효율성
고객의 호출	항상 라운드 스텐바이를 하고 목례 후 신속히 다가가서 눈을 맞춘다. 고객의 요구를 기록하여 고객을 안심시킨다.	라운드 스텐바이는 한쪽에 고객의 호출을 기다리는 것이 아니라 고객주위를 돌면서 호출 전 미리 고객의 필요부분을 도와줌.
계산 시	"○○○○원 받았습니다. 감사합니다." 받은 금액을 복창한다. "거스름돈 ○○○○와 영수증 여기 있습니다."의 버릇	회계의 실수 방지

8. 불만고객 응대요령

고객이 불만을 토론하면 서비스 제공자들은 다른 사람들은 아무 소리 안 하는데 왜 이 사람만 이렇게 유별나냐고 생각하지만, 유별난 고객이야말로 조직에게 귀한 고객이며 서비스란 바로 그런 고객을 위하여 필요한 것이다.

불만고객은 자신이 겪은 상황에 대해 불만을 품게 되는 그 순간 8~10명에게 전파한다고 한다. 불만족한 고객의 80% 정도가 거래를 중단하지만 불만이 만족스럽게 해결되면 54~70%가 다시 거래를 하며, 재거래율이 95%까지 증가한다고 한다. 경우에 따라서는 불만이 없던 고객 또는 불만을 말하지 않고 돌아서는 고객보다 문제만 제대로 해결된다면 불만을 제기한 고객이 불만이 없었던 경우보다 더 큰 호감을 가질 수도 있다는 것이다.

불만고객 응대 태도

- 논쟁은 절대 금물이다.
- 틀린 주장에 대해서도 인내하며 경청하고 온화하게 대한다.
- 변명이 아닌 설명을 한다.
- 불평사항을 메모한다.
- 사무적인 사과가 되지 않도록 정중히 사과한다.
- 금전적으로 변상이 따라야 할 경우에도 기꺼이 응대해야 한다.

불만고객 응대 예절

- 먼저 사과한다.
- 끝까지 참고 들어준다.
- 최선의 해결책을 제안한다.
- 신속히 실행한다.
- 그래도 어려울 때는 사람을 변경한다.
- 인내를 갖고 고객을 안심시킨다.
- 끝인사와 함께 다시 한번 사과한다.

■ 불만자의 빙산

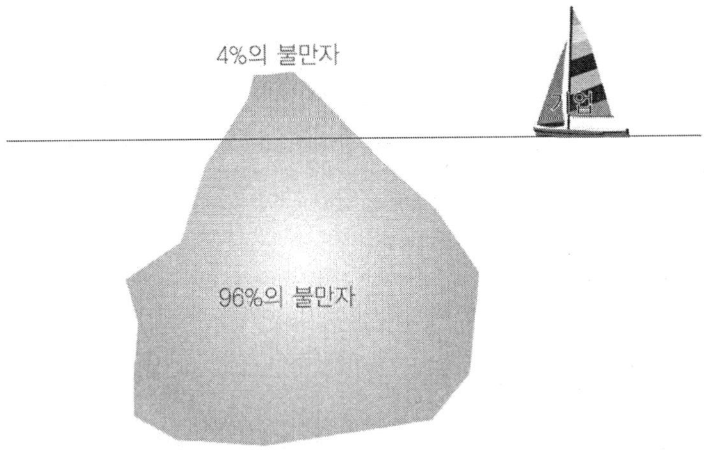

■ 고객불만의 확산 경로

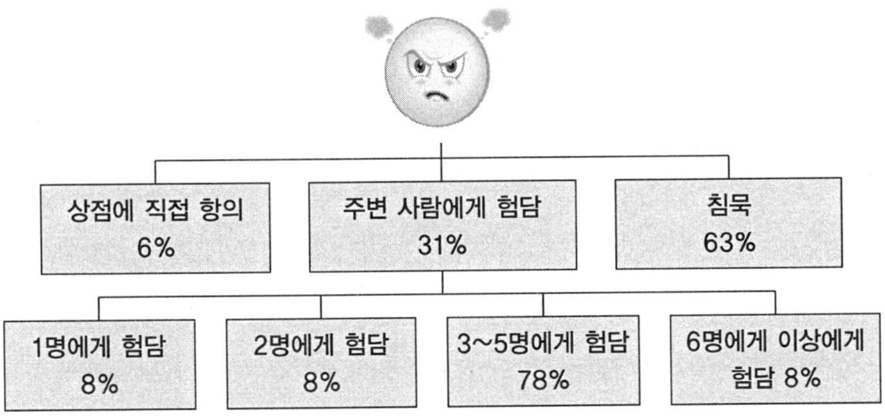

제8장

08

POS 정보 시스템

제1절 POS 전산 시스템의 개념

1. POS 전산 시스템의 정의

POS란Point Of Sales의 약자로 "판매시점" 관리를 의미한다. 즉 POS 시스템은 매장에서 발생하는 판매시점의 모든 정보를 실시간으로 수집, 처리하여, 부문별 정보를 종합분석, 평가할 수 있도록 도와주는 소프트웨어와 하드웨어를 말한다.

예전에는 현금 보관과 카드 결제의 기능만 제공하였지만 요즘에는 비접촉 결제수단, 판매량 파악 및 재고 관리에도 이용될 정도로 소매점에서는 중요한 역할을 하고 있다. POS 단말기는 숙박업, 엔터테인먼트, 창고 및 의료 분야 등 대부분의 소매점에서 사용되고 있으며, 빅데이터 시대를 맞이하면서 앞으로 판매 관련 데이터를 활용한 부가 서비스가 많이 등장할 것으로 예상되기 때문에 신기능 POS 단말기에 대한 수요와 활용도가 매우 높다. POS 단말기 시장은 제품유형에 따른 모바일 POS 단말기mPOS와 고정 POS 단말기로 분류되고, 구성 요소 유형별로는 하드웨어, 소프트웨어 및 서비스로 나뉜다. 또한 기능적으로는 프랜차이즈 가맹점에서 사용하는 네트워크 연결망 POS와 개별 소매점에서 쓰이는 독립형 POS로 구분된다. 따라서 현재 시장에서 비접촉 결제방식을 지원하기 위한 새로운 POS 단말기 채택이 늘어나고 있다.

2. POS 전산 시스템의 특징

1) 온라인(On-line) 시스템

매장에서의 각종 거래 발생과 동시에 데이터를 서버에 입력하고 필요한 정보를 즉시 수록한다.

2) 실시간(Real-time) 시스템

필요한 모든 데이터를 판매시점에서 실시간으로 파악하여 활용할 수 있다.

3) 집중관리 시스템

여러 대의 POS 단말기를 운용하는 경우, 매장 POS 단말기의 가동 상태와 에러 및 정산상황 등을 메인서버에서 집중 관리할 수 있다.

4) 거래정보수집 시스템

현금, 신용카드, 미결, 취소, 할인 등 거래에 관한 모든 정보 및 각 상품별 정보파악이 가능하다.

5) 고객관리 시스템

ID카드 · 신용카드 등을 통하여 고객의 구입상품 및 구입금액을 알 수 있으며 고객관리차원으로 특별초대나 특별할인제도를 활용한다.

6) 직원관리 시스템

직원 개개인의 근무상황이나 판매실적 등을 월별 · 주별 · 일별 · 시간대별로 파악할 수 있으며 POS 전산 활용은 전문직원이 아닌 파트타임 직원도 쉽게 활용할 수 있다.

제2절 POS 시스템의 도입배경과 장점

1. POS 시스템의 도입배경

1) 정보화 사회

전 세계적으로 인터넷 보급률이 상승함에 따라 매장운영의 전반을 아우르는 정보화된 경영 시스템을 필요로 하게 되었으며 기존의 수작업으로 일일이 장부에 기록하여 정리하던 방식을 전산화하여 인력에 의존한 고의성 업무를 배제하고 매출, 재고, 물류, 손익 등의 각종 자료를 축출하여 매장의 경영 성과를 개선하는데 활용할 수 있다.

2) 경쟁심화

IMF 이후 매장이 점차 대형화, 전문화, 프랜차이즈화되고 개인 창업자의 기하급수적인 증가로 경쟁이 점차로 심화되면서 타매장과 비교하여 가질 수 있는 경쟁력이 필요하게 되었다.

3) Loss 증가

과거에는 종업원의 부정행위나 계산착오로 인한 거스름돈 과부족 등이 빈번히 발생했다. 또한 파손이나 분실 등의 손실 재고파악이 불가능했으며 수요를 예측하지 않은 발주로 인해 악성재고가 증가했을 뿐만 아니라 매장운영을 위한 운전자금을 감소시켜 자금 회전율을 저하시켰다.

4) 외식 빈도 증가

주 5일 근무제로 인해 여가 시간이 늘어나고 맞벌이 부부가 증가함에 따라 외식에 대한 고객들의 방문이 잦아지면서 고객들의 성향은 매출의 증감을 좌우하는 열쇠라고 할 수 있다. 할인이나 포인트 적립, 서비스메뉴 제공 등 다양한 형태의 차별화된 고객서비스 방안을 제공할 수 있다.

5) 정확한 집계 시스템의 필요

자영업자들은 현금매출을 투명하게 관리하기 위해 현금영수증 제도를 실시하게 되었다. POS 시스템은 이러한 현금영수증 발생분에 대한 정확한 집계와 세무처리용 보고서 작성 등의 업무를 편리하게 처리하는 역할을 도와준다. 또한 신용카드 사용에 따른 매입사별 집께와 신용카드 수수료에 대한 자동 계산이 가능하며 고객 집중시간 중 카운터에 손님이 몰리는 적체현상을 해소할 수 있다.

2. POS 전산 도입의 장점

1) 매출에 대한 등록시간이 단축되고 고객대기시간이 줄며 카운터의 혼잡을 줄일 수 있다.
2) 매입, 매출, 재고, 입출금 관리를 할 수 있으며 POS 시스템을 통한 고객관리회원카드로 고객 만족도를 높일 수 있다.
3) 바코드라벨에 의한 표준화된 업무로 인하여 상품가격의 투명성, 고객 신뢰도를 확보할 수 있다.
4) POS 터미널의 도입에 의해 판매원 교육 및 훈련시간이 짧고 입력오류 방지, 단품관리에 의해 잘 팔리는 상품과 팔리지 않는 상품을 즉각 찾아낼 수 있다.
5) 전자주문 시스템Electronic Order System : EOS과 연계하여 신속하고 적절한 구매를 할 수 있고 재고의 적정화, 물류관리의 합리화, 판촉 전략의 과학화 등을 가져올 수 있다.

제3절 외식사업 POS 시스템의 도입효과와 식음료관리

1. 외식사업 POS 시스템의 도입효과

1) 경영 정보 시스템의 구축관계

- ABC분석을 통한 효율적 경영관리
- 신속한 시스템에 의한 체크아웃 생산성 향상
- 전표누락이 불가능하므로 투명한 영업현황 파악 가능
- 고객 서비스 향상
- 점포 내 경영효율화
- 비인기 메뉴의 취급중단 및 재고 감소
- 적정판매가격 설정
- 판매주기 및 기간 적정화로 적정재고 유지
- 추가발주 간소화
- 판매 메뉴현황 파악으로 메뉴개발 효과적
- 매장 직원의 동선 최소화로 작업능률 향상

2) 영업장에 미치는 관계

- 영업장 업무처리의 신속화
- 직원 교육시간의 단축
- 전표누락 불가능
- 가격변동 효율적 대처
- 효율적인 인력관리
- 각종 전표 및 영수증 자동발행 가능
- 유효자금의 효율적 이용 및 재고 자동파악

- 일 매출 마감시간의 획기적 감소
- 파트타임 직원도 빠른 업무숙지

3) 소비자에게 미치는 관계

- 체크아웃 시 대기시간 단축
- 메뉴가 명기된 영수증으로 신뢰성 제고
- 종사원의 고객관리 데이터화로 고객만족
- 사전 고객 기호도 파악대처로 상품기호도 충족

4) 거래에 미치는 관계

- 매입수량 및 납품가격 통제
- 인기 메뉴관리 가능
- 반품에 대한 감소
- 경쟁상품 비교분석용이

2. 식음료 관리와 POS 시스템

1) 조리법 관리 시스템

식음료 영업장에서 조리법 관리 응용프로그램은 여러 가지가 있지만 다음에 제시된 세 가지 자동화된 업장관리 시스템이 중요한 역할을 수행한다.

첫째, 원자재 관리 역할

둘째, 표준 조리법 관리 역할

셋째, 메뉴 품목관리 역할

위에 있는 세 가지 기본파일을 중심으로 효과적인 기능을 수행하는데 있어서 POS 시스템 데이터를 활용한다.

2) 메뉴 품목관리 시스템

영업장에서 매일 운영된 데이터가 포함되어 있는 고도의 Ecr/POS는 파일들을 전송하거나 저장할 수 있고 Ecr/POS는 업장관리 시스템에 있는 관리 응용프로그램을 이용하여 조리법 관리 응용프로그램에서 전송된 데이터를 가지고 Ecr/POS 파일들에서 전송되는 데이터를 흡수하여 정보를 생성한다.

3) 메뉴관리 시스템

메뉴엔지니어링은 판매전략 수립을 세우는데 중요한 자료로 활용한다. 현재와 미래 메뉴가격, 계획 등과 메뉴 관리를 보고하여 이런 보고는 관리자가 단순히 모니터의 비용과 비율이 아니라 이익에 기여할 수 있는 메뉴의 많은 자금에 초점을 맞춘다.

메뉴엔지니어링은 메뉴에 대한 다양한 분석과 이윤에 대한 데이터의 상호작용으로 경쟁하는 메뉴 상품들은 높게 또한 낮게 품목화시킨다.

4) 자동시스템 경영보고서

전산시스템에 의한 자동화된 업장은 정보를 읽고 기록할 수 있도록 프로그램화되어 있으며, 자동화된 업장에 의해 작성된 보고서는 판매, 재고목록 취급법, 없어진 물건, 직원의 생산과 기타 사항 등이 포함되고 있으며 일지에도 재무제표와 상세한 회계보고가 프로그램화되어 있다.

■ POS 시스템의 업무 흐름도

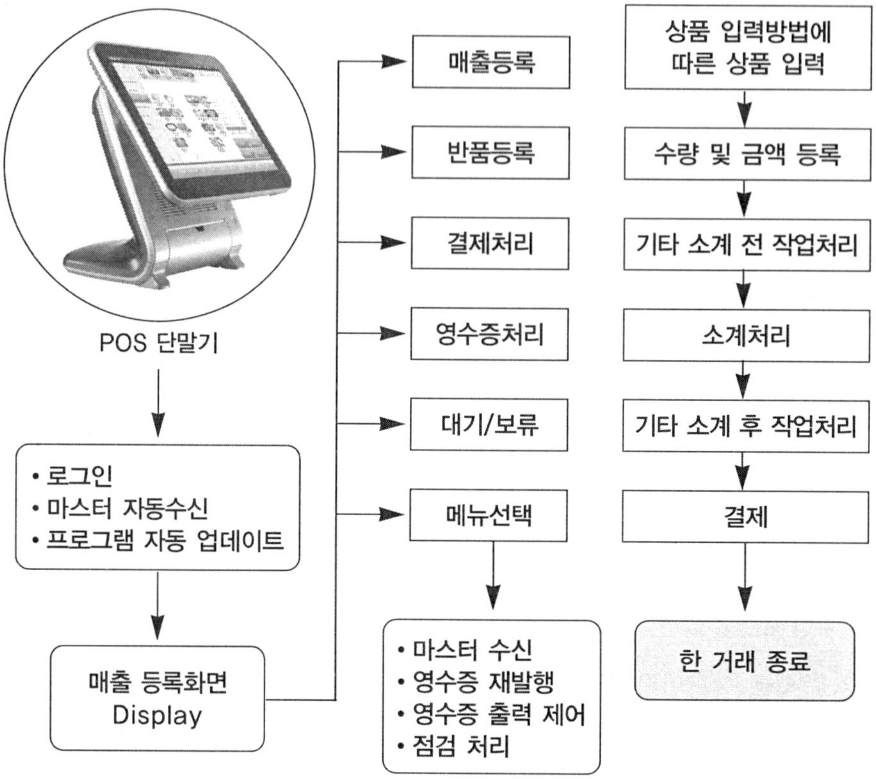

Part 3

마케팅 경영전략

제9장 외식마케팅의 이해
제10장 외식마케팅 환경분석
제11장 외식시장 세분화
제12장 외식상품 포지셔닝 전략
제13장 외식상품(Product)
제14장 상품가격(Price)
제15장 외식유통(Place)
제16장 외식촉진(Promotion)
제17장 마케팅믹스의 변화된 7P's
제18장 브랜드 마케팅
제19장 외식업 마케팅 사례조사 분석

호텔 · 외식문화

외식산업 컨설팅과 마 케 팅 경영전략

제9장

09 외식마케팅의 이해

제1절 외식마케팅의 정의

마케팅이란 개인과 집단이 제품과 가치를 창조하고 타인과의 교환을 통하여 그들의 욕구와 욕망을 충족시키는 사회적 또는 관리적 과정으로 정의되고 있다. 즉 개인 및 조직의 목표를 만족시키는 교환을 실현하기 위하여, 제품 및 서비스의 개념구성 · 개발 · 가격설정 · 프로모션 등 유통을 계획하고 실시하는 과정이라고 말할 수 있다. 따라서 외식마케팅이란 외식업의 목표를 달성하기 위해 교환을 통하여 제품 및 아이디어를 사용해서 상품화, 가격결정, 유통 및 촉진을 계획 · 실시하는 전략적 조직 활동이다.

외식산업이 성숙해지면서 고객의 외식욕구와 목적이 다양해지고 고객마다 레스토랑을 선택하는 기준도 달라지고 있다. 어떤 고객은 맛보다는 빠른 서비스나 청결 또는 분위기 때문에 레스토랑을 선택하기도 한다. 따라서 레스토랑은 고객의 이용목적에 맞는 특징을 강조하고 부가가치를 더하는 활동이 요구되는데, 바로 이러한 노력이 마케팅활동이다.

레스토랑의 이윤은 당연히 제품을 고객에게 판매함으로써 얻어진다. 그 과정에서 마케팅은 제품을 원활하게 판매하기 위한 구조를 만들고 그것을 가동시키는 중요한 역할을 담당한다. 외식산업의 치열한 시장경쟁에서 마케팅지향을 도입하여 전략적 경영을 해 나가지 않으면 레스토랑의 생존은 어려운 일이 될 것이다.

제2절 외식산업의 마케팅 도입 이유

외식산업에서 복합적이라는 말은 유형적인 음식과 무형적인 서비스가 거의 동시적으로 만들어지고 제공되고 소비된다는 점에서 제품마케팅과 서비스마케팅의 복합적 성격을 동시에 가지고 있다. 또한 가장 근접한다는 말은 바로 고객과 대면하여 모든 운영활동이 이루어짐으로써 생산자와 소비자의 고객 근접성이 이보다 밀접한 산업도 찾기 힘든 분야이다. 그러므로 외식산업은 철저하게 마케팅적 접근이 필요하고 마케팅적 연구가 광범위하게 이루어져야 하는 분야로서 향후 체계적이고 전략적이고 실무적으로 접근이 되어야 한다.

첫째, 외식업의 수요와 공급의 불균형에서 기인한 경쟁 심각성의 인식이다. 특히 우리나라의 상황에서는 공급의 과잉이 더 문제가 된다. 은퇴 연령이 빨라지고 노령인구가 증가하고 노후생활에 대한 안전책이 거의 없는 상황에서 너무도 많은 사람들이 외식 창업을 시도하는 바람에 공급과잉이 초래된다고 할 수 있다. 물론 이에는 사이비 프랜차이즈의 기승이나 엉터리 컨설턴트들의 부추김도 한 몫 하지만 기본적으로 외식비즈니스를 너무 쉽게 보는 데서 기인한다. 하지만 외식사업의 성공은 결코 쉬운 것이 아니다. 외식사업은 지식만으로, 경험만으로, 전문가의 도움만으로 되는 사업이 아니라 오히려 이런 모든 것들의 복합이라고 할 수 있다. 더더욱 중요한 것은 자신의 고객을 찾고, 봉사하고, 계속 관계를 유지하기 위한 모든 마케팅적 지식이 없이는 한 발짝도 나갈 수 없는 점이 반드시 이해되어야 한다. 그러므로 이런 수급 불균형의 심화를 극복하기 위해서 외식마케팅의 도입과 적용과 연구가 반드시 필요한 이유이다.

둘째, 차별화 추구이다. 차별화 추구라는 것이 앞의 경쟁심화와 맞물리지만 경쟁의 심화만이 차별화를 필요로 하는 것은 아니다. 동일한 고객이라도 상황에 따라 서로 다른 선호 외식이 있고 고객마다 동일 외식기업 내에서도 선호하는 다른 메뉴가 있는 것이다. 그러므로 차별화는 고객에 대한 세밀한 이해를 바탕으로 그 고객에 가장 알맞은 외식을 경쟁사와는 다르게 제공할 수 있는 능력이 바로 차별화 추구이다. 차별화 추구는 고객에 대한 이해를 바탕으로 고객에게 보다 적합한 서비스를 제공하며 이를 통한 고객만족도를 제고하는 것이므로 차별화는 그 외식기업의 고객에 대한 의무라고 할 수 있는 것이다. 그러므로 이를 수행하기 위해서는 마케팅의 시장조사에 바탕을 두거나 고객관계 관리CRM : Customer Relationship Management에 바탕을 둔 고객에 대한 심층적인 분석과 이해가 필요한 것이다. 따라서 차별화는 또다른 외식마케팅의 도입 이유가 된다.

셋째, 업종의 다양화로 인한 업종 간 경계의 모호성 인식이다. 이는 고객에게 각각의 외식기업의 포지션이 무엇인지 헷갈리는 상황을 의미한다. 우리가 사는 지금은 속도경쟁의 시대이며 이런 속도경쟁은 고객들에게 정보과잉을 초래하고 이 정보과잉은 외식기업뿐만 아니라 기업들의 마케팅능력에 따라 비용을 투자한 광고나 홍보가 아무 의미가 없어지는 경우가 허다하다. 이런 복잡함 속에서 외식기업의 인지를 효과적이고 효율적으로 전달하기 위해서는 마케팅에서의 의사소통의 이해와 그 수단인 촉진 믹스의 이해를 응용하지 않으면 안 된다. 결국 고유 업종에 대한 고객들의 인지를 구축하거나 기존 인지를 견고하게 하기 위해서는 마케팅의 포지셔닝 전략을 응용해야 하는 것이 또다른 외식마케팅의 도입 이유가 된다.

넷째, 원가 상승과 생산성 저하로 인한 채산성 극복의 필요성이다. 외식기업의 수익감소는 비단 고객들의 수가 감소하거나 고객들의 주문량이 감소해서만 발생되는 문제가 아니다. 더욱 중요한 문제는 외식 원자재를 공급하는 물류를 효율적으로 관리하지 못하면 이는 고스란히 외식기업의 채산성 악화로 나타난다. 대부분의 외식기업의 입장에서 이런 물류관리에 대해 그다지 신경을 쓰지 않는 경향이 있다. 하지만 이는 외식기업 경영에서 필히 관심을 두고 관리해야 하는 중요한 부분이다.

원자재 조달관리의 부재에서 발생된 학생들의 집단 식중독 문제가 큰 사회적 이슈가 되고 있다. 이는 외식산업 전반에 대한 피해를 초래할 뿐만 아니라 해당 외식기업에게는 회복하지 못할 경영 위기를 초래하는 것이다. 본서에서 강조하고 있는 후방 물류 관리는 외식기업의 생존과 직결된 차원의 문제로 접근해야 된다고 본다. 다시 말해서 외식 원자재의 우수성으로부터 시장에서 경쟁력이 나온다는 것이 그 의미이다. 나아가 외식 원자재의 우수성은 향후 웰빙이나 환경적 문제의 대두에 따라서는 획기적인 경쟁우위나 절망적인 경쟁열위를 보일 수 있다는 점이다. 따라서 외식 물류관리의 필요성은 중요한 외식마케팅 도입의 이유가 된다.

제3절 마케팅의 종류

1. 매스 마케팅(Mass Marketing)

모든 고객을 대상으로 한 메뉴로 다수의 업소를 통하여 판매와 판촉을 하는 무차별적인 마케팅전략으로, 맥도날드 햄버거는 원가와 판매가격을 낮출 수 있는 장점 외에 거대한 잠재시장을 창출할 수 있는 방안으로 한때 한 종류의 햄버거만을 전체시장을 대상으로 판매한 적이 있다.

2. 상품다양화 마케팅(Product-variety Marketing)

품질, 사이즈, 형태 등이 다른 복수의 메뉴를 개발하여 고객에게 제공하는 마케팅전략으로 고객의 입맛이 천차만별이고 고객은 변화를 원한다는 점을 중요시 한다. 그런 결과로 오늘날 서울의 햄버거점에서는 치즈햄버거, 불고기햄버거 등 다양한 메뉴를 고객에게 제공하고 있다.

3. 표적 마케팅(Target Marketing)

시장을 세분화하여 업소가 설정한 목표고객을 대상으로 메뉴와 마케팅믹스를 개발하여 적용하는 전략이다. 맥도날드에서 어린이를 대상으로 하는 키드메뉴에 유행하는 디즈니영화의 분위기, 기념물 등을 함께 제공하는 것이 그 예가 된다.

오늘날 많은 외식업소들의 마케팅전략은 매스 마케팅과 상품다양화 마케팅전략에서 표적 마케팅전략으로 옮겨가고 있다. 업소의 경영자는 업소가 설정한 목표고객을 표적으로 이에 적합한 메뉴와 서비스를 개발하여 운영함으로써 고객의 변화에 대응하고 효과적인 마케팅의 기회를 가지게 된다. 다음의 그림은 표적 마케팅의 3단계 과정을 설명한 것이다.

■ 시장 세분화, 표적화, 위치화의 과정

시장 세분화		시장 표적화		시장 위치화
1. 시장 세분화 기준설정 2. 시장 세분화 결과분석	➡	3. 대상 고객의 검색 4. 목표 고객의 설정	➡	5. 목표 고객의 위치화 6. 마케팅믹스의 개발

제10장

10 외식마케팅 환경분석

외식마케팅에 있어 환경에 대한 관점은 외식기업이 환경의 지배를 받게 된다는 개념과 환경의 변화에 대한 관리를 바탕으로 어느 정도 외식기업이 환경을 통제할 수 있다는 두 가지 관점을 공유하는 것이 바람직하다. 이러한 이유는 자사가 통제할 수 없는 외부 환경 변화에 따라 외식기업의 흥망이 좌우될 수 있고 자사가 잘 관리한 환경에 따라 외부환경을 변화시킬 수 있는 충분한 여지를 가지고 있기 때문이다. 본서는 위의 두 가지 관점 중 후자의 입장 즉 과학적 분석을 바탕으로 한 환경통제 가능성의 입장을 취하고자 한다.

환경은 크게 두 가지 차원으로 나눌 수 있는데, 외부환경과 내부환경이 그것이다. 환경을 바라보는 관점은 외식기업이 환경을 통제할 수 있거나 예측 가능한 정도가 중요한데 외부환경은 그 정도가 낮으며 내부환경은 그 정도가 높다고 볼 수 있다.

다만, 외식마케팅의 관리자나 기업주가 명심해야 할 것은 아무리 외부환경이라도 관리할 수 없다는 사고와 내부환경이라고 통제할 수 있다고 생각하는 사고를 지양하는 것이 바람직하다. 외식 경영자나 외식마케터의 관점이나 능력에 따라서는 환경을 얼마든지 관리할 수 있다는 사고를 수립하고 계속적인 연구 관찰을 하는 자세가 바람직하다고 하겠다. 따라서 레스토랑의 내부 또는 외부에서 발생하여 경영활동에 영향을 미치는 마케팅 환경요인을 체계적으로 이해하고 예측 · 분석하는 노력은 마케팅의 중요한 과제이다.

■ **환경분석 체계**

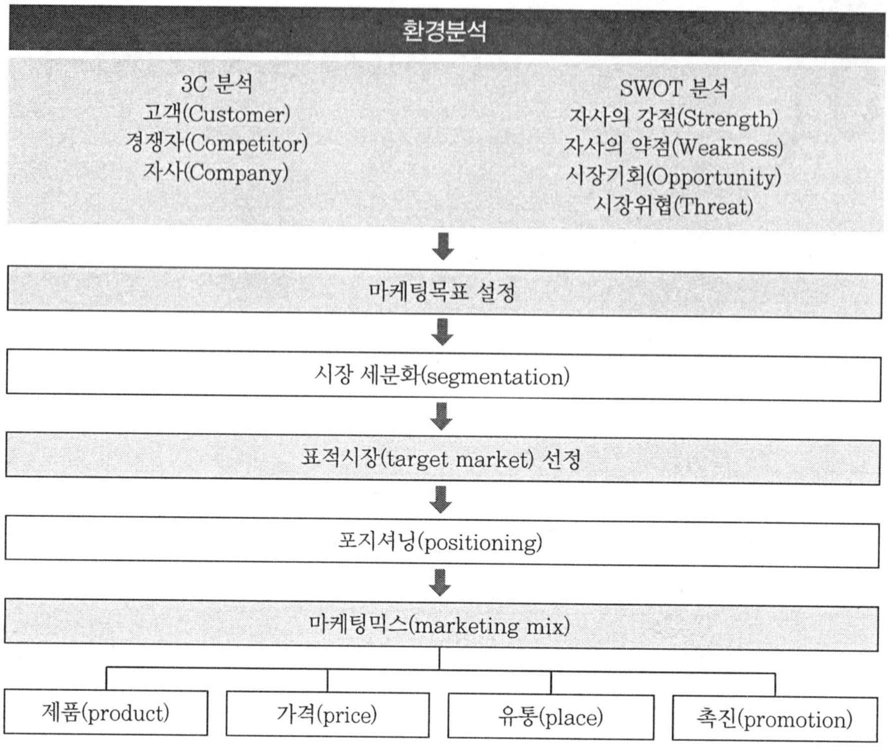

또한 경쟁자를 총체적인포괄적인 의미에서 파악하는 것이다. 예를 들어 자사가 한식을 전문으로 하는 외식기업일 경우 동일한 한식집과의 경쟁뿐만 아니라 그 주위에 새로 생기는 일식집이나 혹은 젊은이들을 상대로 하는 퓨전 한식 전문점이 생길 경우도 그 경쟁의 범주에 포함시켜야 하는 것이다.

경쟁환경은 외부환경 변화의 가시적인 결과라는 관점에서 검토해야 하며, 이런 경쟁환경의 변화는 고객들의 변화를 포함하는 것이다.

물론 하나의 새로운 외식업의 진출이나 새로운 업태의 도입을 위해 막대한 판촉을 벌인다고 해서 모두 성공하거나 고객의 욕구를 반영하는 것은 아니지만, 외식 마케터들은 적어도 이런 변화의 시장에서의 의미, 자사에 대한 의미, 고객들에 대한 의미 정도는 항상 파악하고 민감해야만 한다.

그리고 자사의 경쟁사라고 생각되는 경쟁 외식기업에 대한 정보수집 활동을 꾸준히 펼쳐야 한다. 이는 앞에 지적된 경쟁의 범위 내에서 어떤 정보수집의 방법이 있는지 그리고 그 정보수집의 정확성과 유용성에 대해 외식 마케터들은 파악하고 있어야 하기 때문이다.

제1절 외부환경 분석

외부환경 요인은 기업의 통제 밖에 있는 것들로 경영활동을 어렵게 하거나 나타난 문제를 해결하지 못하도록 방해한다. 크게 경제 · 사회 · 문화 · 기술적 부분 등의 거시환경 요인이 있으며, 거시환경에 영향을 받는 소비자 · 경쟁자 · 공급자 등도 외부환경 요인에 포함된다.

■ **외부환경 요인 분석 체계**

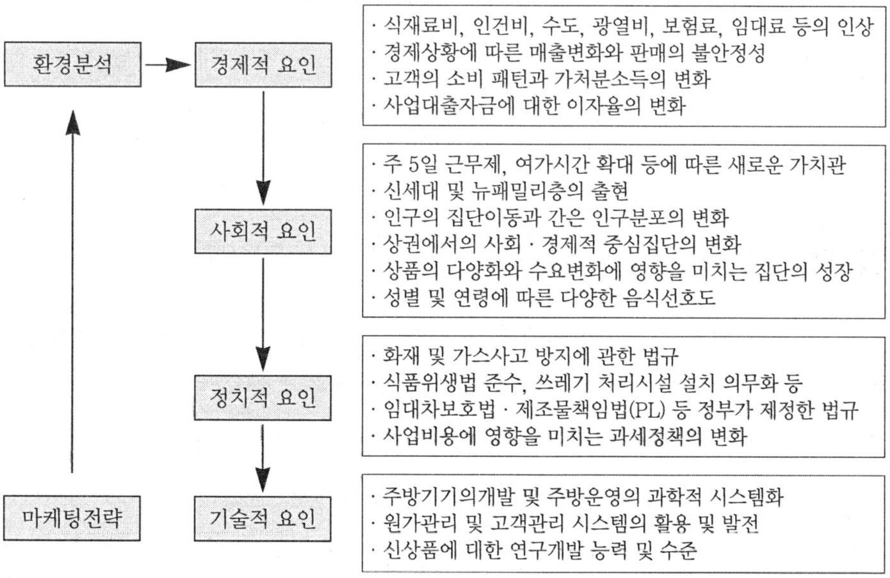

고객분석customer, 경쟁사분석competitor, 자사분석company의 세 가지 내용은 아래와 같다.

1. 고객분석

외식마케팅의 내부분석 중 가장 핵심적인 요소는 바로 고객 분석이 된다. 외식마케터들은 서비스 종사자건 경영인이건 간에 모두 고객분석을 가장 중요한 요소로 보고 있지만, 이는 단지 감각적 혹은 경험점 느낌만으로 분석하는 경우가 대부분이고 보다 체계적으로 자사의 고객을 분석하는 경우가 그리 많지 않다. 외식마케팅의 대부분의 업무가 사실 고객분석으로부터 출발하여 궁극적으로는 고객분석으로 마무리되는 것이라 해도 과언이 아니다.

이런 고객 분석의 핵심은 고객에게 자사의 메뉴가 어떻게 인지되어, 어떻게 이용되며, 이용 후 어떻게 기억되고 있는지를 파악하는 것이다. 이를 위해 첫째, 고객분석을 위한 문제 제기로써 외식마케터들은 고객이 자사의 메뉴에 대해 진정으로 바라는 것이 무엇인지를 분석하고 있어야 하며 둘째, 자사가 고객에게 제공하는 것은 무엇이며, 경쟁자는 고객에게 무엇을 주고 있는가를 파악하며, 셋째, 자사의 고객들은 어떤 욕구의 집단들로 구성되는가를 파악해야 하며, 넷째 자사가 목표를 정해야 하는 기존 고객층과 신규 고객층은 누구인지를 파악해야 하며, 끝으로 자사의 메뉴 개념 혹은 이미지가 어떻게 포지셔닝되어야 하는가를 규명하는 일련의 과정들이 필요하다.

2. 경쟁자분석

외식산업은 진입장벽이 낮아 언제나 경쟁이 치열한 시장이다. 이러한 환경에서 무엇보다 경쟁자를 알고자 하는 노력은 성공적인 마케팅활동의 핵심이 된다. 따라서 경쟁자와 그들이 제공하는 제품과 서비스를 이해하고 확인하는 것은 중요하다.

경쟁자의 위치, 규모, 좌석 수, 제공되는 시설의 다양성, 가격, 품질 등은 레스토랑의 생존에 영향을 미치는 요인들로 지속적인 관찰과 정보수집이 필요하다. 특히 경쟁자의 메뉴와 가격을 분석하면 어떤 시장을 지배하고 있는지를 알게 되고 그에 따른 전략수립이 가능해진다. 이러한 조사를 통하여 경쟁자가 미래에 영향을 미치는지 평가하고, 지역사회가 그들을 지원하고 있는지, 계획대로 사업이 진행될 수 있는지 등을 결정하게 된다.

경쟁자보다 우위에 설 수 있는 마케팅 전략이 필요하지만 많은 레스토랑들이 경쟁자를 올바로 식별하지 못하고 있는 경우가 많다. 예를 들면, 도시근교에 위치한 오랜 전통의 어느 양식 레스토랑은 경쟁자가 자신의 주변에는 없다고 생각하였다. 얼마 후 해외 브랜드 패밀리 레스토랑들이 도심에 하나둘씩 진출하기 시작하였다. 그러나 경영자는 자신의 레스토랑은 도심으로부터 멀리 떨어져 있기 때문에 패밀리 레스토랑들을 경쟁자로 생각하지 않았다. 그러나 시간이 흐르면서 고객은 도심에 위치한 패밀리 레스토랑까지 와서 외식을 하기 시작하면서 양식 레스토랑은 위기에 봉착한 나머지 한식으로 업종을 전환하고 말았다. 이처럼 경쟁자를 이해하는 것은 매우 중요한 마케팅활동이라 할 수 있다.

3. 자사분석

자사분석은 외식기업의 자기 역량을 정확히 진단하는 것을 그 기본 과정으로 하고 있다. 가장 중요한 것은 앞에서 제시된 외식기업의 비전과 사명을 바탕으로 현재의 자사의 사업목표를 분석하는 것을 그 출발점으로 한다. 사업목표에는 세부적으로 첫째, 외식마케팅 자원에 대한 분석으로 이에는 물적자원과 인적 자원을 포함하는 것이다. 물적자원은 외식기업이 위치하고 있는 상권분석, 건물의 외형, 그리고 인테리어와 같은 주로 외형적인 요소들의 강점과 약점을 분석하는 것이다.

인적자원으로는 가장 중요한 것이 경영자의 능력을 객관적으로 평가하는 것으로 특히 규모가 작은 외식기업의 경우에 이는 매우 중요한 자사분석의 요소라고 할 수 있다. 그리고 외식사업은 서비스사업이므로 서비스에서 핵심적인 요소의 하나인 외식기업 종사자들의 서비스에 대한 이해와 고객에 대한 태도나 자신의 일에 대한 헌신정신 등은 중요한 마케팅 자원이 된다.

둘째, 외식마케팅 전략분석은 대 고객 의사소통 전략과 마케팅믹스 전략, 그리고 브랜드 전략을 포함하는 것이다. 내부분석에서 외식마케팅 전략은 본서의 모든 부분에서 총괄적으로 다루는 내용들이다. 의사소통 전략은 마케팅전략의 체계에서 포지셔닝 전략과 외식마케팅믹스 전략 및 촉진 전략에서 주로 다루어질 것이며, 브랜드 전략은 외식마케팅 과제별 전략에서 자세하게 다루어질 것이다.

외식산업에서 외식마케팅 활동을 함에 있어서 어느 특정 한 가지 마케팅적 전략과 요소만으로는 최대의 효과를 내기가 힘들다. 그러므로 여러 가지 마케팅적 수단들의 상호 연관성에 맞추어 통합적으로 마케팅활동을 수행해 나가야만 좋은 결과를 얻는다는 점이 이해되어야 한다.

셋째, 마케팅 의사소통의 일환과도 관계를 가지고 있지만 기업의 무형적 능력 분석이다. 이는 좁게는 그 외식기업이 보유하고 있는 브랜드 즉 메인 메뉴와 그와 보조를 이루는 메뉴의 이미지 요소를 포함하여 외식기업이 보유하고 있는 기업 이미지 내지 기업 정체성corporate identity과 관련되는 무형적인 내적 자산의 중요성이다.

이런 보이지 않는 자산들은 외식기업의 의사소통 전략과도 밀접한 과계를 가지며 보이지 않는 자산들의 의사소통 결과가 그 외식기업의 경쟁력을 좌우한다고 해도 과언은 아니다. 또한 이러한 외식기업의 이미지는 외식기업의 시설이나 종사자들의 서비스 태도나 제공되는 메뉴의 특성이 고루 반영되는 외식기업 문화와도 밀접한 관력을 가지는 것이라 하겠다.

끝으로 경영기능management functions들로써 이에는 재무, 인사, 기술, 생산이라는 일반적인 경영의 능력을 모두 포괄하는 것들이다. 외식기업도 당연히 이런 경영기능들의 효율적인 관리와 연계는 외식기업 경영의 필수적인 것들이라고 할 수 있다.

제2절 내부환경 분석

내부환경 요인은 기업 내부에서 통제가 가능한 요인들로서 기업 내부에서 비롯되는 것이 대부분이며 외부환경 요인에 비해 잘못 인식하고 소홀히 하는 까닭에 어려움을 겪기도 한다. 내부환경 요인이 때로는 사소한 것들이지만 실질적으로는 외부환경 요인보다 더 중요한 경우가 많다. 구체적으로는 경영전략, 기업문화, 제품특성, 시장점유율, 기존의 마케팅 전략의 장점 및 단점, 인적자원, 리더십, 재무상태 등이다.

이처럼 외부환경 요인을 분석하여 시장기회 및 위협을 발견하고 내부환경 요인을 분석하여 자사의 강점 및 약점의 발견하는 것을 총칭하여 SWOT 분석이라고 한다.

■ 외식산업 내부환경 요인

구분	내용
상품관련 요인	· 음식이 변질되기 쉬우며, 이로 인한 재고상품의 적절한 처분문제 · 음식을 만들고 남은 쓰레기, 고객이 먹다 남긴 음식물 쓰레기의 처분문제 · 주방, 바, 창고 등에서 발생하는 식재료의 손실문제
직원관련 요인	· 성수기 또는 바쁜 시간대에 훈련된 직원의 부족 · 비수기, 불경기, 한가한 시간대에 직원이 과다한 경우 · 시간제 직원의 채용문제 · 직원에 대한 부적절한 대우
영업관련 요인	· 현금거래에 따른 입금 및 출납 등의 관리 · 식음재료 변동에 따른 적절한 상품가격의 유지 · 식음재료의 저장 및 관리화

1. SWOT 분석

SWOT 분석이란 강점Strength, 약점Weakness, 기회Opportunity, 위협Threat을 기본으로 하여 내, 외에서 발생하는 긍정적인 그리고 위협적인 내용을 분석하여 사업의 방향성을 잡고 대처하기 위해 쓰이는 분석방법이다.

SWOT 분석은 외부환경에 대한 정보를 평가하여 위협요인과 기회요인을 발견하고 기업 내부의 인사 · 조직 · 재무 · 기술분야 등으로부터 기업의 주요자원과 기술 수준의 정도를 평가하여 강점요인과 약점요인으로서 대내외 환경요인을 규명하고 보기 쉽게 도표화하여 간편하게 전략을 수립할 수 있도록 하는 방법이다.

아웃백 스테이크하우스의 SWOT 매트리스로 아웃백 스테이크하우스는 높은 브랜드 인지도와 차별화된 서비스를 통해 캐주얼 다이닝시장에서 가장 높은 시장점유율을 갖고 있으며 동일시장에서의 빕스 · 베니건스 · 토니로미스 · 마르쉐 등과 경쟁을 벌이고 있다. 이러한 상황에서 아웃백 스테이크하우스는 SW요인과 OT 요인을 교차시켜 O/S 전략, O/W 전략, T/S 전략, T/W 전략 등의 여러 전략을 도출할 수 있다. 예를 들어 아웃백 스테이크하우스가 취할 수 있는 T/S 전략은 시장의 위협요인을 극복할 수 있는 자사의 역량인 브랜드인지도를 더욱 강화하고 안정된 기반을 바탕으로 전국적으로 점포를 확대하며 특화된 메뉴와 차별화된 프로모션을 통해 캐주얼 다이닝시장에 깊게 침투하는 것이다.

이처럼 SWOT 분석은 시장상황을 전략적으로 접근하는데 매우 유용한 도구로서 기업전략 · 사업전략 · 기능전략 등 다양한 전략의 수립에 활용할 수 있다.

■ 아웃백 스테이크하우스의 SWOT 분석

	긍정요인			부정요인
내부요인	· 높은 브랜드 인지도 · 가장 높은 시장 점유율 · 스테이크전문점으로서 특화된 메뉴 · 안정적 자금 공급	S	W	· 높은 가격대 · 인적자원관리의 어려움 · 동질화된 서비스 제공의 어려움 · 고객 증가에 따른 반응의 한계
외부요인	· 외식소비활동의 지속적 증가 · 주 5일제 근무로 가족고객 증가 · 지방으로의 점포 확장 가능성 · 공동 프로모션을 통한 마케팅 기회 증대	O	T	· 과다경쟁 · 캐주얼 다이닝시장의 신규외식기업진출 · 경쟁기업 간 공격적인 프로모션 · 경기침체에 따른 고객의 구매력 약화

2. 벤치마킹

내부환경 분석방법 중의 또다른 하나가 벤치마킹benchmarking이다. 이는 외식기업이 가지고 있는 내부의 강점이나 경쟁우위를 파악하며, 그 외식기업과 직접적인 경쟁관계에 있거나 경쟁관계가 없더라도 경영상의 배울 점이 있다면 이는 곧 벤치마킹의 대상이

요 영역이 되는 것이다. 또한 벤치마킹을 통해 자사를 객관화할 수 있으므로 벤치마킹의 대상만을 분석하는 것이 아니라 벤치마킹의 또 다른 핵심적인 부분은 우리 외식기업의 상황도 같이 비교해 보는 것이다. 이런 차원에서 보자면 앞의 SWOT 분석을 함께 실시하거나 벤치마킹 대상기업 선정 후 SWOT 분석을 보완 실시하는 것이 바람직하다.

한 외식기업의 강점 내지 경쟁우위는 그 외식기업의 여러 가지 경영자원 중 경쟁기업에 비하여 가지고 있는 훨씬 우월적인 능력, 즉 경쟁우위를 가져다주는 외식기업의 능력이라고 정의될 수 있다. 이러한 강점을 파악하는 가장 쉬운 방법은 경쟁 외식기업에 대한 벤치마킹을 통해 자사의 경쟁우위/열위 요인을 파악하는 것이다. 외식시장은 경쟁이 치열하고 창업과 폐업이 빈번히 이루어지는 속성을 가지고 있기 때문에 항상 기존의 경쟁사나 신규 경쟁사를 벤치마킹하는 자세를 가지고 있어야 한다.

제11장

11 외식시장 세분화

제1절 시장 세분화의 필요성

시장 내에 존재하는 다양성을 찾아 분석하기 위해 시장 세분화가 이루어진다. 모든 소비자는 동일하지 않다. 이러한 차이가 시장수요에 엄청난 영향을 미칠 수도 있다. 시장 세분화 전략은 또한 불충분한 고객의 필요를 발견하여 대처하게 한다.

이에 따라 신상품이 고객의 욕구를 충족시키게 되고, 회사는 성장하여 이윤을 낼 수 있다. 시장 세분화가 주는 필요성은 다음과 같다.

첫째, 시장기회를 보다 쉽게 발견할 수 있다. 각 세분시장의 욕구와 이들을 표적으로 하는 기존상품을 대응시켜 보면 세분시장의 욕구는 존재하지만 적절한 상품이 없는 경우를 발견할 수도 있다. 이것이 바로 시장기회이다. 이때 그 세분시장의 욕구에 맞는 상품을 개발하면 비교적 손쉽게 시장을 장악할 수 있다.

둘째, 마케팅믹스를 보다 효과적으로 조합할 수 있다. 예를 들면 세분시장의 욕구에 초점을 두고서 제품과 광고의 내용을 일관성 있게 조화시킬 수 있다. 이로써 고객이 상품을 명확하게 인식하도록 만들고 경쟁사의 상품과 시장을 장할 수 있다.

셋째, 시장수요의 변화에 보다 신속하게 대처할 수 있다. 고객의 욕구가 다양하게 섞여 있는 전체시장 대신에 욕구가 비교적 동질적인 부분시장에 주목함으로써 수용의 변화를 쉽게 파악하고 신속하게 대처할 수 있다.

그러나 시장 세분화의 한계와 문제점도 내포하고 있다.

첫째, 예산이 많이 든다. 각 세분시장은 개별적인 관심을 받기 때문에 폭넓은 서비스와 가격구조가 공급되어야 한다. 광고활동과 촉진활동이 각각의 세분활동에 적합한 기호와 취향에 맞게 집행되어야 한다. 전체시장을 공략하듯 단일 광고 · 마케팅전략이 유효하지 않기 때문에 추가비용이 든다.

둘째, 세분화 시장의 적합기준을 설정하기가 힘들다. 시장 세분화의 기준은 인구학적 요소, 지리적 · 사회심리적 요소, 구매동기, 편익추구, 라이프스타일 등에 좌우된다. 하지만 어떤 기준을 어떻게 잘 조화시켜 마케팅전략의 우위를 확보하고 이윤추구에 적합하느냐의 문제가 남게 된다. 신중한 연구조사와 계획이 뒤따르지 않으면 안 된다.

셋째, 보이지 않는 시장에 접근하는 경향이 있다. 시장을 세분화하다 보면 눈에 띄지 않는 시장이 있다. 예를 들면, 그들에게 도달할 수 없는 광고 · 판촉활동도 있게 마련이다. 어떤 시장은 너무 작아서 투자를 정당화시킬 수 없는 경우도 있다. 또 어떤 시장은 지속적이지 못하고 일시적으로 머무는 경향이 있다.

제2절 마케팅의 시장 세분화

1. 시장 세분화의 개념

시장이라는 용어는 원래 판매자와 구매자가 제품과 서비스를 교환하기 위하여 모이는 물리적인 장소를 가리켰다.

그러나 마케팅 담당자에게 시장이란 특정상품의 현재적 구매자와 잠재적 구매자로 이루어진 집합이다. 매스 마케팅Mass Marketing에서 판매자는 모든 구매자에 대해 하나의 제품을 대량생산, 대량유통, 대량판매 촉진을 실시한다.

시장 세분화는 표적시장Target Market을 선별하고 그에 적합한 마케팅믹스Marketing Mix의 투입을 위한 선행단계로 시장을 고객의 상이한 욕구나 특성에 의해 분화하는 것을 말한다. 극단적으로 나가면 세분화는 고객의 수만큼까지 나눌 수도 있으나 경제성의 측면을 고려해야 하기 때문에 적절한 특징을 찾아내어 알맞은 규모의 그룹으로 나누어 표적시장을 결정해야 한다.

이러한 시장 세분화를 통해 업소가 얻을 수 있는 이점으로는 잠재되었던 시장기회를 파악해 요구에 부응하는 상품으로 시장점유율을 확대할 수 있다는 것과, 세분시장의 자사상품에 대한 반응도에 근거하여 마케팅 프로그램과 예산을 시장에 맞게 조정할 수 있는 것을 대표적으로 들 수 있다.

레스토랑의 경우 일정지역에 몰려 있는 경쟁업체들의 밀집도가 다른 업계에 비해 유난히 높기 때문에 자기업소를 뚜렷이 구분시킬 수 있는 마케팅의 필요성이 매우 절실한 것이 사실이다. 따라서 시장 세분화를 통한 합리적인 표적시장의 선정과 적합한 마케팅 믹스의 선택으로 갈수록 심화되고 있는 경쟁 속에서 성장 · 발전할 수 있도록 노력해야 한다.

2. 시장 세분화의 기준

시장 세분화란 전체시장을 비슷한 속성을 가진 하위집단으로 특성화하여 나누는 과정이다. 다시 말해서 시장을 일정한 기준에 따라 몇 개의 동질적인 하위집단으로 나누는 마케팅 활동을 말한다. 이러한 시장 세분화의 기준은 요인이 되는 세분화 변수에 의해서 나눌 수 있는데, 시장 세분화의 기준이 되는 요인은 크게 지리적 · 인구통계학적 · 심리분석적 · 행동분석적 기준으로 나누어 볼 수 있다. 하지만 시장 세분화를 할 때 모든 기준을 적용할 수는 없다. 엄청난 비용과 시간이 들며, 세분화 작업을 불가능하게 만들 수도 있기 때문이다. 따라서 지향하고자 하는 마케팅 전략에 따라 효과적인 시장 세분화 전략을 세워야 한다.

■ 시장 세분화의 기준

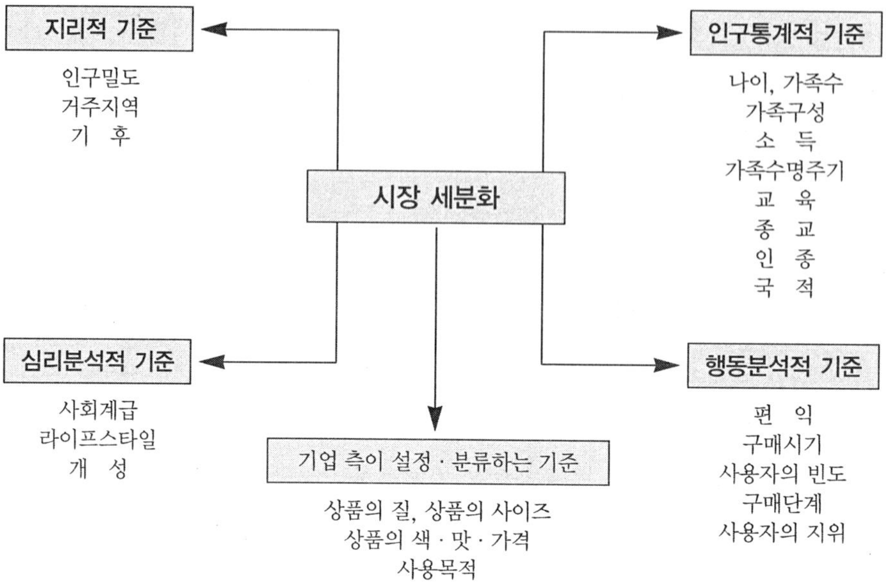

❶ 지리적 기준

소비자의 욕구와 반응이 지역에 따라 다를 수 있다. 기업은 지역의 현재욕구와 잠재욕구의 차이에 착안하여 하나 또는 복수지역에서 행동할 것인가 또는 모든 지역에서 행동할 것인가를 결정하게 될 것이다. 예를 들어 제너럴 푸드General Food의 맥스웰 하우스 커피는 미전역에서 판매되고 있으나 그 맛은 지역마다 다르다고 한다. 서부사람들은 동부사람들보다 진한 커피를 선호한다. 이 기업도 이제 맞추어 제품을 생산하고 있다. 그러므로 레스토랑은 자신이 참여하려고 하는 지역의 요구와 특성을 조사하여 이에 맞는 마케팅 전략을 세워야 한다.

❷ 인구통계적 기준

인구통계적 변수는 소비자시장을 세분하는데 가장 많이 사용되는 변수이다. 이것은 소비자욕구, 선호성향 및 내점률 등과 밀접한 관련이 있기 때문에 널리 이용되어 왔던 것으로 구체적 변수로는 연령, 생활주기, 성, 소득수준, 직업 등은 물론 몇몇의 변수들을 조합하는 다변수세분화 등이 있고 이러한 변수에 따라 선호하는 음식이나 서비스 방법 등이 다를 수 있다.

연령의 예를 들면 맥도날드는 미취학어린이용으로 장난감이 제공되는 식사를 제공하고 있다. 이러한 장남감은 때때로 시리즈로 되어 있어, 그 세트 전부를 모으기까지 어린이들이 다시 찾아가도록 동기부여가 되고 있다. 더욱이 이 레스토랑은 건강을 의식하는 성인용 시장에 대해 샐러드를 함께 제공하고 있으며, 고령자 시장에 소구하기 위하여 동년배의 배우를 이용한 광고를 내보내고 있다.

생활주기Life Cycle에 따른 시장 세분화 방법은 연령 및 결혼 여부와 자녀의 수 및 자녀의 연령을 합쳐서 시장을 세분화하는 방법이다. 예를 들면 젊은 독신자, 젊고 자녀 없는 기혼자, 젊고 취학 전의 아동을 가진 기혼자, 중년이고 십대의 자녀를 둔 기혼자, 중년이고 십대의 자녀를 둔 이혼자 등으로 나눌 수 있다.

가족의 규모와 생활주기에 따라 특정한 외식욕구를 지닌 수많은 부분 시장이 있을 수 있다. 어린아이가 있는 가족이 여행할 때 그들은 호텔 객실에서 어린이 침대나 간이침대Extra Bed를 필요로 할 것이다. 그들은 어린이들에게 적합한 메뉴가 있는 식당에서 저녁을 먹기 원할 것이다. 이러한 욕구는 자녀 없이 여행하는 사람이나 신혼여행을 온 부부의 욕구와는 매우 다르다.

소득은 어느 고객이 어떤 일정한 제품과 서비스를 구입하는가에 대하여 반드시 예측해 주는 변수는 아니다. 미국에서 고급스러운 도시형 레스토랑 경영자들 가운데 중의 상 정도가 사회계층이 거주하는 교외에 분점을 개설한 사람들이 있었다. 그러한 레스토랑은 교외에 사는 주민들의 높은 가족수입에 의존하여 영업을 꾸려나갔다. 그러나 많은 레스토랑이 문을 닫지 않을 수 없게 되었다. 왜 그랬을까?

레스토랑을 이용하는 도시거주자는 대부분 독신이나 자녀가 없는 부부로서, 생활양식은 외식하는 빈도수가 많다. 미국의 전국레스토랑협회에 따르면 독신자는 식사에 지출하는 비용의 반 이상을 외식에 쓴다고 한다.

그러나 교외거주자는 대부분 결혼한 부부로서 주택 · 자동차 및 자녀에게 돈을 쓰고 있고, 식사비용의 37%를 외식에 쓰고 있는데 지나지 않았다. 따라서 소득만을 기준으로 하는 시장 세분화는 충분치 않다.

직업Occupation은 별개의 세분화 변수이다. 전형적인 직업적 범주에는 전문가, 경영관리자, 기업소유주, 사원, 판매자, 학생, 주부, 은퇴자 등이 있다. 때때로 마케팅목적을 위해서 더 작은 직업적 세분화가 이루어지는 경우도 있다. 예를 들어 의사, 변호사, 대학교수 등은 전문가 부분시장의 작은 하위범주가 될 것이다.

직접적 세분화는 마케터에게 소득, 생활양식, 교육 등에 대한 통찰력을 준다. 그것은 역시 특정한 직접집단을 위한 전문화된 상품을 맞추는데 사용된다.

❸ 심리분석적 기준

심리분석적 변수에 근거한 시장 세분화는 비교적 최근에 응용된 마케팅기술이다. 심리분석적 세분화는 개인의 가치, 태도, 라이프스타일생활양식, 관심, 활동, 성격 등 심리적 변수를 사용하여 사람들을 집단화한다. 시장 세분화를 위한 계층의 하나는 심리적으로 잠재적인 고객을 그룹화하는 방법으로 라이프스타일을 이용하여 분류하기도 한다.

❹ 행동 분석적 기준

행동 분석적 세분화는 시장을 특정한 구매습관, 선호도 또는 목적이 있는 집단으로 나누는 것을 말한다. 주말 여행객, 재구매 고객 그리고 일등석 승객 등은 그들의 행동에 의해 정의된 표적집단의 한 예이다.

3. 시장 세분화의 방법과 전략

시장 세분화 전략이 자칫 오류를 범할 수도 있다. 따라서 사전에 충분한 시장조사와 연구를 통하여 마케팅전략의 궁극적인 목표인 이윤창출에 기여할 수 있어야 한다.

❶ 측정가능성

단지 세분시장의 규모만 파악한다면 어느 정도의 투자범위가 적합한지 알 수가 없다. 시장을 세분화한 후 구매력과 투자규모 등이 사전에 측정가능한 시장이라야 한다. 따라서 자료수집과 측정가능한 변수를 활용하여야 한다.

❷ 규모성

세분시장에 투자를 정당화시킬 만큼 적정규모를 갖추어야 한다. 차별적인 마케팅전략을 추구해야 한다면 이 세분시장은 이에 소요되는 비용을 상쇄할 만큼 충분한 이익을 낼 수 있을 정도의 규모를 갖추어야 한다.

❸ 경쟁성

세분시장의 고객을 충족시킬 수 있는 독특하고 개성있는 제품에 대한 시장조사가 이루어져야 한다. 고객의 욕구와 필요를 충족시키지 못하면 세분시장의 마케팅전략은 제대로 수행될 수 없다.

❹ 접근가능성

적은 비용으로 세분시장에 접근할 수 있어야 한다. 바꾸어 말하면, 제품구입 가능고객을 파악할 수 있어야 마케팅계획을 세울 수 있다는 것이다.

❺ 지속성

세분시장은 1~2년 정도의 단기수명을 갖는 시장이 있는가 하면, 장기적으로 지속성을 보장하는 시장이 있다. 장기적으로 잠재력을 갖는 시장확보가 마케팅전략의 기본이 된다.

❻ 차별가능성

특정 세분시장은 다른 시장과 비교할 때 시장의 마케팅활동에 대한 반응에서 명백한 차이가 있어야 한다. 따라서 다양한 시장 세분화의 방법은 그림과 같다.

■ 다양한 시장 세분화 방법

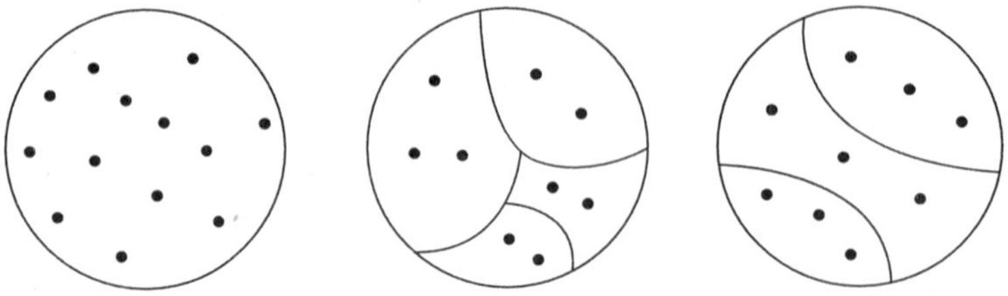

1) 자연상태
(비세분화)

2) 가격세분화
(가격차별화 전략)

3) 맛세분화
(맛의 다양화 · 개성화 추구)

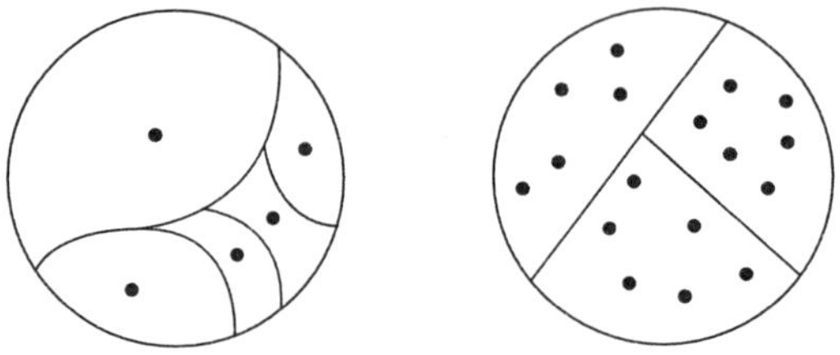

4) 연령 세분화
(청소년, 노년, 중년의
세대구분)

5) 지리적 세분화
(아파트, 상가 직장가, 주
택가, 대도시, 중소도시)

■ 요리의 세분화 전략

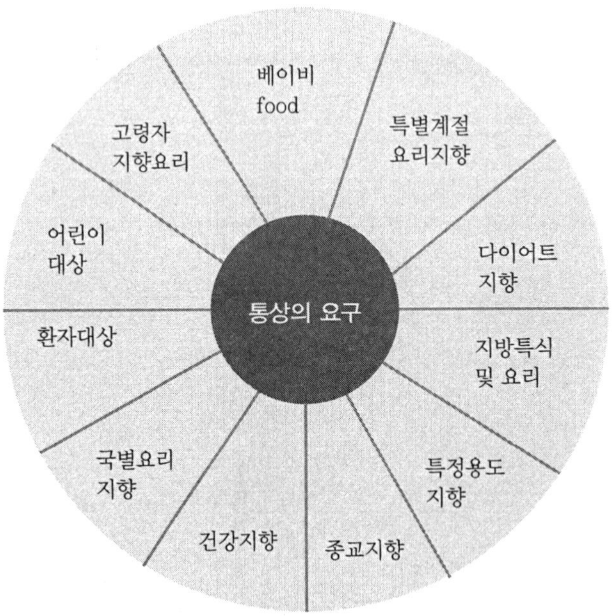

4. 시장 세분화 요건

시장을 세분화할 수 있는 방법은 다양하지만 모든 세분화가 다 효과적인 것은 아니다. 시장 세분화가 유용하게 활용되기 위해서는 몇 가지 조건이 있다.

① 세분화의 규모와 구매력이 어느 정도인지 측정가능해야 한다. 즉 제품을 구입하는 사람의 수를 어느 정도 측정할 수 있어야 한다. 예를 들어 음식맛보다 분위기를 중요시하는 고객들을 세분시장의 표적시장으로 하고자 할 때 세분시장의 인구와 구매력을 측정한다는 것은 어려운 일이다.

② 어느 세분시장에 접근가능한 적절한 수단이 존재해야 한다. 예를 들어 어느 대학 레스토랑 고객의 20%가 빈번하게 이용하는 단골고객이라는 사실이 조사되었지만 그들의 일반적인 특징은 없었다. 단골고객들 모두 대학의 교원 · 직원 · 학생들이었으며 상근과 비상근 또는 학생들의 이용방법에도 차이는 없었다. 이처럼 세분시장이 명확해지더라도 단골고객의 세분화에 접근하는 방법은 존재하지 않는다.

③ 어느 세분시장이 시장으로서 기여할 수 있는 실질적인 크기와 이익을 갖고 있어야 한다. 즉 세분시장이 마케팅 프로그램을 실행하면서 소요된 비용을 회수하고 이익을 낼 수 있을 만한 규모의 동질적 집단으로 구성되어 있어야 한다. 예를 들면, 대도시에서는 인도요리 · 태국요리 · 모로코요리 등 여러 민속요리 레스토랑들의 영업활동이 가능하겠지만 작은 도시에서는 어렵다고 할 수 있다.

④ 세분시장을 공략하기 위한 효과적인 마케팅 프로그램을 개발하고 실행이 가능해야 한다. 예를 들어 어느 외식기업이 시장을 2개로 세분화하였으나 직원과 예산이 부족하여 세분시장별로 개별적인 마케팅 프로그램을 개발할 수 없다면 세분화의 의미는 없다.

제12장

12 외식상품 포지셔닝 전략

제1절 포지셔닝 전략의 개요

포지셔닝positioning 전략이란 시장 세분화와 표적시장 전략의 결과에 따른 고객들의 욕구를 근거로 경쟁 외식기업에 비해 차별적인 메뉴를 개발하고, 이러한 메뉴 특성을 고객들에게 차별적으로 정확하고 확고하게 인식하도록 알려주는 일련의 과정이라고 할 수 있다.

포지셔닝은 고객의 인식 속에 외식기업의 이미지나 메뉴나 브랜드의 위치를 잡아주는 것이다. 포지셔닝의 기본적인 접근은 이미 잠재고객의 머릿속에 들어있는 기존의 연결고리를 다시 엮는 데에 있다. 다시 말해서 기존의 어떤 외식메뉴에 대한 또는 외식기업에 대한 고객들의 인지를 자사나 자사의 메뉴에 대한 인식으로 재구성해 나가는 작업이다.

그리고 인식이라는 것은 어떤 인식이 고객들의 머릿속에 박히게 되면, 그것을 바꾸는 것은 거의 불가능에 가까운 특성을 가지고 있다. 즉 한번 인식된 어떤 것을 바꾸려는 작업은 결코 쉬운 것은 아니다. 왜냐하면 고객들은 자신이 가지고 있는 어떤 것에 대한 인식이 틀렸다거나 수정해야 한다는 것을 대체로 참지 못하기 때문이다. 고객은 자신이 언제나 옳다고 생각하는 경향을 지닌다. 그것이 진실이다. 따라서 포지셔닝을 위한 효과적인 접근은 외식기업의 총체적인 노력과 자원의 투여가 뒤따르지 않으면 매우 힘든 작업이고 만약 이런 노력으로 고객의 머릿속에 강력하게 인식되는데 성공했다면 이는 강력한 구매로 이어져 그 외식기업의 성공의 원천이 된다.

포지셔닝을 위한 외식기업의 노력이란 고객의 인식 속의 인지도perceptual map에 우리 외식기업의 위치가 어디이며, 경쟁 외식기업의 위치는 어디이며, 그리고 고객들의 인식 속의 욕구는 있지만 빈 곳은 메뉴상으로 외식기업 이미지 상으로 어디인가를 항상 고민하고 원하는 방향으로 이끌고자 하는 것이다. 이러한 외식 마케터의 자세는 외식마케팅 성공을 위해 매우 중요한 것이며 외식마케팅 포지셔닝의 개요는 아래 표와 같다.

■ 외식마케팅 포지셔닝의 개요

구분	내용	
정의	· 경쟁 메뉴 대비 자사 메뉴가 고객 인식 속에 차지하는 상대적 위치	
인지도 (Perceptual Map)	· 고객이 어떤 메뉴와 관련하여 중시하는 속성에 따라 경쟁 메뉴들이 차지하는 상대적 위치를 나타내는 그림	
유용성	· 시장기회 파악 기능 · 자사메뉴 포지션 평가 · 경쟁강도 파악 가능	· 이상점(ideal point) 파악 기능 · 경쟁메뉴 파악 가능 · 외식마케팅믹스의 효과 측정 가능

제2절 외식마케팅 포지셔닝 전략의 유형

외식마케팅 포지셔닝의 방법은 첫째, 고객에 대한 핵심편익key benefit이나 핵심속성key attribute에 따른 것으로, 표적 고객들이 중요하게 생각하는 메뉴 편익 혹은 속성에서 자사의 메뉴가 차별적 우위를 갖고 있음을 직접적으로 강조하는 방법으로 가장 흔히 사용되는 포지셔닝 방법의 하나이다.

둘째, 구매상황에 따른 포지셔닝으로 외식기업의 메뉴를 구매상황에 맞게 적합화시키는 것을 말하는 것이다. 적절한 상황시간대, 계절적, 또는 함께하는 동반자에 따라과 자사 메뉴를 연계시키는 방법이다.

셋째, 경쟁 외식기업에 의한 포지셔닝으로 고객의 마음속에 강하게 인식하게 있는 경쟁 외식기업에 비해 자사의 메뉴 차별점 예를 들어 맛에서의 차별점, 재료에서의 차별점, 가격에서의 차별점 등을 인식시켜 나가는 것이다.

끝으로, 고객 특성에 따른 포지셔닝으로서 표적시장 내의 전형적 고객을 겨냥하여 자사 메뉴가 그들에게 적절한 메뉴라고 소구하는 방법 등이다. 이를 표로 정리하면 아래 〈포지셔닝의 유형과 접근방법〉과 같다.

■ 포지셔닝의 유형과 접근방법

유형별	접근방법
메뉴 속성에 의한 포지셔닝	· 메뉴의 편익이나 속성을 경쟁 메뉴와 차별화하여 고객에게 인식시키는 방법 · 상징적, 감각적, 기능적 편익이나 속성에 의해서 포지셔닝함
구매상황에 의한 포지셔닝	· 메뉴를 구매상황에 적합화시킴으로써 포지셔닝하는 방법
경쟁 외식기업에 의한 포지셔닝	· 고객이 인식하고 있는 경쟁 외식기업과 비교함으로써 자사 메뉴의 편익 강조 · 이는 경쟁 외식기업의 메뉴로써 욕구 충족이 되지 않는 시장기회를 이용하는 방법
고객에 의한 포지셔닝	· 메뉴가 특정 고객 계층에 적합한 것으로 포지셔닝하는 방법

이러한 포지셔닝의 유형별로 포지셔닝 소구방법을 함께 고려하는 것이 중요하다. 포지셔닝을 위해서는 고객들의 인식 속에 심어줄 소구수단틀 혹은 단서 등이 필요한데, 이런 소구수단은 시장 세분화의 기준변수가 사용될 수 있고, 굳이 시장 세분화의 변수가 아니더라도 촉진수단의 한 변수가 될 수 있다. 여기서는 몇 가지 소구방법을 설명하고자 한다.

첫째, 전통에 호소하는 방법으로 우리 외식기업이 전통성을 계승했다는 것을 통해 일종의 권위의 효과를 누리려는 전략이다. 이는 우리나라만의 재미있는 현상으로 원조 경쟁 논란이 대표적인 것이라고 할 수 있다. 특히 이런 현상은 외식마케팅에서 심하게 나타나는데, 원조 옆에 원조 그 옆에 진짜 원조라는 간판을 보는 것은 이제는 식상한 일이 되었다. 하지만 이제는 이런 외식마케팅은 시장에서 먹히지 않을 뿐더러 마케팅자원 낭비의 일종이다.

하지만 제대로 전통에 소구하는 외식마케팅 포지셔닝의 힘은 실로 대단하다. 50년이 넘는 어떤 외식기업은 전통에 호소하여 줄을 서고, 저녁에는 아예 영업을 안 해도 항상 사업이 잘되는 경우는 바로 이런 전통 호소 포지셔닝 전략의 결과이다.

둘째, 일등 효과로써 일등으로 인식됨으로써 더 많은 혜택을 누리려는 전략이다. 이런 일등 포지셔닝은 일등이라는 믿음의 포지셔닝으로 고객들의 입장에서 외식기업의 선택에서 판단기준이 되는 정보는 일천하기 마련이기 때문에 남들이 선호하는 것은 큰 무리가 없다고 단정 지으려는 심리적 면이 있어 이런 일등효과는 상당히 중요한 포지셔닝 효과를 누리기도 한다.

셋째, 선점효과로 새로운 메뉴, 새로운 외식 서비스 제공 형태, 새로운 외식문화의 선두 주자라는 점을 강조하여 시장에서 좋은 위치를 확보하는 방법이다. 이는 주로 젊은 층에 대한 새로운 맛의 외식마케팅에 흔히 사용되는 포지셔닝 전략이다.

넷째, 유명인 편승소구로 자사에 들러 외식 서비스를 받은 유명인의 사인이나 사진이나 혹은 방송에 나왔던 것을 홍보하여 고객의 마음에 소구하는 것으로 우리나라에서 대유행을 일으켰고 일정한 성공도 거두었다. 하지만 너무도 지나치고 지저분하게 이런 유명인들의 행적을 나타내는 것은 오히려 거부감을 줄 수 있기 때문에 외식마케팅에서 주의를 기울여야 한다.

다섯째, 제품속성 표시에 의한 소구로 특정 메뉴의 주 재료가 어느 지방의 것이라든지, 우리나라에는 없는 독특한 것이라든지, 전 세계에서 가장 유명한 곳의 재료라든지를 통해 포지셔닝하는 것을 말하는 것이다.

끝으로 대비효과로 경쟁사에 비해 우리의 위상을 고객의 인식 속에 심어주는 포지셔닝 전략이 된다. 즉, 경쟁자시장 선도자와 강한 대비를 통해 빨리 포지셔닝하는 전략이다. 즉 가끔 보게 되는 "우리는 2등입니다"와 같은 문구는 전형적인 대비효과 포지셔닝에 해당된다. 이외에도 포지셔닝을 위한 소구수단은 매우 많을 수 있다. 하지만 외식마케터가 중요하게 생각해야 하는 것은 고객의 인식 속에 우리의 메뉴나 기업이미지를 심어 주는 하나의 소구에 초점을 맞추어 장기적인 노력을 기울여야 한다는 점이다.

이는 미래에도 가장 중요한 포지셔닝의 철학이 될 것이다.

제3절 포지셔닝에 대한 인지도 맵

외식마케팅 전략을 구체화하는 포지셔닝을 효과적으로 하기 위해서는 이를 뒷받침하는 몇가지 개념에 익숙해야 하는데 이것이 인지도이다.

인지도는 동종제품군에 대해서 고객들이 몇몇 평가기준에 따라 각 상품의 위치를 어떻게 인식하고 있는가를 나타낸 것으로 표적시장의 특성을 시각화한 것이다. 그리고 인지도의 용도는 현재 외식시장 내에 있는 경쟁상품이 침투하지 못하는 영역을 발견함으로 그 영역에 적합한 제품을 포지셔닝할 수 있는 기회를 얻을 수 있다는 점이다.

인지도를 작성하는 방법으로는 속성평가attribute rating를 통한 요인분석과 유사성 판단similarity judgement을 이용하는 방법 등이 있다. 그러나 유사성 판단을 이용한 방법은 요인분석보다 예측력도 떨어지고 이용상에 어려운 점도 있기 때문에 속성평가에 의한 방법을 보완하는 수단으로 사용되고 있다.

결론적으로 인지도를 중심으로 한 포지셔닝의 개념은 외식마케팅 전략에 있어 핵심이 되는 경쟁적 우위의 확보를 위한 투자전략을 선택하게 함과 동시에 다른 측면에서의 기업활동과 유기적 관계를 맺고 있으며, 그것을 구체화하는데 기여한다고 할 수 있다.

■ 스타벅스 커피의 포지셔닝 맵 사례

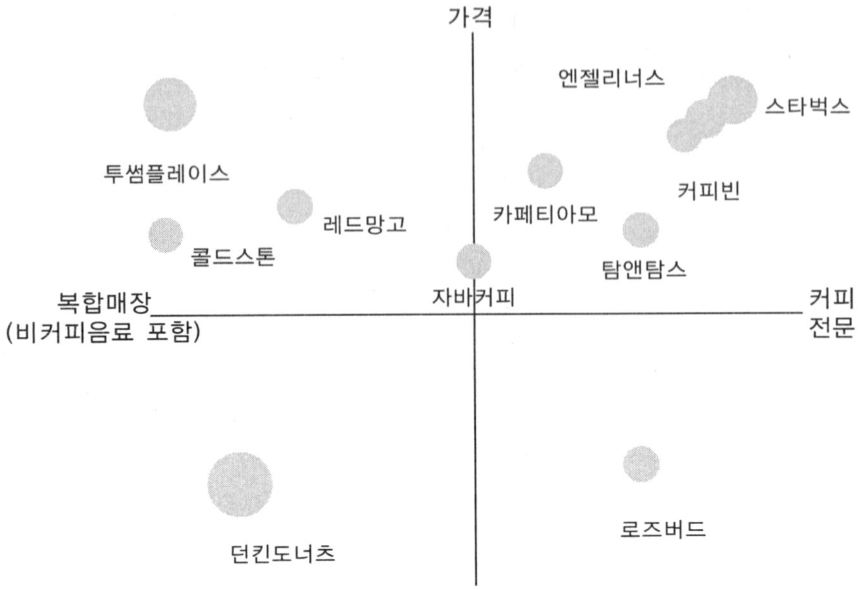

제13장

13 외식상품(Product)

제1절 외식제품 전략

포지셔닝의 다음 단계는 마케팅믹스의 결정이다. 레스토랑에서 훌륭한 메뉴를 만들었다고 해도 고객에게 정보가 제대로 전달되지 않거나 어디에 있는지 모른다면 판매할 수가 없다. 또한 고객이 정보를 듣고 방문하였다고 하더라도 가격이 맞지 않으면 역시 판매의 기회를 놓치게 된다.

마케팅믹스는 표적시장에서 기업의 목표달성을 위해 사용하는 통제가능한 전술적인 마케팅도구이다. 이른바 4P's라고 하는 제품product, 가격price, 유통place, 촉진promotion 등의 요소를 어떻게 조합시켜서 마케팅 목표를 달성할 것인가가 마케팅믹스의 핵심이다.

4P's 중 제품에 있어서 레스토랑은 식음료의 유형적 제품과 서비스 · 분위기 · 음악 · 청결 등의 무형적 서비스가 종합된 패키지로 고객의 욕구를 만족시키고 인상적인 경험이 전달될 때 고객은 다시 방문하게 된다.

■ 맥도날드의 마케팅믹스 전략

제품전략	촉진전략
· 퀵 서비스 · 메뉴, 서비스과정 단축 · 조리, 서비스 스피드화 · 인건비 절약의 셀프서비스 · 현지시장을 고려한 신상품개발 · 틈새시장 목표의 신상품개발	· 지속적인 광고와 프로모션 유지 · 대중문화의 중심적인 위치화 · 영화, 스포츠, 오락 프로그램과 연계 · Win-Win전략의 관계 마케팅 형성 · 어린이놀이터 개장 · 사회적 책임을 통한 간접적 홍보
가격전략	**유통전략**
· 인건비, 조리, 서비스과정 단축에 의한 가격 인하 정책 · 지역상권의 제한규정 내에서 가격선정	· 프랜차이징을 통한 해외사업 확대 · 대도시 중심지에의 입지선정 · 대학교, 주유소, 호텔, 역, 공항 · 군대 지상기지, 해군함정 등도 모색

이처럼 레스토랑은 매우 경험적인 상품으로 사전에 조사하고 운전해 볼 수 있는 자동차 구매와는 다르다. 고객은 단지 음식값만을 지불하는 것이 아니라 레스토랑에서의 종합적인 식사경험에 대해 지급하는 것이다.

따라서 목표시장을 선정한 후 고객이 원하는 종합적인 패키지를 만드는 것이 중요하다. 그 중에서도 가장 중요한 것은 좋은 음식이다. 특히 메뉴는 유형적인 제품으로 목표시장고객들의 선호가 정확하게 반영되어야 한다. 그 외에 서비스 · 분위기 · 편의성 등의 환경은 무형적인 제품에 해당한다.

1) 외식상품 유형

일반적으로 상품은 소비자의 욕구충족대상이 되는 유형 또는 무형의 모든 것을 의미하며, 유형재, 용역, 노동가치, 조직체, 아이디어 등이 있다. 외식상품은 요리나 음료와 같은 '먹는 것' 이라는 실체적 상품에 서비스라는 무형의 상품적 특성을 동반하고 있다.

이처럼 실체적 상품에 부가적으로 수반되는 서비스의 가치를 상품으로 개념화하기 위하여 기본적인 서비스에 추가적인 서비스를 부가하여 서비스를 확대하고 이를 소비자들에게 인식시킴으로써 경쟁자와 차별화를 시도하고 있다. 소비자는 기본적인 서비스에 부가되는 서비스를 유용하다고 생각하고, 그러한 서비스를 제공하는 상품을 선호하는 경향이 있다.

따라서 외식상품은 음식과 음료 등의 유형적 상품과 부가서비스의 묶음 또는 패키지라고 할 수 있다. 이러한 외식상품은 주main가 되는 핵심core 상품 혹은 본질적substantive 상품과 보조auxiliary 상품이 되는 주변peripheral 상품 혹은 촉진facilitator 상품으로 나누어 설명할 수 있다.

배고픔을 충족시켜 주는 적당량의 요리와 맛, 갈증을 해소시켜주는 음료, 기분을 전환시켜주는 분위기는 핵심적 상품이며, 이것은 〈구매자가 실제로 원하는 바가 무엇인가〉를 의미한다.

심지어 주차 등 편의시설과 장식, 종업원의 고객응대 태도와 방법 등 실체적 상품을 고객이 해당 레스토랑을 찾는 직접적인 이유가 되므로 핵심적 상품으로 보는 관점도 있다. 이러한 실체적 상품은 구매자가 〈핵심상품을 획득하기 위하여 눈으로 보고 사용하는 것이 무엇인가〉를 의미한다.

그러나 예약서비스, 홈페이지 구축, 광고와 홍보, 이용대금의 결제방법 등이 부가적 상품에 해당한다. 즉, 부가적 상품은 〈핵심적 기능 이외에 부가적으로 제공하는 덤이 무엇인가〉를 의미한다.

■ 상품의 개념

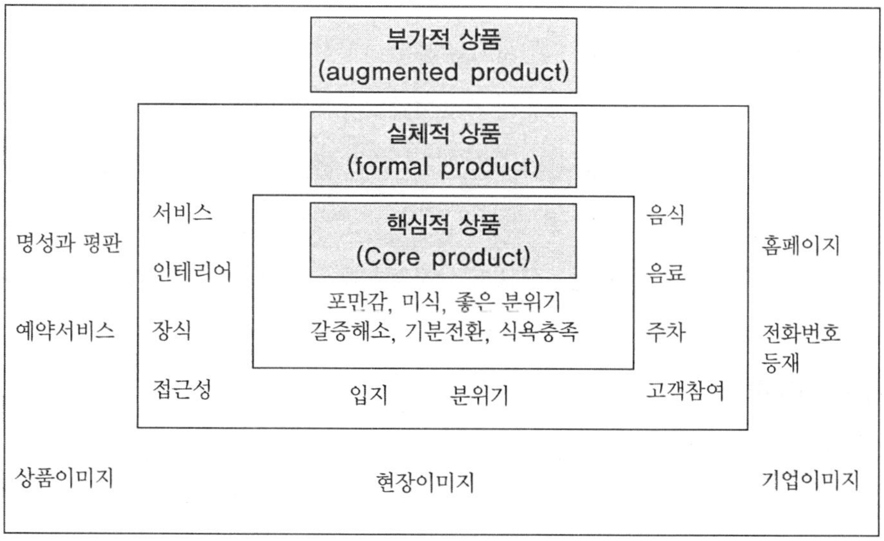

2) 분위기

레스토랑에서는 분위기 창출을 위해 디자인을 크게 강조한다. 얼마 전까지만 하더라도 대부분의 레스토랑들은 비교적 평범하였지만 오늘날은 충격적이고 즉각적인 감성을 전달하는 분위기의 레스토랑들이 많이 등장하고 있다. 특히 테마 레스토랑은 눈에 띄는 확실한 분위기를 전달함으로써, 정체성을 명확하게 표현하고 있다.

TGI프라이데이즈는 흰색과 붉은 색으로 된 차광판을 밝게 페인트칠하고 친밀감을 갖기 쉬운 분위기로 편안함을 느끼게 하면서 고객을 유인하고 있다. 그리고 고급 프렌치 레스토랑의 전형적인 분위기는 차분하면서도 조용하여 질서를 느끼게 한다.

3) 제품개발

외식산업의 시장변화가 지속되고 고객시장이 더욱 세분화되면서 다양한 메뉴가 새롭게 등장하고 있다. 특히 최근에는 건강식에 대한 관심이 높아지면서 메뉴선택이 신중해지자 메뉴개발 또는 개선이 레스토랑의 판매를 지원하고 유지하는 데 도움을 주는 필수적인 마케팅활동이 되었다. 이러한 제품개발은 지루하고 싫증이 난 제품을 대체하고 고객에게 흥미를 유발시키며 자극함으로써 시장점유율과 이익을 증가시켜준다.

메뉴의 확대는 레스토랑 마케팅에서 가장 유용하고 가능성 있는 전략적 무기이다. 특히 신제품은 레스토랑에서 판매에 활기를 북돋는 중요한 마케팅활동 중 하나이다. 간혹 신제품은 새로운 시장을 창출하는데 사용되기도 한다. 예를 들어 미국의 햄버거기업 웬디스는 몇 년 전에 주로 남성고객을 기반으로 하고 있었다. 여성을 타겟으로 하기 위해 웬디스는 구운 감자를 주요리로 도입하고 샐러드바를 설치하였다. 그 결과 두 제품 모두 여성들에게 좋은 반응을 얻음으로써 시장점유율을 증가시키는데 효과를 보았다.

4) 제품 포지셔닝

고객마다 레스토랑과 제품에 대한 인식 또는 이미지를 갖고 있다. 포지셔닝은 고객에게 가장 좋은 모습 또는 무엇을 가장 선호하는지, 경쟁사와 어떻게 구별되는지 등 레스토랑의 이미지를 뜻한다. 자사 레스토랑의 음식 · 서비스 · 가격 · 분위기 · 편의성 등이 동일상권의 경쟁사들과는 차별화된 특징을 보유하고 있어야 고객들에게 자사의 이미지를 명확하게 인식시킬 수 있다.

5) 제품 차별화

레스토랑은 한 가지 또는 그 이상의 음식과 분위기로 고객의 관심을 불러 일으켜 다른 레스토랑과 차별화하기를 원한다. 1937년 미국의 빅보이 햄버거체인점의 창립자인 밥위안은 차별화된 햄버거를 고안하였다. 기존의 햄버거가 빵을 두 쪽으로 나누던 것을 세 쪽으로 나누어 그 속에 두 개의 패티를 넣고 온기가 식지 않도록 종이로 햄버거 전체를 싸도록 하였다. "너무 두꺼워 스푼으로 햄버거를 먹어야 할겁니다"라는 광고를 통하여 체인점을 확대하였으며, 1967년 위안은 엄청난 금액을 받고 빅보이체인점을 매리엇에 매각하였다.

6) 제품수명주기

신제품을 시장에 도입한 이후 경영자는 제품수명이 길고 더 많은 수익을 기대하게 된다. 이익을 최대로 하기 위해 제품수명주기product life cycle에 따라 변화하는 시장과 환경조건에 맞춰 마케팅 전략은 변경된다.

제품수명주기는 일반적으로 제품개발단계, 시장에 처음 출시되는 도입단계, 매출액이 급격히 증가하는 성장단계, 제품이 어느 정도 고객들에게 확산되어 성장률이 둔화되는 성숙단계, 그리고 매출이 감소하는 쇠퇴단계의 과정을 거치게 된다.

성공한 많은 신제품들은 패션산업의 제품과 같이 제품생명주기를 따른다. 보통 신제품의 판매는 도입과 성장단계에서는 급속하게 증가한다. 그리고 성숙기에서는 제품의 판매가 최고조에 달하게 되는데, 그 이유는 경쟁기업들도 이와 유사한 제품을 팔기 위해 경쟁에 참여하기 때문이다. 한편 소비자는 신제품이 유사하거나 똑같을 때 흥미를 갖지 못하고 시간이 지남에 따라 희귀성을 잃게 되면 그것에 싫증을 내기 마련이다.

도입단계에는 매출액이 적고 신제품을 소비자에게 알리기 위해 유통 및 판매촉진비용이 늘어나기 때문에 가격이 비교적 높게 설정되는 경향이 있다. 그리고 성장단계에는 매출액이 상승하고 시장점유율은 높아진다. 제품개선 · 판매촉진 · 유통에 투자함으로써 유력한 위치를 획득할 수 있다. 성장기를 오래 지속시키기 위해 제품을 개량하고 새로운 세분시장의 진출과 가격인하 그리고 제품에 대한 신념을 심어 주는 광고를 한다.

성숙단계에는 매출액의 성장둔화에 의해 공급이 수요를 초과하게 되면서 격렬한 경쟁이 초래된다. 경쟁자는 가격을 인하하기 시작하고 광고와 판매촉진비를 늘린다. 경영자는 표적시장과 제품의 마케팅믹스에 대한 수정을 고려한다. 우리나라 햄버거와 피자시장은 성숙기에 있는 제품이 어떻게 되는가를 잘 보여 주고 있다.

쇠퇴단계에서 매출액은 기술적인 진보, 소비자의 기호변화, 경쟁격화 등의 많은 요인들로 인해 감소한다. 경영자는 쇠퇴하는 제품을 유지할 것인가, 삭제시킬 것인가를 결정해야 한다. 비프 스테이크 레스토랑이 고객에게 인기를 상실하였을 때 미국의 스테이크 앤 에일 레스토랑은 수익성이 없는 몇 군데의 레스토랑을 폐점하였으나 보다 이익을 낼 수 있는 곳은 유지하였다. 그리고 외식할 때 맛있는 스테이크를 찾는 고객이 아직도 남아 있는 지역에는 새로운 레스토랑을 개점하기도 하였다.

그러나 모든 제품이 도입단계 · 성장단계 · 성숙단계 · 쇠퇴단계라는 과정을 거친다고 할 수 없다. 제품의 성숙이 반드시 쇠퇴를 의미하지는 않는다. 레스토랑에서 어떤 메뉴는 도입하자마자 쇠퇴기를 맞기도 하며 반대로 오랫동안 꾸준하게 인기를 끌고 있는 메뉴도 있다. 따라서 제품수명주기에 따른 마케팅전략을 생각하는 것도 중요하지만 제품의 수명을 늘리거나 재활성화하는 전략을 생각하는 것도 중요하다. 사실 우리가 사용하고 있는 대부분의 제품들은 제품생명주기에 있어 성숙단계에 있지만 마케터들은 마케팅믹스를 통해 현존하는 제품들에 변화를 준다. 이것은 메뉴품목에만 해당하는 것이 아니라 레스토랑 콘셉트에도 똑같이 적용된다.

어떤 콘셉트가 오랫동안 변화하지 않으면 그것은 반드시 구식이 된다. 미국의 Chi Chi는 원래 가벼운 저녁식사를 제공하는 최초의 체인 레스토랑 중 하나였다. 이러한 개념은 20여 년 동안 변화하지 않았다. 결과적으로 Chi Chi는 몇 년간 매출부진에 빠졌고 1997년에 실내장식과 메뉴를 대폭적으로 다시 디자인하였으며 새로운 광고와 함께 변화를 시도하였다. 캐주얼 다이닝 레스토랑 칠리스는 매출부진에 대응하여 메뉴품목의 60%를 바꾸고 24개의 신제품을 메뉴에 추가하였다. 1997년 칠리스의 매출은 6% 증가하였다.

7) 콘셉트의 융화

외식기업들은 완전히 새로운 시장에 진출함으로써 제품의 특성을 변화시키기도 한다. 이것은 궁극적으로 소비자들이 자신의 제품을 인식하는 방법을 바꾸게 하는 것이지만 더 나아가 매출증가를 가져오기도 한다. 예를 들면, 미국의 패스트푸드 체인 레스토랑들은 주유소와 파트너십을 맺고 고속도로 주유소마다 레스토랑을 열었다. 한편 제품을 소매상을 통해 판매하기도 하였는데 타코벨의 경우 식품제조업자들과 파트너십을 체결하여 브랜드명을 사용하는 권리를 주고 제조된 상품과 판매를 전담하도록 하였다. 또한 소비자들의 요구가 증가하면서 유명요리사인 폴 프르드옴은 자신이 개발한 양념을 포장하여 전국적으로 구매가 가능한 제품으로 만들었다.

8) 브랜드

브랜드는 제조업자 또는 판매자가 자기의 회사 · 제품 · 서비스를 경쟁자와 구별하기 위해 사용하는 이름 · 심벌 · 용어 · 디자인 또는 이들의 결합체를 말한다. 그리고 브랜드명은 단어, 문자, 경쟁자의 제품이나 서비스와 구별되는 이름을 포함한 단어나 문자의 집단을 말한다. 예를 들어 맥도날드 · KFC · 스타벅스 · 베니건스 등이 바로 브랜드명이다.

기업은 제품을 판매하지만 소비자는 브랜드를 구매한다. 바꿔 말하면 소비자는 햄버거를 먹는 것이 아니라 맥도날드에 간다는 의미이다. 이제는 소비자가 제품이 아닌 브랜드이미지를 구매하는 것이 일반적인 소비행태가 되었다.

무엇보다 생활이 바빠지고 사회가 복잡해지면서 소비자는 브랜드에 의존하여 빠른 의사결정을 하려는 경향이 가속화됨에 따라 브랜드의 중요성과 가치가 더욱 높아지고 있다. 소비자의 머릿속에 한번 정해진 브랜드 이미지는 쉽사리 바꿀 수 없다. 소비자는 정확한 브랜드 정보를 갖고 특정제품에 전문화된 핵심 브랜드를 선호한다. 오랜 시간이

흘러도 경쟁제품이나 서비스와 쉽게 비슷해지지 않고 확실히 차별화할 수 있는 것도 브랜드이다. 제품 · 서비스 · 마케팅 등은 쉽게 모방할 수 있지만 법률적으로 보호받는 제품이나 서비스의 브랜드는 모방이 쉽지 않다.

외식산업은 타 산업에 비해 시장진입 장벽이 낮고 모방이 쉬워 차별화가 쉽지 않다. 특히 제품에 큰 차이가 없거나 차이를 인식시키기 위해 시간과 비용을 들이지 않으면 안 되는 제품에 있어서 브랜드는 제품을 차별화하는 강력한 무기가 된다. 스타벅스가 한국과 일본시장에 진출할 때 단 한푼의 광고비도 쓰지 않았지만 개장 첫날부터 고객의 행렬이 끊임없이 이어졌다. 그 이유는 바로 브랜드 파워 때문이다. 브랜드 파워가 기업의 성패를 좌우하고 있다고 해도 과언이 아니다.

제2절 외식기업 고객 패러다임

외식마케팅에서는 항상 고객과의 접촉을 통해 고객이 받아들이지 않는 메뉴는 즉각적으로 도태될 뿐만 아니라 가지고 있는 메뉴도 고객의 욕구를 반영하여 부분적이라도 계속적으로 수정해 나가는 그야말로 고객이 왕인 마케팅인 것이다. 핵심 마케팅 전략을 보면 제조업 기반의 마케팅은 인터넷 마케팅의 고객관계관리 전략customer relationship management을 제외하고는 대부분의 마케팅 핵심전략은 매스 마케팅이다. 그러나 외식마케팅은 항상 고객과의 대면접촉 속의 1:1마케팅이 핵심 마케팅 전략이 될 수 밖에 없다.

시장점유율의 기준을 보자면 전통 마케팅은 시장점유율market share이 기준이 되는 변수이지만, 외식마케팅에서는 고객의 마음 점유율mind share이나 최적 경험optimal experience이 중요한 점유율이 기준이 되어야 한다. 외식마케팅은 고객의 마음을 사로잡지 못하면 아무 의미가 없는 마케팅이고 고객에게 최적 경험의 가치를 심어주지 못하면 단골화는 불가능한 것이다.

전통 마케팅에서는 표준화된 제품이나 서비스를 그 대상으로 하지만 외식마케팅에서는 개인화 메뉴가 중시된다. 다시 말해 외식마케팅은 어떤 메뉴나 서비스를 파는 것이 아니라 메뉴와 서비스가 전달되는 과정을 판매하는 것이라고 볼 수 있는 것이다.

1. 외식기업 고객전략

외식마케팅 고객전략을 실행하기 위해서는 외식 마케터들에게는 다음과 같은 질문에 항상 답할 수 있어야 하고, 그래야만 그 외식기업의 마케팅이 고객중심적으로 이루어지고 있는지를 알 수 있게 되는 것이다.

1) 제1단계 : 누가 우리의 고객인가?

이는 앞의 시장 세분화와 바로 이어지는 목표시장전략과 같은 맥락이다. 외식마케팅에서 자사의 고객이 일정하고 향후 별 변화가 없을 것이라고 생각한다면 이는 가장 큰 실패의 원인이 될 것이다. 고객을 둘러싸고 있는 환경의 변화는 갈수록 증대되어 이제는 고객변화가 하루가 다르다는 점을 명심할 필요가 있다.

특히 인터넷의 발달로 고객들이 외식기업이나 외식마케팅에 대한 정보나 지식이 많아 이런 변화를 긍정적이든 부정적이든 간에 증폭시키는 요인이 되고 있다. 그러므로 고객전략의 출발점은 바로 누가 우리의 고객인가를 파악하는 것이다.

2) 제2단계 : 고객이 무엇을 원하고 있는가?

누가 우리의 고객인가를 파악하였다면 그 고객들이 우리에게 무엇을 원하고 있는가를 분석하는 것이 중요하다. 여기서도 마찬가지로 우리의 단골고객조차도 요구하는 어제의 서비스와 오늘의 서비스가 동일할 것이라고 하는 안이한 사고를 버려야 한다.

단골고객이면 어느 정도 우리의 실수나 서비스차질에 대해 인내심을 가지게 되지만 - 이들도 실수나 서비스전달에 문제가 발생하면 언제 떠날지 모른다. 처음 오거나 몇 번 온 고객에게 서비스의 실패는 치명적인 결과를 가져오므로 그들이 원하는 것을 하루하루 개발하는 연구자의 자세가 중요하게 된다.

3) 제3단계 : 고객의 가치가 무엇인가?

앞의 제2단계에서 고객이 원하는 것이 무엇인가가 좁은 의미의 고객문제 해결에 초점을 맞춘 것이라면 이 단계에서는 장기적인 관점에서 고객이 우리 외식기업과 맺고자 하는 가치가 무엇인가를 파악하는 것이다.

고객의 가치 공식은 {가치value=혜택benefit−비용cost}이다. 특히 마케팅에서는 이 공식의 항목에 각각 인지perception라는 의미가 들어간다. 즉 가치는 인지된 가치 perceived value, 혜택은 인지된 혜택perceived benefit, 그리고 비용 역시 인지된 비용 perceived cost이 된다.

이것은 외식마케팅에서 다시 한번 더 고객의 중요성을 강조하는 이유가 된다. 즉 고객의 인지상황에 따라서 가치인지가 달라진다는 것이다. 또한 가치공식에 따른 고객가치 제고전략은 첫째, 가치를 증가시키기 위해서는 비용이 동일하다면 혜택을 증가시키거나 둘째, 혜택이 동일하다면 비용을 감소시키거나 셋째, 비용을 높이더라도 가치를 더 높인다면 고객의 가치는 증대될 것이다. 외식마케팅에서 고객가치의 증대에 대한 많은 시도가 이루어져야 한다.

4) 제4단계 : 고객으로부터 무엇을 얻을 것인가?

일반적인 마케팅이든 외식마케팅이든 간에 마케터들은 고객에게 무엇을 해줄 것인가에 집착하는 경향이 많이 있다. 하지만 우리가 한 가지 간과해서는 안 되는 것은 고객도 우리에게 끊임없는 자기의 마음을 전하고자 하며 실제로 그렇게 하고 있다는 것이다.

다만, 마케터들이 그것을 감지하지 못할 뿐만 아니라 안다고 해도 그것을 반영하는 마케팅전략의 수립이나 기존 마케팅전략의 수정 노력이 부족하다는 문제가 있을 뿐이다. 외식마케팅은 특히 고객과의 대면접촉이 많으므로 외식마케터는 고객들로부터 암묵적으로 혹은 명시적으로 정보를 수집하는 노력을 기울여야 한다.

결국 이러한 노력이 고객가치를 아는 노력임과 동시에 고객가치를 높이는 노력이 된다. 안타까운 것은 마케팅 담당자들이나 경영자들이 고객에 대해 알고 있는 것을 지식화하여 고객의 가치를 높이는 노력을 등한시하는 경향이 있다는 것이다. 단지 고객에 대해 정보를 아는 것으로 만족하고 마는 경우가 많은데 이를 지식으로 승화시켜 마케팅 전략화해야 한다.

5) 제5단계 : 고객에게 무엇을 줄 것인가?

이 단계에는 제3단계의 가치공식과 같은 맥락으로 이해되어야 하는데, 고객에게 우리는 단지 메뉴만을 제공하는 것이 아니라 서비스와 무형의 혜택을 제공하고 있는 것이다. 이 단계는 앞에 설명된 포지셔닝전략과 밀접한 관계를 가지는데 고객이 느끼는 가치는 유·무형의 외식마케팅 노력의 총체로써 이해되어야 한다.

비록 포지셔닝에서 핵심편익을 기능적 편익이라고 해도, 그 외 감각적 편익과 상징적 편익도 함께 제공되어야 할 필요가 있다. 어떤 외식마케팅의 기업이미지나 메뉴나 서비스도 세 가지 핵심편익기능적/감각적/상징적은 다 가지고 있지만, 다만 고객과의 효과적인 의사소통을 위해 한 가지 혜택만을 강조하는 것이지 나머지 혜택이 중요하지 않다거나 간과해도 된다는 것은 아니다.

6) 제6단계 : 고객에게 가치를 어떻게 줄 것인가?

이 단계는 제5단계에서 고객에게 제공할 그 무엇이 정해지면 전달의 수단이 되는 것으로 꼭 물질적인 것만을 포함하는 것이 아니다.

오히려 물질적이지 않은 것이 외식마케팅에서는 가치제고의 수단이 된다. 고객의 e-mail을 안다면 그 고객이 계산한 카드를 통해 재방문 여부를 확인하고, 감사메일을 전달하거나 혹은 방문이 뜸한 고객들에게 새로운 메뉴나 새로운 방문시 사은행사 등을 알릴 수 있게 된다. 따라서 이 단계에서는 고객과의 의사소통 경로가 중요한 문제인데 외식마케터들은 고객과의 의사소통 경로의 확보에 모든 노력을 기울여야 한다. 그것이 e-mail이건 홈페이지건 유선전화건 관계없이 고객과의 접촉점contact point을 다양하게 확보할 필요가 있다. 다만, 이런 경로를 통해 고객들이 불쾌하게 생각할 수 있는 메일이나 연락을 보내는 것은 극히 자제해야만 한다.

7) 제7단계 : 고객과의 관계는 무엇인가?

향후 고객과의 관계 관리CRM : Customer Relationship Management는 일반적인 마케팅뿐만 아니라 외식마케팅의 핵심적인 화두가 될 것이다. 이는 뒷장에서 자세히 다루겠지만, 고객과의 장기적인 관계를 정립하고 개발하고 유지하는 것이 모든 마케팅활동의 초점이 된다.

외식마케터의 입장에서 항상 파악해야 하는 것은 우리 고객들과의 관계의 수준은 어느 단계이고, 이를 어떻게 관리해야 하고, 향후 관계 유지를 위해 어떤 일들을 해야 하는지를 명확하게 정립해 놓아야 한다.

제14장

14 상품가격(Price)

제1절 가격의 의미

영리를 추구하는 기업조직이든 정부나 사회단체와 같은 비영리 조직이든 계속적인 외식기업활동에 소요되는 자원을 확보하기 위해서는 자신이 생산한 상품과 서비스에 대하여 적절한 대가를 요구해야 한다. 이때 그러한 대가를 가격이라고 한다. 즉 마케팅에서 가격이란 "자신에게 필요한 것을 제공받은 사람이 그에 대한 반대급부로 상대방에게 주는 유형적 및 무형적 가치의 총합"을 의미하는데 대체로 화폐액으로 표시된다. 더욱이 마케팅에서는 흔히 가격을 매가賣價라고 하며 그것을 결정하는 정책적인 행위를 매가결정Pricing이라고 부르는데, 이것은 가격이 단순히 주어지는 제약조건이 아니라는 점과 가격의사결정에서 마케팅 관리자가 취해야 할 것은 다분히 능동적인 입장을 강조하는 것이다.

상품의 효용utility이란 "소비자의 기본적인 욕구 및 필요를 충족시키거나 문제를 해결해 줄 수 있는 각 상품의 능력need-satisfying power"을 의미하며, 상품의 가치value란 그러한 능력에 대한 소비자들의 추정치로 대체로 시장에서 한 상품과 교환될 수 있는 다른 상품들의 양교환비율으로 표현된다.

가격 결정 시 구매자와 판매자 간의 상품가치에 대한 인식의 차이로 적정가격에 대해 서로 다른 생각을 가질 수 있다는 것을 고려해야 한다. 일반적으로 구매하는 사람은 가능하면 낮은 값에, 판매하는 사람은 되도록 높은 값에 사고 팔기를 바라지만 객관적으로 보아 상품의 가격이 생산과 분배의 비용이하에서 결정될 수 없으며, 그렇다고 고객의 지급능력이나 의사를 초월한 수준에서 책정되어서도 안 된다. 다시 말하면 가격은 쌍방이 용납할 수 있는 수준에서 결정되어져야 한다는 것이다.

또한 경쟁점 가격과의 상대성에 의한 판매량이 좌우되기도 하기 때문에 가격을 결정할 때 경쟁점의 가격구조를 충분히 고려해야 한다. 그러나 낮은 가격이 언제나 많은 수요를 창출하는 것은 아니고, 경우에 따라서는 오히려 높은 가격의 상품들이 선호되기도 하므로 표적시장의 필요 및 욕구의 정확한 분석에 근거해 가격을 책정해야 한다.

제2절 가격결정에 영향을 미치는 마케팅 요인

메뉴가격은 단지 식재료비용을 일정한 방식으로 추가하고 판매가격을 산출하는 것보다 더 많은 부분을 포함한다. 특히 인지된 가치의 높은 수준을 유지하기 위해 노력하고 증가하는 고객의 수와 판매 및 이윤의 수단요소로 메뉴가격을 고려하게 된다.

가격결정에 영향을 미치는 요소들로는 정부정책, 수요와 공급의 관계, 고객충성도, 세일즈 믹스, 경쟁업체의 가격, 비용구조, 가격에 대한 고객의 심리, 필요한 이익, 다른 마케팅믹스의 영향 등이 있다.

(1) 정부정책과 수요 · 공급의 관계

최저임금 · 세금 · 지급이자율 · 카드수수료 등의 정부정책은 레스토랑경영에 영향을 미치고 결국에는 가격에도 영향을 미친다. 수요와 공급의 관계도 가격방정식에서 결정적 요소로 작용하며 수요가 공급보다 높으면 가격은 상승한다. 그리고 고객충성도의 감소는 가격정책에 영향을 준다. 예전에는 단순히 가격을 낮춤으로써 고객충성도 또는 브랜드 충성도를 증가시킬 수 있었지만 지금의 고객들은 낮은 가격은 물론, 가장 좋은 서비스와 편익을 제공해 주는 레스토랑을 선호하고 있다.

(2) 고객과 가치

고객은 자신이 지불한 가격에 합치되는 가치를 원하며 좋은 가치를 준다고 인식되는 레스토랑의 단골고객이 될 것이다. 가격과 가치의 관계는 특히 고객이 돈에 대한 가치에 더욱 신경을 쓰는 불경기일 때 중요하다. 만일 A레스토랑에서 수프와 파스타 및 셀프서비스 샐러드 바를 15,000원에 제공하고 있고, 맞은 편의 B레스토랑에서는 같은 가격으로 수프를 곁들인 주요리 또는 샐러드로 시작하는 풀 서비스를 제공하고 있다면 고객이 다음 기회에 레스토랑을 이용할 때는 다시 한번 생각하게 될지도 모른다.

(3) 세일즈 믹스

전체 판매량에서 메뉴품목 각각이 차지하는 비율을 나타내는 세일즈 믹스는 가격 수준을 결정하는데 중요한 요소이다. 레스토랑마다 수십 개의 메뉴품목을 보유하고 있으며 그 중에서 특정품목의 판매량이 다른 품목보다 많을 수 있다. 이처럼 인기 있는 메뉴품목이 바로 공헌이익은 낮을지라도 충분한 판매량을 올려 줌으로써 공헌이익은 높지만 판매량이 낮은 메뉴품목의 매출을 상쇄할 수 있게 된다.

(4) 음식의 질

가격과 질은 상호 직접적인 관계가 있다. 좋은 품질의 식재료가 사용되면 그에 맞는 가격이 책정된다. 예를 들어 패밀리 레스토랑과 패스트푸드 레스토랑에서 사용되는 육류의 등급은 서로 다르며 품질에 맞는 가격을 책정함으로써 가격과 질의 균형을 맞추고 있다.

(5) 다른 마케팅믹스 변수

가격은 마케팅믹스에서 수익을 낳는 유일한 변수로 다른 마케팅믹스 변수들의 영향을 받기도 한다. 예를 들어 바닷가에 위치한 레스토랑은 바다라는 환경적 조건의 가치제공을 통해 가격을 높게 받을 수 있게 되는 것이다.

제3절 가격결정 절차와 결정방법

1. 가격결정 절차

물론 가격정책에 따라서는 아래의 각 절차 중 어떤 부분은 생략되거나 축소될 수 있지만, 그렇다고 이런 절차를 무시해서는 안 된다. 다시 한번 강조하지만 가격정책은 매우 신중해야 하며, 가급적 아래의 절차를 따라 가격의사결정을 내리는 것이 바람직하다.

이런 가격결정 절차는 첫째, 목표 외식시장의 도출이 우선적으로 이루어져야 한다. 외식마케팅 시장 세분화를 통해 자사에 적합한 목표시장을 도출하는 것이 가장 우선적인 가격결정의 과제이다. 외식시장 세분화의 궁극적인 이유는 자사에 적합한 시장의 선정이 되며, 이런 외식시장을 선정하여 한정된 외식마케팅 자원을 투여하고자 하는 것이며, 이런 외식마케팅 자원의 투여 전략이 외식마케팅 4P믹스 전략이기 때문에 반드시 시장 세분화를 전제로 한 목표시장의 도출이 가격결정의 최우선 절차가 된다.

둘째, 목표시장의 잠재규모의 추정으로 선정된 목표시장은 앞에서 언급된 목표시장 전략, 즉 집중화 전략, 차별화 전략 그리고 비차별화 전략 중 하나를 선택하는데, 이때에 각 전략의 대상이 되는 시장의 규모를 추정하여야 올바른 가격정책이 이루어진다. 이는 외식기업의 수익 구조와도 관련을 가지는 것으로 목표시장의 규모에 따라 매출구조와 그에 다른 수익구조를 파악할 수 있기 때문이다.

셋째, 메뉴 포지셔닝의 개발로 이는 가격의사결정에서 중요한 의미를 가지는데, 가격의사결정이 메뉴의 포지셔닝과 관련을 가진다는 의미이다. 이는 경쟁 외식기업의 포지셔닝 전략이 고려되어야 하는데 시장의 어떠한 경우도 독점이 이루어질 수 없거니와 설령 독점이 존재한다고 해도 그리 오래 가지는 않는다. 따라서 경쟁 외식기업의 가격에 대비한 가격정책의 상대적 위치를 파악하는 것이 중요한 절차가 된다.

넷째, 외식마케팅믹스의 설계로 다른 외식마케팅의 믹스는 즉 고객믹스, 촉진믹스, 그리고 물류믹스와의 연관 속에서 가격의사결정이 이루어져야 한다. 이는 믹스들 간에는 장기적인 포지셔닝을 위해 상호보완적인 관계에 있어야 한다는 점을 의미한다. 즉

믹스들 간에 갈등이 일어나서는 안 된다. 예를 들어 최고급 고객들을 상대하는 메뉴의 가격이 고객들의 관습적인 인식범위와 현저히 낮으면 이는 바로 품질에 대한 평가로 이어질 수 있다. 또한 너무 높게 가격이 책정되면 소위 바가지 상술이라는 이미지를 주기 때문에 주의를 기울일 필요가 있다.

다섯째, 수요의 가격탄력성Price elasticity 분석으로 이에는 인지문턱percep-tual threshold을 고려해야 한다. 가격탄력성은 가격의 변화율에 대한 수요의 변화율을 말하는 것이 일반적이다. 그러나 외식마케팅에서 수요의 변화율의 핵심을 이루는 것은 고객의 인지이므로 외식마케팅의 가격탄력성에는 인지 문턱을 고려해야 한다. 인지 문턱이란 어떤 메뉴의 가격이 일정한 선을 넘어서면 매출이 급격히 떨어지는 선을 말하는 것이다.

이런 것을 반영한 가격정책이 앞에서 언급된 단수가격정책odd pricing이 대표적이다. 이런 가격정책에는 외식마케터의 과거의 경험이나 실제 고객들을 대상으로 한 실험이 중요하다. 즉 어떤 메뉴에 대한 가격을 외식마케터가 일방적인 짐작으로 조정하기보다는 사전에 소수의 고객들을 대상으로 간단한 설문조사를 통해서라도 고객들이 받아들일 수 있는 가격대를 알아보는 것이 고객들의 인지 문턱이 어느 선인가를 파악하는 중요한 요소가 된다.

여섯째, 가격정책 관련 원가를 추정하는 것으로 이에 대해서는 여러 가지 투자비용, 메뉴 생산비용, 외식마케팅 비용 등이 포함된다. 이는 가격결정의 최소한의 조건으로 원가를 철저히 검토해 보는 것은 당연한 일이다.

일곱째, 환경요인 분석으로 외식업계의 관례, 경쟁 외식기업 반응, 법규 등을 고려해야 한다. 근래에는 외식업계의 관례를 따르는 가격결정은 많이 없어지고, 오히려 관례를 깨는 가격정책이 고객들로부터 호평을 받는 시대라고 할 수 있다.

하지만 경쟁 외식기업의 반응이나 법규와 관련해서는 주의를 기울여야 한다. 만약 다른 마케팅믹스의 지원을 받지 못하는 상황에서 가격인하 정책을 사용하게 되면 필요 없는 경쟁사의 저항을 받아 오히려 가격인하로 인한 그 기업 혹은 메뉴의 평판을 떨어뜨리는 결과가 될 수 있다. 그리고 새로운 경쟁 외식기업의 진입을 저지하고자 가격 담합을 하는 경우는 법규의 규제를 받아야 하는 점에서 가격결정에 환경적인 변수를 고려해야 한다.

끝으로, 가격믹스 목표의 설정으로 가격정책의 내적 · 외적 제약조건, 외식마케팅의 전략적 역할, 외식마케팅의 재무목표를 고려하여 최종적으로 가격결정이 이루어져야 한다. 위에서 언급한 여러 단계는 외식마케팅의 가격결정에 중요한 절차이다.

2. 가격결정의 방법

1) 원가기준법

원가에 따라 판매가격을 결정하는 방법에는 크게 원가가산법과 목표이익법이 있다. 원가가산법은 메뉴의 식자재원가에 일정한 표준이익률을 가산하여 판매가격을 결정하는 방법이다. 그러나 목표이익법은 예상되는 판매에서 차지해야 하는 목표수익률을 전략적으로 판단하여 판매가격을 결정하는 방법이다.

2) 수요기준법

판매가격결정 기준이 원가가 아니라 소비자의 인식가치 또는 수요강도를 판단하여 가격을 결정하는 방법이다.

3) 경쟁가격 결정법

경쟁가격 결정은 크게 모방가격과 입찰가격이 있다. 모방가격은 경쟁업자 또는 경쟁상품의 가격을 참고로 가격을 결정하는 방법이다. 입찰가격은 입찰에 성공하기 위하여 경쟁자보다 유리하게 제시하는 가격이다. 입찰가격은 단체급식의 판매식단가가 적합한 사례가 될 수 있다.

제15장

15

외식유통(Place)

제1절 입지의 중요성

입지place 문제는 고객이 상품이나 서비스를 활용하기 위하여 얼마나 쉽게 접근이 가능한지에 관한 문제이다. 즉, 입지문제는 시간 및 장소 효용에 대한 문제이며, 기업과 표적고객의 거래를 촉진시킬 목적으로 특정장소와 시간대에 이를 맺어 주기 위한 수단이다. 입지가 수요를 창출한다는 말이 있다. 그만큼 입지는 중요하다.

레스토랑은 구체적인 영업장소나 영업시간이 입지문제의 핵심이라고 할 수 있다. 입지는 시간과 장소효용에 대한 문제로 외식기업의 경영성공에 가장 중요한 요인이다. 레스토랑의 입지문제는 고객의 관점에서는 교통의 접근성과 이용시간대의 편리성이라고 할 수 있다. 반대로 외식기업의 입지선택은 수익성, 고정비, 변동비, 서비스 수준 등을 고려하여 결정하여야 한다.

또한 입지place를 상품이나 서비스를 소비자에게 제공하는 장소라고 한다면 유통경로place, marketing channel는 상품이나 서비스의 분배방법이라고 할 수 있다. 유통경로에는 직접유통과 간접유통이 있다.

1. 직접유통

생산자, 즉 제공자가 소비자에게 직접 상품이나 서비스를 제공하는 유통경로로 대부분의 레스토랑은 직접 유통경로에 해당한다.

2. 간접유통

서비스나 상품의 제공자와 소비자 사이에 대리점이나 판매상이 있어 생산과 소비를 연결해 주는 유통경로이다. 프랜차이즈 제과점과 같이 본부에서 만든 빵을 팔기만 하는 경우를 간접유통 경로라고 한다. 본부나 가맹점, 대리점 또는 판매상과 같은 간접유통의 경로구성원들은 상호 간에 상반되는 목적, 가치, 이해관계를 가질 수 있다. 이러한 영향으로 판매권 지역의 범위, 공급과 판매 가격정책, 거래처지원정책, 고객응대방법, 마진율, 판매능력 등에서 갈등이 많이 발생한다.

제2절 입지선택

입지조건에 관해서는 하나로 결정된 방식은 없다. 입지는 기업의 마케팅전략에 의하여 좌우되며 기업들마다 독자적인 평가방법을 갖고 있다. 맥도날드에게는 좋은 입지라 할지라도 롯데리아에게는 다를 수 있다.

입지선택은 일반적으로 4가지 단계로 이루어진다.

제1단계는 마케팅전략과 표적시장을 이해하는 것이다. BBQ치킨은 KFC · 파파이스 등이 중심상업지역에 위치하고 있는 것과는 달리 주택가에 입지하고 있다. 이러한 조건은 주택가에 위치한 대부분의 치킨전문점들이 주류를 취급하고 남성고객을 타겟으로 하는 것과는 달리 BBQ는 가족끼리 가장 가까운 곳에서 치킨을 즐길 수 있는 틈새시장을 발견하였다.

제2단계는 지리적 시장영역의 선택과 관련된 지역의 분석이다. 체인레스토랑들은 새로운 시장으로의 확대를 계획한다. 그들은 규모의 경제는 물론 안정적 수요측면에서도 진출하고자 하는 지역에 몇 개의 체인점을 확산시킬 수 있는지를 확인한다.

제3단계는 지리적 의미를 지닌 지역 내에서 하나의 구역을 선택하는 것이다. 어느 레스토랑 체인이 5개의 레스토랑을 진출시키고자 할 때 지역의 경쟁과 성장의 잠재적 가능성을 평가하여 가장 유망한 5개의 구역을 선택한다.

제4단계는 개별입지를 선택하는 것이다. 입지선택은 간판의 제약조건과 배수, 주차장 등 건물의 구체적 조건을 포함하고 있는 체크리스트와 인구, 가구소득, 경쟁자 등의 통계분석으로 결정한다.

일반적으로 가시성, 접근성, 편의성, 주차장 등이 성공적인 입지 요인들이다. 가시성이 좋은 레스토랑은 고객에게 쉽게 발견되고 확인된다. 자동차와 가족외식의 대중화로 레스토랑으로의 편리한 접근성과 충분한 주차공간의 확보가 필요하다. 한편 전통적인 레스토랑입지에 관한 개념이 바뀌면서 학교, 공항, 쇼핑몰, 버스터미널, 철도역 등도 패스트푸드 또는 패밀리 레스토랑들의 중요한 입지로 등장하고 있다.

제2절 유통경로와 유통시스템 관리

1. 다양한 유통경로

1) 프랜차이징

기존의 전통적인 유통경로보다는 수직적 마케팅 경로vertical marketing system, 즉 프랜차이징이 일반화되고 있다. 단순하게 생산, 도매, 소매로 이어지는 전통적 유통경로는 각각의 경로구성원들의 자기이익을 극대화하려는데 비하여, 수직적 마케팅경로프랜차이징는 경로 전체의 목적달성을 위하여 통합된 시스템을 이루고 있다. 소유와 관리가 계약에 의하여 하나의 시스템으로 통합된다.

2) 전자유통경로(electronic channel)

인터넷 거래와 같은 전자유통경로는 사람들 사이의 직접적인 상호작용이 필요하지 않는다. 인터넷 상거래는 제공자의 획일적인 상품과 서비스가 소비자에게 전달된다. 또한 유통경로가 단순화되므로 가격이 낮아지며, 고객의 편의가 확보되고 시공을 초월한 보다 광범위한 직접유통이 보장된다.

이러한 장점에도 불구하고 고객의 욕구에 일일이 부합하기 어렵고, 고객의 참여가 제한되며, 상품과 서비스 제공의 보안상의 문제 등 단점이 나타나고 있다. 그러나 실제로 많은 레스토랑이 홈페이지를 구축하여 판매하는 메뉴정보나 위치정보를 제공하고 있을 뿐만 아니라, 할인쿠폰을 제공하거나 택배서비스를 제공함으로써 성공을 거두고 있다.

3) 다경로 유통시스템

시장범위를 확대하기 위하여 많은 기업들은 다경로 유통multi-channel 전략을 구사한다. 다경로 유통전략이란 동일한 시장에 보다 큰 영향을 미치게 하기 위하여 둘 이상의 유통경로를 동시에 구축하는 유통전략이다. 예를 들어 토종 외식기업의 선두주자 (주)놀부는 멀티브랜드 전략에 따라 놀부보쌈, 놀부솥뚜껑, 놀부시골밥상, 놀부부대찌개, 놀부순두부 등 여러 가지의 상품을 출시하여 여러 세분시장을 동시에 공략하고 있다. 대부분 가맹점이 본부의 개발상품을 판매하고 있지만, 다수의 직영점도 가맹점이 판매하는 상품을 판매하고 있다. 이처럼 본부도 고객을 대상으로 판매하는 동시에 가맹점도 동일한 상품을 소비자에게 판매하거나 여러 개의 브랜드를 서로 다른 유통경로를 통하여 시장에 소구함으로써 두 개 이상의 유통경로를 동시에 유지하는 유통경로 전략을 다경로 유통시스템이라고 한다.

2. 유통시스템 관리

유통시스템의 목적을 효율적으로 달성하기 위해서는 총 비용분석 등을 통하여 이윤, 비용, 고객서비스 수준 등의 목표를 설정하고 달성하여야 한다.

구체적으로 외식산업에서의 유통시스템은 주문처리과정, 재고관리 및 통제, 배달시스템, 정보관리시스템 등을 결정하지 않으면 안 된다.

첫째, 주문처리활동은 판매주문정보를 수집하여 분석하고 활용하는 제 활동을 말한다. 이제 외식산업도 막연히 고객의 전화주문 등에 의존하는 기존방식에서 탈피하여야 한다. 그러기 위해서는 보다 적극적으로 고객을 분석하고 고객의 기호에 맞는 상품개발은 물론 고객의 주문에 신속성과 정확성을 기함으로서 이익의 증대, 고객만족, 외식업체 등 성장 등을 실현할 수 있다.

둘째, 재고관리란 수요에 대응하기 위하여 상품의 재고를 미리 준비해 두는 것을 말한다.

이는 총재고비용을 최소화하면서 동시에 고객의 수요와 고객서비스를 만족시키는 중요한 핵심이 된다. 즉, 외식산업에 있어서의 재고관리란 고객이 필요로 하는 상품을 고객이 원하는 시간 안에 배달될 수 있도록 재고를 통제하는 것이다.

셋째, 배달시스템의 개발이다. 이는 생산된 상품을 빠른 시간 내에 신속하게 그리고 고객이 만족하는 수준의 최적의 상품을 전달하는 시스템을 말한다.

이의 목표실현을 위해서는 운송수단의 개발도 중요하지만 최근에는 상품의 최적화를 위한 포장기술의 개발 등도 중요하다.

넷째, 정보관리시스템의 도입이다. 요즈음 작은 외식업체에서도 효율적인 업장 및 고객관리를 위하여 컴퓨터를 이용한 정보시스템을 이용하는 업체가 부쩍 늘어나고 있다. 이러한 정보관리시스템은 생산자, 소비자를 보다 밀접하게 연결해 줄 뿐만 아니라 주문처리, 재고관리, 고객관리 등에 있어 크게 활용되고 있다.

제16장

16 외식촉진(Promotion)

제1절 촉진의 의의와 목표

외식기업이 개발한 상품에 대하여 현재고객 또는 잠재고객에게 상품에 대한 정보를 알리고 설득하며, 회상하도록 하는 활동을 마케팅 커뮤니케이션marketing communication 또는 촉진promotion이라고 한다. 이러한 촉진활동의 기본적인 목적은 고객에게 자사의 상품을 알리고awareness 고객의 마음속 이미지에 자사의 상품을 포지셔닝positioning하는 것이다.

외식기업은 이러한 다양한 정보제공 등의 활동을 통하여 고객의 레스토랑 방문을 유인하고 재방문비율을 높이며 고객의 브랜드 충성도를 높이고자 한다. 마케터가 활용하는 촉진 수단은 매우 다양하지만 판매 촉진, 광고, 인적판매, 홍보 및 공중관계 등 네 가지 방법이 촉진믹스promotion mix로 활용되고 있다.

촉진promotion은 의사소통의 일환이고 촉진믹스는 고객과 외식기업을 잇는 의사소통의 수단이므로 고객의 욕구에 메뉴의 정보를 제공하거나 외식기업의 이미지를 호의적으로 조성해 단기 혹은 장기적으로 판매를 유도하는 것을 그 목적으로 한다.

보다 구체적으로는 다음의 네 가지의 역할이 있다. 첫째 정보전달로써 외식기업의 존재와 무엇을 하는지 그리고 어떻게 하는지에 대한 정보를 전달하는 것이 가장 기초적인 목적이다.

둘째, 설득으로서 자사의 비전과 포지셔닝 목표와 메뉴 개념을 고객에게 가장 적합한 것으로 설득하기 위한 것이다.

셋째, 주의환기로써 이미 앞의 두 가지 목적에 의해 알게 된 것을 고객들의 구매시점에서 회상할 수 있게 하는 것을 그 목적으로 한다.

넷째, 비교로써 경쟁 외식기업의 메뉴나 점포나 가격과 비교하는 촉진을 말한다. 촉진믹스 목적의 하부 단위인 유형별 목표는 아래의 촉진믹스 유형별 목표와 같다.

촉진믹스의 유형별 목표는 첫째, 정보 제시형 촉진목표의 경우 신메뉴에 관한 설명, 메뉴의 새로운 개념 제안, 그리고 가격변동의 정보 등을 전달하는 것이다. 정보 제시형 촉진의 목표는 이용 가능한 메뉴와 서비스를 안내하고 메뉴에 대한 잘못된 이미지를 교정하며 고객우려의 해소를 목표로 한다.

둘째, 설득형 촉진목표로써 자사의 메뉴 선호도 구축과 자사 메뉴로의 전환 유도가 내용이 되며, 구매 설득과 구매 주문 설득을 목표로 한다.

셋째, 주의환기형 촉진목표로써 메뉴의 필요성에 대한 주의를 환기시키며, 구매장소가 어딘지를 알게 하는 것을 그 내용으로 하며 비수기에도 잊지 않도록 하거나 고객이 항상 염두에 두도록 하는 것을 목표로 한다.

끝으로, 비교형 촉진목표로써 경쟁메뉴와 혹은 경쟁메뉴의 재료와 비교하는 것을 내용으로 하며 그 목표는 상대적 우위 입증이 된다.

■ 촉진 메시지의 유형별 목표

유 형	내 용	목 표
정보전달	· 신 메뉴에 관한 설명 · 메뉴의 새로운 개념 제안 · 가격변동의 정보	· 이용 가능한 메뉴와 서비스 안내 · 잘못된 메뉴에 대한 인상 교정 · 고객 우려의 해소 · 기업의 이미지 구축
설득	· 메뉴 선호도 구축 · 자사 메뉴로의 전환유도 · 지각된 메뉴속성 변화	· 구매 설득 · 구매 주문 설득
주의환기	· 메뉴의 필요성 주의환기 · 구매장소의 주의환기	· 비수기에도 잊지 않도록 · 고객이 염두에 두도록
비교	· 경쟁 메뉴와 비교	· 상대적 우위입증

제2절 촉진믹스 전략

촉진믹스는 광고, 홍보, 인적판매, 그리고 판매촉진으로 구성되며 아래 그림과 같다.

■ 촉진의 의미와 구성요소

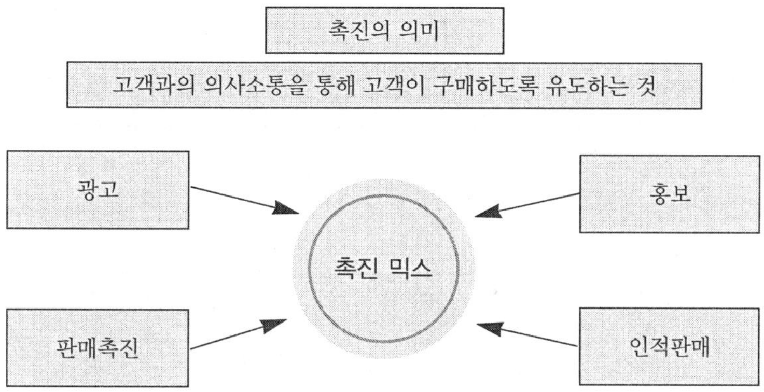

1. 인적판매(personal selling)

예상되는 고객 또는 잠재고객에게 상품정보를 제공하거나 판매를 성사시킬 목적으로 일대일로 기업정보를 알리는 쌍방향 촉진활동이다. 화장품이나 보험상품 또는 요구르트와 같은 음료수나 건강식품을 판매할 목적으로 방문하여 상품정보를 제공하는 행위, 이러한 정보제공을 전화로 하는 텔레마케팅 등이 해당된다.

2. 광고(advertising)

잠재고객의 인지창출 및 욕구를 자극하기 위해서는 기업의 이미지를 제고하거나 상품정보를 제공하여야 한다. 이러한 활동은 매체를 활용하는 촉진으로 그 비용을 기업이 지급한다. 일반적으로 TV, 라디오, 신문, 잡지, 간판, 전단지, DM 등과 같은 비용이 수반되는 유료광고가 있다.

3. 판매촉진(sales promotion)

구매자의 즉각적인 행동유발을 촉진하기 위하여 제공되는 인센티브로써 구매시점의 촉진활동을 강화하는 기업이다. 예를 들어 무료샘플 제공, 점포진열대의 진열, 경품제공, 시식코너에서 맛보여주기, 콜라나 맥주의 시음대회, 마일리지, 할인권, 상품전시회, 무료쿠폰, 프리미엄, 끼워팔기, 추첨권 제공 등이 구매시점 판매촉진활동이다.

■ **판매촉진 기본전략 Flow Chart**

기본전략		신규고객의 획득→이용빈도의 증가→동반자의 수행→일인당 객단가→점포매출 및 수익성 증대		
EVENT		• 상권 특성별 Event 활용의 극대화 • 주기적, 정기적인 다단계 전략구사 신선한 충동, 강한 구매욕 유발		
		광고, 선전 Image	판촉물 Conept	캠페인 Theme
전략	1 STEP 인지도 고지	점포 OPEN. EVENT • 공사기간 중 플랭카드 설치하여 고지 • 오픈 전 현수막 설치 • 오픈 전 점포 내외장 개방	→ 판촉물 활용의 극대화 • POP, 리플렛, 카달로그, 액자 • 오픈 증정품 실시 • 무료시음, 시식권 발행 • 초대권 배포	→ 주변상권 중심의 가시적인 컴페인 • 상권특성별 실시 • 슬로건, 캐치프레이즈 제작 • 점포 내 CM송 제작
	2 STEP 인지도 확산	계절별 기획행사 • 봄–감사 보은 대축제 (계절과일 주스 등) • 여름–휴가 페스타발 • 가을–가을맞이 대축제 • 겨울–송년, 망년 X-Mas, 졸업 • 신제품 출시 행사	→ 페키지 및 용기의 차별화 • 쇼핑백, Take • ut용 페키지 • 기념품 증정 및 상품권 활용 • 쿠폰제, 할인제 • 카렌다 제작 배포	→ 계절별, 단계별 캠페인 • 환경문제와 연계한 전개 • 포스터 제작 • 전철, 버스, 빌딩옥상 등의 옥외 켐페인
	3 STEP 점포활성화	매체 활용의 대중화 • 옥외광고(와이드 칼라) • DM발송(엽서, 편지, 연하장) • 전문지→일간지→레디오→TV • 점포 소식 책자발행 배포	→ 생동감 점포 이미지 정착 • 고객 회원카드제 • 영화사, 마사회, 프로야구 등과 연계망구축(교환권, D/C) • 선물카드	→ 캠페인용 대중화 • 캠페인용 VTR 제작 • 매체용 CM송 제작

자료 : 국내외식산업현황분석, 한국음식업중앙회

4. 공중관계 및 홍보(PR : Public Relation)

홍보PR이라고 하면 기업의 비용부담 없이 자연스럽게 기업이나 상품이미지를 제고하는 촉진활동이다 상업적 의미가 있는 정보를 매체를 활용하여 제공하는 활동, 상품이나 서비스에 대한 매체의 기사, 직원을 매체에 노출시켜 자연스럽게 기업이나 상품이미지가 제고되는 촉진활동이다.

신문기사, 단체에 기금을 전달한다든지, 태풍피해자들에게 음식을 제공한다든지, 지역시민단체에 참여한다든지, 또는 기타 수많은 접근을 포함하는 다양한 형태를 취할 수 있다.

■ 촉진믹스(promotion mix)

방법	특징	사례
인적 판매 (personal selling)	• 판매를 성사시킬 목적으로 일대일로 기업정보를 알리는 쌍방향 촉진활동 • 예상고객에게 상품정보 제공	방문판매, 텔레마케팅
광고 (advertising)	• 기업의 비용지불로 매체를 통한 촉진 • 잠재고객의 인지창출 및 욕구자극	TV, 라디오, 신문, 잡지, 간판, 전단지, DM 등의 유료광고
판매촉진 (sales promotion)	• 즉각적 구매자 행동유발 인센티브 제공 • 구매시점 촉진활동 강화	샘플, 점포진열, 경품, 시식, 시음, 마일리지, 할인권, 상품전시회, 쿠폰, 프리미엄, 끼워 팔기, 추첨
공중관계 및 홍보 (public relation)	• 상업적 의미가 있는 정보를 매체를 활용하여 제공 • 기업의 비용부담 없음 • 자연스런 기업이미지 제고 기대	• 상품이나 서비스에 대한 매체의 기사 • 직원의 매체노출로 자연스런 기업이미지 제고

제3절 인터넷 마케팅

21세기를 흔히 정보화 사회라고 한다. 과학기술의 발달로 정보통신산업이 급격히 발전하면서 경제, 사회, 문화에 가장 큰 변화요인으로 작용하고 있다. 그 중에서도 인터넷은 지역에 관계없이 많은 정보를 빠르고 넓게 전달하면서 세계를 하나의 지구촌으로 만들고 있다.

인터넷의 등장은 인간의 일상생활뿐만 아니라 기업환경에도 큰 변화를 주었다. 특히 인터넷이 거대한 의사소통매체로 성장하고 대중화되면서 외식산업의 새로운 환경요인으로 등장하였으며, 아울러 외식기업에게 매우 경제적이고 효과적인 마케팅 수단으로 떠올랐다.

그 결과 외식기업들은 온라인과 오프라인의 적절한 상호연계를 통해 시너지 효과를 달성하기 위해 노력하고 있다.

1. 인터넷 마케팅이란

인터넷 마케팅이란 개인이나 조직을 연결하는 쌍방향 커뮤니케이션의 기반을 인터넷을 이용하여 구축하고 이를 바탕으로 마케팅 활동을 수행하는 일련의 과정을 말한다. 즉 인터넷이라는 매체를 통하여 고객의 필요와 욕구를 충족시켜 주는 제품, 가격, 유통, 촉진 등을 계획하고 실행하는 활동이다.

마케팅이라는 넓은 범위에서는 인터넷 마케팅과 전통적 마케팅 모두 고객만족과 경쟁력 확보라는 목표에서는 큰 차이가 없다. 단지 인터넷이라는 새로운 도구를 중심으로 하는 전략과 운영에서 차이가 있을 뿐이다. 인터넷 마케팅은 기존의 전통적 마케팅에 비해 시간과 장소 등에 구애받지 않으면서도 고객과는 보다 신속하고 친밀하게 마케팅 대응이 가능하다.

■ 전통적 마케팅과 인터넷 마케팅의 특성비교

전통적 마케팅	인터넷 마케팅
일방적	쌍방향적
대중 마케팅	1 대 1 마케팅
이미지 중심	정보 중심
상품 중심	관계 중심
수동적 고객	능동적 고객
간접경로 위주	직접경로

2. 인터넷 마케팅의 유형

지금까지 레스토랑에서의 커뮤니케이션은 신문, 잡지 등 우리에게 친숙한 오프라인 매체가 주를 이루었다. 그러나 인터넷의 대중화는 획일적인 외식산업 마케팅활동에 큰 영향을 주었다. 인터넷을 활용한 마케팅활동이 단순한 광고나 홍보수준에서 벗어나 상거래와 고객관리 시스템으로 확대되고 있으며 쌍방향 커뮤니케이션을 통한 고객만족이라는 핵심역할을 하는 매개체로 인식하면서 유용한 마케팅도구로 적극 활용하고 있다.

외식산업에서의 인터넷 마케팅 유형에는 홈페이지, 미니홈피와 블로그, e-메일, 검색엔진 광고 등이 있다.

1) 홈페이지

외식기업으로는 처음으로 1996년 캐주얼 다이닝 TGI프라이데이즈가 홈페이지를 개설한 이후 외식기업들은 홈페이지를 제작하여 자사의 홍보, 메뉴소개, 특별행사, 쿠폰, 영업점 위치 등의 관련정보를 제공하는 것이 일반화되었다.

홈페이지 제작은 가장 많은 사용하는 인터넷 마케팅 방법 중 하나이다. 엄격히 말해 홈페이지는 인터넷 마케팅을 수행하기 위한 기본적인 매체라고 하는 것이 더 정확하다. 홈페이지에는 기업의 기본적인 정보는 물론 각종 이벤트, 쿠폰 등이 등록되어 있는데 효과적으로 마케팅을 하기 위해서는 고객이 지속적인 방문을 유도할 수 있는 콘텐츠를 만드는 것이 중요하다.

피자헛은 홈페이지의 모든 페이지에서 온라인 주문페이지로 접근할 수 있도록 했고, 회원가입 절차를 간소화해 더 빠른 주문이 가능하도록 편의성과 접근성을 최대화한 것이 특징이다. 또 주요 메뉴사진을 올려 고객이 제품을 직접 눈으로 보고 주문할 수 있으며, 고객이 배달시간에 민감한 점을 고려해 주문이 완료된 시점에 휴대폰 문자 메시지로 주문내역을 알려 주어 안도감을 갖추도록 배려하였다.

2) 미니홈피와 블로그

홈페이지가 각기 특성을 갖고 있는데 비해 미니홈피는 대형 인터넷 서비스회사가 소규모 입점회사를 위해 필수적인 몇 개의 기능만을 규격화하여 소규모로 홈페이지를 만들어 입점되어 있는 형태를 말한다. 예를 들어 전국 맛집정보 서비스회사인 오푸드에 전국 레스토랑들이 오푸드가 만든 규격의 미니홈피에 업소정보와 메뉴, 그리고 사진을 등록하여 서비스하는 것을 말한다.

미니홈피는 일반 홈페이지에 비해 업소별 특색이 부족하고 홍보성이 떨어지지만 비용이 저렴하고 유지와 보수에 추가비용이 없기 때문에 중소규모의 레스토랑에서는 바람직한 마케팅 방법이 된다. 그렇지만 자신의 레스토랑만을 특별히 나타낼 수 없기 때문에 인기있는 인터넷 서비스회사를 선정해야 마케팅 효과가 높다.

한편 웹 1.0 시대에는 텍스트, 이미지, 동영상 등이 컨텐츠의 중심이었다면, 웹 2.0 시대에서는 대부분의 검색결과가 블로그를 중심으로 블로그 내의 텍스트, 이미지, 동영상 등의 컨텐츠 중심으로 이루어지고 있어, 블로그가 새로운 마케팅으로 주목받고 있다.

3) E-메일

초기 인터넷 시대에는 e-메일이 인터넷 마케팅이 중요한 수단으로 사용된 적이 있었지만 장점이자 단점인 데이터의 다량배포로 인해 지금은 e-메일은 상업적인 마케팅 수단보다는 공익성이 있거나 공지역할을 하는 수단으로서는 효과가 매우 크다.

4) 검색엔진 광고

검색엔진 광고란 검색 사이트, 즉 NAVER이나 DAUM 등에 유료로 광고를 등록하는 것을 말한다. 사실 이런 방법은 과거의 전통적인 마케팅에서는 상상도 할 수 없었던 방식이다. 고객이 검색 사이트에서 어느 특정 레스토랑을 검색할 경우 등록한 레스토랑이 검색되면 그 레스토랑의 홈페이지가 노출되는 방식이다.

검색엔진광고는 온라인상에서 구매가 가능한 품목이나 고객에게 알려져 있지 않은 품목일 경우에 효과가 높다. 특히 택배가 가능한 메뉴, 식재료, 웨딩 뷔페 등은 검색엔진 광고가 필수적이다.

5) SNS 온라인 마케팅

온라인에 접속해서 개인 간 원활히 상호작용하고 경험과 정보를 공유한 상호 개방전인 마케팅서비스 방법이다. 국내 대표적인 SNSSocial Network Service는 블로그, 인스타그램, 유튜브, 페이스북, 트위터, 카카오스토리, 밴드, 미투데이, 싸이월드 등이 있다. 특히 메타버스 플렛폼인 제페토, 이프랜드, 게더타운에서 각자 관련된 상품인 콘텐츠를 개발하여 홍보하기도 한다. 한 예로 제페토 플렛폼에서 이디야커피숍이 홍보 마케팅한 사례가 있다.

제17장

17 마케팅믹스의 변화된 7P's

제1절 변화된 마케팅 7P's

■ 전통적인 4P's에서 7P'로

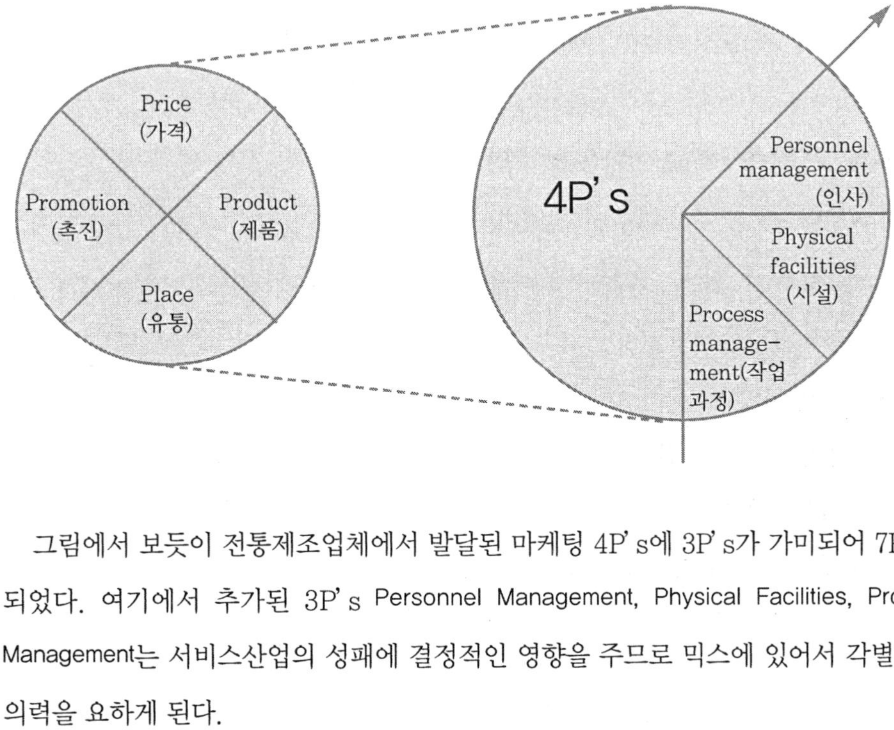

그림에서 보듯이 전통제조업체에서 발달된 마케팅 4P' s에 3P' s가 가미되어 7P' s가 되었다. 여기에서 추가된 3P' s Personnel Management, Physical Facilities, Process Management는 서비스산업의 성패에 결정적인 영향을 주므로 믹스에 있어서 각별한 주의력을 요하게 된다.

1. 인사 및 노무관리(Personnel Managerment)

1) 레스토랑의 성패 및 지위를 결정하는 열쇠는 이미지이며, 이런 이미지 창출은 인사 · 노무관리에 의해 결정된다.

2) 최상의 솜씨 · 기술로 고객의 욕구충족과 만족도를 높이고 스탭Staff의 훈련과 감독 · 경쟁심을 고취하고, 격려 · 보상심리 · 직무순환 등과 같은 동기여부를 통해 이미지를 유지한다.

3) 인사 · 노무는 서비스를 창조하고 고객에게 지속적으로 서비스를 제공하여 제고객 창출의 근간이 되지만, 부주의한 서비스는 지속적 영업을 하는 점포에 치명적 타격을 가하게 된다.

4) 레스토랑의 스탭들은 까다로운 고객과 곤란한 주문을 어떻게 다루어야 하는가를 배우고, 청결성, 고상한 언어사용, 정중한 태도 등으로 근면하고 참을성 있게 많은 업무를 수행토록 되어 있다.

이러한 전술과 규범으로 일관되게 업무에 임하면 훌륭한 이미지의 점포를 유지할 수 있는 것이다.

2. 시설 서비스(Physical Service)

1) 시설서비스는 레스토랑 마케팅에 중요한 열쇠로 바쁜 시간에 이용하는 고객에게 지루함을 덜어주고, 가격에 대한 거부감 등의 해소에도 결정적 역할을 한다.

2) 시설서비스의 기본조건

- 점포의 위치
- 다양한 마케팅 조건
- 편리한 주차시설
- 눈에 잘 띄는 표지판과 수칙
- 매력적인 건물과 뜰

3) 출입구 · 비상구 등 시설물을 레이아웃Lay Out하여 조명 · 색상 등 내부 디자인Internal Design에 완벽한 조화를 이루어야 한다.

4) 이상의 조건이 서비스를 판매하는 점포 개성, 이미지 청결과 친근감을 형성하는 중요한 포인트이므로 공사 시 실무진의 의견청취는 성패의 열쇠가 될 수도 있다.

3. 작업진행관리(Process Management)

1) 일상업무 · 조리과정 · 고객불평 등에 대한 기술적 처리법을 습득시킨다.

2) 고객의 주문내용에 가장 부합되는 서비스를 할 수 있게끔 교육시킨다.

3) 서비스의 계획수립에 있어 흐름에 따라 지속적으로 변신해야 한다.

제1절 미래의 마케팅믹스 요인

마케팅믹스의 필요성이 제기되면서 4P's라는 것이 처음 등장한 이래 많은 연구자들에 의해서 4P' s에 대한 이의가 제기되었다. 그 이유는 시대가 변화되면서 해당국가나 기업에서는 당시의 상황요인을 적절하고도 충분하게 믹스되었을 때만이 기업의 목적이 달성될 수 있기 때문이었다.

그러면 이러한 상황변화를 예측하면서 마케팅믹스 요인은 어떻게 변화될 것인가? 이에 대하여 현재의 상황에서 예견해 본다면 지금까지 제기되었던 7P's보다는 그림에서 보여주는 바와 같이 새로운 각도에서 조명돼야 할 것이다.

■ 미래 점포의 마케팅믹스 요인

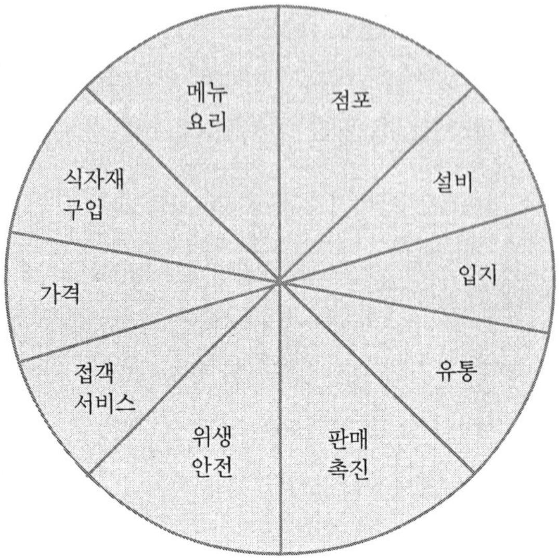

제18장

18 브랜드 마케팅

제1절 브랜드의 개념

1. 브랜드의 정의

오늘날과 같이 급변하는 시장 환경과 치열한 경쟁 속에서 브랜드의 역할은 그 어느 때보다 중요해졌다. 브랜드는 소비자 구매행동의 가이드라인 역할을 하고, 전략적으로 관리된 브랜드는 엄청난 자산적 가치를 발휘하게 된다. 브랜드는 고대의 이집트의 피라미드에 상형문자의 형태로 이미 등장하고 있고, 중세 길드에서 가입자를 통제하는 수단으로 브랜드가 쓰인 기록이 있으나, 실제로 브랜드라는 단어의 어원은 노르웨이의 Brandr굽다에서 나온 것으로, 가축 등에 소유를 표시하기 위해 찍던 낙인에서 시작되었다.

코틀러Kotler는 브랜드를 "판매자가 상품이나 서비스를 경쟁자들로부터 차별화하기 위하여 사용하는 독특한 이름이나 로고, 심벌, 등록상품, 포장 디자인 등의 종합"이라고 정의하였으나, 카퍼러Kapferer, 1992는 브랜드란 "소비자들이 제품을 쉽고 확실하게 평가하거나 선택할 수 있게 해주는 기업의 책임 또는 약속"이라고 하였다. 즉 소비자들은 브랜드가 나타내주는 모든 것, 즉 브랜드에서 제품의 질 등을 감지할 수 있으며, 브랜드에 대한 소비자들의 생각을 유사제품과 차별화시킬 수 있는 것이다. 우리나라 상표법 제1장 제2조에서는 브랜드를 "상품을 생산 · 가공 · 증명 또는 판매하는 것을 업으로 영위하는 자가 자기의 업무에 관련된 상품을 타인의 상품과 식별되도록 하기 위하여 사용하는 기호 · 문자 · 도형 또는 이들을 결합한 것"이라고 규정하고 있다.

미국의 마케팅학회AMA에서는 브랜드를 "판매자가 자신의 상품이나 서비스를 다른 경쟁자와 구별해서 표시하기 위해 사용하는 명칭 · 용어 · 상징 · 디자인 혹은 그의 결합체"라고 정의하였다. 이러한 정의는 두 가지 특징을 가지고 있는데 첫째, 브랜드는 브랜드 네임뿐만 아니라 표현 · 상징물 · 디자인 등을 모두 포함한다는 것이다. 최근의 많은 기업들이 CICorporate Identity작업을 통해 디자인과 상징물 등에 관심을 갖는 이유도 같은 맥락이라고 볼 수 있다. 둘째, 브랜드는 특정기업이 자신의 제품 또는 서비스를 고객에게 명확하게 인식시키고 경쟁자로부터 차별화하기 위한 수단이라는 점을 강조하고 있다. 한 마디로 브랜드는 자사제품을 다른 제품으로부터 구별하고 법률적으로 보호하는 기능과 제품을 차별화하기 위한 중요한 수단이라는 말이다. 하지만 이 정의는 기업의 입장만을 나타내고 있어 소비자의 입장이 빠져 있다. 브랜드는 기업의 제품차별화의 수단일 뿐만 아니라, 소비자가 제품을 인식하고 또한 그것을 통해서 자신의 이미지를 표출하는 수단이기도 한다.

브랜드는 브랜드 네임brand name, 트레이드 마크trade mark, 브랜드 마크brand mark의 3가지 범주로 구별될 수 있다. 브랜드 네임이란 음성으로 표시할 수 있는 상표의 한 부분으로서 제조업자 · 판매자 · 소비자가 제품을 소개하기 위하여 사용하는 이름을 말한다. 트레이드 마크란 법률적 보호가 부여되어 있는 등록상표로 지정한 상표 또는 상표의 일부로서 상표권이 형성되어 타인은 이를 침해하지 못하는 법적 보호가 되어 있는 것을 말한다. 그리고 브랜드 마크란 상표로 인정하지만 단지 언어로 표시할 수 없는 상징이나 디자인을 말한다.

이상의 브랜드에 대한 정의를 종합해 볼 때 브랜드란 원래 자기소유물 전용의 표시이며, 자기의 상품을 타인의 것과 구별하기 위해서 만들어진 시각적 · 언어적 표현이라 정의할 수 있다.

■ 브랜드(Brand)의 범위

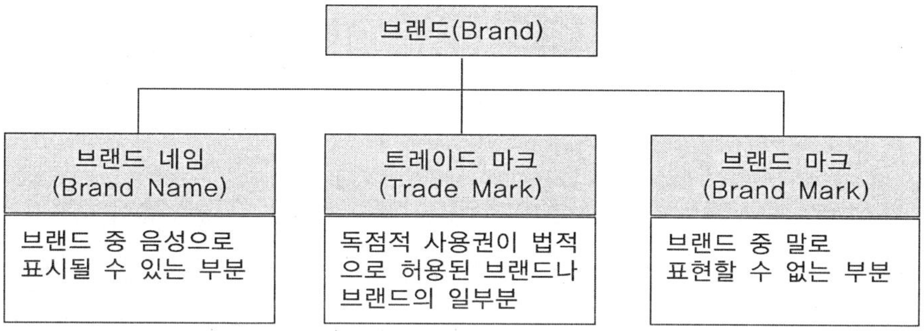

여기서 주목해야 할 점은 브랜드는 차별화를 위한 것이라는 점이다. 브랜드가 이와 같은 차별화의 역할을 하기 위해서는 식별을 위한 이름을 넘어서는 무엇인가가 브랜드에 내재해 있어야 하고, 또한 이 내재되어 있는 무엇인가를 소비자가 자연스럽게 인식하고 받아들일 수 있어야만 한다. 즉 혁신적이고 품질이 좋은 제품의 개발과 소비자에게 경쟁사와 차별화되는 독특한 혜택을 제공할 수 있는 상품은 성공하게 되며, 차별화 요소 중에서도 특히 상징적이고 심리적인 요소, 즉 브랜드 이미지는 장기간에 걸친 지속적인 투자와 마케팅활동에 의해 형성되기 때문에 손쉽게 모방되지 못하므로 지속적으로 부가가치를 창출할 수 있게 된다.

2. 브랜드의 기능

20세기는 토지 · 노동 · 자본 등 눈에 보이는 것의 가치가 지배하는 시대였다. 그러나 21세기는 지식 · 정보가 기반이 된 기업 이미지와 문화 · 브랜드 등 무형자산이 기업의 새로운 경쟁원천으로 떠오르고 있다. 따라서 오늘날 전 세계의 많은 기업들은 귀중한 자산으로 여기고 있으며, 이러한 브랜드 자산brand equity은 마케팅에서 중요한 이슈로 부각되고 있다.

왜 새삼스럽게 브랜드의 중요성을 인식하고, 기업들은 저마다 브랜드 파워를 구축하기 위해 노력하고 있는 것일까? 여러 가지 이유들 중 브랜드의 중요성은 크게 고객과 기업에 대한 브랜드의 가치와 관계가 있는 것이다. 즉 브랜드는 기업의 가치만 증가시키는 것이 아니라 고객의 가치도 증가시켜 주는 것이라는데 그 중요성이 있다.

1) 소비자 측면에서 브랜드의 기능

소비자에게 브랜드는 제품의 원천이나 생산자를 나타내어 특정의 생산자나 유통업자에게 품질 또는 서비스 등에 대한 책임을 부과하게 됨에 따라 소비자를 제품구매에 따른 위험에서 벗어나게 해준다. 더욱 중요한 것은 브랜드는 소비자에게 특별한 의미를 가진다는 것이다. 그 제품구매로 인한 과거경험과 수년간 이어진 마케팅 프로그램 때문에 소비자는 브랜드에 대해 배우게 되는 것이다. 소비자들은 어떤 브랜드가 그들의 필요를 만족시키고, 어떤 브랜드는 그러지 못한다는 것을 알게 된다. 따라서 브랜드는 소비자들의 제품의사결정을 신속하게 하고 단순하게 해준다.

만약 소비자가 어떤 브랜드를 인지하고 그에 대한 지식을 갖고 있다면, 제품구입을 위해 추가적으로 생각하거나 정보를 얻으려고 할 필요가 없다는 것이다. 따라서 경제적 관념에서 볼 때, 브랜드는 소비자들의 제품구매에 따른 탐색비용을 줄여준다. 내부적으로는 생각을 덜 하게 해주고, 외부적으로는 둘러보는 것을 덜 하게 해준다. 브랜드에 관해 이미 알고 있는 지식품질·제품특성 등에 근거하여 소비자들은 사실로 받아들이며, 그 브랜드에 대해 알 수 없는 것들에 대해서도 합리적인 기대를 형성하게 된다.

브랜드에 내재된 의미가 다소 심오할 수도 있다. 브랜드와 소비자와의 관계는 보증이나 협정의 형태로 보일 수도 있다. 소비자들은 브랜드에 신뢰와 로열티를 준다. 이는 브랜드가 특정방식으로 행동할 뿐만 아니라 지속적인 제품의 성능, 적절한 가격, 촉진, 그리고 유통 프로그램을 통하여 소비자들에게 효용을 제공해 준다는 것을 암묵적으로 알고 있기 때문이다. 소비자들이 브랜드를 구입함으로써 이익과 편익을 실현하는 한 그리고 제품소비로부터 만족하는 한, 소비자들은 그 브랜드를 계속 구입하려 할 것이다.

이러한 편익이 단순히 기능적인 것만은 아니다. 브랜드는 상징적인 장치의 역할을 할 뿐 아니라, 소비자에게 자기 이미지를 투사할 수 있게도 한다. 어떤 브랜드는 특정 형태의 사람들이 사용하는 것으로 연상되는데, 이로써 다른 가치와 특성을 반영하는 것이다. 그러한 제품을 소비하는 것은 소비자가 자신과 같은, 또는 자신이 되고 싶어 하는 다른 사람들과 의사소통하는 수단이 되는 것이다. 이에 대해 하버드대학교의 수산 Susan은 "대중 브랜드와의 관계는 전통과 공동체에 의해 포기되어 사회로부터 잊혀진 공허한 자아들을 위로할 수 있고, 또는 변화하는 세상에서 한정된 닻을 위로할 수도 있다. 브랜드와 제품관계의 형성 · 유지는 포스트모던 사회에서 문화적인 지지를 받는 많은 역할을 할 수 있다."고 한다.

요약하면 소비자들에게 브랜드가 가지는 특별한 의미는 소비자들의 제품에 대한 지각이나 경험을 변화시킬 수 있다는 것이다. 동일한 제품이 소비자에게 다르게 평가된다면, 이는 주어진 브랜드의 정체성이나 속성 때문이라고 할 수 있다. 브랜드는 소비자들의 매일매일의 활동을 편리하게 하고, 그들의 삶을 윤택하게 하는 독특하고 개인적인 의미를 가지고 있다.

2) 기업 측면에서 브랜드의 기능

브랜드는 기업에게도 귀중한 기능을 제공한다. 기본적으로 브랜드는 기업으로 하여금 제품의 취급이나 기록을 단순화시켜 주는 확인기능을 한다. 운영 측면에서 브랜드는 재고자산, 회계, 기타 기록을 조직하는데 도움을 준다. 또한 브랜드는 기업에게 제품의 독특한 특성 또는 양상에 대해 법적으로 보호받을 수 있게 해주며, 브랜드소유주에게 법적 지위를 주어 지적재산권을 보유할 수 있게 해주기도 한다.

브랜드 네임은 등록상표에 의하여 보호받을 수 있고, 제조과정은 특허에 의해 보호받을 수 있으며, 포장은 저작권과 디자인에 의해 보호받을 수 있다. 이러한 지적재산권으로 인해 기업은 안전하게 브랜드에 투자하여 가치있는 자산으로부터의 편익을 누릴 수 있게 된다.

브랜드에의 이러한 투자는 제품을 다른 제품으로부터 차별화시켜 주는 독특한 연상과 의미를 제공해 주게 되는 것이다. 브랜드는 특정수준의 품질을 나타내게 되어 만족한 구매자가 그 제품을 쉽게 재선택할 수 있게 한다. 이러한 브랜드충성도는 기업에 수요의 예측가능성과 안전성을 부여하므로 다른 경쟁자의 진입을 어렵게 하는 진입장벽을 구축하게 되는 것이다. 제조과정과 제품 디자인은 쉽게 모방할 수 있어도 수년간의 마케팅활동과 제품경험에 의해 소비자마음에 구축되어 있는 영속적인 인상은 쉽게 재생산할 수 없을 것이다. 이런 점에서 브랜드는 경쟁 우위획득의 강력한 수단으로 보일 수 있다.

1996년 『Fortune』잡지의 미국에서 가장 존경받는 회사에 대한 기사에 의하면, "코카콜라Coke, 마이크로소프트Microsoft, 그리고 디즈니Disney 등을 예로 들면서 브랜드는 강력한 이름을 가진다는 것이 가장 최고의 무기라는 것을 증명해 보이고 있다"고 주장하였다

라리Larry : BSBW 전최고경영자는 "마케팅전쟁은 이제 브랜드전쟁이 될 것이다. 따라서 공장을 소유하는 것보다 시장을 소유하는 것이 더 중요해질 것이다. 그리고 시장으로 소유하는 유일한 방법은 바로 시장지배적인 브랜드를 지니는 것이다"라고 전망하고 있다.

스테펜Stephen : Wpp Group 대표도 "제품은 공장에서 만들어내는 것에 불과 하지만, 브랜드는 소비자에 의해 구매된다. 제품은 쉽게 모방당하지만, 브랜드는 독특하다. 게다가 제품은 빨리 구식이 되지만, 성공적인 브랜드는 시간에 구애받지 않는다."고 브랜드의 중요성을 강조하고 있다.

따라서 기업에게 브랜드는 굉장히 귀중한 법적 재산을 나타내는 것인데, 왜냐하면 브랜드는 소비자행동에 영향을 미치고, 구매되고 팔리게 할 뿐만 아니라, 그들 소유주에게 지속적인 미래수익의 안정성을 보장한다.

3. 브랜드 자산의 영향 요소

브랜드 자산brand equity은 특정 제품이나 서비스가 브랜드를 가지고 있음으로 인해 발생하는 마케팅 효과 즉, 높은 시장점유율, 수익 등을 말한다. 브랜드 자산은 소비자들이 어떠한 특정 브랜드를 상징하는 이름, 상징물, 디자인, 마크 등을 보았을 때 어떤 반응을 보이는지를 의미하는 것으로, 강력한 브랜드 자산은 경쟁 기업들과 비교해 지속적인 차별화를 통해 높은 마케팅 효과를 제공해 줌으로써 높은 이익을 보장해 준다. 브랜드 자산은 일반적으로 "브랜드 인지도"와 "브랜드 연상"으로부터 형성되며, 브랜드

자산은 고객이 어떤 특정한 제품에 대해 이미 알고 있는 그와 관련하여 긍정적이며, 강력하면서, 독특한 연상들을 기억 속에 가지고 있을 때 발생한다. 때문에 기업의 강력한 브랜드 자산 확보는 기업들의 생존과 관련될 정도로 중요한 문제인 것이다.

기업은 소비자가 자사의 브랜드에 대해 자신만의 독특하고 긍정적인 이미지를 전달하려고 노력하고 있으며 다른 경쟁사의 제품의 브랜드보다 충성도가 높은 소비자를 확보하기 위해 애쓰고 있다. 충성도가 높은 고객의 확보를 통해 자사의 브랜드가 소비자들 속에서 확고히 자리를 잡게 되고 이를 통해 기업은 마케팅 비용을 절감할 수 있어 경쟁사들과의 가격 경쟁에서도 유리한 위치를 선점 할 수 있게 된다.

비엘Biel에 의하면 브랜드자산이란 물리적 자산을 모두 배제한 브랜드의 경제적 가치를 말하며, 브랜드 자산은 브랜드의 이미지image로부터 유도된다고 하였다. 아커Aaker는 브랜드 자산이란 특정 브랜드와 그 브랜드의 이름 및 상징에 관련된 기업의 무형자산으로, 이것은 제품이나 서비스가 기업의 고객에게 제공하는 가치를 증가시키거나 감소시키는 역할을 한다고 하였다.

이상의 브랜드 자산에 대한 여러 학자들의 정의로부터 브랜드 자산은 어떤 제품이나 서비스가 브랜드를 가졌기 때문에 발생된 바람직한 마케팅효과라고 할 수 있다. 아커Aaker는 브랜드 자산을 브랜드 충성도loyalty, 브랜드 인지도awareness, 소비자가 인식하는 제품의 질perceived quality, 브랜드연상 이미지associations, 기타 독점적 브랜드자산특허등록상표, 유통관계 등 등 크게 5가지로 나누었다. 그는 또한 브랜드 자산은 소비자가 인식하는 브랜드의 연상 또는 이미지에 의해 형성이 되며, 이것이 궁극적으로 기업이 차별화를 통해 강력한 브랜드를 구축함으로서 얻을 수 있는 브랜드 자산의 핵심요소임을 제시하였다.

장대련 · 한민희에 의하면, 브랜드에 대한 인지도와 브랜드에 대한 연상 이미지가 기업의 브랜드 자산형성에 더욱 큰 도움이 된다고 하였다. 특히 기억에 오래 남는 브랜드 자산형성을 위해서는 소비자들로 하여금 특정 브랜드에 대해 호의적 이미지를 가지도록 유도해야 하고, 브랜드 이미지의 관리를 시장여건이나 시장변화에 따라 조정해야 한다고 하였다.

■ 브랜드 자산의 영향요소와 가치

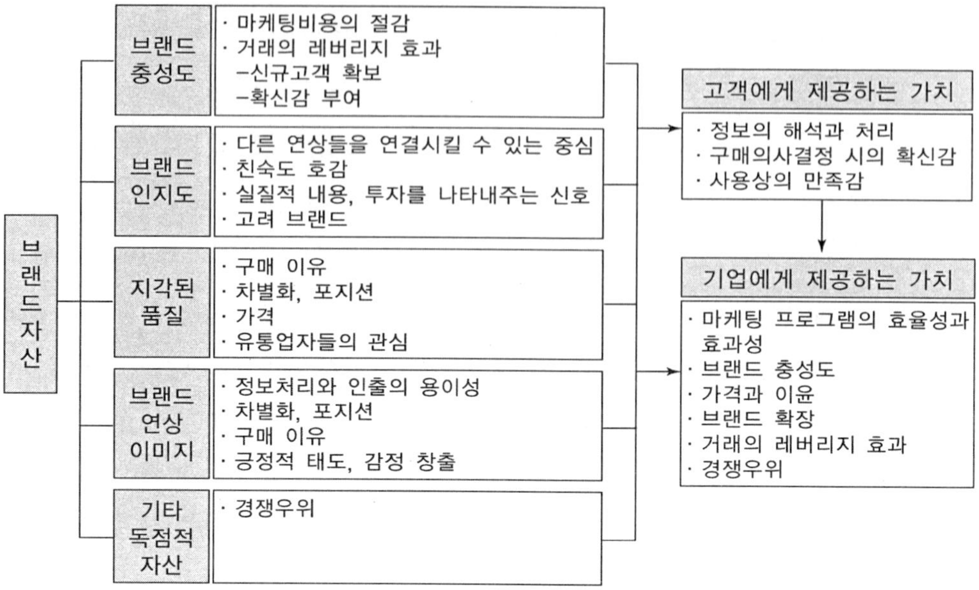

브랜드 자산의 영향요소와 가치라는 표를 통해 브랜드자산이 소비자와 기업 모두를 위해 가치를 창조한다는 것을 알 수 있다. 기업에게 제공하는 일반적인 가치로는 첫째, 신규고객을 유인하거나 기존의 고객을 다시 유인하려는 마케팅노력에 도움이 되고 둘째, 브랜드충성도를 증대시킨다. 셋째, 제품을 고가화시키고 판촉의존도를 낮출 수 있게 함으로써 좀 더 높은 이익을 창출하게 하며 넷째, 브랜드확장을 통한 성장발판이 되고 다섯째, 유통에 대한 영향력을 증대시킨다. 여섯째, 브랜드자산은 경쟁자들에게 하나의 진입장벽으로 작용하기 때문에 경쟁우위를 가지게 해 준다는 것이다.

반면 소비자들에게 제공하는 가치로는 첫째, 제품과 브랜드에 대한 막대한 양의 정보를 해석하고 처리하며 저장하는데 도움이 된다. 둘째, 과거의 사용경험이나 브랜드 및 브랜드의 특성에 대한 친숙도를 통해서 소비자들은 구매의사결정에 있어 확신감을 가질 수 있다. 셋째, 제품에 대한 소비자들의 지각된 품질이나 브랜드 이미지는 사용경험에 대한 소비자들의 만족도를 증대시킬 수 있다.

제2절 브랜드 이미지

1. 브랜드 이미지의 정의

브랜드 이미지는 "소비자가 특정기업의 브랜드에 대해 가지고 있는 좋고 나쁜 느낌" 또는 "브랜드에 대한 신념 등과 같이 제품 자체에 대한 감정이 제품과 관련된 여러 정보의 간접적 요소가 결합되어 형성된 소비자의 심리적 구조체계"라고 정의될 수 있으며 이는 특정 브랜드가 소비자의 감각기관을 통해 받아 들여져서 해석되는 어떤 의미를 말한다. 즉 사람들의 마음속에 형성된 상으로서의 감정, 태도, 연상 등이 포함된 복합적인 개념이다.

따라서 이미지의 어원은 '닮게 한 것, 닮은 것, 닮아 있는 것'이라는 뜻의 라틴어 'Image'에서 유래되었다. 이러한 이미지는 개인이 어떤 대상에 대해 가지는 신념과 아이디어 및 인상의 집합으로 보울딩Boulding은 이미지에 대해 "개인이나 집단에 의해 확인 · 유지되는 현실에 대한 표현 혹은 표상"이라고 하였다. 다시 말하면 이미지는 현실이나 상황에 대해 나타내는 우리의 신념이며 모델인 것이다. 또 이미지는 '사람이 객체에 대해 갖고 있는 신념, 아이디어, 인상의 집합' 혹은 '대상에 대한 좋고 나쁨의 전반적인 인상' 혹은 '대항으로 하는 사상을 파악하여 인식할 때 인간이 마음속에 품는 심적 영상' 등으로 정의된다.

시장에는 무수한 상품과 브랜드가 존재하는데, 이러한 상품이나 브랜드가 소비자에게 의미를 갖는 것은 소비자가 필요로 하거나 요구하기 때문이며, 나아가서는 소비자에게 혜택을 주기 때문이다. 그러므로 기업은 수많은 경쟁 속에서 자사 브랜드를 소비자가 심리적 구조 속에 인식시키기 위한 수단으로서 브랜드 이미지를 통한 상품의 기술적 우수성을 부각시킬 필요가 있다.

오늘날 마케팅환경에서 이미지가 중요성을 가지게 되는 이유는 이미지가 행동을 일으키는 잠재적인 힘을 가지고 있기 때문이며, 이미지가 추상적인 것으로 보이지만 실제로는 행동을 좌우하는 요인이 될 수 있기 때문이다.

브랜드 이미지는 특정 브랜드가 오랫동안 만들어지고 판매되는 가운데 사회적으로 형성된 심리적 소산이라 할 수 있는 바, 작게는 정서적 반응으로부터 크게는 판매에 영향을 미치는 정서적 작용을 총칭한다.

뉴만Newman은 브랜드 이미지에 대해 "사람들이 특정 브랜드에 대해 연상짓는 모든 것으로 구성된다"고 정의하였으며, 던Dunn은 "특정기업이 생산 · 판매하는 상품에 대하여 소비자가 느끼는 심상 내지 느낌으로, 소비자가 특정 브랜드와 관련 시키는 모든 감정적 · 심미적인 품질"이라고 정의하였다.

제인과 에트거Jain&Etger는 브랜드는 이미지를 "오랜 시간 동안 어떤 대상에 대해 가지는 일반적인 특성 · 감정 · 인상"이라고 정의하고, 외적 속성으로서의 제품특성에 중요한 의의를 두었다. 그들은 제품특성은 제품에 대해 정서적 감정을 충분히 자아내는 제품 자체의 보다 구체적이고 기술적인 물리적 성질로서 이것이 오랜 시간을 통해 소비자의 정서적 감정에 영향을 줌으로써 이미지가 형성된다고 하였다. 아커Arker는 브랜드 이미지를 "의미를 지니고 조직화된 연상들의 집합"이라 하였고, 코틀러Kotler는 "브랜드에 대해 소비자들이 가지는 신념의 집합"으로 파악하였으며, 이러한 신념의 집합은 브랜드의 특성에 대한 소비자의 평가의 합으로 표시될 수 있음을 제시하였다. 또한 켈러Keller는 브랜드 이미지를 "소비자 기억 속에 저장된 브랜드연상에 의하여 반영되는 브랜드에 대한 지각"이라고 정의하였다. 즉 브랜드 이미지는 소비자가 그 브랜드에 대해 갖는 전체적인 인상을 말하는데, 이러한 브랜드 이미지는 브랜드와 관련된 여러 연상들이 결합되어 형성된다고 할 수 있다.

브랜드 이미지를 창출하는 과정에서 유의할 점은 자사 브랜드와 관련하여 많은 것들을 연상시킬 수 있겠지만, 모두를 소비자의 마음속에 강하게 인식시키기는 매우 어렵다는 것이다. 따라서 수많은 연상들 중에서 경쟁우위를 제공할 수 있는 일부분만을 선택하여 이들에 대해 경쟁 브랜드보다 더 강력한 연상이 형성되도록 집중적인 마케팅노력을 기울여야 한다는 것이다.

호로위츠와 카예Horowitz & Kaye는 "소비자가 특정기업의 브랜드에 대해 품고 있는 좋고 나쁜 느낌 혹은 브랜드에 대한 신념을 브랜드 이미지라 하면서 이는 상품 자체에 대한 좋고 나쁜 감정이 상품과 관련된 여러 정보의 간접적 요소와 결합되어 형성된 소비자의 심리적 구조체제로 된다"고 하였다.

이상에서 살펴 본 브랜드 이미지에 대한 여러 가지 정의들을 종합해 보면, 브랜드 이미지란 상품이 물적 속성과 상징적 의미를 갖는다는 점과 브랜드에 대하여 지각하고 있는 주체가 소비자라는 점에서 볼 때, 상품특성의 소비자의 직 · 간접경험을 통해 가치화됨으로써 상품 자체에 대하여 지각하는 이미지라고 할 수 있다.

2. 브랜드 이미지의 형성요인

소비자가 특정회사의 제품에 대해서 느끼는 좋거나 나쁜 느낌 · 태도 등이 구매에 중요한 영향을 미친다면 소비자가 특정 브랜드에 대해서 가지는 이미지의 형성요인을 밝힐 필요가 있다. 그러나 브랜드 이미지의 형성요인은 개인의 구성이 내재되어 있으므로 브랜드 이미지의 형성요인을 구체적으로 제시하기란 쉬운 일이 아니다.

브랜드 이미지의 형성요인은 제품의 품질, 제공되는 서비스, 기업의 명성, 정책, 마케팅노력과 함께 제품의 내재적 품질과 관련된 다자인, 색상, 포장, 가격, 광고, 그 제품을 사용하는 소비자의 유형, 판매자 · 제조업자의 종류 등도 포함되며, 제품을 사용함으로써 자기를 과시하고자 하는 자기 자신에 대한 관념 등에 이르기까지 매우 다양하다.

로저Rodger는 브랜드의 본질적 성분이나 형태에 대한 느낌, 내재적 품질에 대한 느낌, 사용자의 신분 · 관념 등으로 형성요소를 분류하였다. 트록셀과 주델Troxell & Judell은 장식 · 관심 · 색채 · 사이즈 · 요소 · 편이성 · 실용성 · 친밀감 · 신뢰감 · 적합성 · 가격으로 분류하였다.

국내연구로 김원수는 브랜드 이미지의 형성요소를 브랜드명 · 디자인 · 기능 · 포장 · 가격 · 판매촉진으로 분류하였으며, 유동근은 품질 · 서비스명성 · 정책 · 마케팅 · 유형 · 점포로 분류하였고, 김성복은 만족 · 품질 · 가격 · 구색 · 명성 · 판매촉진 · 패션 · 스타일로 분류하였으며, 박혜원 · 임숙자는 유행 · 디자인 · 품질 · 가격 · 판매촉진활동 · 사회성 · 적합성 · 자기표현성으로 분류하였다. 한일수는 안전 · 평판 · 서비스, 시설, 분위기, 편리성, 요금 및 친분으로 분류하였으며, 정찬종은 여행상품 믹스, 가격믹스, 유통믹스, 촉진믹스, 사람믹스, 물증 믹스, 과정믹스로 분류하였고, 서정환은 상징적 요인과 경험적 요인 및 기능적 요인으로 분류하였다.

일반적으로 브랜드 이미지의 형성요인은 제품의 디자인, 품질, 가격, 광고와 촉진, 제조업자의 명성, 인적 영향요인 등으로 분류되며, 각 요인에 대해 구체적으로 설명하면 다음과 같다.

1) 제품의 디자인

디자인과 스타일은 제품의 외관을 구성하는 형상 · 모양 · 색채 등으로 구성되는 것으로, 주로 시각적 효과를 위한 것이다. 이것은 제품에 대하여 소비자가 가지는 미적 욕구를 충족시켜주는 것으로, 생활수준이 향상되면 미적 · 시각적인 쾌적한 주거환경을 위하여 제품구매결정의 요인으로서 중요성을 가지고 있다.

2) 품질

품질은 총체적 제품이 소비자욕구를 충족해 주는 성질 내지 안정성 · 경제성 등과 같은 성능을 말하며, 품질에는 제품의 사용목적에 비추어 제품이 가지는 유용성으로서의 자연적 품질과 제품이 시장에서 상품으로서의 가치나 시장성과 관련하여 상품성을 높여 주는 요인으로서 사회적 품질이 있다. 특히 제품의 품질은 전통적으로 소비자의 구매결정에 중요한 요인이 되고 있다.

소비자들이 특정제품에 대하여 지각하고 있는 품질이란 제품이나 서비스가 원래 의도하는 바에 따라 고객이 갖고 있는 전반적인 품질이나 우수성에 대한 지각으로 정의할 수 있다. 고객이 갖고 있는 인식이란 점에서 지각된 품질은 다른 유사개념들과 다음과 같은 차이가 있다.

실질적 또는 객관적 품질은 제품이나 서비스가 우수한 서비스를 제공하는 정도이다. 제품위주의 품질은 재료의 성질과 양, 모양, 서비스내용을 말하고, 제품품질은 세부사항의 준수와 무결합률의 목표 등을 말한다.

소비자들이 특정제품에 대하여 지각하고 있는 품질은 고객의 지각이나 평가가 관련되기 때문에 반드시 객관적으로 결정될 수는 없다. 소비자들이 특정제품에 대하여 지각하고 있는 품질은 의도된 목적과 선택가능성과 관련하여 정의한다.

소비자들이 특정제품에 대하여 지각하고 있는 품질은 만족도와는 다르다. 고객은 성취정도에 대해 낮은 기대 때문에 만족할 수는 있으나, 높게 지각된 품질이라고 해서 반드시 낮은 기대와 일치하는 것은 아니다. 소비자들이 특정제품에 대하여 지각하고 있는 품질은 또한 태도와는 다르다. 열등한 품질이라도 매우 싼 가격이라면 긍정적인 태도가 형성될 수 있고, 반대로 좋은 품질이라도 가격이 비싸면 부정적인 태도가 형성될 수 있다.

소비자들이 특정제품에 대하여 지각하고 있는 품질은 브랜드에 대한 눈에 보이지 않는 전반적인 감정으로서 브랜드에 따라 다니는 신뢰성과 성능 등 제품의 특성을 포함한 내면적 차원에 기초하고 있다. 소비자들이 특정제품에 대하여 지각하고 있는 품질을 이해하기 위해서는 이러한 내면적 차원을 정의하고 측정하는 것이 유용하지만, 소비자들이 특정제품에 대하여 지각하고 있는 품질은 어디까지나 하나의 종합적이고 전반적인 구성개념이다.

3) 가격

가격은 품질과 더불어 전통적으로 소비자 구매결정에 영향을 미치며, 실제적으로는 기업이 책정한 가격 내에서 구매하는 한정적 의미도 있지만, 가격은 제품의 가치를 측정하는데 중요한 수단이다. 소비자가 지각하는 가치와 가격의 관계는 소비자의 구매의사결정에 결정적인 영향을 미친다. 그래서 경쟁사와의 경쟁에서 가격은 아주 중요한 전략적 역할을 할 수 있다. 그러나 기업이 시장에서 궁극적인 성공을 거두려면 가격정책이 다른 마케팅변수 유통·제품·광고 와 잘 조화를 이루어야 한다. 그럼에도 불구하고 소비자는 가격만이 갖고 있는 여러 가지 특성 예 : 빠르고 높은 판매효과, 실행에 빨리 옮길 수 있음, 높은 반응탄력성, 비용의 지출이 거의 따르지 않음 때문에 가격이 다른 마케팅믹스의 변수보다 상대적으로 더 중요하다고 생각한다.

4) 광고와 촉진

광고와 촉진은 가장 중요한 커뮤니케이션 경로로써 브랜드에 관한 정보를 전달하고 심리적 어조로 그 정보를 미화하는 구실을 담당한다. 선전이나 공중관계활동PR, 애프터서비스는 기업과 브랜드 그리고 상표의 이미지 형성에 있어서 최대의 무기이며, 수단이라는 것은 더 말할 여지가 없다.

5) 제조업자의 명성

제조업자의 명성이나 특정제품이 시판되는 기간 등이 브랜드 이미지를 형성하는 요인이 된다. 브랜드의 종류에는 개개의 제품품목 또는 제품의 종별마다 별개의 브랜드를 붙이는 개별 브랜드와 기업이 생산하는 모든 품목에 대해서 통일적인 브랜드를 붙이는 단인 브랜드가 있다. 어떤 기업이 규모가 크고 성공적으로 운영된다고 소비자들이 생각하게 되면, 소비자들은 그 기업과 그 기업이 생산하는 제품에 대해 좋은 인상을 갖게 되고, 이러한 좋은 기업 이미지는 곧 브랜드 이미지와 연관되는 것이다.

6) 인적 영향요인

소비자행동은 한 소비자가 소속하고 있거나 소속되기를 바라는 여러 가지 소집단의 영향을 받으며, 특정 브랜드를 선호하는 소비자는 다른 소비자에게 영향을 미친다. 소비자는 이웃 · 친구 · 직장동료와 기타 의견 선도자 및 특정 브랜드에 관한 이미지를 나누는 등 특정 브랜드에 대한 평가는 구전 커뮤니케이션을 통해서 다른 소비자에게 영향을 미치게 된다.

3. 브랜드 이미지의 중요성

브랜드 이미지는 해당제품뿐만 아니라 관련제품 전체에 영향을 미치는 특정적 효과를 지니면서 시장점유율에 직접적인 영향을 준다. 따라서 브랜드 이미지는 '개별 브랜드의 긍정적 이미지를 창출하는 것도 중요하나 부정적 이미지가 돌아오지 않도록 예방하는 것이 더욱 중요하다. 브랜드 이미지의 중요성에 대하여 오길비Ogilvy가 강조한 바가 있는데, 그는 이미지를 한 마디로 '개성personality이라고 보았다. 그는 "인간과 마찬가지로 제품도 개성을 가지고 있고, 그 개성에 의해 시장에서의 성패가 결정된다. 그리고 이러한 개성은 이름 · 포장 · 가격과 광고 스타일 및 제품특성에 따라 형성된다"고 주장하였다. 그 후 리스와 트로우트Ries & Trout가 ' 포지셔닝이론 '을 들고 나와 브랜드 이미지보다는 소비자의 머리 속에 하나의 포지션, 즉 자사의 강점과 약점만이 아닌 경쟁기업의 강 · 약점까지도 고려한 포지션을 만들어내야 한다고 강조하였다. 그러나 포지셔닝이론 소비자의 머리속에 기업의 소구 포인트를 가장 먼저 구축하려 한다는 점에서 볼 때, 브랜드 이미지이론의 연장선상에 있다고 할 수 있다. 따라서 이는 브랜드 이미지를 효과적으로 구축하기 위한 일종의 기술인 셈이다.

그렇다면 브랜드 이미지가 왜 중요할까? 이는 브랜드 이미지가 소비자들이 해당제품을 구입하는 기준이 됨과 동시에, 감각기관을 통해 입력되는 여러 가지 정보를 여과하는 역할을 하기 때문이다. 다시 말하면 실제야 어찌되었건 소비자는 자신이 품고 있는 브랜드 이미지에 따라 자신이 기대하는 바대로 판단하고 행동한다는 것이다.

이러한 소비자의 구매행동에 비추어 브랜드 이미지의 중요성을 살펴 보면 다음과 같다. 소비자행동은 교환과정에 관여하는 사람의 구매와 소비에 관련된 모든 활동을 총칭하는 것으로, 부르크burk는 "소비자행동은 경제적 재화나 서비스를 획득하고 사용하는데 직접적인 관련을 맺고 있는 개인적인 행위이다"라고 서술하였다. 이러한 소비자의 구매행동은 어떤 제품에 대한 욕구를 느낌으로써 시작된다. 구매의사결정과정은 그 처음과 끝을 명확하게 구분할 수 있는 것은 아니다. 다만 소비자가 어떤 제품에 대한 필요를 느껴 선택 · 구매하게 되는 과정은 문제의 인식, 정보의 탐색, 대안의 평가, 구매결정, 구매 후 행동의 5단계로 구분할 수 있다.

브랜드의 이미지는 이와 같은 구매의사결정과정의 5단계 중 세 번째 단계인 대안의 평가 단계에 영향을 미친다. 대안의 평가단계는 곧 선택 가능한 여러 브랜드들 중 특정 브랜드의 선택에 도달하는 과정으로, 소비자의 구매결정의 단계 에서와 같이 브랜드 선택과정은 초기단계 · 제품선택단계 · 브랜드선택단계로 나누어 볼 수 있다.

■ 브랜드 자산의 영향요소와 가치

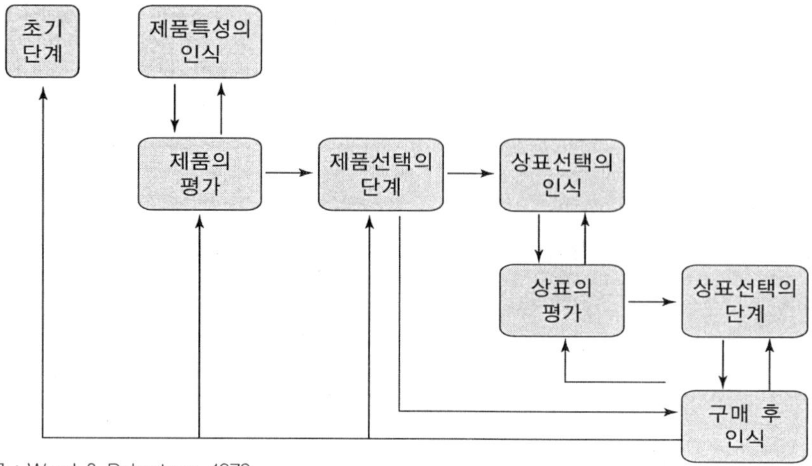

자료 : Ward & Robertson, 1973

소비자들은 제품사용상황에 따른 제품의 필요성을 느껴 제품특성의 인식과 평가를 통하여 제품을 결정한다. 그리고 결정된 제품의 다양한 브랜드들 중 브랜드의 인식과 평가를 거쳐 최대의 만족을 얻을 수 있는 브랜드를 선택하게 된다. 소비자들이 제품 및 브랜드를 인식하고 평가하는 과정은 다시 미인식 · 인식 · 이해 · 확신의 단계를 거쳐 구매행동을 일으키게 된다. 여기에서 브랜드 이미지는 합리적인 기준보다 감정적인 기준에 의해 특정 브랜드를 선호하고 그 제품의 차별적 특성을 믿음으로써 구매행동을 일으키는 확신의 단계에서 작용한다. 이때 환경과 개인적 특성 및 과거의 경험이 이에 영향을 미친다.

소비자행동연구에 있어서 중요한 문제는 소비자가 동일한 제품류 중 품질의 차이를 정확히 인식하지 못하는 경쟁적인 여러 브랜드들에 대하여 선호도의 차이를 나타내는 원인을 찾아내는 것이다.

오늘날의 제품판매는 고의적이든 아니든 간에 실제적인 제품뿐만 아니라 상징적인 것과 관련되어 있다. 소비자들이 구매하는 제품들은 기능적 특성 이외에 개인적 · 사회적 의미를 가진다. 상징이란 '어떤 것을 대표하는 물건' 이라고 정의할 수 있다.

기업경영과 관련하여 일반적으로 상징을 바로 브랜드라고 할 수 있으며, 상징으로서 브랜드가 전달하는 의미를 브랜드 이미지라고 한다. 그러므로 상징으로서 브랜드가 가지는 이미지는 한 사회의 상징적인 커뮤니케이션 도구로써 이바지하여 행동을 제시하거나 행동에 영향을 주는 수단이 된다.

박영응은 브랜드 이미지의 중요성에 대해 다음과 같이 정리하고 있다.

첫째, 제품의 품질적 특성에 대해 충분한 식별능력을 가지지 못하는 일반소비자에게 구매동기와 관련하여 상품을 선정하는 데 판단의 기준을 제공한다.

둘째, 기업의 광고활동측면에서 기술적으로 동일한 2가지 상품이 다른 유형의 소비자에게 다른 이유로 구매되는가를 설명해 준다. 즉 구매의사가 각기 다른 소비자에게 브랜드 이미지를 부각시켜 소비자의 구매의사결정에 도움을 줄 수 있으며, 기업의 장기적인 측면에서 상품에 대한 효과적인 광고를 수행할 수 있다.

셋째, 브랜드 이미지는 장기적으로 소비자의 심상에 서서히 형성되고 변화되는 특징을 갖고 있으므로 어떤 현실이 먼저 변화하고 장기간에 걸쳐 브랜드 이미지가 변화한다. 따라서 기업의 브랜드 이미지 형성노력은 처음부터 어떤 방향으로 설정하느냐에 주의를 해야 한다. 더구나 소비자의 생활수준과 의식수준이 향상됨에 따라 상품의 실질적 속성의 중요성이 점차 소멸하는 추세에 있으므로, 브랜드 이미지는 브랜드의 기술적 우수성과 효율적인 마케팅관리 못지 않게 중요한 역할을 담당하고 있다고 볼 수 있어 마케팅관리의 한 분야로 관리되어야 할 것이다.

제3절 브랜드 인지도, 인지된 메뉴의 질, 소비자와의 관계

1. 브랜드 인지도 제고 방법

외식기업의 브랜드 전략에서 고객들이 그 브랜드를 인식하고 있느냐 없느냐는 것이 관건이 된다. 고객들이 브랜드를 인지하지 못하고 있다면, 브랜드 전략의 성공을 거두기가 매우 어렵게 된다. 따라서 브랜드의 인지도를 높이기 위해서는 첫째, 목표시장별로 의사소통전략을 차별화하는 것이 바람직하다. 둘째, 광고에 슬로건이나 로고를 사용하라. 즉 브랜드만을 강조하는 것보다 예를 들어 한국통신의 "귀가 시간을 알려줍시다" 등은 대표적인 슬로건이다라고 할 수 있다. 셋째는 심벌을 이용하는 것이다. 이것도 항상 이미지가 고객들의 인지 속에 쉽게 기억된다는 점을 활용 그 예로 KFC의 Colonel Sanders 할아버지 인형이나 복어 전문점의 복어 형상을 달아 두는 경우이다. 넷째는 적극적인 홍보를 이용하는 것이다. 특히 단골고객이 주변 사람에게 우리의 장점을 알려주는 것이다. 다섯째는 반복효과를 이용하는 것이다. 항상 고객의 머릿속에 우리의 브랜드가 인지되도록 반복적인 광고를 하는 것이 바람직하다. 여섯째는 브랜드 암시를 이용하는 것이다. 그 예로 "포장만 보아도 "색깔만 보아도 브랜드가 암시된다면 이는 인지도 제고에 많은 도움을 줄 것이다.

■ 브랜드 인지도 제고방법

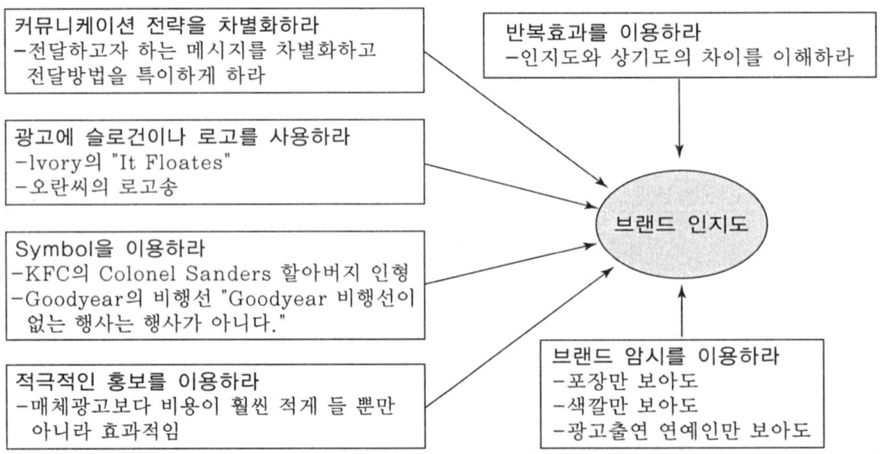

2. 브랜드의 인지된 메뉴의 질(Quality)

인지된 메뉴의 질은 고객들이 그 외식기업을 선택하는 핵심적인 이유가 되는 것이다. 즉 구매의 이유가 되는 것이다. 외식기업이 제공하는 메뉴의 인지된Perceived quality 여러 브랜드 중 특정 기업의 메뉴를 선택하게 하는 핵심적인 구매 이유를 제공하는 것이다. 또한 외식기업의 브랜드나 메뉴를 차별화 혹은 포지셔닝시키는 것이 된다. 어떤 외식기업군이건 메뉴건 간에 가장 중요한 포지셔닝의 특징은 고객들이 특정 메뉴에 대해 지각하고 있는 질적 차원에서의 포지셔닝이 된다. 인지된 제품의 질은 제공하는 메뉴에 대한 가격 우세력을 담보하는 핵심적인 수단이 되는 것이다. 즉 고객들이 지급한 만큼 얻을 수 있다는 믿음이 바로 메뉴의 질이 되는 것이다. 또한 메뉴의 질은 브랜드의 확장에도 도움이 되며, 메뉴의 질에 대한 지각은 새로운 메뉴의 도입에 많은 도움을 주기도 한다.

■ 브랜드에 대한 인지된 질

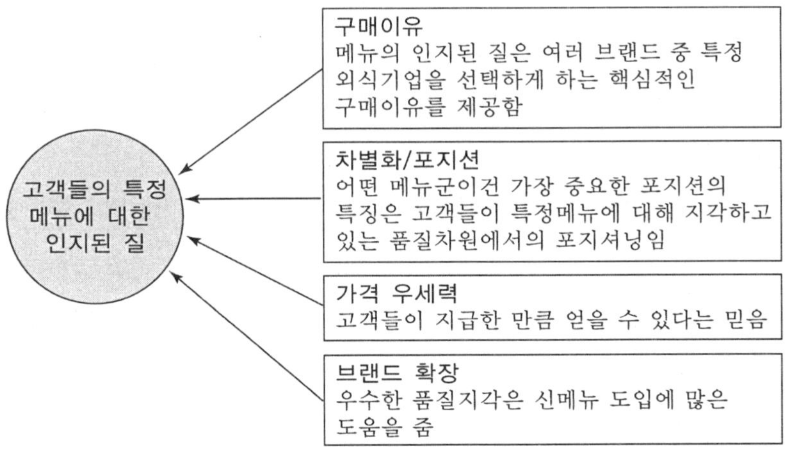

3. 브랜드와 소비자 관계

현대의 소비자는 수많은 제품들과 다양한 상표 간의 경쟁으로 인해 더욱 복잡해진 무한경쟁의 세계에 살고 있다. 양질의 제품을 생산하는 것만으로는 소비자의 선택을 보장받았던 과거와는 달리, 오늘날의 소비자들은 특정제품을 구매할 때 수많은 브랜드들이 제시하는 나름대로의 경쟁 우위적 매력을 평가하여야 한다.

마케팅 측면에서는 소비자의 구매성향을 충족시키면서 자사의 브랜드를 표적소비계층이 선택하도록 유도하는 것이 점점 더 어려워지고 있다. 이는 마케터들에게 자사의 브랜드 특성이 보다 빨리, 보다 분명하게 표적계층에게 인식될 수 있도록 하는 전략적 접근이 필요함을 인식하도록 촉구하는 것이다. 결국 마케터들은 소비자의 구매의사결정과정에서 특정 브랜드를 기억해 내거나, 적어도 경쟁 브랜드와의 차별적 특성을 인식할 수 있도록 끊임없이 노력해야 한다. 이러한 마케팅적 노력의 일환으로 관계마케팅의 중요성이 대두하고 있다.

관계 마케팅은 제품 및 서비스와 관련하여 기업이 소비자와의 지속적인 관계를 유지하기 위하여 전개하는 마케팅이라고 할 수 있고, 개별소비자와의 유대관계를 공고히 하여 장기적으로 기업이나 개별 소비자 모두의 상호이익을 추구하기 위한 것이라고 할 수 있다.

소비자-브랜드 관계의 관점에서 볼 때, 많은 경우 제품으로써의 브랜드는 생활을 단순히 기능적으로 돕는 것에 그치는 것이 아니라, 삶에 여러 의미를 부여한다는 여러 연구결과가 있다. 예를 들어 소비자들은 브랜드를 자아개념을 연장하는 방법으로 사용하는 것을 볼 수 있다. 이러한 의미에서 볼 때, 브랜드는 소비자에게 가치 있는 파트너로서 기능한다고 할 수 있다. 관계 마케팅의 핵심 이념은 단기적이며 거래지향적인 고객관계가 아니라 정기적인 고객관계의 형성이다. 관계마케팅은 고객과의 관계를 교환의 주요 수단으로 하여 경쟁적 우위를 확보하기 위한 목적으로 지닌다. 또한 고객과의 장기적인 유대관계를 강조하여 신규고객의 확보보다는 기존고객을 유지하고자 한다. 즉, 새로운 고객과의 거래 시작 후 다양한 마케팅 활동을 전개하여 고객과의 관계를 강화시켜 평생고객으로 발전하고자 하는 것이다. 즉 고객의 유지나 재방문의도는 마케팅에서 가장 중요한 개념으로 나타나고 있으며, 고객유지의 중요성을 강조하는 많은 연구들이 이루어져 왔다. 그래서 재방문의도는 기업의 순익과 장기성과에 대해 결정적인 요인으로 나타나고 있으며 재방문의도는 충성도의 중요 요인으로 다루고 있다.

제19장

19 외식업 마케팅 사례조사 분석

제1절 외식업계 마케팅 현황 및 트렌드

외식업계는 코로나19 이전과 이후의 시대로 구분될 만큼 코로나19는 우리의 일상생활에 많은 변화를 가져왔으며 외식업계에도 미래 사업 방향 및 마케팅 전략에 큰 변화와 영향을 끼치고 있다. 특히 방문 외식을 주요 사업 영역으로 하던 대형 패밀리레스토랑, 뷔페식당, 고급 호텔식당, 한식당 등의 업종은 코로나19 이전에는 고객을 매장으로 집객시킬 수 있는 마케팅 전략을 주로 펼쳤으나 이제는 고객을 찾아가는 서비스로 사업모델을 변경하거나 새로운 생존전략을 모색하고 있다.

이처럼 예상치 못했던 사회환경 및 소비 트렌드로 빠른 변화를 겪고 있는 외식업계의 대응전략 마련을 위해서는 마케팅 4P상품 Product, 유통 Place, 가격 Price, 판촉 Promotion 중 홍보 · 판촉Promotion에 한하여 마케팅 트렌드를 조사하였고, 특히 외식업계 및 이용고객에게 가장 큰 영향력을 끼치고 있는 SNS 마케팅에 대해 분석한 후 그 활용방안을 모색해 보고자 한다.

1. 코로나19 이전 외식업계 마케팅 전략

코로나19 이전에도 외식업계는 오랫동안 불황과 경기 침체기를 겪고 있어서 예전처럼 대규모 TV광고 및 경품 행사 등의 적극적인 판촉 활동은 자제한 채 규모를 축소하여 진행하였다. 하지만 외식 고객을 다수 유입시킬 수 있는 시즌별 행사는 꾸준히 진행하며 매출 촉진의 기회로 활용하였고 특히 가족외식을 대표하던 패밀리레스토랑은 시즌별 다양한 매장 행사를 펼치며 고객 유입을 위한 이벤트 행사를 적극 진행하였다.

패밀리레스토랑 업체는 졸업 · 입학시즌 행사, 5월 가족 행사, 여름 성수기 행사, 수험생을 위한 행사, 연말시즌 행사 등 방문 외식을 촉진시킬 수 있는 다양한 프로모션 행사를 경쟁적으로 실시하였다. 또한 각종 돌잔치, 생일잔치, 회식 등 단체 고객 유치를 위한 할인 및 서비스 혜택 등의 이벤트도 활발하게 전개하였다. 이와 더불어 일반 개인 외식업소들도 가족 외식 고객을 유치하기 위한 시즌별 프로모션 행사에 적극 참여하며 매출 증대를 도모하였다.

가맹점 사업을 주력으로 하고 있는 치킨, 피자, 패스트푸드, 커피, 한식 등 프랜차이즈 기업들은 예전보다는 다소 비용을 삭감하였으나 여전히 공중파 TV광고, 라디오, 신문 등 전통 매체 광고를 집행하거나 드라마 PPL상품노출홍보 Product Placement도 꾸준히 진행하고 있다. 일반적으로 공중파 TV광고의 경우 모델료, 제작비, 매체 송출비 등을 포함한 6개월 광고비용이 약 20억 원에 이르지만 PPL은 수천만원에서 2~3억 원 정도의 금액으로 TV 노출이 가능, 저비용 고효율 마케팅 수단으로 인식돼 외식 프랜차이즈 기업이 가장 선호하는 수단으로 활용되었다.

하지만 대부분의 외식 기업체들은 기존의 광고비용을 인스타그램, 유튜브 등 SNS 채널로 분산시켜 다양한 신규 고객층을 유입시키고 정확한 타깃팅으로 광고 효과를 높이는 전략으로 전환돼 가고 있는 추세이다.

샌드위치 프랜차이즈 '써브웨이'는 드라마 도깨비, 태양의 후예, 밥잘사주는 예쁜누나, 알함브라 궁전의 추억 등 활발한 PPL마케팅으로 주목을 받았다. 이외에 달콤커피, 명륜진사갈비 등도 PPL광고를 진행했으며 특히 2019년 빠른 성장세를 보였던 명륜진사갈비는 전체 마케팅 비용 83억 원 중 15억 원을 드라마 광고 비용으로 사용하였다.

외식업계는 몇 년 전부터 20~30대 젊은층들을 중심으로 인스타그램, 유튜브 등 SNS 채널이 인기를 끌자 점차 SNS를 통한 프로모션 행사를 진행하기 시작했으며 배달앱 시장이 활성화되자 배달앱과 소셜미디어를 활용한 배달 마케팅으로 점차 전환해 가고 있고 이외에 통신사 · 멤버십 할인, 카드사 제휴 등 전통적인 마케팅 활동도 꾸준히 전개하고 있다.

2. 코로나19 이후 변화된 마케팅 트렌드

코로나19로 비대면 확산 및 사회적 거리두기가 일반화되면서 외식 소비패턴 또한 크게 변화되었다. 즉 기념일, 회식, 친목 모임 등 매장 내에서 이뤄지던 각종 외식 형태가 사라짐에 따라 외식업체들도 비대면 외식을 활성화시킬 수 있는 배달 마케팅 및 SNS 브랜드 홍보에 집중하는 추세다.

특히 대규모 고객들의 매장방문을 유도하던 이전의 오프라인 마케팅은 거의 중단된 상태이며 비대면 온라인 마케팅으로 전략을 수정 · 변경하고 있는 것으로 나타났다. 이들은 SNS를 통한 브랜드 마케팅, 방송 PPL, 배달 판매 활성화를 위한 리뷰 이벤트 등을 중심으로 마케팅 전략을 펼치고 있는 것으로 분석되었다. 특히 SNS 마케팅은 브랜드 이미지 보다는 매출로 바로 연결될 수 있는 퍼포먼스형 마케팅 형태가 트렌드인 것으로 조사되었다.

2020년 모든 외식 업계가 매출 하락의 위기 속에 마케팅 비용을 절감하고 있는 가운데 그나마 배달시장 급증으로 가장 활발한 시장 확대 및 마케팅 활동을 펼쳤던 치킨업계는 SNS를 활용한 배달 매출 증대를 위한 마케팅 툴이 가장 대세를 이루었다.

60계치킨은 브랜드 공식 인스타그램 활성화 및 배달 매출 증대를 위해 인스타그램을 통한 '신메뉴 사진 리뷰 이벤트', '추석맞이 리뷰 이벤트', '짜장치킨 리뷰 이벤트' 등 리뷰 이벤트만을 꾸준히 진행하고 있다.

올해 외식업계에서 가장 성공적인 마케팅 사례 중 하나로 꼽히는 BBQ치킨의 유튜브 마케팅은 유튜브 웹예능 콘텐츠 '네고왕'을 통해 진행한 프로모션이 소비자들의 큰 관심을 받으면서 추가 연장 행사를 진행하기도 했다.

이 행사는 ‘네고왕’ 에서 윤홍근 제너시스 BBQ 회장이 협상을 통해 한달 간 7,000원 할인이라는 파격적인 혜택을 제공한다고 유튜브 방송을 통해 공약을 하였다. 방송이 공개된 후 BBQ앱은 실시간 검색어와 어플리케이션 다운로드 순위 1위에 오르는 등 많은 화제를 모았다. ‘네고왕 BBQ편’ 은 각종 유튜브 방송에서 홍보가 되고 있으며 BBQ 홈페이지 내에서 조회수가 780만 회(2020년 12월 21일 기준)를 넘어서며 지속적인 관심을 끌고 있으며 이번 행사 비용은 모두 BBQ 본사에서 지원하였다.

치킨업계 1위인 교촌은 자사 배달앱 활성화를 위해 모든 이벤트를 교촌 전용 배달앱에서만 실시하고 있으며 ‘신메뉴 할인행사’, ‘사이드 메뉴 증정’ 등의 행사를 진행하고 있다.

이외의 외식업체들도 마케팅 활동을 최소로 축소하고 있는 가운데 인스타그램 등 SNS 채널을 통한 브랜드 홍보 및 이벤트 행사를 진행하는 형태로 마케팅 전략을 전환하고 있다. 더욱이 매장 매출이 급감한 개인 업소의 경우 대부분의 마케팅 활동을 중단한 상태이며 모든 영업 초점을 포장 및 배달, 밀키트 사업 영역에 맞춰 활로를 모색하고 있어 배달리뷰 이벤트 또는 인스타그램 운영 등에 마케팅 역량을 집중하고 있다. 가장 쉽고 일반적으로 진행하고 있는 마케팅은 배달 리뷰 작성 시 음료수 또는 사이드 메뉴를 제공하는 수준이다.

구이전문점 ‘강강술래’ 는 기존 고객 DB를 대상으로 문자 메시지를 발송, 코로나19 발생 직후 포장 및 택배 판매 증대를 위해 한우양념불고기, 한돈양념구이, 갈비탕 등의 메뉴를 20~30% 할인하여 판매하는 특별 행사를 펼쳐 자사 온라인 쇼핑몰 판매 매출이 전년 대비 50% 증가하는 성과를 거두었다.

제2절 SNS 마케팅 현황

1. SNS 마케팅 정의 및 주요채널

흔히 '소셜 미디어 마케팅Social Media Marketing' 이라 불리는 SNSSocial Network Service 마케팅은 텔레비전, 신문 등과 같은 전통적인 대중매체를 통해 광고나 홍보를 했던 기존의 마케팅과는 다르게 사용자끼리 상호 관계를 형성할 수 있는 웹 기반의 플랫폼인 소셜 네트워크 서비스블로그, 인스타그램, 유튜브, 페이스북, 트위터 등를 활용하여 고객들과 소통하는 마케팅 전략을 말한다.

SNS를 활용한 마케팅이 사회적으로 크게 주목받기 시작한 것은 2008년 미국대선 선거운동 기간에 당시 민주당 후보인 버락 오바마가 트위터, 페이스북을 이용해 유권자들과 긴밀하게 상호유대관계를 맺으며 SNS 공간을 매우 효과적이고 적극적으로 활용하면서 부터다. 이후 정치영역은 물론 비즈니스 영역에서 더욱 적극적이고 공격적으로 SNS 마케팅을 활용한 홍보 · 판매 활동을 펼쳤다.

이처럼 SNS 마케팅을 비즈니스 영역에서 적극 활용한 이유는

첫째, 전통적 미디어TV광고, 신문광고 등를 활용한 마케팅 수단보다는 상대적으로 비용이 저렴했기 때문이며, 둘째, 전통적 미디어보다는 '타깃 고객층' 을 보다 정확히 파악하여 그들을 대상으로 직접적인 광고 홍보나 마케팅 전략을 펼칠 수 있는 장점이 있기 때문이다.

소셜미디어의 확산으로 카카오톡, 페이스북, 블로그, 인스타그램, 유튜브 등 무수히 많은 SNS 채널이 등장하고 있으며 SNS 사용자가 늘어남에 따라 온라인 마케팅이 중요한 마케팅 수단으로 자리잡고 있고 SNS는 채널별로 소비자들에게 전달되는 이미지가 서로 다른데 네이버는 정보글, 인스타그램은 사진, 유튜브는 동영상 등의 뚜렷한 채널별 특징이 있다. 이처럼 SNS는 채널마다 효과적인 콘텐츠의 유형이 다르고 주요 사용자의 연령이나 성별도 다소 차이가 있다.

따라서 최대한 많은 SNS에 브랜드를 홍보하면 소비자들에게 그만큼 노출 확률도 높일 수 있지만 각 채널마다 콘텐츠를 꾸준히 게시하고 관리하기 위해서는 적지 않은 시간적인 리스크가 발생할 수 있으므로 채널별 특징에 따라 홍보하고자 하는 타깃 대상, 브랜드 및 업소 이미지에 적합한 콘텐츠 채널을 선택하여 집중 관리하는 것이 효율적이다. 즉, 브랜드의 업종, 공략하고자 하는 타깃층에 부합하는 SNS 채널을 선정해서 콘텐츠를 생산, 확산시키는 것이 효과적이다.

■ 주요 SNS 채널별 특징

채널	특징	콘텐츠유형	주이용자
블로그	• 가장 기본적인 채널 • 온라인 이용자들이 네이버 · 구글을 통한 검색을 가장 많이 하기 때문임 • 네이버를 통해 글, 이미지, 동영상, 지도 등 다양한 형태로 노출 가능 • 타 채널 대비 전문적이고 깊은 정보 전달 • 상품 · 브랜드에 대한 정확한 정보 판단을 위해 블로그 검색 활용율이 높은 편임 • 예전보다 정보 신뢰성 하락의 단점	글 + 이미지 + 동영상	• 전 연령층 • 성별 구분 없음
인스타그램/ 페이스북	• 흥미 · 재미요소를 포함한 짧은 콘텐츠 • 단시간에 소비할 수 있는 스낵형 콘텐츠 짧은 글, 카드뉴스, 동영상 등 • 인스타그램은 지역/연령/성별 등 구체적인 타깃팅이 가능하여 광고 효과가 높은 편임 • 최근 페이스북 사용자가 인스타그램으로 이동하는 추세 • 인스타그램 사진 이미지로 특화	이미지 + 동영상	• 10~40대 젊은 층(페이스북) • 20~30대 여성층(인스타그램)
유튜브	• 최근 가장 뜨고 있는 SNS채널 • 동영상 무료이용 가능 • 유튜버에 대한 보상체계 강점 • 콘텐츠 제작 시간 오래 걸리는 단점	동영상	• 전 연령층

2. 소비자 이용실태

소셜미디어(SNS)의 가장 큰 강점은 고객들의 데이터를 구축하여 좀 더 세분화 되고 정확한 고객층을 대상으로 광고 · 홍보 효과를 극대화할 수 있다는 점으로 최근 기업체를 비롯해 개인 업소까지 SNS 마케팅이 대세를 이루고 있다.

대표적인 포털 사이트 및 SNS의 정보 검색 트렌드를 살펴보면 여전히 '네이버' 가 압도적으로 높은 이용률을 나타냈으며, '다음' 은 50대층에서, '구글' 은 남성과 10대층에서 주로 이용하는 비중이 상대적으로 높게 나타났다.

유튜브의 경우 이용률은 높은 편이나 아직까지는 정보 탐색의 주 이용채널로 부상하지는 못했다. 정보 탐색 이용 사이트 1위는 70.4%의 응답률을 보인 네이버, 2위 다음 8.6%, 3위 구글7.4%, 4위 유튜브4.6%, 5위 인스타그램2.0% 등의 순으로 나타났다. 상위 검색 키워드 카테고리 분야도 포털별로 다른 양상을 나타내고 있는데 네이버는 '음식/요리/맛집' 18.6%, 다음은 '정치/경제/사회/국제' 23.4%, 그리고 구글은 'IT/미디어' 19%가 가장 검색 빈도가 높은 것으로 나타났다.

오픈서베이 정보탐색 사이트 이용률 보면 2019년 대비 이용량 변화를 보면 '유튜브' 는 이용량이 큰 폭으로 증가12.8% 증가한 반면 포털사이트네이버, 구글, 다음 등는 비슷하거나, 줄었다5.6% 감소는 응답이 증가했으며 이외에 인스타그램, 페이스북, 트위터 등을 포함하는 SNS는 3.4% 소폭 이용률이 늘어났다.

조사 시점 기준 한달 내 이용 및 주 이용 소셜미디어에 대한 응답률은 유튜브37.6%, 네이버 블로그22.2%, 인스타그램19.0%이 모두 꾸준히 증가하고 있으나, 주 이용률 측면에서 유튜브의 증가 추세가 뚜렷했다. 유튜브는 최근 3년 동안 꾸준한 증가 추세를 보이며 가장 활발하게 이용되는 소셜 미디어인 반면 SNS 채널의 주 이용률은 큰 변화를 보이지 않고 있다. 유튜브는 남성과 10대의 이용률이 높고, 인스타그램은 여성과 20~30대 층, 페이스북은 10대 이용률이 상대적으로 높았으며 네이버 밴드는 50대층의 이용률이 높게 나타났다.

소셜미디어 이용 실태를 살펴보면 '유튜브' 는 흥미 위주 및 유용한 콘텐츠를 얻거나 킬링 타임용시간 때우기으로 이용하는 비중이 두드러지게 높게 나타났고 '인스타그램' 은 사진 · 동영상 공유, 지인 · 친구와의 교류, SNS 커뮤니티 활용 등을 위해 이용하는 경향을 보였다.

'네이버 블로그' 는 취미 · 관심사의 공유를 위한 목적이 상대적으로 높게 나타났고 또 유튜브, 인스타그램은 과거 대비 이용률 및 향후 이용에 있어 긍정적인 흐름이 예상되나, 네이버 블로그, 페이스북, 밴드의 경우 향후 소극적 이용이 예상되는 응답이 많았다.

소셜미디어는 흥미성76%>유익성59%>신뢰성41% 등의 순으로 이용자들의 인식이 형성돼 있으며, 특히 흥미성은 유튜브88.5%로 단연 높은 응답률을 나타냈으며 유익성 측면에서는 네이버 블로그67.3%, 유튜브66.5%가, 신뢰성에서는 네이버 블로그54.0%, 밴드46.7%가 상대적으로 높은 긍정 인식이 형성돼 있다. 하지만 유튜브39.9%, 네이버 블로그23.4%, 인스타그램11.8%은 전년 대비 광고 및 광고성 콘텐츠가 많다는 인식이 증가하였고 콘텐츠로는 사진 · 이미지 및 2~3분 이내의 짧은 동영상 형태를 여전히 선호하는 편이나 사진 · 이미지에 대한 선호도는 전년 대비 다소 감소하는 경향이 나타났다.

3. 인플루언서 마케팅

SNS 이용자들이 늘어나면서 많은 회원수와 구독자수를 확보해 영향력이 커진 유명 인플루언서들이 등장하기 시작하였다. 이에 따라 기업 및 개인 업소들이 이들을 섭외해 SNS, 라이브 커머스 방송 등을 통해 제품 홍보 및 판매 등의 다양한 마케팅 활동을 펼치고 있다.

이전에는 인터넷 온라인 광고하면 포털 중심의 인터넷 검색어 광고 시장을 의미했으나 최근에는 유튜브 등 동영상 플랫폼, 인스타그램, 페이스북, 블로그 등 SNS와 결합한 유형의 마케팅 광고시장으로 전환되고 있다. 이러한 인플루언서 마케팅 시장은 코로나19로 인해 다양한 SNS 채널과 결합되면서 더욱 가속화되고 빠른 성장을 보이고 있다.

인플루언서는 대중에 미치는 영향력에 따라 크게 4가지 유형으로 구분되는다. 첫째, 유명 연예인, 운동선수, 작가 등 대중에 이미 이름을 널리 알리고 있는 사람을 '메가Mega 인플루언서' 라고 한다. 흔히 말하는 '셀럽' 에 해당하는 이들로 수백만 명의 팬이 있어서 단기간에 제품과 브랜드 인지도를 높이기에는 쉽지만 비용 부담이 크다. 둘째, 특정 타깃층에 영향력을 행사할 수 있는 각 분야 전문가를 뜻하는 '매크로Macro 인플루언서' 로 교수, 기자, 크리에이터 등이 여기에 포함된다. 이들은 수만에서 수십만 명에 이르는 가입자나 팔로워를 확보하고 있으며 온라인 커뮤니티 · 페이스북 · 블로그 · 유튜브 채널 등을 운영하고 있다. 셋째, 1만 명 미만의 팔로워를 보유한 '마이크로Micro 인플루언서' 로 팔로워들과 소통이 잘 되며 보다 쉽게 친밀감을 느끼고 충성도도 높은 편이다. 마이크로 인플루언서는 일반적으로 본업이 따로 있고 마케팅은 부업이라서 큰 비용이 필요한 메가 · 매크로 인플루언서와 달리 광고비가 저렴하고 제품 할인이나 선先경험을 제공하는 것만으로도 섭외가 가능한 점이 특징이다. 넷째, 1,000명 미만 팔로워를 갖는 개인 블로거나 SNS 이용자를 '나노Nano 인플루언서' 라고 하며, 제품이나 브랜드 홍보는 가능하지만 파급력은 미미한 편이다.

최근 주목받고 있는 인플루언서 마케팅은 가성비가 좋은 마이크로 인플루언서 마케팅이다. 예를 들어 팔로워 100만 명을 보유한 인플루언서를 1명 섭외하는 비용 대비 팔로워 1만 명을 가진 마이크로 인플루언서 100명을 섭외할 때 드는 비용은 3분의 1 수준에 불과하며 특히 다양한 성향의 인플루언서와 협업을 하기 때문에 콘텐츠 기획에 있어서도 참신한 아이디어를 얻을 수 있는 강점이 있다. 인플루언서는 마케팅 플래폼 다이아픽DIApick 등에서 광고주가 직접 적합한 인플루언서를 검색하고 선정할 수도 있다.

이러한 인플루언서 마케팅은 외식기업이나 개인 업소가 직접 접촉하여 진행하거나 전문 광고 대행사를 통해서 진행하는 경우가 있으며 직접 접촉할 경우 비용은 저렴해질 수 있으나 콘텐츠 기획이나 인플루언서 성향 및 영향력에 대한 검증이 이뤄지지 않으면 광고대비 효과를 얻지 못할 수도 있으므로 이러한 시행착오를 줄이기 위해서는 사전 준비작업이 꼼꼼히 체크해야 한다.

인플루언서 마케팅 진행 시 주의사항으로는 첫째, 진성 팔로워를 가진 인플루언서인지를 확인해야 한다. 단순히 팔로워 증가 시스템으로 숫자만 올린 인플루언서가 있는가 하면 유령 팔로워만 보유하여 실제적인 영향력이 없는 인플루언서도 많으니 선별작업이 필요하다. 둘째, 지나치게 과장된 표현은 주의해야 한다. '최고의 맛집', '암에 특효가 있는 음식', '국내산 식재료만 사용하였다는' 등 단시간 빠른 홍보를 위해서 자칫 과장광고 또는 허위 광고를 할 경우 오히려 고객들의 신뢰를 잃을 수도 있고 SNS 채널별 인공지능 기능에 의한 자체 검열로 어뷰징부당행위으로 처리돼 불이익을 당할 수도 있다. 셋째, 외식업소 아이템과 관련된 인플루언서를 선택할 것. 음식점 소개 또는 먹방 인플루언서 등은 이미 음식관련 인플루언서로 뚜렷한 팬층을 확보하고 있으므로 이들을 대상으로 한 마케팅 진행이 훨씬 효과적이다.

4. 광고 비용 및 효과

SNS 마케팅 비용은 콘텐츠 품질 정도, 업무의 범위, 인플루언서 사용 여부, 광고 채널 범위 등 비용에 영향을 끼칠 수 있는 선택적 범위가 너무 광범위하기 때문에 가격이 천차만별이다. 예를 들어 단순히 블로그 리뷰, 배달앱 댓글리뷰, 네이버 플레이 영수증 리뷰 등은 30~50만 원 내외로도 가능하지만 사진촬영, 콘텐츠 기획, 채널 다변화, 메가 인플루언서 투입 등 선택 속성에 따라 수천만원에서 수억 원대로 비용이 상승될 수 있다.

SNS 마케팅 시장은 기존의 대표적인 4대 광고 매체인 TV, 라디오, 신문, 잡지보다는 상대적으로 비용은 적게 들지만 시장 반응은 즉각적으로 알 수 있다는 점에서 효율성이 높은 광고모델로 평가받고 있다. 대표적인 SNS 마케팅대행사는 디너의여왕, 애드릭스, 레뷰, 다이아픽, 공팔리터, 더에스엠씨, 데이터블, 리뷰플레이스, 미디언스, 링크마인 등이 있다.

SNS 광고 마케팅을 직접 진행하기 위해 인플루언서 섭외가 필요할 경우 '블링' 이란 서비스를 이용하면 인플루언서에 대한 각종 데이터를 확인할 수 있다. 예를 들어 먹방 · 푸드 분야의 인플루언서를 검색하면 해당 인플루언서 채널의 특성과 주요 지표 및 협업을 진행할 경우의 추정예산을 산출할 수 있어 마케팅 비용 지표를 예상할 수 있는 이점이 있다.

인플루언서 대행사 단가를 살펴보면 평균적으로 1만 명 이하의 인스타그램 팔로워를 보유하고 있는 나노 인플루언서는 평균 30~50만 원, 마이크로는 50~100만 원선, 매크로는 200만 원선, 메가는 300만 원 이상으로 협의에 따라 천차만별인 것으로 조사됐다. 이 또한 인스타그램 포스팅 1개 작성 및 게재 시비용이며 협의 내용 및 상황에 따라 변동폭이 큰 편임. 대행사를 통하지 않고 직접 진행할 시 비용은 절반 이하로 줄어들 수 있으나 시간 및 목표 결과에 대한 시행착오를 겪을 수 있는 단점이 있다.

■ 인플루언서 대행사 평균 단가

구분	팔로워수	비용
나노인플루언서	1,000~10,000명	30~50만 원
마이크로 인플루언서	10,000~100,000명	50~80만 원
매크로 인플루언서	100,000~1,000,000명	200만 원
메가 인플루언서	1,000,000명 이상	300만 원 이상(협의)

한편 개인 외식업소에서 가장 많이 진행하는 블로그 마케팅은 블로그 체험단과 기자 체험단 모집을 통하여 업소를 홍보하는 방법이다. 블로그 체험단 마케팅은 업주가 직접 블로그를 모집하여 진행하는 방법, 체험단 사이트 모집을 통한 진행, 전문 대행사를 통한 진행 방법이 있으며 비용은 선택 방법에 따라 천차만별이지만 전문대행사를 통해 블로그 체험단 행사를 진행할 경우 팀당 2~3만 원 정도의 비용이 소요된다. 단순 블로그 모집만을 지원해 줄 경우 팀당 1~2만 원 정도 소요되는 것으로 추정된다. 블로그 체험단은 인스타그램과 쉽게 연동할 수 있어서 최근에는 블로그 뿐만 아니라 인스타그램 홍보까지 병행하여 진행하는 경우가 많다. 음식점 블로그 체험단 대행을 전문으로 하는 업체로는 서울오빠, 레뷰, 디너의여왕, 애니위드 등이 있다.

코로나19 이후 배달 및 네이버 플레이스지도 리뷰 마케팅에 대한 관심이 높아가면서 블로그 마케팅을 진행하는 전문 대행 업체들이 리뷰 마케팅을 병행하는 경우가 늘어나고 있으며 오히려 최근에는 리뷰 마케팅에 대한 의뢰가 더욱 증가하는 추세로 나타났다. 배달 리뷰 마케팅은 평균 1건당 3~5천 원 정도로 단가가 형성돼 있으며 보통 50건, 100건 등 패키지로 계약이 이뤄지는 편이다.

앞서 언급했듯이 최근 네이버 지도 검색 노출 순위에 따라 업소 매출에 직접적 영향을 끼치기 때문에 최근 이에 대한 마케팅 이슈가 음식업주들에게 크게 관심을 끌고 있어 마케팅 비용 또한 대행사 마다 천차만별로 진행되고 있다. 한 예로 음식점 경쟁이 가장 치열한 강남, 홍대 지역에서는 '강남+맛집', '홍대+맛집' 키워드로 검색하여 네이버 플레이스에 약 한달간 첫페이지에 상위 업소로 노출될 경우 마케팅 비용이 약 500~600만 원 선이며 심지어 부르는 게 값이라는 관계자들의 분석이다.

SNS 마케팅 비용은 외식 업종 · 업태별로 다양하게 적용되고 있으며 컨설팅 의뢰 범위에 따라 그 변동폭이 매우 크기 때문에 획일적인 비용 기준 설정이 어려운 한계점이 있으며 평균적으로 외식 기업체 인스타그램을 대행하여 운영할 경우 콘텐츠 제작 및 유지관리 등의 비용이 포함되어 월평균 1,000만 원 내외로 지출되는 것으로 조사되었다.

SNS 마케팅 효과는 기존의 TV, 라디오, 신문, 잡지 등 전통 광고 매체보다 비교적 효과측정이 정확한 편으로 타깃 대상의 정확도, 채널 유입 경로, 방문자 수 및 행사 참여자 등에 대한 통계를 쉽게 파악할 수 있기 때문이다.

2020년 가장 성공적인 외식업계 SNS 마케팅 중 하나인 BBQ 7천 원 할인행사는 유명 연예인인 황광희가 진행하는 유튜브 '네고왕' 프로그램에서 2020년 8월 한달 간 진행한 첫 방송 이후 주말 매출이 65억 원을 기록하여 전년 대비 88% 상승했으며 멤버쉽 회원도 30만 명에서 60만 명으로 두배 가까이 증가했고 자체앱을 통한 주문량은 일요일 하루에만 17배 증가하였다.

5. 성과 측정 방법

개인 외식업소도 온라인 마케팅을 할 경우 온라인상에서 고객이 어떻게 찾아오는지 알 수 있기 때문에 반드시 성과측정이 이뤄져야 한다. 더욱이 비용을 들여 대행사를 사용할 경우에는 반드시 성과분석이 필요하다.

예를 들어 어떤 검색어를 입력해 홈페이지에 유입되는지, 전화로 자주 묻는 질문은 무엇이고, 네이버 예약은 어떤 경로로 찾게 되는지 등에 대한 내용 파악이 가능하기 때문에 이때 필요한 것이 고객 행동을 분석하는 애널리틱스 프로그램으로 대표적으로 구글 애널리틱스가 가장 많이 사용되고 있지만, 비즈니스 사업자가 아닌 이상 세부적인 통계분석까지는 필요 없다.

마케팅 채널로 네이버를 이용하는 자영업자라면 네이버 애널리틱스를 사용하는 것도 나쁘지 않다. 채널마다 애널리틱스와 연계돼 방문자 수, 유입 검색어, 경로 등 온라인 마케팅에 중요한 지표들을 다 볼 수가 있으므로 세부적인 통계분석은 필요 없다. 방문자수, 페이지 뷰, 유입 검색어, 유입 경로 등 기본적이면서 중요한 지표들은 네이버 애널리틱스를 통해 분석 가능하다.

6. 운영의 한계점

코로나19 여파로 매출이 감소한 외식업계는 기존 마케팅 비용 또한 전년 대비 평균적으로 30~50% 정도 감소했으며 이마저도 전면 중단한 업체들이 절반 이상 되는 것으로 추정된다. 더욱이 뷔페형 외식기업, 대형 매장 위주로 영업을 전개하는 패밀리레스토랑 업계 등은 기업 존폐 위기를 겪을 만큼 매출하락이 심각한 편이어서 매장을 축소하거나 인력 감축 등 강도 높은 구조조정을 실시하고 있어 브랜드 이미지 홍보 등의 마케팅 비용 지출은 거의 중단되거나 대폭 삭감된 것으로 나타났다. 대신 일부 SNS 마케팅만 간헐적으로 진행하고 있는 것으로 조사되었다.

실제로 코로나19로 인해 기업 4곳 중 1곳은 구조조정을 시행했거나 계획중인 것으로 조사되었고 이중 매출 타격이 가장 심각한 외식기업은 강도 높은 구조조정을 실시하고 있는 것으로 알려져 있는 가운데 '식음료 · 외식' 관련 기업의 구조조정 실시율이 57.9%로 가장 높았다. 구조조정 이유로는 69.7%가 '경영악화'를 꼽고 있어 이는 외식업계가 코로나19로 인해 얼마나 어려움을 겪고 있는지를 반증해 주는 수치로 풀이된다.

이처럼 기업체도 비용에 대한 부담으로 마케팅 비용을 삭감하고 있는 실정이며 중 · 소규모의 외식업소는 판촉 홍보 활동을 거의 실행하지 못하고 있는 실정이다. 일부 업소의 경우 월 20~30만 원 비용을 투자하는 배달 및 네이버 플레이스 등의 리뷰 마케팅 등을 진행하고 있으나 이 또한 지속적으로 운영해야 광고의 효과를 기대할 수 있지만 비용 부담으로 간헐적으로 필요시 진행하는 것으로 나타났다.

이와 같이 지출에 대한 부담으로 점포 활성화를 위한 홍보 및 판촉활동 비용을 삭감한 일부 외식업주들은 본인이 직접 인스타그램 등 SNS 채널을 운영하며 업소 홍보에 나서고 있다. 하지만 생계형 개인 업소들은 시간적 한계로 인해 SNS 직접 운영의 어려움을 토로하고 있으며 관심이 있어도 블로그, 인스타그램, 유튜브 등의 운영 방법을 알지 못해 실행하지 못하는 업소들도 다수인 것으로 나타났다.

특히 배달 댓글의 중요성을 인지하고 있지만 이에 대한 효과적인 운영방안을 모르거나 네이버 플레이스에서 업소 정보를 올리는 간단한 방법조차 알지 못해 중요한 광고·홍보 기회를 놓치는 업소들이 다수였다. 20~30대 젊은 외식업주들은 SNS 환경에 비교적 익숙하므로 다양한 모바일 마케팅을 적극 활용하고 있으나 40대 이후 외식업주들은 배달앱 사용조차 아직은 익숙하지 않아 업소에서 간단히 활용할 수 있는 모바일 홍보 방법조차 효과적으로 이용하지 못하고 있는 실정이다. 이에 따라 코로나19로 인해 더욱 빠르게 변화돼 가고 있는 외식 시장환경 및 트렌드 변화에 적절하게 대처하지 못하고 있는 외식업주들에 대한 교육 및 정부지원 등의 방안이 모색돼야 할 것으로 분석된다.

제3절 효과적인 SNS 마케팅 활용 방안

외식업계에서 SNS 마케팅은 이제 선택이 아닌 필수가 되었다. 더욱이 배달 시장이 확장되면서 블로그, 인스타그램, 유튜브 등 SNS 검색을 통한 맛집 찾기, 리뷰 검색 등이 일상화되어 가고 있으며 그 중요성과 영향력은 더욱 확대되고 있다.

광고·홍보비용이 집행될 수 있는 여력이 있는 외식기업의 경우 대부분 대행사 등을 통해 SNS 관리 및 홍보를 진행하고 있지만 개인 업소의 경우에는 경영주 자신이 직접 개인 계정을 통한 SNS 홍보를 진행하는 경우가 대부분인 것으로 파악돼 대표적인 SNS 마케팅 채널인 블로그, 인스타그램, 유튜브 채널을 효과적으로 운용할 수 있는 방안을 모색해 보고 우수 운용업소사례를 통한 벤치마킹을 하고자 한다.

1. 블로그

소비자가 음식업소를 찾게 되는 주요 방법을 살펴보면 직접 경험, 지인 및 주변인의 추천입소문, 정보 검색 등 크게 3가지 방법으로 나눌 수 있는데 이중 온라인 검색은 언제 어디서든 활용 가능한 스마트폰의 대중화로 매우 중요한 정보 검색 수단이 되고 있다. 예를 들어 지역명, TPO시간, 장소, 상황, 메뉴명을 고려한 키워드를 선택하여 맛집을 검색하는 사례가 일반화되어 있다. 앞서 설명했듯이 국내 정보 검색 사용자 중 가장 압도적으로70% 이상 많이 활용하는 사이트가 네이버인 것으로 나타났으며 이에 따라 네이버 블로그를 통한 검색 기능이 매우 중요함을 알 수 있다.

블로그는 게시물 작성시간이 오래 걸리고 인기 블로그로 성장하기까지 다소 시간이 걸리기 때문에최소 6개월 이상 중 · 소형 자영업자가 직접 운영하기에는 시간적 투자에 대한 부담이 있다. 하지만 위에서 언급했듯이 네이버 검색 이용률이 매우 높고 특히 음식점 검색의 경우 네이버 플레이스가 가장 효력을 발휘하고 있어 블로그 홍보는 무시할 수 없는 SNS 채널이다.

1) 블로그 마케팅의 종류 및 장단점

(1) 블로그 마케팅의 종류

❶ 상위노출 마케팅

최적화된 블로그를 이용하여 글이 검색이 잘되게 하는 마케팅으로 검색순위 5위안에 들어가는 전략이다. 상위노출 마케팅에는 '월 간 보장형', '건바이건', '파워블로거 의뢰' 등의 방법이 있다. 블로그 체험단, 기자단 등의 마케팅 방법이 여기에 활용된다.

'파워블로거 의뢰'는 초창기 블로그 마케팅 수단으로 가장 일반적으로 사용되던 홍보수단으로 회원수가 많은 영향력 있는 블로거를 통해 상위노출을 유도하는 방법이다. 보통 건바이건으로 진행되며 건당 비용은 약 20~30만 원선이며 블로거 영향력에 따라 상향조정될 수 있다.

'월 보장형'은 한달 정도 상위에 노출되는 방식으로 보통 2~3건의 포스팅을 쓰게 되며 이 방법은 어뷰징부당한 이익추구을 대비해 저품질의 글을 피한 전략적 접근이 필요하기 때문에 비용이 가장 높은 마케팅 수단이다.

'건바이건'은 음식점 홍보 자료를 제공하면 일반 블로거들에게 의뢰해 노출하는 방식으로 비교적 저렴한 장점이 있으나 상위노출에 대한 보장성은 떨어진다.

❷ 브랜드 블로그 마케팅

블로그 육성과 마케팅을 병합하여 진행하는 마케팅으로 보통 기업체 또는 관공서 등 이미지를 강조하는 곳에서 활용하는 마케팅 방법이다. 이 방법은 비용이 높기 때문에 일반 개인 외식업소에서 활용하기는 어려운 마케팅 수단이다.

❸ 파워 블로그 육성 마케팅

블로그를 육성하여 인수인계를 해주는 방식인데 최근에는 거의 사용하지 않는 마케팅이다.

(2) 블로그 운영의 장단점

❶ 장점

- **쉬운 접근성** : 블로그는 다른 SNS 채널에 비해 진입 장벽이 낮고 PC와 모바일, 전용 앱을 통한 콘텐츠 작성 및 편집이 용이한 장점이 있다.
- **콘텐츠의 다양성 확보** : 글, 사진뿐 아니라 영상 등 다양한 포맷의 콘텐츠를 깊이 있게 다룰 수 있다. 현재 블로그 이용 빈도수가 줄어드는 추세이기는 하나 여전히 네이버 검색의 압도적 시장 점유율로 인해 마케팅에 있어 블로그는 메인 혹은 서브로 운영하기에 매력적인 채널이라 할 수 있다.
- **타 채널로의 확장성** : 블로그는 글, 사진, 영상 등 모든 콘텐츠를 활용하여 게시물을 작성할 수 있으므로 사진에 강점이 있는 인스타그램, 동영상에 강점이 있는 유튜브 등으로 채널을 쉽게 확장해서 키워나갈 수 있는 장점이 있다.

❷ 단점

- **상위 노출에 대한 치열한 경쟁** : 블로그는 사용 기간이 오래돼 활동하는 블로거들이 많은 편이다 보니 상위 노출 경쟁이 치열해져 가장 인기 검색어인 ' 지역+맛집 ' 키워드에서 노출되기는 매우 어려운 실정이다. 또한 게시물의 홍보 및 마케팅 영향력이 큰 파워 블로거들이 상당수 양상돼 있어 이들과의 경쟁을 위해서는 전략적 접근과 분석, 새로운 아이템 개발이 필요할 것으로 판단된다. 빠르게 자신의 블로

그를 성장시키기 위해 노골적인 홍보글만 발행하거나 체험단 의뢰를 통해 홍보성 글만 난발할 경우 오히려 고객들에게 외면 받을 수 있으므로 주의해야 한다.

• **많은 시간 투자** : 블로그를 작성하기 위해서는 타 채널에 비해 깊이 있는 글이나 내용이 필요하기 때문에 게시물 작성을 위한 시간 및 노력이 필요한 편이다. 그러므로 블로그 작성을 시도할 경우 처음부터 지나치게 높은 완성도 있는 게시물 작성에 대한 목표보다는 짧고 쉬운 글 위주로 지속적이고 반복적으로 게시물을 올리는 습관이 중요하다.

■ **블로그 운영의 장단점**

장점	단점
• 검색량과 이용자수가 많음 • 개설 운영이 편리함 • 타 SNS 채널로의 확장성 용이 • 음식이나 점포에 대한 자세한 홍보가능 • 서로 이웃추가, 이웃신청, 댓글 유입 등을 통해 자체적인 소통 원활 • 스마트폰만으로도 운영 가능	• 경쟁이 치열함 • 지나치게 광고성이 강하거나 민감한 키워드 (병원, 부동산, 주식, 정치 등)를 사용하면 검색 노출이 제한될 수 있음 • 검색 시 노출되는 메인 화면이 모바일과 PC에서 다르게 나타나 불편함. • 양질의 콘텐츠 생산을 위한 시간투자

2) 블로그 운영을 위한 효과적인 방법

(1) 블로그 운영을 위한 준비 단계

① 블로그 운영전 결정사항으로 나의 블로그를 상업적 활용 목적으로 운영할 것인지 아니면 개인적 관심사 위주로 운영을 하다가 천천히 업소 등을 노출시키는 홍보 수단으로 활용할 것인지에 대한 부분을 먼저 고민해야 한다.

■ **상업적 콘텐츠 VS 개인 관심사**

구분	상업적 콘텐츠	개인관심사
장점	노출 시 홍보나 수익 연계가 빠를 수 있음	소재의 자유, 개인 브랜딩 강화, 새로운 수익모델 창출에 유리
단점	잦은 홍보 노출 시 신뢰도 하락, 소재 고갈 등의 어려움 예상	점포 홍보 느려질 수 있음

② 블로그 작성을 위한 준비 단계상업적 콘텐츠 작성의 경우

ㄱ. 주제 선정 : 음식점 홍보용이므로 "나는 000을 운영하고 있는 맛 전도사입니다"

ㄴ. 타깃 선정 : 내 점포 주요 고객층의 연령대, 성별, 지역 등 타깃 분석을 정확히 하여 올바른 키워드 선택, 최적화된 콘텐츠를 제작해야 한다.

ㄷ. 디자인 : 인기 있는 음식점 블로그 유형을 벤치마킹하여 가독성과 직관성 높은 디자인으로 빠르고 명확한 정보를 전달해야 한다. 내 점포를 대표하는 컬러를 통일성 있게 사용하는 것도 고객들에게 쉽게 이미징되어 브랜드 각인에 유리한다.

ㄹ. 콘텐츠 : 우리 점포에 관련된 내용과 주제를 얼마나 자주 노출시킬 것인지에 대한 계획 수립한다.

ㅁ. 효과측정 : 통계를 이용해 높은 트래픽 구간이나 유입이 많이 일어나는 경로 등을 분석해 콘텐츠를 생산하는 전략 필요하다. 내가 선택한 키워드 검색량이 얼마나 되는지 확인해 보고 싶으면 네이버 검색창에서 '네이버 광고'를 검색하면 접속가능하다. 네이버 광고페이지는 별도의 계정을 만들어서 로그인을 해야 사용이 가능하며 원하는 키워드를 넣은 후 조회하기를 누른 결과에서 월간 검색수가 PC와 모바일 검색량이 두자리 이하일 경우 해당 키워드로 상위노출이 되더라도 방문자 영향에는 큰 영향을 끼치지 못한다.

■ 블로그 작성을 위한 사전 준비 작업

1. 주제	"나는 00 블로거다" = 주제 및 카테고리는 한마디로 정의 가능해야 함
2. 네이밍	채널 이름도 중요하나 짧고 중복되지 않는 자신만의 닉네임 작명이 무엇보다 중요함 (2~6글자 내로 추천)
3. 디자인 (레이아웃)	주제를 연상케 하는 타이틀과 스킨(상단 이미지), 통일성 있는 브랜드 컬러 사용
4. 콘텐츠	시그니처라 할 수 있는 오리지널 콘텐츠를 개발하고 자신만의 문체, 시리즈 연재 등을 기획함. 다양한 블로그 채널 벤치마킹하여 제작
5. 분석	데이터 분석을 통한 인기콘텐츠,키워드,유입경로 등 채널 상태 파악
6. 확장	채널 혹은 브랜드 확장 시 콘텐츠 재편집으로 안정적인 채널 확대 필요

(2) 인기 블로그 운영 전략

❶ 유용한 정보 제공

점포 메뉴, 인테리어, 분위기, 고객 리뷰 등을 포함해 검색 사용자가 도움이 될 수 있는 점포 관련 유용한 정보들을 함께 제공해야 함. 예를 들어 치킨전문점을 운영한다면 점포 메뉴 등 기본 정보뿐만 아니라 '남은 치킨을 활용한 레시피' 나 '남은 치킨 맛있게 먹는 방법' 등과 같은 꿀팁 정보 제공.

❷ 이슈성 · 시즌성 · 대중성 키워드 활용

인기있는 블로그 운영을 위해서는 이슈성, 시즌성, 대중성 등 3가지 키워드 소새를 잘 활용한 콘텐츠를 발행해야 한다.

- 이슈성 키워드는 화제성 있는 소재를 활용하는 기법으로 이슈 파악을 위해 가장 좋은 방법은 '네이버 실시간 검색' 을 활용하면 된다. 본인이 운영하는 블로그 메인 주제와 연결될 수 있는 내용이라면 이슈성 키워드 내용은 최대한 빨리 콘텐츠를 발행해야만 효과를 극대화 시킬 수 있다. 이슈성 주제는 가장 파급력이 크지만 그만큼 경쟁도 치열하므로 자칫 내용의 연관성과 콘텐츠가 부실하고 실시간 검색어 노출에만 주력할 경우 어뷰징 콘텐츠로 판단돼 블로그 지수에 악영향을 끼칠 수도 있다. 따라서 반드시 메인 주제와의 연계 가능성을 체크해야 한다.
- 파급력은 크나 대응이 쉽지 않은 이슈성 소재에 비해 '시즌성' 은 매년, 매월 반복되는 소재이기 때문에 상대적으로 대응이 쉽고 검색에도 긍정적인 영향을 줄 수 있다. 예를 들어 1월은 '새해', 2월은 '새배', 3~4월은 '벚꽃놀이', 5월은 '어린이날', '어버이날', '성년의날', 7~8월은 '여름휴가', '워터파크', 9~10월은 '추석', 11월은 '수능', 12월은 '크리스마스' 등 시즌성 키워드 검색량이 폭증하기 때문에 미리 신메뉴나 이벤트 행사를 기획하여 콘텐츠를 발행하면 상위노출을 기대할 수 있다. 시즌성 콘텐츠는 네이버 담당자들이 미리 블로그 게시물을 모니터링 후 해당 시즌이나 기념일에 노출하는 경우가 많기 때문에 늦어도 시즌 일주일 전쯤 발행해 두는 것이 효과를 높일 수 있다.

- 대중성 소재는 이슈성, 시즌성에 비해 파급력은 적으나 꾸준한 검색을 유지시켜 주는 특징이 있다. 예를 들어 '오늘 뭐 먹지', '주말에 가볼만 한 곳', '데이트 하기 좋은 곳' 등의 소재는 대중들의 관심이 꾸준히 지속되는 주제이다. 이슈성, 시즌성, 대중성 키워드를 적절히 혼합하여 활용해야 만이 꾸준한 방문자 유입과 글쓰기가 가능하다.

❸ 꾸준하고 지속적인 운영관리

이러한 양질의 콘텐츠를 지속적으로 쌓아 나가야 만이 검색에도 긍정적일 뿐만 아니라 메인 노출 빈도도 높아져 저비용 고효율의 효과를 기대할 수 있다. 반짝 노출이 아닌 장기적인 노출을 목표로 꾸준히 성실하게 관리해야 성과를 이룰 수 있다.

(3) 통계활용 전략

블로그 통계를 활용하면 내 블로그 방문자의 성별, 연령, 지역 등을 파악하고 검색에 유리한 시간대, 내 블로그를 이끌고 있는 콘텐츠와 키워드는 무엇인지를 정확히 알 수 있다. 더욱이 방문자들이 어떤 경로로 내 블로그에 유입되는지를 확인하면 향후 효과적인 블로그 운영전략을 수립할 수 있다.

블로그 통계에서는 조회수, 방문횟수, 성별, 연령별 분포 및 게시물 인기 순위 등을 한눈에 확인할 수 있다. 여기에서는 내 블로그의 최신 활동 상황을 파악하는 데 가장 중요한 역할을 하기 때문에 습관처럼 확인하는 것이 중요하다. 통계 자료 중 일간현황, 조회수, 유입분석, 시간대 분석, 성별, 연령별 분포, 콘텐츠 순위 정도만 파악하면 된다.

조회수에서는 일간, 주간, 월간별로 방문자가 내 블로그 페이지를 열람한 횟수를 확인할 수 있으며 꾸준히 블로그 운영을 했는데도 수치 갭이 크게 나타난다면 해당 달에 어떤 콘텐츠를 발행했는지 체크해 볼 필요가 있다. 예를 들어 포스팅 글중에 방문자에게 유용한 정보는 없고 오로지 상호, 지역, 메뉴, 이벤트 정도의 내용만 채워진 글이라면 검색 사용자의 선호도가 하락되고 검색 랭킹 로직에 의해 결과도 후순위로 밀릴 수 있다. 그러므로 이러한 글은 비공개 또는 삭제 처리하는 것이 지수향상에 도움이 된다.

유입분석 통계는 해당 기간동안 내 블로그 방문자들이 사용한 검색 서비스나 검색어를 확인할 수 있으며 어떤 키워드가 가장 높은 비율을 차지하는지도 알 수 있다. 그러므로 유입에 높은 비율을 차지하는 키워드를 또다시 활용한 콘텐츠를 발행하는 것도 방문자 유입에 도움이 될 수 있다. 유입이 많이 일어나는 사이트나 페이지를 파악해 보다 적극적으로 해당 사이트에서 활동하거나 콘텐츠를 공유하는 것도 유입률 증가에 효과적이다.

시간대 분석은 선택한 기간일간, 주간, 월간, 유입경로, 성별, 연령별 분포, 조회수 순위 등을 차트로 보여주고 보통 블로그를 이용하는 시간대는 점심 혹은 퇴근시간 혹은 취침시간 전이 많은 것으로 나타났다. 내 블로그 시간대 분석을 통해 가장 발행하기에 좋은 시간대를 확인 후 검색 노출이 많은 시간대보다 3~4시간 전에 글을 발행해야 만이 노출 효과를 높일 수 있다. 성별, 연령별 분포는 매번 체크할 필요는 없지만 명확한 타깃 설정을 위해서는 주 1회 정도는 체크해야 한다. 또한 일간현황 통계에서는 선택한 기간 중 내 블로그에 어떤 글이 가장 인기가 좋은지, 어떤 주제가 높은 조회수를 차지하고 있는지 등을 확인할 수 있다. 상위권에 랭크된 글들은 검색이 많이 되고 활용하는 것도 좋은 전략이 될 수 있다.

블로그 평균 데이터에서는 블로그 전체 평균 데이터를 확인할 수 있으며 이중 적극적으로 활동하고 있는 5만 개의 블로그와 비교하여 현재 내 블로그의 위치를 측정해 볼 수 있다. 평균치 보다 높은 수치이면 내 블로그가 정상적으로 잘 운영되고 있는 것이지만 평균치 이하면 더욱 분발해야 한다는 점을 알 수 있다.

(4) 블로그 상위노출 전략

❶ 네이버 검색기와 고객이 좋아하는 블로그 작성법

블로그 작성 초기에는 무조건 상위노출 글보다는 잘 운영되거나 잘 쓰여진 글들을 벤치마킹할 필요가 있다. 예를 들어 메인에 노출됐다는 것은 이미 네이버에서도 검증된 콘텐츠이기 때문에 메인에 노출된 글은 매일 모니터링하고 따라 써보기를 하면 글쓰기에 도움이 된다. 매월 새롭게 소개되는 '이달의 블로그' 등에 등재된 글을 참조하면 블로그 운영에 도움이 되며 이달의 블로그는 개인 블로그가 대부분이지만 콘텐츠 제작 방법이나 운영, 디자인 등의 요소는 참고할 만하다.

네이버 메인 관심 주제 중에는 '맛집' 카테고리가 없기 때문에 푸드, 비즈니스, 여행 등의 콘텐츠 위주로 살펴보고 이외에 블로그 메인홈에 있는 주제별 보기, 네이버 포스트 등에서 '맛집' 관련 블로그를 참조하면 유익한 정보를 수집할 수 있다.

블로그 글을 선택할 때 콘텐츠의 연관성, 일관성을 위해 하나의 주제를 유지할 것을 권장한다. 칭찬일색의 노골적인 홍보성 글만 게시하는 것도 품질이 떨어질 수 있고 이웃 거절로도 이어질 수 있으므로 주의해야 한다. 방문자 유도를 기 때문이다.

최근에는 많은 블로거가 동영상 콘텐츠를 조합하여 사용하고 있는데 유튜브, 네이버 TV 등의 영상 콘텐츠와 상호 호환 형태로 운영하는 경우도 있다. 이는 콘텐츠 소비 패턴이 많이 달라졌기 때문으로 심지어 정보검색도 영상으로 하는 경우가 증가하고 있기 때문에 네이버의 경우 블로그와 함께 쓰인 영상 콘텐츠는 오늘의 동영상, 핫토픽 등으로 노출되는 영역도 대폭 확대되고 있다. 이러한 추세에 따라 이상적인 블로그 콘텐츠 조합은 글, 사진, 영상이 모두 혼합돼 있는 형태로 최상의 노출 결과를 얻을 수 있다.

❷ 노출에 효과적인 글쓰기

블로그 제목에는 글이 검색될 수 있는 핵심 키워드가 반드시 들어가야 한다. 예를 들어 배달음식에 대한 글을 쓸 경우 주제와 제목에도 배달음식이란 핵심 키워드가 들어가야 한다. 하지만 너무 의도적으로 키워드 글만 너무 반복해도 어뷰징 사례로 접수돼 검색이 안될 수도 있으므로 주의해야 한다.

제목을 만들 때 몇가지 키워드를 넣어서 직접 결과를 확인해 보는 방법도 좋다. 예를 들어 "감기에 좋은 차, 레몬청 만들기' 에서 '감기' 키워드로 검색해 보고 '레몬청' 키워드로 검색하여도 모두 연관 검색어로 노출될 수 있어 성공적인 제목달기이다. 지역명과 지하철명을 제목에 활용하는 것도 효율적이지만 검색량이 많기 때문에 일정기간 시간차를 두고 사용하는 것이 검색 신뢰도를 높일 수 있다.

❸ 서로이웃추가 늘리기

서로이웃추가는 블로그 구독자수를 늘려 상위 노출을 증폭시키는 방법 중 하나이다. 먼저, 내 키워드를 공략하는 방법이 있다. 예를 들어 '역삼동 삼겹살 전문점'의 경우 '강남 회식장소', '강남 고기전문점' 등의 키워드를 검색창에 입력하여 관련 내용이 검색되면 첫페이지 상위 10개 정도의 노출 글은 대부분 파워 블로거이기 때문에 그들을 제외한 두 번째 페이지에서 노출되는 11번째 정도의 글부터 서로 이웃을 추가하는 것이 도움이 된다. 둘째, 서로이웃 숫자가 비슷한 블로거를 찾는 방법이 있다. 온라인은 품앗이가 기본적으로 원칙이기에 나랑 이웃 숫자가 비슷한 블로거와 이웃으로 추가하면 성공률이 높은 편인데 예를 들어 현재 나의 이웃이 10여 명이면 100여 명 넘지 않는 블로거에게 이웃 추가를 해야 성공률이 높다. 셋째, 성의있고 존중하는 호감글을 남기는 방법과 상대방에게 서로이웃 추가를 요청할 시 매너있고 호감있는 글을 남겨야 성공률을 높일 수 있으며 서로 이웃 추가는 매출로 이어질 수 있고 다른 어떤 SNS 채널보다 상호 간의 소통이 활발하게 이뤄질 수 있는 강점이 있다.

(5) 네이버 플레이스 마케팅 전략

네이버 플레이스지도는 SNS 채널은 아니지만 최근 맛집 검색시 가장 큰 영향력을 발휘하고 있는 외식업소 마케팅 수단이기 때문에 이에 대한 전략을 추가하고자 하며 네이버 지도검색 마케팅을 위해서는 먼저 '네이버 스마트 플레이스' 사이트에서 내점포 정보를 등록해야 하며 이후 네이버의 여러 검색 서비스에서통합검색, 지도, 플레이스 등 내점포 정보가 노출될 수 있다.

❶ 네이버 플레이스 상위노출 전략

- **대표사진 설정** : 보통 스마트폰으로 맛집 검색을 하면 첫페이지에 4개의 업체가 노출되며 업소당 3개의 사진이 삽입돼 있다. 이때 내 점포에서 가장 대표적으로 맛있게 촬영된 사진 2장만을 등록하여 타 매장과 시각적 차별점을 두어 소비자들의 관심을 끌 수 있도록 유도한다. 만약 업소의 대표 시그니쳐 메뉴가 1개라면 1개 메뉴를 가로찍기 사진으로 2장 반반씩 나눠 연속찍기하여 나란히 올려 놓는 방법도 효과적이다.

- **네이버 예약 혜택 설정** : 네이버 플레이스에서 예약 서비스 혜택을 설정해 놓을 경우 맛집 검색을 하면 네이버측에서 업소소개 상단에 굵은 글씨로 예약혜택에 대한 내용을 눈에 띄게 처리해 놓기 때문에 홍보에 유리하다.
- **저장하기 갯수 늘리기** : 저장하기 갯수를 늘려야 만이 상위노출이 용이하므로 다양한 마케팅 방법을 시행하고 있다. 첫째 마케팅 대행사에 저장하기를 맡길 경우 저장하기 평균 단가는 250~350원선 정도인가. 둘째 매장 내에서 이벤트를 하는 방법으로 저장하기를 누른 후 직원에게 보여주면 무료 서비스 혜택을 제공하여 갯수를 늘릴 수 있다. 저장하기+영수증 리뷰를 함께 묶어서 이벤트를 실시해도 좋은 참여 효과를 얻을 수 있다.

또한 신규 오픈 점포의 경우 네이버 플레이스에 들어가서 '새로 오픈했어요' 찬스를 사용하지 않았다면 오픈 3개월 이내 점포의 경우 새로 오픈했어요 찬스를 사용하면 상위노출에 유리하다. 이미 저장 갯수가 5천 개 또는 1만 개 이상일 경우 플레이스 점수 반영이 미비하고 저장 개수가 1천개 또는 2천 개 정도일 경우 저장하기 이벤트를 시행하면 빠르게 효과를 얻을 수 있다.

또한 상위노출에 영향을 미치는 평가 요소 중 하나는 영수증 리뷰가 있다. 영수증 리뷰는 SNS마케팅 대행사에서 가장 많이 진행하고 있는 대행 업무 중 하나로 네이버 리뷰 댓글과 비슷한 형태로 마케팅 업무가 진행된다. 만약 대행사를 통한 영수증 마케팅이 어려우면 위에 언급한 저장하기 이벤트와 마찬가지로 점포 이용 고객들을 대상으로 할인 및 무료 서비스 메뉴 혜택 등을 제공하여 영수증 리뷰를 늘려 나가는 방법이 있다.

3) 블로그 운영 시 주의사항

블로그에는 되도록 큰 이미지를 사용하는 게 검색에도 유리하지만 매번 게시물마다 글, 사진 등이 반복적으로 사용될 경우 스팸 문서로 분류될 수 있으니 조심해야 한다. 링크를 사용할 경우 클릭시 원래의 주소와 다른 문서로 이동하는 등 낚시성 링크 사용은 피하는 것이 좋고 포스트 내용과 관련성 높은 사이트나 콘텐츠 연결은 권장하는 부분이나 포스트 내용과 관련 없는 주소를 모든 블로그 포스팅에 삽입하는 경우도 주의해야 할 요소이다.

많은 사람들이 발행 전 태그란을 비워두기 쉬우나 태그는 내 글에 꼬리를 남겨 검색에 최대한 좋은 영향을 끼치기 때문에 삽입해 주는 것이 좋다. 다만, 포스트 내용과 연관성 있는 내용만 사용하는 것이 무엇보다 중요하고 간혹 본문에 내용이 아닌 키워드만 반복해서 넣는 경우 스팸 문서로 판별될 수 있으므로 주의를 요한다.

이러한 블로그 작성은 PC 환경에서 작업하는 것이 제일 용이하나 시간, 장소의 제한으로 인해 모바일을 사용할 경우 네이버 블로그 앱을 다운받아 글쓰기를 작성해야 만이 레이아웃이 흐트러지지 않고 제대로 정열될 수 있다. 특히 PC화면에서는 느끼지 못할 수 있지만 모바일로 보게 되면 답답한 긴 글로 읽힐 수 있으므로 미리보기 화면을 통해 모바일 화면 글을 확인해 보는 것이 좋고 이렇게 모두 작성된 글은 발행 전 반드시 맞춤법 체크를 해 봐야 한다.

4) 외식업소 운영 사례

❶ 던킨도너츠

던킨도너츠는 블로그 스킨부터 위젯, 섬네일대표사진 등 디자인과 구성을 참고해 볼 만 하며 공지나 블로그 글 하나로 신제품이나 이벤트 정보를 제공하는 것이 일반적이지만 던킨도너츠 공식 블로그에선 스킨 상단 부분을 마치 광고 영역으로 활용해 직관성을 높였다. 섬네일도 통일성 있는 디자인과 본문을 유추할 수 있게 제작되었으며 위젯미니애플리케이션, 바로가기 기능도 시선이 먼저 머무는 블로그 상단에 배치해 매장 찾기나 운영 중인 다른 SNS 접근에 편리하게 배치해 두었다.

본문도 인용구, 구분선을 적절히 활용해 가독성을 높이고 있고 또한 베이커리, 커피 등 던킨도너츠 관련 유용한 정보를 제공하고 있으며 자연스럽게 브랜드 홍보를 하고 있다. 시즌 이슈 관련 키워드를 활용하여 고객 유입의 상승효과를 높이고 있는 것을 볼 수 있다.

❷ 도미노피자

블로그 첫페이지 상단스킨에 이벤트 정보를 제공하고 있으며 바로 밑에 SNS 위젯 구성, 주 메뉴인 피자가 노출된 섬네일 구성이 돋보인다. 여기에 도미노피자를 상징하는 대표 컬러인 파란색으로 블로그 디자인을 통일시켜 브랜드 이미지를 강조하고 있다.

❸ 서관면옥

서관면옥 김인복 대표가 운영하는 블로그로 10여년 넘게 블로그를 운영하고 있으며 현재 친구는 2천 명 내외이다. 김인복 대표는 2018년 교대역 부근에 '서관면옥' 냉면 전문점을 오픈하여 현대적인 감각의 인테리어와 시그니쳐 메뉴인 평양냉면과 어복쟁반으로 인기를 끌었으며 2020년 6월 강남역 인근에 한우다이닝 울릉을 오픈하여 운영 중이다. 30여 년 외식업소를 운영하며 쌓은 전문가답게 김대표의 블로그에는 외식관련 유익한 정보가 가득하고, 업소 홍보 관련 글, 맛집/여행 등 개인 취향이 담긴 글 등을 주제로 꾸며져 있다.

❹ 김선생의 발효세상

김선생의 발효세상은 강남구 선정릉역 근처에 위치한 '달빛보쌈' 김태영 대표가 운영하는 블로그다. 달빛보쌈은 도심 한복판에 양조장을 만들어 막걸리를 직접 빚어 제공하는 한식 캐주얼 다이닝 레스토랑으로 전통주에 현대적인 감각을 접목시킨 이색적인 공간이다. 김대표는 막걸리의 홍보 및 대중화를 위해 노력을 기울이고 있으며 그의 블로그에서 전통술에 대한 이야기와 술을 빚으며 일어나는 일상의 이야기를 작성하여 우리술에 대한 관심이 있는 이웃들과 소통하며 자연스럽게 업소 홍보 및 정보를 공유하고 있다.

2. 인스타그램

인스타그램은 최근 가장 빠르게 확산되고 있는 SNS 채널 중 하나로 외식 브랜드를 운영하고 있는 기업체들은 대부분 인스타그램을 운영 중이며 일부 업체는 블로그 운영을 중단하고 인스타그램만을 유지관리하는 업체들도 있다. 대표적으로 스타벅스는 2020년 7월 공식적으로 블로그 운영을 중단하였고 이미 스타벅스 브랜드는 너무 대중적으로 많이 알려졌고 주 고객층이 20~30대 젊은층이기 때문에 인스타그램 이용자들과 중복되고 관리유지 등 비용적 측면에서도 한 채널에 집중하는 것이 효과적이기 때문에 인스타그램에 집중하는 것으로 분석되었다.

이러한 트렌드는 개인 외식업소에도 확산되고 있는데 이들은 코로나19 이후 매장을 찾아오지 않는 고객들에게 점포를 알리기 위해 인스타그램을 직접 운영하며 점포 홍보 및 공지사항 안내 등 고객들과 소통의 공간으로 활용하고 있다. 이처럼 개인 외식업주들이 인스타그램 계정을 직접 운영하는 이유는 타채널 운영에 비해 비교적 쉽게 게시물을 작성할 수 있고 사진을 기본 소통 방식으로 하기에 직관적인 홍보 효과도 커 개인 외식업주들이 선호하는 것으로 분석되었다.

1) 인스타그램 마케팅의 종류 및 장단점

(1) 인스타그램 마케팅의 종류

인스타그램 마케팅은 블로그와 마찬가지로 파워 인플루언서를 통한 마케팅, 브랜드 마케팅, 지역별 카테고리 페이지를 활용한 마케팅, 다수의 인스타그램 계정을 통한 마케팅 등이 있다. 주로 업소 홍보 및 이벤트 행사 알림, 팔로워 증대 등을 목표로 마케팅을 진행하고 있다. 지역별 카테고리 페이지를 활용한 홍보를 할 경우 팔로워 5만 이상의 계정 페이지가 유효하다.

외식업주가 인스타그램을 직접 운영할 경우 고객과 직접 소통할 수 있다는 점이 큰 강점이고 이러한 특징은 향후 단골고객을 대상으로 한 이벤트 전달, 좋은 식재료 홍보, 신메뉴 개발 알림 등 효과적인 마케팅 창구로 활용할 수 있으며 더욱이 사진 이미지로 고객과 소통하므로 더욱 직관적인 홍보 효과를 얻을 수 있다.

인스타그램은 정보성 콘텐츠 성격보다는 사진을 중심으로 노출되기 때문에 음식점의 경우 무조건 맛있고 입맛 자극되는 사진을 사용해야 하며, 카페의 경우 예쁜 공간, 소품, 매력적인 메뉴 사진 등으로 고객에게 어필해야 하는 특징이 있다.

(2) 인스타그램 마케팅의 장단점

인스타그램은 다른 어떤 소셜미디어 채널보다 접근성이 간단하고 쉽다는 점이 가장 큰 장점으로 유명 브랜드 및 소상공인 자영업자, 개인들조차 인스타그램 계정을 운영하고 있다.

인스타그램은 이메일 계정만 있으면 간단하게 만들 수 있으며 다양한 채널로의 확장성이 유리하며 또한 해시태그, 계정태그, 위치태그, DM. 스토리 등 고객에게 노출시킬 수 있는 방법이 매우 다양하다. 인스타그램은 인스타그램 피드에서 사진, 글, 영상을 올릴 수 있고 스토리에서는 15초짜리 짧은 홍보 영상을 올릴 수도 있고 IGTV에는 1시간 가량의 긴 영상도 올릴 수 있으며 컨텐츠에 댓글을 달 수도 있고 상호 공유 및 태그도 할 수 있어 다양한 홍보 마케팅이 가능하다. 마음에 드는 콘텐츠는 저장할 수도 있고 문자 기능 및 영상통화도 가능하며 스토리에는 질문하기/투표하기 등의 기능이 있고, 인스타그램 안에서 물건 구매하기/판매하기 기능도 가능하다.

블로그, 페이스북, 유튜브, 스냅책, 틱톡, 핀토레스트 등 여러 가지 플랫폼의 특징을 골고루 복합해 놓은 기능이 바로 인스타그램이므로 타 채널로의 확장성이 매우 유리하다. 예를 들어 인스타그램에서 나의 글이 방문자들에게 반응이 좋고 블로그나 트위터로, 사진 반응이 좋고 블로그나 핀토레스트로, 영상이 좋았으면 유튜브로 각각 확장할 수 있다. 스토리 영상이 쌓이면 틱톡이나 스냅챗으로 확장시킬 수도 있고 이처럼 인스타그램의 가장 큰 장점은 쉽게 만들 수 있고 글쓰기, 사진찍기, 영상찍기 등 다양한 경험을 쌓을 수가 있어서 타 소셜 미디어 채널로의 확장성이 가능하다.

이러한 장점으로 인해 최근 개인 외식업주들도 짧은 시간을 할애하여 쉽게 접근할 수 있는 인스타그램 운영을 통한 업소 홍보에 적극 나서고 있는 추세이며 이를 통해 배달 및 단체 예약 주문을 유도하여 매출증대를 꾀하고 있다. 인스타그램은 개인정보 노출 우려, 성희롱 등 일부 사회적 이슈가 문제시 되기도 했지만 단점 보다는 장점이 많은 SNS 채널로 평가받고 있으며 빠르게 확산되는 추세다.

■ **인스타그램 장단점**

장점	단점
• 쉽고 간단한 계정 운영 • 짧은 시간 투자 블로그, 유튜브에 비해 상대적으로 게시물 작성 간단 • 관심 분야가 비슷한 이용자층과 소통 원활하여 타깃 광고 효과적 • 블로그, 유튜브로 채널 확장성 용이	• 인기 게시물 체류시간 짧음 빠르게 인기 게시물에 등극할 수 있으나 그만큼 빠른 속도로 인기 순위에서 내려갈 수도 있음 • 가짜 팔로워수를 운영하는 품질 낮은 계정이 다수 있음 • 사진 저작권에 대해 주의해야 함

2) 인스타그램 소비자 이용 행태 분석

오픈서베이 인스타그램 이용 행태 조사에 따르면 인스타그램 내에서는 계정 팔로우, 하트 표시, 정보 검색 등의 순으로 활동이 많이 이뤄지고 있으며 특히 주 이용층인 여성층과 20대층이 타 집단 대비 인스타그램에서 콘텐츠 업로드, 댓글달기, 정보 검색 등의 적극적이고 다양한 활동을 하는 편이다. 지인외 인스타그램 계정을 팔로우할 때는 '나의 관심 분야' '내가 원하는 사진 · 영상 · 정보 게시' 여부가 중요 요소로 작용하고 있음을 알 수 있다.

평소 자주 보거나 공유하는 게시물로는 '맛집 · 음식41.5%' 이라는 응답자가 가장 많았으며 이어 '여행28.5%', '일상생활27.9%', '패션의류 · 잡화25.6%', '리빙 · 라이프스타일19.3%' 등의 순으로 나타났다. 특히 20대와 50대가 '맛집 · 음식' 에 관련된 게시물에 관심이 많은 것으로 조사되었다.

인스타그램 이용자 10명 중 7명은 게시물을 보고 관련 제품 등의 이용 의향을 느끼고, 그중 76%는 실제 해당 제품을 구입한 경험이 있는 것으로 나타났으며 인스타 그램 정보 접촉 후 구매 충동 경험은 전년 대비 다소 줄어든 반면, 구매 관심을 갖게 되었을 때 실제 구매로 이어지는 비중은 오히려 증가하였다. 특히 30대에서 인스타그램을 통한 실제 구입 · 이용 경험 비중이 높은 편이었으며 사진 · 영상의 퀄리티, 설명 · 해시태그 등은 제품 구입을 유도하는 데 중요한 영향을 끼치는 것으로 나타났다.

거부감 또는 신뢰감 낮은 게시물에 대해 가장 높은 응답률을 나타낸 항목은 '실제 후기를 가장한 홍보 게시물32%', '광고 게시물18.8%', '긴 설명의 게시물14%', '해시태그가 너무 많은 게시물12.6%' 등의 순으로 나타났으며 특히 '실제 사용 후기처럼 보이는 게시물' 과 '설명이 긴 게시물' 에 대한 거부감은 전년보다 증가하였다.

3) 인스타그램 운영을 위한 효과적인 방안

(1) 팔로워 증대 전략

인스타그램 팔로워를 증가시키기 위해서는 무엇보다 일관성 있는 콘텐츠 구성, 꾸준함, 성실함 등이 동반돼야 한다. 하지만 무엇보다 나의 정체성, 취향 및 라이프스타일,

특기, 차별점 등 개인적 스토리를 콘텐츠로 선택할 것인지 점포 홍보를 중심으로 한 콘텐츠로 구성할 것인지를 먼저 확정해야 한다.

팔로워 수를 늘리기 위해서는 #해시태그를 잘 사용해야 하는 데 키워드, 시기, 방법 등에 따라 결과가 매우 달라진다. 즉 시즌성, 이슈성 해시태그 사용이 중요하다는 의미로 예를 들어 연말에는 크리스마스와 관련된 해시태그 등이 노출에 유리하다. 하지만 다른 사람들이 이미 너무 많이 사용하고 있는 크리스마스라는 직접적인 단어 사용만으로는 노출에 한계가 있을 수 있으므로 중간 정도 인기 있는 단어를 함께 병행하여 사용하는 것이 검색노출에 도움이 된다.

15초 이하의 아주 짧은 영상이나 컷 사진을 삽입할 수 있는 인스타그램의 마이스토리 기능을 활용하면 노출에 유리하고 팔로워 숫자도 쉽게 늘릴 수 있다. 이 영상은 24시간 뒤에 사라지기 때문에 10~30대 젊은층들이 즐겨 사용하고 있는 기능이다.

내 인스타그램에 고객들이 자주, 오래 머물게 하는 콘텐츠를 유지해야 하고 좋아요, 댓글, 저장하기 등을 많이 받는 인스타그램이 인기가 높고 노출 확률도 높은 편이다. 또한 팔로워만 많은 사람들만을 노출하면 인스타그램의 신규 고객 유입 및 내용이 다채롭지 않을 수 있으므로 새로운 콘텐츠 일수록 노출 빈도 수에서 유리할 수 있다. 인스타그램은 속성상 내가 관심을 가지고 찾아간 계정에서 좋아요, 댓글 등을 누르면 다음에도 같은 계정의 피드를 지속적으로 노출시켜준다. 또 내가 팔로워하는 계정이 아니어도 이와 비슷한 콘텐츠의 계정도 노출되므로 이들에 대한 좋아요, 댓글 등의 활동을 통해 팔로워 숫자를 늘려나갈 수 있다.

#내 점포명으로 검색했을 경우 이미 작성된 리뷰가 있을 수 있으며 이때 해당 인스타그램 운영자에게 리뷰 게시물에 대한 '리그램기존 게시물을 재포스팅하기'을 요청할 수 있으며 이를 자신의 인스타그램에 재노출하면 고객 신뢰도도 높일 수 있고 고객과의 보다 친밀감 있는 소통을 통해 단골고객 유치는 물론 팔로워 숫자도 늘릴 수 있다.

(2) 인기 게시물 성장 전략

❶ 트렌드 파악하기

한 예를 들어 2019년에는 챌린저 해시태그가 굉장히 유행했었는데 국내에서도 아무노래 따라하기 등의 도전 해시태그가 크게 유행하여 인기를 끌었다. 이에 따라 신년에는 다이어트 챌린지, 금연 챌린지 등을 기획해 보고 2월에는 발렌타인데이를 겨냥해 연인이 가기 좋은 장소, 재미있는 솔로 탈출법, 데이트에 좋은 음식코스 등을 소재로 글과 사진을 올려보는 것도 효과적인 성공전략이다.

❷ 팔로워 활동 시간 파악하기

나의 계정에서 가장 활발하게 유입되는 팔로워들의 시간대를 분석하여 게시물 업로드 시간을 결정해야 한다.

❸ 개인적 이야기로 소통하기

팔로워가 내게 공감할 수 있도록 개인적 이야기를 잘 풀어내는 것도 도움이 될 수 있다. 점포 홍보를 위한 인스타그램 계정도 가끔 운영자의 개인적인 이야기를 소개하면 오히려 더 많은 공감과 소통을 하게 돼 인기 게시물로 성장할 수 있다. 팔로워수가 아무리 많아도 계정에서 사람들의 활동이 파악되지 않으면 인스타그램 로직에 의해 점차 노출빈도가 낮아진다. 따라서 무조건적인 팔로워수 늘리기 보다는 비록 친구수는 적어도 진정성 있는 관계를 맺어 놓은 팔로워라면 함께 성장해 나갈 수 있는 가능성이 더 높다.

❹ 콘텐츠 품질에 집중하기

팔로워 수가 많아도 콘텐츠 관리를 하지 않아서 좋아요나 댓글 등의 활동을 하지 않으면 점차 팔로워들에게 나의 계정이 노출되는 빈도수가 줄어들게 되고, 전체적으로 비활동성 계정으로 분류돼 노출 확률이 낮아진다. 즉 팔로워를 비롯한 사용자들이 관심과 공감을 유도할 수 있는 양질의 콘텐츠 관리를 꾸준히 해야 한다. 때로는 팔로워들의 관심을 유도하기 위해서 질문을 하는 방법도 도움이 될 수 있다.

4) 인스타그램 운영 시 주의사항

❶ 게시물과 관련없는 해시태그 피하기

#선팔 #인친 #맞팔 #소통 등의 해시태그는 바람직하지 않은 해시태그이며 무조건적으로 많은 해시태그 사용도 금지해야 한다. 5~7개 정도의 해시태그 사용이 적당한 편이며 팔로워가 많은 계정은 해시태그 키워드의 크기가 커도 사용자들의 눈길을 끌 수 있으나 팔로워수가 적은 계정은 자신보다 너무 큰 해시태그 키워드를 사용할 경우 주목받지 못하고 사라질 수 있다. 예를 들어 '강남역 맛집' 을 선택할 경우 키워드 경쟁이 치열하기 때문에 노출 경쟁에서 밀릴 수 있으나 '강남역 삼겹살집' 으로 조금 더 작고 구체적인 키워드로 접근하면 주제가 너무 큰 키워드 보다 노출 빈도수가 높아질 수 있다.

선팔을 요청할 계정은 내 점포 지역의 유명한 페이지 계정, 내 점포 카테고리와 유사한 유명한 계정, 내 점포 지역에 자주 오는 인플루언서 계정 등으로 팔로잉 요청을 하는 것이 유리하다.

❷ 공유, 댓글달기에 좋은 콘텐츠 게시하기

개인 계정에서 비즈니스 계정으로 변경하면 인사이트를 통해서 통계 수치를 확인해 볼 수 있으며 좋아요수 · 댓글수 · 공유수 · 저장한 수 등을 확인 가능하므로 이에 대한 통계 수치를 효과적으로 활용해야 한다.

❸ 팔로워 구매 피하기

그러나 이러한 활동 행위가 감지되지 않을 경우 인스타그램은 가짜 유령 팔로워로 인식하고 상위노출을 제한하며 오히려 노출 순위가 낮아질 수도 있다. 더욱이 유령 계정이 많으면 대행사들이 더 많이 자주 본인의 계정으로 찾아와 유령 계정을 늘려 놓기 때문에 오히려 악순환이 지속될 수 있다. 따라서 팔로워 구매만을 하는 마케팅 전략은 바람직하지 않으며 갑작스럽게 팔로워 수가 급증할 경우 인스타그램 알고리즘이 이를 인식하고 계정이 삭제될 수도 있으므로 주의해야 한다.

팔로워가 많지 않아도 초기에 브랜딩 이미지와 진정성 있는 글을 쌓아 나가고 해시태그를 적절하게 사용하면 상위노출도 얼마든지 가능하므로 지나치게 팔로워 숫자에 연연하면 오히려 독이 될 수 있으므로 주의해야 한다. 그동안 유령 팔로워들이 너무 많을 경우 과감히 계정을 폐쇄하고 다시 처음부터 하나 하나 단계별로 키워나가는 것이 계정을 올바로 성장시키는데 효과적이다.

❹ 올바른 해시태그 사용하기

본인의 타깃 고객이 관심을 가질 수 있는 키워드를 해시태그로 사용해야 한다. 예를 들어 20~30대 감성적인 분위기와 특별한 메뉴 등을 좋아하는 고객층을 대상으로 하면 #분위기 좋은 카페 #데이트하기 좋은 장소 #감성카페 등의 인기 키워드를 사용해 보고 너무 인기가 많은 키워드일 경우 경쟁이 치열할 수 있으므로 이보다 조금 덜 인기있고 규모가 작은 키워드인 #달달초코커피 #길동 데이트 하기 좋은 장소 등의 키워드를 사용하여 검색 노출을 유도해 볼 수 있다.

해시태그는 다양한 단어를 테스트해 본인의 계정 크기에 적당한 키워드를 찾는 것이 효과적이고 또한 적당한 해시태그 숫자는 3~7개 정도이며 그 이상은 오히려 노출에 방해가 될 수도 있으므로 피하는 것이 좋다. 해시태그는 사진 본문에도 사용하고 댓글에 사용해도 노출되므로 양공간 모두 사용하여 노출 효과를 높여야 한다. 단, 이미 게시된 글 중 나중에 해시태그를 변경한다고 해서 노출 순위가 바뀌지는 않는다.

5) 인스타그램 운영 사례

❶ 스타벅스

20~30대 젊은 여성층이 주고객층인 스타벅스는 인스타그램 주 이용자층과 타깃층이 겹치면서 2020년 7월 블로그 운영을 전면 중단하고 인스타그램 운영에만 집중하고 있다. 75만 명의 팔로워를 확보하고 있는 스타벅스는 각종 신메뉴 출시 홍보, 이벤트 행사, 공지사항 등을 인스타그램을 통해 고객과 소통하고 있으며 감각적인 디자인의 사진 피드 등이 젊은 여성층들에게 호응을 얻고 있다.

❷ 카페 고은별

광진구에 위치한 카페 고은별은 브런치 배달전문점임. 이곳은 신선한 재료와 직접 만든 빵, 소스, 수제청 등을 적극 홍보하고 있으며 아침식사 예약 배달 가능, 샌드위치 단체 주문, 커피 케이터링 영업에 대한 판촉 활동을 효과적으로 노출시키고 있다.

❸ 케이트분식당

잠실에 위치한 케이트분식당은 지짐떡볶이, 계란김밥, 샌드위치가 유명한 곳으로 특히 배달 및 맞춤형 단체 도시락 제작 주문에 주력하고 있는 업소임. 케이트분식당 강경희 대표는 일주일에 3~4회 게시물을 꾸준히 올리고 있으며 주로 화려하고 먹음직스러워 보이는 맞춤형 도시락 사진 등을 올리고 있다. 팔로워들의 공유, 좋아요 등을 많이 받고 있으며 각종 단체 모임, 행사 등의 도시락 주문이 이어지고 있다.

❹ 오빠초밥

오빠초밥은 현재 3개 매장 외에 관악구 지역에 서로 다른 콘셉트의 4개 매장을 추가로 운영중에 있다. 오빠초밥 이민우 대표는 7개 브랜드를 한 계정에서 홍보하며 매장별 시너지 효과를 극대화시키고 있으며 2020년 12월 초에 오픈한 오빠초밥 목동점도 이곳에서 홍보하고 있다.

3. 유튜브

유튜브는 이미 젊은층을 중심으로 동영상 플랫폼 중 가장 독보적인 시장 점유율을 나타내며 인기를 끌고 있었으나 코로나19 이후 사회적 거리 두기로 집에 체류하는 노년층들이 늘어나면서 지난해 보다 2배 가까이 이용자수가 증가하였으며 그 영향력 또한 확대되고 있다.

유튜브를 브랜드 홍보 채널로 유지하려면 콘텐츠 제작 및 유지관리에 월평균 수천만원의 비용이 들기 때문에 외식기업들도 적극적인 채널 관리를 하지 않는 편이다. 가장 활발하게 유튜브 채널을 운영하고 있는 업계는 치킨 프랜차이즈 업계로 교촌, BBQ 등이 있고 일부 업체는 유튜브 채널이 있어도 대부분 광고 영상 업로드 정도의 수준에서 관리되고 있으며 자체 콘텐츠 제작 등의 적극적인 활동성은 보이지 않고 있다.

이들 기업형 외식업체들은 직접적인 브랜드 채널 운영보다는 유튜브를 통해 프로모션 행사 등을 안내하는 광고 마케팅을 대부분 진행하고 있다. 또는 먹방 인플루언서를 통한 상품 홍보 및 커머스 라이브 판매 등의 마케팅을 펼치고 있는 것으로 분석되고 이처럼 유튜브 채널을 통한 마케팅은 비용의 부담이 있기 때문에 중 · 소형 규모의 개인 외식업소가 브랜드 홍보를 위한 채널로 활용하기에는 쉽지 않은 접근법이다.

유튜브 채널을 직접 운영하고 있는 많은 외식업 종사자들도 있는데 이들은 대부분 청결한 매장 운영, 전문적인 운영 노하우, 성실함 등 음식점 경영주의 개인 이미지를 구축하여 업소 홍보를 하고 있다. 하지만 이보다는 구독자 수를 늘려 부가적인 수익 창출을 위한 수단으로 유튜브 채널을 활용하는 경향이 더욱 뚜렷한 것으로 나타났다.

이들은 대부분 외식업소 운영에 필요한 각종정보를 제공하여 예비 창업자 및 음식점을 운영하고 있는 동종 업계 관계자들을 구독자로 확보하거나 메뉴 개발을 위한 정보팁을 제공하는 형태로 콘텐츠를 구성하여 음식에 관심 있는 일반 구독자 또는 음식점 관계자들을 구독자층으로 확보하고 있다.

가장 대표적으로 백종원 대표의 유튜브는 약 500만 명의 구독자가 가입돼 있는 메가 인플루언서로 가정에서 뿐만 아니라 음식점에서 활용 가능한 유용한 메뉴 정보를 제공해 인기를 끌고 있다.

1) 유튜브 마케팅 종류 및 장단점

(1) 유튜브 마케팅 종류

유튜브 마케팅은 주로 업종별 유명 인플루언서를 활용한 상품 협찬 및 노출, 퍼포먼스 광고, 라이브 커머스 방송 판매 등의 형태로 진행되고 있다. 구체적으로 살펴보면 ① 크리에이터인플루언서들의 유튜브 방송 PPL 홍보 ② 크리에이터 먹방을 통한 직접적인 상품 노출 ③ 크리에이터 양성을 통한 서포터즈 홍보 활동 ④ 웹드라마 PPL홍보 ⑤ 맞춤 기획을 통한 퍼포먼스 동영상 광고 노출 등의 마케팅 활용 수단이 되고 있다.

(2) 유튜브 장단점

❶ 장점

유튜브가 기존의 SNS 채널들과 확연하게 구분되는 몇 가지 장점이 있다.

첫째, 단순한 텍스트가 아닌 생동감 있는 영상이 소통을 위한 주된 매개체라는 점.

최근의 소비자들은 정적인 이미지나 글보다는 움직임이 있는 동영상에 빠른 반응을 보이며 스토리 전달이 쉬워 동영상 채널에 오래 머무는 편이다.

둘째, 영상화된 콘텐츠는 이용자들의 잠재의식 속에 쉽게 의도된 내용이나 이미지를 전달할 수 있어 브랜드 인지도 제고에 유리한 이점이 있다.

셋째, 콘텐츠의 전파 속도가 매우 쉽고 빠르게 전달될 수 있고 유튜브는 짧지만 많은 내용을 영상으로 담아낼 수 있어 취향, 취미, 흥미가 비슷한 유저user들끼리 빠르게 공유되고 재전파를 탈 수 있어 확산속도가 빠르다.

넷째, 사용자가 선호하는 콘텐츠가 자동으로 노출되고 이는 타 SNS 채널도 비슷한 구조로 유튜브에도 구독하기 시스템을 운영하고 있어서 콘텐츠를 골라 볼 수 있으며 사용자의 취향에 맞는 콘텐츠를 자동으로 추천해 주고 있다.

❷ 단점

유튜브의 단점은 첫째, 저작권 문제임. 동영상에 사용되는 자료화면이나 배경음악 등이 저작권에 침해되지 않는지 주의해야 한다. 최근 저작권 문제가 큰 이슈가 되고 있어 유튜브 측에서도 저작권을 침해한 영상에 대해서 꾸준한 제재를 가하고 있어 유의해야 한다.

둘째, 콘텐츠 제작의 어려움, 블로그, 인스타그램, 페이스북 등의 SNS는 텍스트나 사진을 기반으로 하기 때문에 PC, 모바일만 있으면 누구나 쉽게 콘텐츠를 제작할 수 있다. 하지만 유튜브는 영상콘텐츠이기 때문에 촬영을 위한 장비가 필요하고 내용 또한 전문성, 유용성, 오락성, 희소성이 없으면 쉽게 유저들의 눈길을 끌지 못해 인기 유튜버로 성장하기에 한계가 있다. 따라서 타 SNS 채널보다 몇 배의 노력을 필요로 하다.

셋째, 점점 자극적인 콘텐츠로 변해가고 있다는 점이다. 현대인들은 쏟아지는 정보에 점점 반응이 무뎌져 가고 있어 더 자극적인 내용을 얻기를 갈망한다. 이에 따라 혐오 · 비하 방송, 폭력 방송, 자극적인 성적영상, 목숨을 담보로 한 위험영상 등 사회적으로 물의를 일으키는 자극적 소재가 문제가 되고 있다.

■ 유튜브 장단점

장점	단점
• 영상을 매개로 빠른 정보전달 • 브랜드 인지도 제고에 유리 • 콘텐츠 전파 속도가 빠르고 편리함 • 사용자가 선호하는 콘텐츠 자동노출	• 저작권 문제 • 콘텐츠 제작의 어려움 타 채널에 대비 시간과 노력 필요 • 자극적인 콘텐츠에 대한 우려

2) 유튜브 소비자 이용 행태 분석

유튜브 등 온라인 동영상 플랫폼 이용률이 60대 이상에서 급증하면서 국민의 3분의 2가 시청하고 있으며 매일 이용한다는 이용자도 지난해보다 2배 이상 늘어난 것으로 나타났다. 2020년 온라인 동영상 플랫폼 이용률은 66.2%로 지난해 47.1%보다 19.1%p 증가하였다. 온라인 동영상 플랫폼을 매일 이용한다는 응답자도 27%로 전년 대비 14.8%보다 약 2배 가까이 증가하였으며 10명 중 6명은 일주일에 5일 이상 이용하는 것으로 나타났다.

연령별 이용률은 20대가 87.0%로 가장 높았고, 30대82.7%, 40대75.7%, 50대62.5%, 60대39.3% 순으로 연령이 낮을수록 이용률이 높게 나타났다. 하지만 증가폭을 보면 60대 이상 이용률이 전년 대비 17.7%에서 2배 넘게 증가하였고 50대는 지난해 42.5%보다 1.5배 늘어나는 등 빠른 증가세를 나타내고 있다.

또한 온라인 플랫폼 이용자의 98.6%복수응답가 유튜브를 이용하는 것으로 나타나 압도적인 1위를 기록했으며 이어 네이버TV가 15.8%의 이용률로 채널 쏠림현상이 심한 것으로 조사되었다.

3) 유튜브 운영을 위한 효과적인 방안

(1) 유튜브 운영 전략

❶ 썸네일

유튜브 썸네일은 글자랑 사진으로 꾸며 놓은 영화 예고편 같은 역할을 함. 콘텐츠의 내용을 가장 함축적으로 잘 전달할 수 있는 핵심적인 스크린샷 사진의 선택이 중요하며 글씨는 노란색, 흰색 등이 가독성이 좋은 편이다. 제목은 조금 호기심을 자극할 수 있는 제목으로 만들어 유저들의 궁금증을 자극해야 한다.

❷ 채널아트

채널아트, 프로필 사진 등은 집으로 비교하면 외관에 해당하므로 유저들의 첫번째 관심과 시선을 끌수 있기 때문에 신경을 써야 한다. 깔끔하고 단정하게 만드는 것이 전문적이라는 이미지를 전달할 수 있어 신뢰도를 높일 수 있다.

❸ 콘텐츠 제목

이용자들에게 정보를 전달해 줄 수 있는 신뢰성 있는 제목을 사용해야 하며 유저들을 설득해서 클릭을 유도할 수 있는 제목이 좋다. 이때 제목은 콘텐츠의 내용과 일치해야 한다. 그렇지 않을 경우 유튜브 알고리즘 분석에서 좋은 영상으로 추천받을 확률이 낮아진다.

❹ 자막사용하기

국내 유저들은 해외 이용자들에 비해 영상 자막을 선호하는 편으로 자막이 있는 영상이 이해하기 편하기 때문인 것으로 풀이된다. 모든 영상에 자막을 넣을 수는 없지만 적재적소에 필요한 자막을 삽입하는 노력을 해야 한다.

❺ 알맞은 태그사용

콘텐츠를 대표하는 태그를 사용해야 만이 알고리즘 분석에서 노출빈도가 올라갈 수 있다. 태그는 10~12개 정도가 적당하며 여러 키워드를 사용하여 결과를 확인한 후 성과가 좋은 단어를 사용하는 것이 효과적이다.

❻ 시청지속시간

이용자의 시청 지속시간이 길수록 좋은 콘텐츠로 평가 받게 되므로 고품질 콘텐츠를 유지하고 최소 10분 이상의 내용으로 구성하는 것이 좋다.

❼ 일관성 있는 주제

주제를 한 곳으로 집중하는 게 좋다. 본인 유튜브가 활성화되지 않는다고 하여 인기를 끌고 있는 다른 주제의 콘텐츠를 생성해도 유튜브 성장에 방해가 될 수 있다. 내가 좋아하는 내용으로 꾸준히 콘텐츠 전문성을 쌓아가는 게 효과적이다.

(2) 구독자 증대 전략

① 특정 구독자수를 달성했을 때 알고리즘이 작동된다. 즉 100명, 500명, 1000명, 10,000명의 구독자 수를 달성했을 때 유튜브 측에서 이메일을 보내준다. 목표를 돌파할 때 마다 조회수가 증가되는 편인데 이는 순간적으로 유튜브가 노출빈도를 높여서 구독자수를 달성할 수 있도록 지원해 주기 때문이다. 따라서 특정 구독자수를 돌파했을 경우를 대비해 좋은 영상을 미리 만들어 놓는 전략도 효과적이다. 특히 구독자수 1,000명 돌파 시점에는 콘텐츠 추천을 많이 해주는 편이며 이때 기존 구독자수 증가율보다 약 5~10배 정도로 늘어나는 편이다.

② 첫번째 영상은 유튜브측에서 비교적 많이 노출시켜 주기 때문에 첫번째 영상에 심혈을 기울여 작성하는 것이 효과적이다. 또 첫번째 동영상은 자기소개를 하여 유저들이 상대에게 호감을 가질 수 있도록 유도해야 한다.

③ 일반적으로 영상을 올린 첫날에는 상위 노출되는 경우가 많다. 따라서 영상을 올리고 난 후 지인 등에게 홍보하여 검색 유도를 해야 한다. 첫날 홍보에 노력을 기울이면 검색 결과에서 계속 상위에 노출될 확률이 높다.

④ CTR노출 클릭률이 평균 2~10% 정도 나오는 편이다. 일반적으로 유저들은 썸네일과 제목을 보고 클릭하기 때문에 썸네일과 제목이 매우 중요하며 CTR이 5% 이상이 되면 상위에 노출될 확률이 높고 평균 시청 지속시간과 CTR의 최적화가 가장 좋은 결과를 가져와 유튜브 추천을 많이 받게 된다. 평균 시청 지속시간 45%, CTR 7% 이상을 넘으면 추천 확률이 높아진다. 이러한 통계는 크리에이터 스튜디오 베타에서 분석을 해주므로 활용해 보고 영상 올린 뒤 3일 정도 지난 후의 데이터가 유의미한 통계 수치이다. 왜냐면 영상 올린 후 첫날에는 지인 등의 홍보를 통한 노출이기 때문에 순수한 이용자들만의 통계치로 인정하기는 어렵기 때문이다.

4) 유튜브 운영 시 주의사항

❶ 저작권 침해

음악, 영상, 그림, 폰트, 사진, 짤 등을 사용할 때에는 원 저작권자에게 동의를 구해야 한다. 최근 문제가 되는 것은 폰트 사용으로 제목 등 포스팅에 몇글자 짧은 글을 사용했을 뿐인데 폰트 전체 구입을 강매하거나 과다한 합의금을 요구하는 사례 등도 있으므로 주의해야 한다. 방송 짤방, 유머 짤방 등도 원칙적으로는 모두 저작권 침해사항이지만 방송국에서 이를 묵인하는 경우가 있다. 예를 들어 야인드라마에서 김영철씨가 사용한 '사딸라' 라는 짤방이 유행을 했는데 유튜브에서 다시 재생산돼 넓게 확산되자 오히려 드라마까지 재조명을 받게 돼 방송국측도 홍보효과를 보았고 김영철씨 또한 버거킹 광고 모델까지 할 수 있어 묵인될 수 있었다.

❷ 상표권 침해

상표권을 침해할 경우 유튜브 영상이 삭제되거나 채널이 강제 폐쇄될 수도 있으므로 주의해야 한다. 상표권은 브랜드 이름, 로고, 출처 표시 등에 대한 권리로 이를 사전승인 없이 사용할 경우 문제가 될 수 있으므로 촬영 시 유의해야 한다. 하지만 보통 브랜드 홍보에 도움이 되는 경우 원소유주 측에서도 문제를 삼지 않기 때문에 크게 부각되고 있지 않지만 브랜드 이미지에 악영향을 끼칠 경우 채널 폐쇄는 물론 소송으로까지 이어질 수 있으므로 유의해야 한다.

❸ 맞구독 피하기

유튜브 알고리즘은 나의 콘텐츠를 올리면 나와 맞구독을 한 유저들을 대상으로 먼저 노출시켜 주는 시스템이다. 이때 맞구독을 남발하게 되면 나의 영상이 노출돼도 관심이 없는 구독자의 경우 영상을 건너뛰기 할 수 있으므로 좋은 평점을 받는 데 도움이 되지 않는다. 구독자수 늘리기에만 주력하여 나의 관심사와 관계없는 구독자층이 많이 있을 경우 오히려 상위노출 검색에 방해가 될 수 있다. 이러한 알고리즘은 모든 SNS 채널과 같은 구조로 오히려 채널 성장을 느리게 할 수 있으므로 주의해야 한다.

❹ 독립된 콘텐츠 제작

영상 하나를 만들더라도 독립적으로 만들어야 한다. 비록 시리즈물로 제작될 경우에도 전편을 이해하지 못하고 후편을 볼 수 없다면 이탈자가 생길 수 있으므로 유의해야 한다. 잠재 고객이 새롭게 유입됐을 경우 독립된 영상 1개만을 보더라도 내용이 이해될 수 있도록 구성돼야 한다.

❺ 일관성, 동일성 유지하기

영상 콘텐츠 제작 시 편집과 촬영품질 등을 동일하게 유지해야 한다. 어떤 영상은 스마트폰으로 찍었는데 어떤 영상은 화질이 좋은 캠코더 카메라로 찍을 경우 완성품 품질의 차이가 크기 때문에 시청에 불편을 초래해 고객 이탈이 일어날 수 있다.

5) 유튜브 운영 사례

❶ BBQ

올해 외식업계에서 가장 큰 이슈가 된 SNS 마케팅은 황광희 진행으로 유튜브 '네고왕' 에서 방송되었던 'BBQ 7천 원 할인행사' 였다. 방송 직후 실시간 검색어, 앱 다운로드 1순위에 오를 만큼 고객들에게 크게 회자되었다. 이후 광고모델도 이민호에서 황광희로 교체되었으며 외식업체 유튜브 방송 중 BBQ 채널이 가장 활발한 콘텐츠 활동을 보이고 있다.

❷ 강남역클라쓰

강남역 주변에서 평안도 순대전문점을 운영중인 강혁주 대표는 '강남역 클라쓰' 라는 유튜브 채널을 개설하고 일주일에 1~2번 정도 방송을 올리고 있다.

주로 외식업 관련 운영 노하우를 콘텐츠로 제작하여 올리고 있으며 특히 얼마전 드라마 방송에서 인기를 끌었던 박서준 주연의 '이태원 클라쓰' 를 패러디하여 특색있는 외모로 유저들의 관심을 끌고 있다.

❸ 옆가게 사장

현재 평촌에서 '아띠참치초밥' 집을 운영 중인 '옆가게 사장' 유튜버는 본인이 20여

년 동안 외식업에 종사하면서 쌓은 운영 노하우를 주제로 유튜브 방송을 하고 있다. 한 달에 3~4개 방송을 올리고 있으며 마케팅, 창업, 배달, 트렌드, 원가 분석, 업계 동향 등 각종 정보를 제공하며 구독자들과 소통하고 있다.

❹ 쏭의 장사생활

쏭의 장사생활은 강남역 부근에서 한식 배달전문점인 '경성밥상'을 운영하고 있는 송재희 대표의 유튜브 채널이다. 경성밥상은 강남역 배달맛집으로 랭킹될 만큼 인기를 끌고 있으며 주요 메뉴는 국밥류와 국수류이다. 이곳은 배달전문점이지만 주방 및 매장 외관 인테리어를 레트로풍으로 꾸며 놓아 고객들에게 호평을 받고 있으며 이외에 로고, 브랜드명, 메뉴사진, 리뷰댓글 등 모든 운영 및 마케팅 측면에서 전문가 다운 면모를 엿볼 수 있다. 이러한 외식경영 실력을 바탕으로 자신의 유튜브 채널에서도 외식 운영에 필요한, 특히 배달 운영 노하우에 대한 다양하고 수준 높은 정보를 공유해 주고 있다.

제4절 배달시장 현황 및 마케팅 전략

1. 배달시장 현황

1) 시장 규모

2019년 국내 배달 서비스 시장 규모는 9조 7천억 원 규모로 2년새 328% 성장했으며 올해 코로나19의 영향으로 비대면 소비가 증가함에 따라 올해도 연평균 81.3%에 달하는 가파른 성장세가 이어질 것으로 전망된다. 여기에 공정거래위원회는 올해 시장 규모를 지난해보다 2배 이상 성장한 약 20조 원 규모로 전망했다.

■ 국내 배달 서비스 시장 규모

※출처: 통계청, 2019년 연간 온라인쇼핑 동향

배달시장은 단순히 배달음식점만을 성장시킨 것이 아니라 이와 연관된 산업인 배달앱, 배달대행사, 라이더배달원 시장까지 함께 성장시켜 신사업 매출창출, 고용 증대 등 코로나19 이후 침체된 국내 경제 환경속에서 산업 활력을 불어넣는 긍정적인 영향을 끼치고 있다.

하지만 지나치게 빠른 산업의 발전과 과열경쟁, 그리고 소비자를 비롯해 자영업자, 배달앱, 배달대행사, 라이더 등 주요 산업별 주체 간 이익 갈등에 따른 부작용 또한 존재하고 있어 향후 이러한 주체별 입장 차이에 따른 이해충돌의 문제를 해결하기 위해 관련 업계의 진지한 논의와 사회적 노력이 필요할 것으로 판단된다.

이처럼 배달시장이 급속 성장하게 된 배경은 코로나19 영향으로 집밥족이 늘어나면서 배달 이용자들이 크게 증가하였고, 1인가구, 맞벌이 부부의 증가 또한 소비패턴의 변화를 가져와 배달시장을 크게 확대시켰다. 하지만 무엇보다 배달시장을 성장시킨 견인차는 배달앱의 확산이었는데 2017년 1분기 5,000억 원에 불과했던 온라인 음식배달서비스 총 거래액은 올해 1분기 3조 5,000억 원까지 증가했으며 이 중 94.3%3조3,000억 원가 배달앱 등 모바일에서 이뤄진 것으로 분석되었다.

현재 배달앱 시장은 배달의민족, 요기요, 쿠팡이츠 등 3사가 90% 이상의 시장을 점유하고 있으며 향후 카카오, 지자체 공공배달앱 등이 시장 진출을 앞두고 있어 업체 간 경쟁이 더욱 치열해질 것으로 전망된다. 이에 따라 신규 배달 사용자 및 가맹점 등록을 유치하기 위해 업체별 각종 이벤트 및 할인혜택 마케팅을 공격적으로 펼칠 것으로 예상돼 외식업소에서는 이러한 호재를 잘 활용해야 할 것으로 보인다.

이처럼 배달 시장이 확대되고 코로나19 전망이 불투명해짐에 따라 창업시장은 물론이고 고급호텔 식당, 기업형 패밀리레스토랑, 백화점 내 음식점 등 기존의 홀 영업만을 고집하던 풀서비스 레스토랑들도 배달시장에 대한 관심이 고조되고 있으며 직접 시장에 진출하여 사업 영역을 확대해 가는 추세가 뚜렷해지고 있다.

기업형 외식업체들은 이제 배달영업은 선택이 아닌 필수가 되었다. 패밀리레스토랑 빕스는 2020년 8월 배달전용 브랜드인 '빕스 얌 딜리버리' 를 론칭하고 본격적인 배달영업을 전개하고 있으며 초기에는 서초, 강남지역을 중심으로 서비스를 하다가 현재는 강동, 강서, 마포, 인천 계양 등 점차 배달 지역을 확대해 나가고 있다.

이랜드이츠가 운영하는 애슐리도 배달 서비스를 강화하고 있는데 배달앱을 통해 주문하면 8~16가지 종류의 세트메뉴를 구성하여 배달해 주는 '애슐리 홈뷔페 딜리버리' 서비스를 전개하고 있다.

현재 강남, 서초, 송파 지역을 비롯해 경기, 대구 등 전국구로 확장해 나가고 있으며 2019년 9월 비교적 일찍 딜리버리 시장에 뛰어든 아웃백스테이크하우스는 초기에 수도권 내 아웃백 일부 직영점에서 배달 서비스를 시작했으나 현재는 전국 각지에 16개의 딜리버리 전용 매장을 포함해 60여 개의 매장에서 운영되고 있다. 아웃백측에 따르면 딜리버리 전용 매장의 경우 전년 동기 대비 27배 이상 큰 폭의 성장률을 보이고 있다.

글래드 여의도 호텔의 뷔페 레스토랑 '그리츠' 는 호텔 음식을 배달해 집에서 먹을 수 있도록 '그리츠 투고 박스' 메뉴를 쿠팡이츠와 배달의민족에서 판매하고 있다. 포포인츠 강남은 투고TO-GO 메뉴를 출시했으며 배달의민족 '배민라이더스' 를 통해 주문이 가능하고 JW 메리어트 동대문 스퀘어 서울의 '타볼로 24' 는 고객이 원하는 장소에서 피크닉이나 홈파티를 즐길 수 있도록 'JW 안식安食 투-고' 를 운영중이며 배달의민족 배민라이더스를 이용해 주문이 가능 하다.

코로나19 여파로 매출 하락세가 지속되고 있는 유명 백화점들도 배달 · 심부름대행 서비스와 연계하여 식품관의 음식을 인근 지역주민들에게 배달하는 대행 서비스를 시작하여 배달시장의 경쟁을 가속화하고 있다. 2020년 7월 현대백화점 무역센터점은 배달전문 대행사 바로고와 함께 식품관 새벽배송 서비스 '바로투홈' 을 론칭한 후 조리음식 즉시 배달 서비스를 개시하였다.

압구정갤러리아백화점 명품관 내에 입점해 있는 '고메이494' 는 2020년 8월부터 심부름 대행업체 김집사와 손을 잡고 프리미엄 식재료와 입점 식당의 음식을 배달해 주고 있으며 롯데백화점 강남점 또한 2020년 9월부터 김집사와 제휴해 식품관의 입점 다이닝 브랜드의 조리 음식 배달을 시작하였다.

이처럼 백화점, 기업형 레스토랑, 고급호텔 등은 물론이고 모든 음식을 취급하는 크고 작은 외식업소들은 이제 모두 배달시장으로 활로를 모색하고 있다. 언제 코로나19의 영향으로 홀매장 영업이 중단될지 모르는 위기 상황속에서 불안한 미래를 대비하는 대응전략으로 배달시장을 적극 공략하고 있으며 이에 따라 배달시장은 더욱 치열한 경쟁이 가속화될 것으로 전망된다.

2) 소비행태

국내 배달음식점 카테고리 중 4년 연속 치킨1위, 중식2위, 패스트푸드3위의 인기 순위가 변한 적이 없었는데 올해 처음으로 한식이 피자, 햄버거가 포함돼 있는 카테고리를 제치고 3위로 올라섰다.

이는 코로나19 이후 방문 외식이 아닌 비대면 외식으로 대체되면서 가족끼리 배달음식을 즐기는 횟수76.1%가 늘어났고 재택근무, 재택수업 등으로 집에서 생활하는 학생, 직장인들이 늘어나자 한끼 식사대용으로 한식을 선호하는 배달 주문 고객들이 증가했기 때문으로 분석된다. 이에 따라 삼겹살, 생선구이, 백반, 갈비찜, 등갈비, 도시락, 국밥집, 곰탕집 등 다양한 종류의 한식 메뉴를 취급하는 배달전문점이 늘어나고 있다.

배달 음식점을 선택하는 기준으로 1위는 맛82%, 2위 가격79%, 3위 배달비54.8% 순으로 나타났으며 이는 홀 영업 위주의 매장 점포뿐만 아니라 배달음식점도 음식장사의 가장 본질이라 할 수 있는 '음식맛' 이 고객 선택의 중요 요소임을 알 수 있다. 또한 최근에는 고객들의 배달비 부담에 대한 인식이 많이 유연해졌으나 아직도 다수의 소비자들은 배달비에 대해 민감한 태도를 보이고 있어 향후 배달음식점들은 배달팁에 대한 가격정책 전략을 효과적으로 수립할 수 있는 방안을 모색해야 할 것으로 판단된다.

배달음식에 대한 주요 이용시간 및 요일을 살펴보면 주로 저녁 시간대에 주문이 가장 몰리고 주말에 집중되는 것으로 나타나고 주요 이용시간은 1위 18~19시41.7%, 2위 19~20시38.2%, 3위 12~13시26.3% 순으로 집계됐으며 요일별로는 토요일이 69.7%로 1위를 기록했고 이어 금요일54%, 일요일52.7% 순이었다.

주로 저녁 시간대와 주말 이용고객이 다수인 것으로 조사됐지만 상권에 따라 업소별 주 이용고객들의 시간 및 요일은 변동될 수 있으므로 자신의 업소 데이터를 철저히 분석하여 효율적인 인력배치, 식재료 준비, 휴일 등에 대한 전략을 수립해야 할 것으로 보인다.

배달음식 주문횟수는 월 2~4회가 47.2%로 가장 높게 나타났으며 주2회 이상이 31.1%, 월1회 미만이 21.7% 순이었고 배달음식에 대한 정보습득 경로는 배달앱의 고객리뷰54.5%에 이어 미디어 · SNS 등을 이용한 업체광고30.7%, 주변의 권유14.8% 순이었다. 따라서 향후 배달업소 홍보를 위해서는 고객리뷰, SNS 마케팅 관리는 필수항목이 되었으며 배달전문점으로 성공하기 위해서는 이에 대한 적극적인 대응전략이 필요할 것으로 사료된다.

배달음식을 이용하는 소비자들은 주로 반경 1Km 내에 위치한 음식점들을 선택하는 근거리 주문 선호 경향이 뚜렷했으며48.6% 이는 배달시간을 단축하고 배달팁을 줄이기 위한 고객 심리가 작용한 것으로 분석된다. 이에 따라 외식업소들은 너무 멀리까지 배달상권을 확장하기 보다는 반경 1~2Km 내의 고객들을 타깃으로 하여 집중적인 홍보 · 마케팅을 펼치는 것이 더욱 효과적일 것으로 판단된다.

또한 올해 배달 소비자들이 배달비에 지불한 평균 금액은 1,340원이었고, 1인분 고객이 부담한 배달비는 1,890원으로 일반적인 배달비용보다 더 비싸게 요금을 지불하고 있는 사실을 알 수 있다. 이는 1인 가구의 증가에 따라 배달수요가 크게 확산되었으며 1인 가구를 대표하는 MZ세대는 값이 비싸도 본인들이 원하는 음식점이나 메뉴에 대해 금액에 관계없이 구매하는 취향소비 경향이 뚜렷하며 자신들의 만족도를 높이기 위해서는 지출을 아끼지 않는 개성강한 소비패턴을 보여주고 있다. 이에 따라 배달을 전문으로 하는 음식점 뿐만 아니라 배달앱 업체들도 1인 메뉴 고객을 확보하기 위한 마케팅 경쟁이 치열 해지고 있다.

배달의 민족에 따르면 올해 가장 인기있었던 메뉴는 마라탕이었고 바닐라라떼, 카페라떼 등 커피 메뉴 종류가 인기메뉴 순위에 처음으로 등극하였고 더욱이 전체 판매메뉴 순위 상위 10위 안에 아메리카노4위가 새롭게 진입하였다. 이처럼 커피 메뉴가 배달업계에서 빠르게 성장할 수 있었던 이유는 코로나19 영향으로 커피전문점 매장 이용이 용이하지 않았으며 포장 기술이 발달하여 안전한 음료배송이 가능해졌기 때문으로 분석된다.

여기에 집에서 공부하거나 근무하는 홈코노미족이 늘어나면서 커피소비에 대한 욕구가 더욱 증가하였고 최근에는 스타벅스도 배달시장에 가세하였다. 향후 커피배달 시장은 더욱 확대될 것으로 전망되므로 동네 커피숍도 기업형 커피전문점과 경쟁하기 위해서는 가격 및 메뉴, 품질 등 차별화되고 경쟁력 있는 판매 전략을 수립해야 할 것으로 판단된다.

또 한식, 중식, 양식, 일식, 치킨, 패스트푸드, 디저트 등 카테고리별로 총 100개의 인기메뉴를 선정하였는데 이중 주목할 만한 특이사항은 사이드 메뉴 또한 인기메뉴에 포함됐다는 점이다. 여기에서 시사하는 바는 콘샐러드, 치즈볼, 계란찜, 튀김류 등의 사이드 메뉴를 업소별 특징에 맞게 전략적으로 잘 활용하면 객단가 상승의 효과를 기대할 수 있으므로 앞으로 사이드 메뉴 구성에 좀 더 적극적인 노력을 기울여야 할 것으로 보인다.

이외에 상위 인기메뉴 100개의 판매율이 전체 27.4%를 차지했는데 이는 지난해 31.9%보다 줄어든 수치이다. 또한 후라이드치킨, 반반치킨, 족발 등의 메뉴는 인기 순위가 소폭 하락했는데 이는 배달 메뉴 시장이 확대되었으나 그만큼 메뉴 종류 또한 다양화됐기 때문으로 풀이된다. 즉, 다품종 소량 상품이 인기를 끌고 있으며 시장이 점점 세분화됨을 알 수 있다.

3) 운영 형태별 분류

배달전문점은 매장 내 테이블이 없이 배달만을 전문으로 하는 독립된 점포형태, 매장 테이블 없이 배달만 전문으로 하되 여러 업소들이 공동으로 입주하여 주방만을 사용하는 공유주방 형태, 매장과 배달을 함께 운영하는 복합형태 등 크게 3가지 운영형태로 구분할 수 있다.

❶ 독립점포형

독립점포형은 홀매장이 필요 없고 주방 및 포장공간, 그리고 일부 식재료 및 소모품 저장 공간만이 필요하기 때문에 평균 5~10평 이내의 소규모 매장으로 운영되고 있다. 또한 배달영업만을 주력으로 하기 때문에 유동인구 유입을 위한 A급 중심상권에 입점할 필요가 없기에 임대료와 권리금이 저렴한 B급 상권 지역의 1층 또는 2층에 입점하는 편이다.

독립점포 창업 시 1층에 오픈할 경우 매장 외관 및 주변 청결유지에도 주의를 기울여야 하며 특히 주방 내부가 오픈될 수도 있으므로 더욱 깨끗하고 정리정돈에 관심을 쏟아야 하며 포장 판매로도 이어질 수 있도록 매장 관리에 집중해야 한다. 더욱이 요즘처럼 위생 및 안전에 민감한 고객들이 오며 가며 매장 내 · 외부를 관찰할 수 있어 이에 대한 평가를 SNS 등에 올리면 매장 평판에 타격을 받을 수 있으므로 운영상 주의를 기울여야 한다.

또한 점포 오픈 시 입지선정을 하기 위해서 특히 주의할 사항은 배달 이용률이 높은 1~2인 가구층이 두텁게 형성돼 있거나 사무실이 밀집돼 있는 지역을 중심으로 점포를 구하는 것이 유리하며 향후 배달비 절감을 위해서도 중요한 입지 전략이다. 또 배달전문점 입지선정 시 고려할 점은 라이더들이 음식을 픽업하기 편리하도록 너무 골목길 안쪽보다는 접근성이 편리한 위치를 선정하는 것도 매출에 크게 영향을 끼친다.

코로나19 이후 음식점 폐업이 증가함에 따라 무권리 점포 또한 늘어나고 있어 점포 임대 비용은 예전보다 다소 감소된 편이며 지역과 건물 층수 등 입지 조건에 따라 임대 비용은 천차만별이겠지만 평균적으로 개인 브랜드 배달전문점이 창업할 시 보증금 1~2천만 원, 권리금 1천만 원 미만, 시설비 2천만 원 내외 등 총 3천~5천만 원 내외의 비용을 투자하여 독립형 배달전문점을 오픈하고 있다. 하지만 유명 프랜차이즈 배달전문점의 경우 브랜드 이미지 등을 고려하여 점포 임대료, 시설비, 교육비, 가맹비 등이 포함돼 창업 비용이 다소 상승돼 약 5천~8천만 원 정도의 비용이 투자되고 있다.

❷ 공유주방형

최근 인기를 끌고 있는 배달전문점 운영 형태는 여러 업소들이 한 공간에 입주하여 공동으로 영업을 하는 공유주방형 매장이다. 특히 코로나19로 경영에 어려움을 겪고 있는 외식업계에서 임대료, 시설비, 인건비 등의 부담을 줄이고 창업이 가능하다는 장점이 더해져 더욱 각광받고 있다. 최근에는 창업 비용에 부담을 느낀 소상공인뿐 아니라 프랜차이즈 업체 등 대형 외식기업들도 공유주방 시장에 진입하여 배달 영업을 적극적으로 펼치고 있다.

공유주방은 말 그대로 주방을 공유하는 새로운 사업 개념으로 국내에서는 2015년 1호점을 오픈한 '위쿡'을 시작점으로 보고 있으며 여러 업소를 한 주방에서 나눠 운영하는 '가상식당형'을 비롯해 '소셜 다이닝형', '타임 쉐어링형', '인큐베이팅형', '푸드코트형', '식품 액셀레이트형' 등 다양한 형태로 진화돼 운영되고 있다. 국내 대표적인 공유주방 운영 업체로는 위쿡, 심플키친, 배민키친, 고스트키친, 먼슬리키친, 영영키친, 개러지키친, 식객촌, 공유주방 1번가, 키친밸리, 나누다키친, 키친24 등이 있다. 2019년 신규 오픈을 시작으로 2020년 7월 현재 매장수를 55개까지 확장한 '모두의 주방'이 공격적으로 사세를 확장중이며 배달 대행 전문기업인 바로고도 마포구 서교동에 '도시주방'을 론칭하여 현재 7개 음식점이 입점돼 있다.

공유주방 업체의 주방기기 및 기물 등은 일반 한식, 치킨 · 패스트푸드, 분식류, 양식류 · 에스닉푸드류, 중식을 기본으로 하며 상권 및 업체에 따라 일식, 베이커리, 커피 · 디저트류 업소도 영업이 가능한 시설을 갖추고 있다. 특화된 업종보다는 일반적인 업종에서 사용 가능한 기기 및 기물을 기본으로 세팅하고 있으며 업체에 따라 기본적으로 세팅된 것 외에 추가 기기 및 기물이 필요한 경우에는 공동 사용이 가능한 기기 및 기물은 무료로 구비해 주거나 이용 업체가 별도로 구매해 사용할 수 있도록 하고 있다.

공유주방 이용업체들이 주로 취급하는 메뉴를 보면 일반 한식류, 파스타 · 스테이크 등 양식류, 돈가스, 중식, 분식, 스시 및 덮밥 등 일식 등이 가장 많으며, 20~30대 여성 고객이 밀집돼 있는 주요 오피스 지역에서는 베이커리 등 디저트류, 에스닉 푸드 등에 대한 창업도 많은 편이다.

임대료 및 보증금 등은 업체마다 운영방법과 상권에 따라 차별화된 비용기준을 적용하고 있으며 보통 4~5평 규모의 주방을 사용할 경우 평균 보증금 500만 원~1,000만 원 내외, 월임대료 150만 원~200만 원 정도가 소요되며 매출대비 수수료를 적용하는 업체들도 있었으나 최근에는 안정적인 수익도모를 위해 월정액제를 적용하는 업체들이 늘어나고 있는 추세이다. 공유주방 입점 업체는 업종 및 메뉴별로 중복되지 않도록 관리되고 있으며 8~12개 업소들이 입주하는 편이다.

기존에는 창업비용에 부담을 느끼는 소상공인들이 공유주방의 주요 사용자였으나 최근 대형 외식업체들도 코로나19 장기화로 오프라인 매장이 타격을 입으면서 그 돌파구로 공유주방을 기반으로 배달 영역을 강화하고 있다.

CJ푸드빌의 빕스는 2020년 8월 배달전문 브랜드 '빕스 얌 딜리버리' 를 론칭했으며 서초동에 위치한 공유주방 '키친밸리구 클라우드키친에 1호점을 입점했다. 현재 이곳에는 빕스외에도 아웃백스테이크하우스, 불고기브라더스 등 기업형 패밀리레스토랑 업체들이 영업중이다. 아웃백은 2019년 7월 키친밸리 서초점을 시작으로 공유주방 10여 곳에서 배달 전용 매장을 운영하고 있으며 연내 키친밸리 매장 15곳에 오픈할 계획이다. 불고기브라더스는 키친밸리 서초점, 고스트키친 강남점, 관악점에서 도시락을 중심으로 한 배달 서비스를 전개하고 있다.

공유주방의 가장 큰 장점은 2,000만 원 미만의 소자본으로 내가게를 운영할 수 있다는 점이 가장 큰 매리트이며 창업 경험이 없어도 공유주방 본사측에서 각종 창업지원 컨설팅, 마케팅, 교육, 홍보, 메뉴촬영, 디자인, 위생관리 등 외식업 운영에 관련된 각종 노하우를 지원해 주고 있다. 또한 공동 식자재 구매, 공동대응에 따른 배달비 할인 등 실질적인 비용절감의 효과를 얻고 있으나 외부 매장보다 다소 높은 임대료와 권리금 형성에 대한 기대감을 가질 수 없다는 점 등은 단점으로 꼽힌다.

공유주방에 입점을 원하는 예비창업자의 경우 공유주방 본사가 단순한 임대사업자가 아닌 경영컨설팅, 홍보, 배달비 할인 등 실질적인 운영 노하우에 대한 지원이 이뤄지고 있는지 등을 사전에 정확히 확인해야 한다. 또한 타 업체와 어떠한 운영상의 차별점과 핵심역량을 갖추고 있는지, 기존 입점해 있는 업소들의 영업이 활성화되고 있는지 등의 여부를 꼼꼼히 체크해 봐야 한다. 또한 적합한 배달상권인지에 대한 사전 조사도 필요하며 계약기간에 대한 조건도 미리 살펴봐야 하고 모 업체의 경우 점포계약 중지를 요구할 시 3개월치 임대료 선지급을 요구하는 경우도 있으므로 주의해야 한다.

❸ 복합형(매장+배달)

복합형 매장은 매장 홀영업과 배달 서비스를 함께 운영하는 형태로 기존에는 치킨전문점, 피자전문점, 햄버거전문점, 족발전문점, 보쌈전문점, 중식당 등이 가장 대표적인 복합형 매장으로 운영됐다. 코로나19 이전에는 매장 매출이 60~70%를 차지했으나 코로나19 이후 배달 매출이 70~80%를 차지하고 있어 아예 배달만 전문으로 하는 매장도 등장하고 있다.

기존 매장 영업에만 치중했던 업소들도 이제는 배달앱 및 배달 대행사의 등장으로 간편하게 배달영업을 전개하고 있으며 특히 50평 이상 중대형 매장으로 운영되던 점포들은 코로나19 이후 매출이 크게 하락하자 넓은 주방공간을 활용하여 순대국, 갈비탕, 곰탕 등 비교적 조리가 단순한 배달 전문브랜드를 숍인숍 개념으로 도입하여 배달 영업으로 활로를 모색하고 있다.

이러한 숍인숍 형태의 배달전문점은 프랜차이즈 업소를 중심으로 확산되고 있는 추세인데 놀부도 대형 매장을 중심으로 가맹점주가 원할 경우 공수간, 호반식, 삼겹본능, 김치찜, 돈까스본능, 흥부찜닭, 오불장군, 탕수육본능 등 자체 운영중인 배달 브랜드를 접목시켜 추가 매출증대에 적극 나서고 있다.

4) 배달 시장의 문제점

코로나19로 인해 국내 외식업소는 70~80% 이상 배달영업을 전문으로 하거나 홀영업과 병행하는 '배달천국' 시대로 변화해 가고 있는 추세다. 5,000만 원 미만의 소자본

창업이 가능하고 심지어 공유주방의 경우 2,000만 원 미만으로도 배달전문점을 운영할 수 있어 너도나도 배달창업에 가세, 배달시장은 이미 포화상태인 것으로 파악된다.

배달시장은 코로나19 이후 급성장하고 있으나 이처럼 경쟁이 치열하고 일부 업소에만 배달이 집중되는 문제점이 있어 배달창업에 더욱 신중한 접근이 필요하다. KT에 따르면 804개 음식점 중 상위 10%에 배달 건수의 약 57%, 상위 25%에 약 82%가 집중돼 있는 것으로 조사됐으며 특히 매주 상위 5%의 점포가 전체 배달판매 건수의 약 3분의 1을 차지해 매출 쏠림현상이 심각함을 말해주고 있다. 즉 '배달'은 코로나19에 따른 외식업계의 위기 극복에 제한적으로 도움을 주고 있음을 알 수 있다.

배달전문점은 초기 투자비와 임대료, 인건비 등 고정비용이 낮은 만큼 소모품과 배달앱 수수료, 배달 대행료 등이 높아 홀영업 위주의 매장보다 상대적으로 원가 구조가 높은 편이다. 가장 크게 손익에 영향을 미치는 항목은 배달앱 수수료와 라이더 비용으로 거의 원가의 30%에 육박하고 있어 배달업소들의 손익구조를 악화시키고 있다. 여기에 포장용기, 비닐, 일회용 수저포크, 리뷰스티커까지 메뉴 원가에 반영해야 하므로 배달전문점 창업 시 메뉴원재료 원가율만 분석할 것이 아니라 소모품 원가율도 살펴봐야 한다.

사례1 17,000원 치킨 1마리 배달 시 배달앱 수수료 및 배달 대행료 원가분석

지출항목	원가(원)	비율(%)
배달앱 수수료	1,156	6.8
깃발 광고료	333	2
결제 수수료	560	3.3
배달 대행료	1,500	8.8
총 액	3,549	21

- 위 자료는 산업통상부 소속 이동주 국회의원실에서 발표한 자료로 높은 배달앱 수수료 및 배달 대행료에 대한 소상공인들의 어려움을 설명하기 위해 사용된 자료이나 매우 보수적으로 분석된 자료이다.
- 여기에는 부가세가 포함되지 않았으며 배달 대행료도 고객과 분담한다하여도 평균 2,500~3,500원 정도가 업주 부담으로 지출되기 때문에 전체적인 비용은 약 30% 이상 상승되는 편이다. 위의 배달앱 수수료는 배달의민족을 기준으로 하였으나 수수료가 12.5%인 요기요를 기준으로 하면 지출비용은 더욱 상승될 것으로 보인다.

2. 배달운영 시스템

1) 주문-배달앱

국내 배달앱이 처음 등장한 2010년 이후 불과 10년만에 전통적인 배달 마케팅 수단이었던 전단지, 배달할인 쿠폰북, 배달 자석스티커 등 아날로그적인 홍보 판촉 수단이 거의 사라졌으며 그 자리를 스마트폰을 활용한 배달앱이 대신하고 있다.

배달음식을 주문하는 소비자의 96%가 배달앱을 이용해 주문하고 있으며 수도권 음식점 2,000곳 중 92.8%는 배달의민족에 입점돼 있으며 요기요 40.5%, 배달통 7.8% 등 업소당 평균 1.4개의 배달앱에 가맹되어 있는 것으로 나타났다.

또한 외식업소들은 배달앱을 사용하지 않을 시 매출이 떨어질 것이라고 생각93.7%하는 등 배달앱에 대한 매출 의존도가 절대적이었다. 이는 IT기술의 발전으로 배달앱 사용이 편리해졌으며 특히 코로나19의 영향으로 20~30대 젊은층들이 주로 이용하던 배달앱이 중장년층까지 확대 사용되면서 이제는 비대면 외식이 보편화되고 있기 때문이다.

(1) 배달앱 시장

현재 국내 배달앱 시장규모는 2018년 기준 3조원으로 지난 2013년 2,347억 원에서 5년만에 약 10배가 넘는 성장세를 기록하고 있다. 배달앱 이용자의 경우 2013년 87만 명에서 2019년 2,500만 명으로 폭증했다. IT업계에 따르면 올해 배달앱 시장규모는 8조 원을 넘어설 것으로 전망하고 있다.

국내 대표적인 배달앱 업체로는 배달의민족, 요기요, 쿠팡이츠, 배달통, 위메프오 등이 있는데 아이지에이웍스 모바일 빅데이터 분석에 따르면 배달앱 사용자 1,322만 명 중 배달의민족, 요기요, 쿠팡이츠 이용률이 무려 97.3%에 육박하고 있어 상위 1~3위 업체로의 시장 쏠림과 독점 현상이 두드러지게 나타나고 있다.

조사 결과를 자세히 살펴보면 배달의민족 사용자는 1,066만 명으로 점유율 1위62%를 기록했고 이어 요기요31%, 쿠팡이츠4.3%, 배달통1.5%, 위메프오1% 순으로 집계된다. 이중 2019년 8월 본격적으로 시장에 합류한 쿠팡이츠의 성장세가 눈에 띄는데 이는 '한집만 배달한다' 는 로켓배송의 차별화 전략과 파격적인 할인행사 등 적극적인 시장 공략 정책을 펼쳐 사업 1년만에 배달통을 꺾고 단숨에 점유율 3위에 올라섰다.

■ 배달대행 서비스 앱 사용자 수 현황

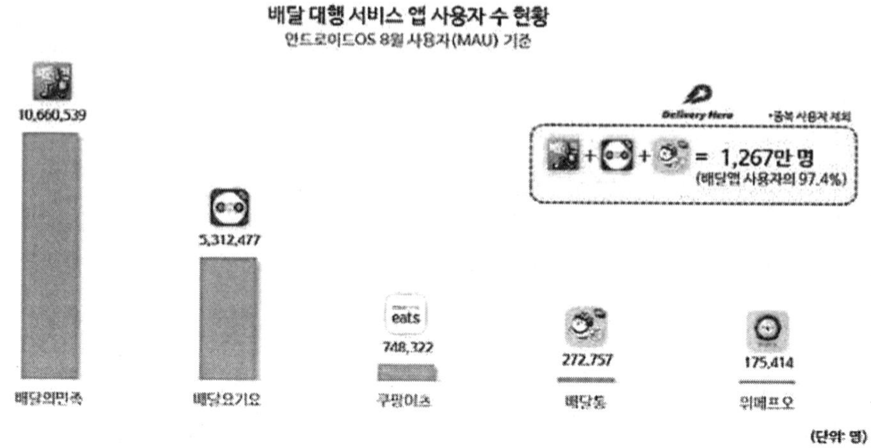

※출처 : 아이지에이웍스

사례2 매출 2,000만 원 배달전문점의 평균 손익분석

지출항목	원가(만 원)	비율(%)
① 재료비	800	40
② 인건비	640	32
③ 배달앱	200	10
④ 임대료	50	2.5
⑤ 공과금 · 세금 · 기타	260	13
⑥ 수익	50	2.5

※손익구조는 업종 및 점포 상황에 따라 달라질 수 있으므로 업계 평균치를 기준으로 하였다.

① 재료비 항목에는 포장용기, 봉투, 스티커 등 포장비용 약 3%를 포함하여 40%로 하였다. 배달점포 재료비는 보통 30~40%선으로 유명 프랜차이즈 점포의 경우 40% 이상 지출된다. 재료와 소스를 원팩 형태로 공급받는 중견 규모의 프랜차이즈 점포는 평균 35%선이다.

② 인건비 항목에는 경영주 인건비 200만 원이 포함돼 있으며 여기에는 배달 대행료 약 22% 중 고객이 분담하는 5%를 제외하고 17%가 포함돼 있는 합계이다. 결국 아르바이트 인건비로는 약 100만 원만을 책정한 금액이므로 매우 보수적으로 계산한 지출 항목이다.

③ 배달앱 항목에는 배달 및 결제 수수료, 광고료 등이 포함된 금액이다.

④ 임대료는 50만 원으로 매우 보수적으로 설정하였다.

⑤ 공과금/세금/기타 항목은 세부적으로 나눠보면 수도, 가스료 등의 공과금 3%, 부가세 등의 세금 5%, 4대 보험 등의 기타항목 5%로 책정하였다.

⑥ 수익은 총 매출 2,000만 원일 경우 ①~⑤번 지출항목을 제외한 금액으로 50만 원 정도이다. 앞서 ②번 인건비 항목에서 설명했듯이 본인 인건비 200만 원을 포함하면 총수익은 250만 원 수준이다.

- 배달전문점의 경우 오전 11시부터 새벽 12~1시까지 영업을 하는 업소들이 많다보니 홀영업 보다 노동강도 및 시간이 더 가중된다는 의견도 있는데 이에 비해 수익은 그리 매력적이지 못하다는 평가이다. 또한 배달전문점은 재료비, 인건비, 수수료 등 변동비 항목이 높다보니 매출이 3,500만 원으로 증가해도 이익은 125만 원, 매출이 5,000만 원일 경우 이익이 200만 원으로 늘어나 수익구조가 그리 만족스럽지 못하다는 문제점이 지적되고 있다.
- 위와 같은 배달전문점의 수익개선을 위해서는 배달을 직접할 경우 배달 대행료를 줄일 수 있으므로 수익은 다소 늘릴 수 있을지 모르나 배달에 따른 사고위험, 보험료 지불 등의 문제가 발생할 수 있다. 다른 해결방안으로는 개인 브랜드의 경우 식재료를 직접 구매하여 조리 · 판매하면 재료비를 약 30%까지 줄일 수 있어 수익구조를 개선할 수 있다.

따라서 현실적으로 배달전문점의 수익을 올리기 위해서는 재료비 지출을 감소시킬 수 있는 방안을 모색해야 할 것으로 판단됨

최근 1년간 브랜드별 배달앱 이용자수 변화를 살펴보면 2019년 8월 배달의민족은 828만 명이 이용하여 전체 1위를 기록했으며 이어 요기요478만 명, 배달통56만 명, 쿠팡이츠17만 명, 위메프오2만 명 순이었다. 하지만 앞서 살펴보았듯이 2020년 8월에는 1위와 2위의 순위변동은 없었으나 쿠팡이츠는 75만 명3위, 배달통은 27만 명4위으로 3위와 4위의 순위가 뒤바뀌었다. 특히 쿠팡이츠는 불과 1년 사이 이용자수가 17만 명에서 75만 명으로 무려 4배가 넘는 성장률을 보였다.

■ 최근 1년간 브랜드별 배달앱 이용자수 변화(단위 : 만 명)

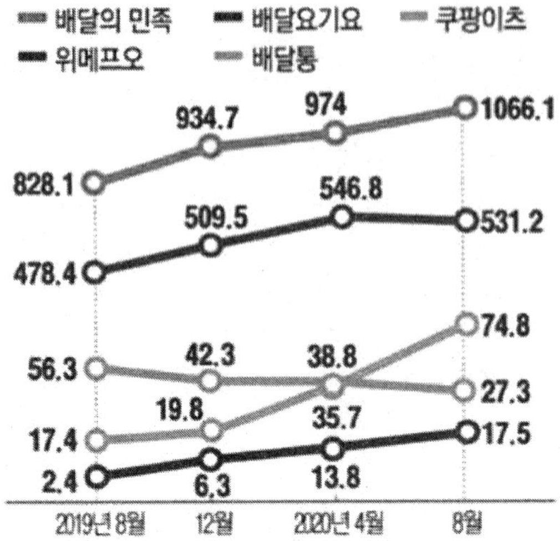

※출처 : 아이지에이웍스

이처럼 배달앱 후발업체들이 중계 플래폼 업계의 선발업체들을 따라 잡기 위해 공격적인 마케팅 전략을 펼침에 따라 소비자들뿐만 아니라 외식업소들도 다양한 혜택을 받고 있다.

쿠팡이츠는 소비자들에게 첫 주문 시 5,000원 무료쿠폰을 제공하고 있으며 수시로 다양한 할인 및 이벤트 행사를 실행하며 신규고객 유입을 시도하고 있다. 또한 가맹점 확대를 위해서 수수료 프로모션 행사를 펼치고 있는데 첫 가입시 3개월만 건당 수수료 1천 원을 받고 이후 15%의 수수료를 적용하기로 했으나 현재 시장 점유율이 크게 상승하고 있어 신규 가맹점에 대한 수수료 우대 프로모션을 연장 실시하고 있다. 쿠팡이츠의 이러한 수수료 할인 정책은 시장 점유율 확대를 목표로 상당기간 연장 실시될 것으로 업계는 전망하고 있다.

위메프오도 신규 가맹점 유치를 위해 수수료 제로 정책을 고수하고 있어 외식업소들에게는 긍정적 반응을 얻고 있으나 소비자들에게는 특별한 차별화 정책이 없어서 시장 확대에 한계를 보이고 있다. 위메프오는 가맹점주가 월 3만 8,000원의 '서버 비용'만 지불하면 건당 수수료를 받지 않고 있으며 점주는 5%의 건당 수수료와 서버 비용 중 선택하여 가입할 수 있다.

향후 배달앱 시장에 가장 큰 변화를 몰고 올 것으로 기대되고 있는 이슈는 카카오의 배달주문 시장 진출인데 이는 외식업계에서도 크게 환영하고 있는 입장이다.

카카오는 2020년 8월 음식배달 서비스 '착한배달' 출시에 대한 사업 계획을 발표하였는데 이에 따르면 배달 수수료는 1.5%이고 월 수수료 상한가는 10만 원으로 책정하였다. 이는 기존 배달앱 수수료에 비해 매우 파격적인 조건으로 수익구조 악화에 부담을 겪고 있는 외식업소들에게 매우 반가운 소식으로 환영받고 있다. 착한배달은 카카오톡과 연계되어 별도의 어플을 다운받지 않아도 되는 편의성과 자체 모바일 결제, 기프티콘 선물하기 등 카카오톡의 기존 기능을 그대로 사용할 수 있어 소비자들이 쉽게 접근할 수 있는 강점이 있다.

또한 가맹점주들은 카카오톡으로 소비자와 1:1 소통이 가능하며 신메뉴 홍보, 쿠폰 이벤트 등의 프로모션도 카카오톡 메신저를 통해 실행가능 할 것으로 전망된다. 착한배달은 내년 상반기 안으로 시중에 선보일 것으로 기대돼 배달영업의 수익개선에 매우 유익한 기회가 될 것으로 업계의 기대를 모으고 있다.

(2) 주요 배달앱 업체

현재 국내 주요 배달앱 업체는 배달의민족, 요기요, 쿠팡이츠, 배달통, 위메프오가 가장 대표적이며 이들 업체들은 소비자와 외식업소를 연결해 주는 플랫폼 사업자들로 소비자와 가맹점주 모두를 만족시켜줄 수 있는 차별화 전략을 내세우며 시장 점유율을 높이기 위한 치열한 경쟁을 펼치고 있다.

❶ 배달의민족

2010년 6월에 처음 서비스를 시작한 배달의민족은 약 14만 명의 외식업주들이 사용하는 인기플랫폼이자 월평균 1,200만 명의 소비자들이 이용하는 국내 최대 배달앱 서비스 업체로 이곳에서 한달 평균 거래되는 총 주문건수는 약 4,400만 건 정도이다. 이처럼 배달의 민족은 다양한 카테고리의 업종 · 업태의 음식점들이 등록돼 있어 고객들의 선택폭이 넓고 그만큼 주문건수도 많이 발생되는 점이 가장 큰 강점이다. 배달의 민족은 '오픈리스트'와 '울트라콜' 서비스를 통해 점포를 노출시킬 수 있으며 고객들의 개인정보 보호를 위해 배달 주문 시 개인 휴대폰 번호가 노출되지 않도록 가상번호인 안심번호 제도를 시행하고 있어 소비자들에게 호평을 받고 있다. 또한 배달의민족은 고객들이 점포에 대한 맛 · 서비스 · 가격 등에 대한 평가를 자유롭게 올릴 수 있는 리뷰 댓글 작성 코너가 매우 활성화돼 있어 이에 대한 관리 및 마케팅 대응이 배달 업소 성패의 매우 중요한 요소가 되었다.

배달의민족은 2015년 프리미엄 외식시장의 배달 서비스를 위해 '배민라이더스' 브랜드를 론칭했으며 라이더배달원 모집 및 관리는 자회사인 '우아한청년들'에서 위탁 고용하는 형태로 운영되고 있다. 배민라이더스는 짜장면, 치킨, 피자, 족발, 보쌈 등 전통적인 배달음식 외에 기존에는 배달음식으로 잘 활성화돼 있지 않았던 스테이크, 파스타, 수제버거, 초밥, 커피, 빙수 등 줄서서 먹는 맛집 레스토랑의 음식까지 배달해 주는 차별화 전략으로 배달음식의 다양화, 고급화 바람을 이끌었다는 평가를 받고 있다.

또한 배달의민족은 2018년 1월 '배민상회'를 론칭하여 자영업자들에게 필요한 각종 소모품부터 소스류, 냉동식품, 신선식품에 이르기까지 모든 식자재 용품을 온라인으로 판매하고 있다. 이는 기업형 프랜차이즈 점포나 대형 외식업소의 경우 규모의 경제를 통해 가격 단가를 낮출 수 있는 이점이 있으나 영세자영업자의 경우 식자재 구매를 위한 시간투자 및 대량구매를 통한 가격 경쟁력을 갖출 수 있는 여건이 마련돼 있지 않기 때문에 이에 대한 솔루션으로 온라인 식자재 사업을 시작하게 되었다. 특히 배민상회 소모품은 다양하고 기발한 자체 디자인 제품들을 개발하여 개인 외식업주 및 소비자들 모두에게 좋은 반응을 얻고 있다. 서울 강남에서 배달 샐러드전문점을 운영하고 있는 임성민32세씨는 "배달 용기를 구매하려면 방산시장을 통해 대량 구매를 해야 만이 가격적 메리트가 있는데 저희 같은 개인 업소는 대규모 물량이 필요치 않기 때문에 배민상회를 자주 이용하는 편"이라며 "시간절약 및 품질대비 가격면에서 만족하는 편"이라고 평가했다.

이외에 배달의민족은 2014년부터 자영업자들의 경쟁력 강화를 위해 배민아카데미 교육시설을 개설하고 매장운영 노하우, 손익관리, 마케팅, 서비스, 위생, 상권분석, 메뉴 실습 등 다양한 분야의 교육을 무료 지원해 주면서 타 경쟁 배달앱 브랜드와의 차별화를 꾀하고 있다.

❷ 요기요

2012년 6월 사업개시 이후 국내 배달앱 시장 2위를 꾸준히 지키고 있는 요기요는 현재 약 11만 개 음식점이 등록돼 있으며 많은 다양한 배달 할인혜택, 포인트 적립, 정기구독 서비스 운영으로 타 경쟁사와 차별화하고 있다. 또한 1인분 주문메뉴를 처음 도입하여 1인가구나 맞벌이 부부에게 인기를 끌었는데 이처럼 요기요는 소비자 위주의 서비스를 강화하고 있으나 가맹점주에 대한 혜택은 다양하지 않은 편으로 알려져 있다.

요기요는 정기구독 형태의 멤버쉽 서비스인 '슈퍼클럽'을 운영하고 있는데 소비자가 월 9,900원을 결제하면 배달 결제할 때마다 3,000원씩 할인을 적용해주는 서비스로 월 10회까지 사용 가능하다. 결국 고객은 월 10회 모두 사용할 시 약 2만 원 정도의 혜택을 보게 되는데 이는 요기요가 타 배달앱으로의 고객 이탈을 방지하고 고정 고객을 확보하고자 하는 마케팅 전략이다. 또한 요기요의 대표적인 할인혜택 서비스인 '슈퍼레드위크'는 요일마다 특정 브랜드의 음식가격을 할인해 주는 정기적인 이벤트성 행사로 적게는 2,000원부터 많게는 1만 원 이상의 파격적인 할인행사를 실시하여 고객들에게 큰 인기를 끌고 있다.

하지만 이러한 슈퍼레드위크 행사는 다점포를 운영하고 있는 치킨, 피자, 햄버거 등의 프랜차이즈 업소에게만 해당되는 행사로 개인 업소들은 참여할 수없어 오히려 같은 메뉴 카테고리에 포함된 소규모 자영업자의 경우 행사 당일에는 배달 매출이 감소하는 역차별을 감수해야 한다. 슈퍼레드위크 행사는 대체로 프랜차이즈 본사의 마케팅 지원비로 진행되는 경우가 대부분이지만 일부는 가맹점포와 비용을 분담하는 경우도 있다. 한편 요기요는 프랜차이즈 업소 대비 역차별되고 있는 개인 업소 혜택을 위해 배달앱 첫 화면에 '오늘만 할인업소', '우리동네 음식점', '배달비 무료업소' 등에 대한 별도의 섹션을 마련하여 업소 홍보지원에 적극나서고 있다. 또 최근 쿠팡이츠의 '빠른배송' 마케팅이 고객들에게 크게 어필하자 이에 대한 대응전략으로 30분 안에 배달이 가능한 업소들을 모아서 '익스프레스' 매장으로 소개하고 배달비 0원의 판촉 활동을 적극 펼치고 있다.

최근 배달앱 업계의 핫이슈 중 하나는 요기요를 운영하는 독일의 '딜리버리히어로'가 배달의민족을 인수하면서 시장 독과점 문제가 불거져 올해 11월 공정거래위원회가 요기요를 매각하면 배달의민족을 인수할 수 있다는 조건부인수를 내세워 향후 배달앱 시장의 커다란 지각변동을 예측하고 있다.

요기요의 변동 여부에 따라 외식업소들도 새로운 혜택 및 마케팅 활용 기회가 주어질 수 있으므로 주의깊게 시장 변화를 살펴봐야 할 것으로 판단된다. 현재 요기요, 배달통을 운영하고 있는 딜리버리히어로는 최근 배달의민족까지 인수함으로써 배달앱 전체 시장 중 90% 이상을 점유하게 되었다.

❸ 쿠팡이츠

2019년 5월 배달시장에 처음 진출한 쿠팡이츠는 사업 개시 1년만에 시장점유율 4%를 기록하고 배달앱 사용자 17만 명에서 75만 명으로 무려 4배가 넘는 괄목할만한 성장세를 기록하며 업계에 큰 변화를 가져 오고 있다. 쿠팡이츠가 이처럼 빠르게 성장할 수 있었던 요인은 기존의 배달앱에서 발생했던 여러 가지 불편사항을 해소하는 솔루션 마케팅을 적극 펼쳤기 때문으로 분석된다. 즉, 배달음식을 이용하는 고객이 가장 불편하게 여겼던 점은 배달시간이 너무 오래 걸려 음식맛이 떨어진다는 점이었다. 이러한 문제점을 정확히 간파한 쿠팡이츠는 배달원 한 명이 여러 점포를 거치지 않고 한 점포에서만 음식을 픽업하여 주문고객에게 바로 전달하는 '빠른 배송'을 핵심공략 포인트로 내세우며 시장을 확장해 나가는 데 성공할 수 있었다.

쿠팡이츠가 이러한 속도경쟁의 마케팅에서 성공할 수 있었던 것은 기존의 '로켓배송'을 통한 운영 경험과 시스템 노하우가 축적돼 있었기 때문으로 30분 내로 음식을 배송받게 된 고객들에게 큰 호응을 얻고 있다. 더욱이 10~20분 내로 배달이 가능한 업소는 '치타 배달' 업소로 등록하여 별도 홍보를 지원해 주고 있으며 이외에 고객들이 음식을 기다리는 동안 느끼게 되는 지루함과 궁금증을 해소해 주기 위해 라이더의 동선을 실시간으로 확인할 수 있는 '배송확인 시스템'을 도입하였다.

또 쿠팡이츠는 빠른 배송을 위해 배달원 확보에 적극 나서고 있으며 이를 위해 파격적인 배달대행 수수료를 지불하고 있으며 일반적으로 배달 대행사들이 라이더들에게 지불하는 기본 배달대행 수수료는 3,000~3,500원 선으로 고정돼 있으나 쿠팡이츠는 점심 · 저녁 피크타임에 따라 기본 수수료가 수시로 변동되며 교통 상황 및 날씨에 따라 건당 적게는 2,000원에서 많게는 2만 원까지 별도의 인센티브를 지불하는 탄력요금제를 운영하고 있다. 또한 기본 수수료는 상한 금액은 정해져 있지 않으나 하한금액은 12월 현재 3,100원부터 지급되고 있으며 이러한 쿠팡이츠의 건당 배달대행 수수료는 사업 초기보다는 다소 낮춰져 기존 배달 대행사와 비교하여 차이가 많이 둔화됐다는 평가다.

한편 쿠팡이츠는 가맹점 신규유입 및 배달대행 수수료에 대한 입점 업주들의 부담을 줄여주기 위해 현재 중개 수수료를 건당 1,000원만 받고 있으나 향후 이벤트가 종료된 후에는 15%의 수수료를 책정할 계획으로 알려져 있다. 이에 따라 쿠팡이츠에 입점한 외식업소들도 현재는 배달앱 이용에 따른 중개 수수료에 대한 부담이 적어 배달대행 수수료가 5천원에 달해도 고객들의 선호도가 높은 쿠팡이츠 등록을 유시하거나 새로 유입해 들어오는 업소들이 꾸준히 증가하고 있다. 하지만 시장확대를 위해 고객 · 라이더 · 가맹점주에게 무한 혜택을 제공하고 있는 쿠팡이츠의 투자전략이 언제까지 유지될지는 불투명하기 때문에 지원 혜택이 중단될 경우 라이더와 가맹점주들의 이탈이 예상되므로 이에 대한 보완책이 마련돼야 할 것으로 보인다.

❹ 배달통

2010년 4월에 론칭한 배달통은 세계 최초의 배달앱 서비스를 선보였고 2014년 딜리버리히어로의 투자를 받아 현재는 배달의민족, 요기요와 함께 같은 회사에 소속돼 있으나 각자 독립적으로 브랜드 관리 및 운영을 하고 있다. 배달통은 회원가입을 하지 않아도 비회원으로 주문이 가능하고 첫 결제시 5,000원 할인혜택, OK캐시백 적립 등의 고객혜택이 있다. 입점 업주들에 대한 중개 수수료도 2.5%로 타 배달앱에 비해 매우 저렴한 편으로 외식업주들에게는 유리한 조건이지만 이곳을 이용하는 소비자들이 많지 않아 등록한 음식점 업소수도 적은 편이다. 이에 따라 2020년 8월에는 신규 배달앱 업체인 쿠팡이츠에 밀려 시장 점유율이 4위로 한단계 내려갔다.

❺ 위메프오

2019년 4월에 론칭한 위메프오는 올해 10월 기준 입점업체 4만 5,000여 곳, 월간 이용자수는 50만 명을 넘어서는 등 국내 배달앱 시장에서 탄탄한 입지를 구축해 나가고 있다. 위메프오는 중개 수수료 5%를 책정해 놓았으나 서버이용료 월 3만 8,000원만 내면 수수료는 면제될 수도 있다. 광고비가 없고 수수료율이 상대적으로 저렴한 탓에 외식업소들의 입점이 늘어나고 있으며 외부 광고를 하지 않는 대신 다양한 할인쿠폰 및 적립혜택으로 이용자들을 늘려나가고 있다.

(3) 배달앱 문제점

코로나19 이후 배달전문점 창업이 급증하고 기존의 홀영업에 매진하던 외식업소들 또한 매출 부진을 만회하기 위해 배달영업에 집중하게 됨에 따라 배달시장의 경쟁이 치열해지고 있는 가운데 외식업소들은 배달앱 수수료뿐만 아니라 배달대행 수수료 비용까지 부담해야 하는 이중고를 겪으며 수익구조를 악화시키고 있다.

수도권 공정경제협의체에 따르면 외식배달 음식점 2,000곳 중 79.2%가 배달앱사에 지불하는 광고비와 수수료가 과도하게 높게 책정돼 있다고 응답했다. 이러한 수수료 및 광고비에 대한 부담은 고객에게 배달료를 청구하거나41.7% 음식값을 올리거나22% 메뉴 제공양 축소 또는 식재료 변경 등을 통한 원가절감16.3% 등 대체적으로 소비자에게 비용을 전가하는 방법으로 대응하고 있는 것으로 조사됐다.

현재 중개 수수료가 가장 높게 책정돼 있는 곳은 요기요로 12.5%, 배달의민족 6.8%, 배달통 2.5% 순이며 쿠팡이츠는 이벤트 기간으로 건당 1,000원의 수수료를 받고 있으나 행사가 마감되면 15%의 수수료율을 적용할 방침인 것으로 알려졌다.

요기요를 예로 들어보면 가맹점주가 배달 수수료로 지불해야 하는 금액은 중개 수수료 12.5%+부가세 1.3%+카드결제 수수료 3% 등 총 17%에 달하는 비용을 부담해야 한다. 배달의민족의 경우 중개 수수료 6.8%+부가세 0.7%+카드결제 수수료 2~2.5% 등 총 10% 정도 비용을 지불해야 하므로 요기요보다 상대적으로 수수료율이 낮게 책정돼 있다. 하지만 입점 업소별 경쟁이 치열하여 추가 광고가 필수적으로 집행돼야 내 점포가 소비자들에게 쉽게 노출될 수 있는데 대략 광고비용을 계산해 보면 울트라콜 광고 1개당 월정액 8만 원VAT별도으로 책정돼 있다.

외식업계에 따르면 업소별 평균 8~10여 개 정도의 울트라콜 광고를 집행해야 상위 순위에 노출돼 홍보 효과를 발휘할 수 있어 월평균 약 100여만 원의 비용을 광고비로 지출하고 있는 실정이다. 월평균 매출이 5,000만 원 이상인 업소의 경우 20~30개의 울트라콜 광고를 집행하는 음식점들도 다수 존재한다.

쿠팡이츠는 시장확대를 위해 현재 수수료를 거의 무료로 지원해 주고 있으나 향후 정상적인 수수료율 15%가 집행될 경우 외식업소의 부담은 상당할 것으로 예측되며 더욱이 배달료 또한 5,000원으로 타사보다 높게 책정돼 있어 외식업소의 경영 부담을 가중시킬 것으로 예상된다.

■ **업체별 배달 수수료 및 광고료**

구분	배달의 민족	요기요	쿠팡이츠	배달통	위메프오
수수료	오픈리스트 주문 건당 6.8%	12.5%	주문 건당 1,000원 (15% 적용예정)	2.5%	5%(서버이용료 3만8천원 부담 시 무료)
광고료	울트라콜 월 8만 원 정액제	우리동네플러스 (입찰제 방식)	없음	· 프리미엄광고 월 5만 원 · 프리미엄캐쉬백 월 8만 원	없음

이러한 배달 수수료 문제로 인해 점포의 수익이 줄어들자 기업형 프랜차이즈 업체들은 자체 배달앱 시스템을 개발하여 가맹점주들의 수수료 부담을 줄여주고 있다. 코로나 19 이후 치킨업계의 배달 주문량이 폭발적으로 늘어나자 교촌치킨, BBQ 등이 자체 배달앱을 개발하여 사용 중이며, 이외에 파리바게뜨, 배스킨라빈스, 던킨도너츠 등을 운영하고 있는 SPC의 배달앱 '해피오더', 롯데리아, 엔제리너스 등을 운영 중인 롯데 GRS의 배달앱 '롯데잇츠앱', 맘스터치, 맥도날드, 피자알볼로, 미스터피자, 피자에땅 등이 자체 배달앱을 사용중이다.

이처럼 자사앱을 이용하면 배달앱에 대한 입점 수수료 부담을 줄일 수 있고, 배달대행 수수료 역시 대행업체와 계약을 통해 조율이 가능한 이점이 있으며 고객정보를 수집할 수가 있어 고객 성향 분석에 따른 맞춤형 마케팅 정책을 펼쳐 충성고객을 확보할 수 있다는 점도 큰 장점이다.

현재 배달 플랫폼 업체의 문제점으로 지적되는 요인 중 하나가 고객정보와 주문정보를 독점하고 있어 가맹업소들이 이에 대한 고객 데이터를 활용할 수 없다는 점으로 향후 이에 대한 효과적인 해결방안에 대해 함께 논의돼야 할 것으로 보인다. 하지만 현재 기존의 배달앱 서비스를 이용하는 소비자들이 대다수이기 때문에 자사앱만으로는 매출을 극대화시킬 수 없으므로 기존 배달앱도 함께 사용해야 하며 다만 점차적으로 자사앱에 대한 고객 혜택 및 이벤트 등을 실시하여 사용 고객을 늘려나가야 할 것으로 판단된다.

소상공인들의 배달 수수료에 대한 부담을 줄여주기 위해 각 지자체에서도 적극 나서고 있는데 2020년 3월 군산시에서 처음으로 공공 배달앱 '배달의 명수'를 선보였다. 배달의 명수는 가맹비, 중개 수수료, 광고비가 없는 3無 마케팅 정책을 펼쳐 외식업소들에게 큰 환영을 받았고 이어 서울시에서도 '제로배달 유니온' 서비스를 시행중인데 이는 띵동, 먹깨비 등 기존의 배달앱 업체들이 연합하여 배달 수수료를 2%대로 대폭 낮춰 자영업자들의 부담을 줄여주고 있으며 또한 1%대 수수료의 경기도 '배달특급' 등 지자체 공공 배달앱이 연이어 출시되고 있으나 이에 대한 성공여부는 아직 불투명한 상태이다.

공공 배달앱은 수수료를 낮춰 소상공인들에게는 크게 도움이 되지만 소비자들을 유입시킬 수 있는 매리트가 부족해 기대만큼 이용이 활성화되고 있지 않다. 더욱이 배달의 명수의는 서버 불안 및 사용불편의 문제점이 노출되었고 제로배달 유니온은 여러개의 배달앱이 연합돼 있다보니 통합된 배달앱이 아니면 각각의 배달앱으로 접속해야 하는 불편함과 아직은 등록 업소수가 적어 고객 선택의 폭이 매우 제한적이라는 점도 극복해야 할 문제점으로 지적되고 있다. 공공 배달앱이 활성화되기 위해서는 무엇보다 고객 사용자수를 확대할 수 있는 홍보와 마케팅 전략이 필요할 것으로 판단된다.

배달앱의 또 다른 문제점 중 하나는 정보의 독점화이다. 외식업소들은 배달앱을 통해 주문을 접수하게 되므로 고객 정보에 대한 데이터를 구축하지 못해 이를 토대로 한 다양한 마케팅 자료로 활용하지 못하는 한계점을 지적하며 배달 관련 데이터에 대한 정보를 공공재화하여 배달업소에서도 자유롭게 이용할 수 있도록 정부지원 방안이 필요하다고 주장한다.

2) 배달 – 대행사

배달시장이 성장함에 따라 연관산업인 배달 대행 시장도 괄목할 만한 성장세를 이루고 있는데 지난 2014년 약 1조 원 규모였던 배달 시장이 2019년 7조 원으로 급성장하였다. 불과 3~4년 전만해도 음식배달은 음식점 경영주가 배달 직원을 직접 고용하여 운영하는 시스템이었으나 이제는 대행업체와 계약을 맺고 주문이 들어올 때마다 수시로 라이더를 불러 건당 배달 대행료를 지불하는 방식으로 빠르게 변화되고 있는 추세다. 이러한 시장변화의 견인차 역할을 한 요인으로는 IT기술의 발달이 크게 작용한 결과이다.

현재 배달 대행업체는 전국에 100여 개 이상의 업체가 분포돼 있는 것으로 알려져 있으며 이중 규모면에서 국내 대표적인 배달대행 업체로는 생각대로, 바로고, 부릉을 꼽을 수 있다. 생각대로는 2019년 총 거래액 1.7조 원을 달성하며 압도적인 시장 1위를 차지했으며 2017년 약 2,500억 원, 2018년 약 6,900억 원의 매출규모를 비교하면 해마다 폭발적인 성장세를 이루고 있고 배달건수를 살펴보면 2017년 약 1,343만 건, 2018년 약 3,669만 건, 2019년 8,206만 건으로 전년 대비 무려 223%나 성장하였다. 현재 지점수는 720곳, 가맹점은 약 6만 개 정도로 추정된다.

생각대로에 이어 시장규모 2위를 차지하고 있는 바로고는 2019년 매출액 1조를 달성했으며 2017년 약 4,300억 원, 2018년 약 5,500억 원 규모에서 1년 만에 100% 가까이 성장한 수치다. 배달건수는 2017년 1,876건, 2018년 3,032만건, 2019년 5,692만 건으로 전년 대비 187% 성장하였다. 지점수는 550곳, 가맹점은 2만 8,000개 정도로 추정된다.

3위는 메쉬코리아에서 운영하고 있는 부릉으로 매출액은 2017년 300억 원에서 2019년 1,600억 원으로 크게 성장하였으나 1~2위 업체와는 규모면에서 다소 격차가 느껴진다.

이처럼 국내 배달음식점들은 주로 생각대로, 바로고, 부릉 등 주요 3개 대행사를 통해서 배달 영업을 전개하고 있다. 이외에 일부 배달앱 전문업체들이 배달 대행사를 직접 또는 위탁관리 형태로 운영하고 있으며 배달의 민족은 '배민라이더스', 쿠팡이츠는

'쿠팡쿠리어', 요기요는 '요기요플러스'를 통해 라이더를 운영 · 관리하고 있다. 또한 기업형 프랜차이즈 업체인 맥도날드, 버거킹, 교촌 등 일부 업체들은 본사 또는 가맹점에 따라 직접고용 또는 위탁관리하는 경우도 있다.

이 중 바로고는 배달 대행업 외에 사업 다각화에 적극 나서고 있는데 그 중 하나가 무빙이라는 회사를 설립하여 배달전용 전기오토바이를 개발하고 있다. 현재 국내에서 널리 사용되고 있는 라이더용 오토바이는 일본산이 많아 부품값이 비싸고 수리하기 어려운 단점이 있어 이에 대한 대안으로 국내산 친환경 바이크를 통해 라이더 고정비용을 낮추고 보험료 인하 효과를 목표로 하고 있다. 이외에도 수집한 배달 빅데이터를 활용해 배달에 익숙하지 않은 음식업소를 대상으로 브랜드 딜리버리 컨설팅, 공유주방 운영, 배달 품질 개선을 위한 맞춤형 포장 용기판매로 사업 다각화를 모색하고 있다. 바로고는 배달 수수료 외에 수익모델을 개발하여 음식업소 및 라이더 모두에게 이익이 환원될 수 있도록 다양한 신사업 모델을 테스트하고 있다.

3) 라이더 운영의 문제점

배달업이 호황을 누리게 되자 라이더 인력수급에 어려움을 겪고 있는 배달대행 업체들이 배달원 확보에 총력을 기울이고 있으며 더욱이 지난해 쿠팡이츠가 배달앱 시장에 진출하면서 라이더 시장에 큰 지각변동이 일어나고 있다.

즉, 기존 대행사에서 책정한 배달 대행료의 기본요금은 평균 3,000~3,500원부터 시작됐는데 쿠팡이츠는 기본 5,000원에서 많게는 2만 원 이상까지 파격적인 배달료를 지급하자 라이더 이동이 급증하게 되었다. 이는 쿠팡이츠가 '빠른 배송'을 핵심 경쟁력으로 내세우며 라이더 모집에 적극적으로 나서자 업체별 라이더 모집 경쟁이 치열해졌다.

현재 라이더의 수입구조를 살펴보면 배달대행 지점에서 3,000원의 배달 중개료를 받으면 이중 약 10%에 해당하는 300원 정도를 지점 수입으로 하고, 라이더에게 2,700원을 지급하는 구조이다. 배달대행 업체인 본사는 배달대행 지점으로부터 시스템 사용에 따른 수수료를 받게 되는데 업체별로 내부 정책에 따라 다양하게 요율이 적용되고 있다.

배달 대행료에 대한 의견은 외식업소 경영주, 배달 대행사, 라이더, 소비자 등 업계 주체별 시각차가 매우 큰 편으로 향후 사회적 이슈로 부상될 것으로 전망된다. 특히 내년에는 라이더들이 4대 보험에 의무적으로 가입해야 하기 때문에 배달 대행료 인상에 대한 전망은 거의 기정사실로 받아들여지고 있으며 그 폭이 어느 정도일지 외식업계에서도 촉각이 곤두서 있다.

현재 라이더들 입장에서는 시간당 최저임금이 상승했고 식사비, 주유비 등을 모두 자비로 충당해야 하기 때문에 현재 건당 3,000원 내외의 배달료는 너무 낮은 편이라고 주장하고 있다. 한편 외식업소 경영주 입장에서는 현재의 기본 배달 대행료도 전체 지출금액 중 약 15~20% 선으로 비용 부담이 큰 편인데 이마저도 고객에게 5%가량 배달 대행료를 분담시켰기 때문에 지출 비율이 낮아질 수 있었다고 주장하고 있다. 하지만 내년에 배달료가 인상되면 손익에 대한 구조가 더욱 악화될 것으로 예측돼 이에 대한 비용을 고객에게 전가시킬 경우 심적 부담으로 작용되기 때문에 결국 음식값 인상, 재료비 절감 등의 악순환으로 이어질 우려가 있어 고민이 깊어지고 있다.

■ 국내 배달시장 구조

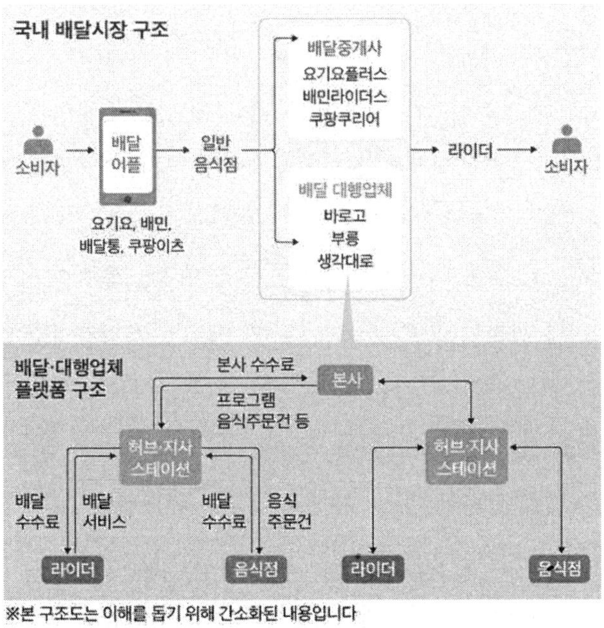

※출처 : 조선일보

3. 배달 마케팅 전략

국내 배달 이용자는 배달의민족, 요기요, 쿠팡이츠 등 3대 배달앱 이용률이 전체 시장의 97.3%에 이르고 이중 배달의민족을 이용하는 고객 점유율이 62%에 달해 여기서 제안하는 배달 마케팅은 주로 배달의민족을 활용한 방안을 중심으로 소개하고자 한다.

1) 배달앱 활용 마케팅

배달전용 매장은 배달앱의 매장정보가 바로 점포의 간판과도 같으므로 배달전문점의 경우 앱 상에서 보이는 매장의 이미지, 텍스트 하나하나에 모든 신경을 집중해서 매장을 소개해야 한다. 홀매장의 경우 매장의 인테리어 및 간판 등을 눈으로 보고 고객 홍보가 가능하지만 배달전문점의 경우 온라인상에서 가상의 매장을 보여줘야 하기 때문에 최대한 고객에게 어필할 수 있는 홍보 포인트를 놓치지 않아야 한다.

(1) 배달앱 첫화면 꾸미기

배달의민족에서 배달업소를 누르면 첫 화면에 점포명, 평점, 찜수, 리뷰수, 사장님 댓글수, 주문안내, 대표메뉴 등이 화면에 소개돼 있다. 이때 대표메뉴 위에 위치해 있는 주문안내 코너는 매우 중요한 홍보 수단이다. 이곳에서는 내 점포의 장점 및 자랑거리, 신메뉴 등을 홍보하거나 특별히 알려야 할 공지사항 등이 있을 경우 주문안내 코너를 활용하면 매우 효과적이다. 예를 들어 최우수 청결매장, 맛집랭킹 업소, 우리 점포만의 특별한 조리과정 및 식자재

사용에 대한 내용을 홍보하면 효과적인데 찜닭전문점의 경우 '미리 음식을 만들어 놓지 않고 주문이 들어오면 요리를 시작합니다', '한약재 육수 베이스로 칼칼하고 뒷맛이 깔끔한 비법양념을 사용합니다', '국내산 닭과 채소를 사용하여 풍미가 더해질 때까지 푹 끓입니다' 등의 조리과정을 설명하여 고객들이 맛있는 조리과정을 상상할 수 있도록 하여 자연스럽게 소개글 아래에 위치한 대표메뉴에서 주문을 유도한다.

또 주문안내 코너에서는 주의사항을 미리 적어 놓는 것도 필요한데 예를 들어 '메인메뉴에 공깃밥이 포함되지 않으므로 별도 구매하셔야 합니다' 라고 미리 공지하지 않으

면 고객 컴플레인으로 이어질 수도 있다. 할인안내 및 리뷰 이벤트 등은 '사장님 한마디' 코너에서 언급을 해주면 한번 더 오랫동안 나의 음식점 페이지에 머물 수 있으므로 두배의 홍보 효과를 얻을 수 있다.

배달앱 홍보글은 너무 길지 않고 짧게 단답형으로 소개하는 것이 효과적이며 요즘 고객들은 너무 긴글을 보면 바로 다음 페이지로 시선이 옮겨 갈 수 있으므로 주의해야 한다. 배달앱에는 수많은 업소들이 노출돼 있으므로 이중 고객에게 쉽게 주목받기 위해서는 브랜드 로고 및 업소명도 중요한데 브랜드 로고 색상은 튀는 색을 사용하면 도움이 되고 업소명을 독특하게 하여 눈에 띄는 전략을 사용하는 업주들도 있다. 최근 배달점포 브랜드명은 대표 메뉴명이 점포 이름에 포함된 경우가 업계 트렌드임. 예를 들어 7딸라 김치찌개, 족보있는 국밥밀면, 1인 꽃돼지한식, 숯불고기냉면, 1인용 이태원 부대찌개 등 고객이 한눈에 보아도 어떠한 메뉴를 판매하는지 알수 있도록 매우 직관적인 브랜드명을 사용하고 있다. 이는 대부분의 배달 이용고객들이 메뉴를 먼저 정하고 업소를 찾는 경우가 많기 때문인 것으로 분석된다.

배달 이용고객들은 무엇보다 음식이 빠르게 전송되기를 기대하기 때문에 배달시간이 너무 늦게 설정돼 있으면 고객들에게 쉽게 외면받을 수 있으므로 배달 소요시간은 될 수 있으면 45분을 넘지 않도록 설정하는 것이 좋다.

(2) 고객의 눈길을 끌 수 있는 글쓰기 요령

❶ 이유와 명분 쓰기

'신선한 재료로 맛있고 푸짐하지만 부담없는 저렴한 가격' 이라고 소개할 경우 내용이 밋밋하고 심심한 조합의 글이므로 고객들의 반응을 이끌어 내기에는 역부족이다. 이러할 경우 조금 더 분명한 이유와 명분을 밝혀주면 고객의 신뢰를 얻을 수 있다. 예를 들어 '농장에서 직배송하고 있습니다. 그래서 저렴하고 신선하게 제공합니다', '소금은 신안 천일염을 사용하고 있습니다' 등 구체적인 원산지 표시를 해주는 방법도 효과적이다. '고객감사 이벤트로 할인을 실시합니다' 라는 문구도 이유와 명분을 밝혀 '주문고객 1,000명 돌파 기념으로 감사 이벤트를 실시합니다' 라는 문구로 바꾸면 훨씬 좋은 반응을 얻을 수 있다.

❷ 특정 고객을 대상으로 글쓰기

나를 알아봐 주고 기억해 주는 점포에는 특별한 감정을 느끼게 되고 단골고객 확보에 유리할 수 있다. '하루종일 육아로 힘들었던 고객님을 위해 응원의 마음을 담아 배달합니다' 라는 멘트를 써서 배송하면 힘들었던 육아맘들의 마음을 위로해 주고 감동을 전할 수 있어 다음 주문으로 연결시킬 수 있다. 우리 점포의 주요 타깃이 되는 고객들을 대상으로 그들의 마음을 위로해 주고 힘을 줄 수 있는 글을 쓰면 도움이 된다.

❸ 숫자 활용하기

'우리 국물은 진하고 맛있습니다', '신선한 기름으로 튀겼습니다' 이러한 자랑 글을 많이 사용하지만 단순히 '진하고', '신선한' 이라는 단어만으로는 고객의 신뢰를 얻기 힘들다 이럴 때에는 숫자를 활용하여 고객 신뢰도를 높여 보는 방법을 사용해 볼 수 있는데 예를 들어 '한달 도시가스요금 3,256,789원, 정직하게 끓인 국물, 가스비가 증명해 줍니다', '저희 가게는 하루에 딱 60번만 튀깁니다' 등 숫자를 활용하면 훨씬 고객들의 마음을 움직일 수 있다.

❹ 제안해서 글쓰기

'주문해 주신 모든 분들에게 서비스로 제공합니다' 라는 문구는 희소성과 특별함이 없으므로 '이번주만 서비스로 제공하고 다음주부터는 판매하는 메뉴입니다' 등의 글로 바꾸어 주면 특별한 혜택을 느낄 수 있다. 단골쿠폰도 '00님 주문 감사합니다. 00님을 위한 단골 쿠폰을 발급드렸습니다. 다음 주문에도 활용해 주세요' 등 나에게만 제공해 주는 특별함을 느끼게 해줘야 한다.

❺ 우리 점포만의 차별점 글쓰기

'좋은 밥맛을 유지하기 위해 생수로 밥을 짓습니다' 라는 홍보 문구도 소비자들에게 긍정적 이미지를 전달해 줄 수 있다. 생수와 수돗물로 지은 밥의 효과에 대해서 정확한 차별점을 알지 못하지만 왠지 생수로 지은밥이 위생적이고 건강할 듯한 이미지를 전달해 주어 업소를 차별화시켜 줄 수 있다.

❻ 주의사항 미리 알리기

'주문과 동시에 음식이 조리되기 때문에 배달은 60분 이상 걸립니다. 하지만 맛은 자신합니다' 이처럼 리스크 관리를 위해서 미리 주의사항을 알리고 고객에게 양해를 구하면 불만 고객을 줄일 수 있다. 물론 빠른 배달을 원하는 고객은 주문하지 않을 수도 있지만 기다리는 시간을 미리 알림으로써 고객 컴플레인을 예방할 수 있다. 오히려 이러한 주의점을 얘기하지 않아 나중에 나쁜 평판의 리뷰를 받으면 점포에 부정적 이미지를 쌓을 수 있으므로 정직하고 솔직한 태도로 신뢰를 높일 수 있다.

(3) 사진 활용하기

글로 표현하기보다 사진을 활용한 홍보가 짧은 순간에 고객의 눈길을 멈추게 할 수 있고 더 빠르게 어필할 수 있다. 특히 메뉴 사진은 주문을 유도할 수 있는 매우 중요한 선택 포인트이므로 사진화질 상태, 크기, 각도 등을 유의하여 먹음직스럽고 선명한 메뉴로 표현될 수 있도록 사진촬영에 주의를 기울여야 한다. 최근에는 스마트폰 카메라 기능도 우수한 편이어서 전문적인 카메라를 사용하지 않아도 좋은 사진을 찍을 수 있으며 간편한 사진 편집 어플을 활용하면 더욱 개선된 사진결과를 얻을 수 있으므로 비용을 투자하지 않아도 홍보 효과를 얻을 수 있다. 메뉴사진은 포장용기에 담아 표현하기보다는 일반 그릇에 담아 푸짐하고 먹음직스럽게 표현될 수 있도록 찍는 게 더욱 효과적이다.

코로나19 이후에는 고객들이 위생 · 청결에 대한 관심도 고조되고 있으므로 매일 매장을 깨끗하게 청소하는 장면, 튀김기름을 교체하는 모습, 주방기구 등을 소독하는 모습 등을 사진으로 촬영하여 홍보하는 것도 긍정적 효과를 얻을 수 있다.

또 정지돼 있는 사진 이미지보다는 GIF와 같이 짧은 움직임이 있는 촬영 노출이 더욱 홍보 효과가 크다. 예를 들어 정지된 예쁜 피자 사진보다는 치즈가 쭉쭉 늘어나는 GIF 촬영이 고객들의 눈을 더욱 사로잡을 수 있다. GIF 촬영 소재를 찾아보면 주인이 가게 입구에서 밝게 웃으며 고객을 맞이하는 장면, 내부 인테리어 중 특별함이 묻어나는 장소, 예쁜 소품, 맛있는 음식, 신선한 식재료, 고급식재, 음식의 맛깔스러운 순간,

청결한 주방, 청소하는 장면 등을 특별히 강조하여 노출하는 방법도 효과적인 홍보방법이다. 이외에 조리하는 장면, 계산하는 장면, 인사하는 장면, 포장하는 장면 등 매순간 작업하는 과정이 모두 GIF의 좋은 소재가 될 수 있으며 이런 짧은 노출 순간을 통해서 고객들은 점포에 친근감과 호감을 느낄 수 있다.

2) 리뷰 마케팅

리뷰가 곧 매출이다라는 말이 있을 정도로 배달영업에 있어서 리뷰 마케팅의 중요성은 절대적이다. 홀이 있는 매장은 블로그 포스팅을 하더라도 매장의 인테리어나 고객경험을 시각적으로 쉽게 풀어낼 수 있는 반면 배달전용 매장은 고객이 메뉴를 수령한 시점에 고객경험 순간이 이뤄지는 편이다. 말만 리뷰 관리가 아니라 우리 매장만의 감성, 그리고 친절과 진정성이 느껴지는 리뷰를 꾸며나가기 위해서는 잘하는 매장들이 어떻게 하는지를 계속 소비자 관점에서 벤치마킹할 필요가 있다.

요즘 배달 고객들은 대부분 리뷰, 주문건수, 평점을 기준으로 주문업소를 결정하고 이외에 블로그, 인스타그램, 유튜브 등 SNS 홍보글 등을 검색하여 배달업소 및 메뉴를 선택하는 편이다. 이에 따라 리뷰 작성의 중요성이 점차 부각되면서 리뷰만을 전문으로 대행해 주는 광고업체들이 다양하게 활동하고 있으며 이들은 리뷰 마케팅뿐만 아니라 SNS 마케팅 광고도 병행하고 있다.

리뷰 마케팅을 의뢰하는 대부분의 외식업소들은 신규 업소일 경우 리뷰 숫자를 늘리기 위해, 기존 업소의 경우 업소의 안좋은 댓글을 밀어내기 위해 광고를 주로 의뢰하는 편이다. 보통 리뷰 대행 작업은 업주가 금액을 지불하면 해당 지역 대행사 담당 직원이 리뷰와 평점을 수작업으로 작성해 주고 보통 리뷰 100건 기준으로 1건당 5,000~1만원 수준에서 계약이 이뤄지고 있다. 특히 리뷰 마케팅은 신규 업소일수록 대행사 의뢰를 맡기는 경우가 많은데 이는 댓글이 있어야만 주문이 쉽게 발생할 수 있으므로 영업 초창기에 평균 30개 정도의 댓글수를 빠르게 늘려야 하기 때문이다. 보통 이 시기에 배달 업주들은 친인척이나 지인 인맥을 활용하여 댓글수를 늘리기 위해 노력하지만 이 또한 쉽지 않은 작업이며 곧바로 한계에 부딪히게 되므로 비용이 투자돼도 대행사 활용을 검토하게 된다.

일반적으로 댓글 관리 작업은 업주가 마케팅 업체에 리뷰 의뢰비와 함께 음식값을 지불할 경우 마케팅 업체는 배달앱을 통해 주문을 넣고 리뷰를 작성하게 된다. 하지만 음식은 실제로 배달되지 않고 음식값만 배달앱을 통해 다시 업주에게 돌아가는 방식으로 이뤄지고 있으며 대신 업주는 지역 담당자에게 음식 사진을 보내주고 리뷰 작업이 진행될 수 있게 하고 있다.

하지만 이러한 가짜 댓글 작업은 소비자들에게 부정적인 이미지를 심어줄 수 있으며 전문적으로 댓글 알바를 하는 경우 경쟁 업소 및 소비자들에 의해 발각돼 배달앱 측으로 신고가 접수되어 영구적으로 강퇴되는 중징계를 당할 수도 있으므로 주의해야 한다. 따라서 최근 리뷰 마케팅 대행사는 주로 실제 계정을 갖고 활동하는 실고객 위주로 리뷰 및 SNS 마케팅을 진행하는 경우가 많아지는 추세다.

또 배달업소들은 악성 댓글로 인해 피해를 보는 경우도 종종 발생하고 있는데 이러한 경우에도 대행사에 댓글 의뢰를 요청하기도 한다. 악성 댓글에 대응하는 방법은 작성자 본인이 글을 삭제하지 않는 이상 사라지지 않기 때문에 빠른 시간 내 이런 악성글을 뒤로 밀리게 하여 고객들의 시선에서 멀어지게 하는 방법밖에 없다. 배달의 민족에서도 상업적으로 댓글만을 달고 다니는 사람들을 찾아내기 위해서 인공지능을 활용하여 걸러내기도 하고 업소 신고에 따라 해당 악플러 고객에게 댓글 사용을 중지하는 내용을 전달하기도 한다. 하지만 배달의 민족도 배달앱 측면에서는 주문 고객들이 본인들의 고객 자산이기 때문에 악플러에 대한 단속을 강력하게 펼치지를 못하고 있어 이에 대한 피해를 업주들이 고스란히 떠안고 있는 실정이다.

따라서 악의적이고 습관적인 댓글러에 대해서는 업주측에서도 주체적으로 주문거절을 하거나 댓글을 삭제할 수 있는 보다 능동적인 행동을 취할 수 있는 권리가 보장돼야 한다는 주장도 늘어가고 있다. 다행히 최근 배달의 민족은 '클린시스템' 기능을 추가하여 고객 리뷰글이 바로 등록되지 않고 자체적인 검증을 거친 후 1~2일 정도 후에 정식 등록되거나 삭제될 수 있는 기능을 마련하여 업주들의 고충을 보완해 주고 있다.

이처럼 리뷰 관리의 중요성이 절대적인 매출로 이어짐에 따라 댓글 관리는 경영주 본인이 직접 관리하고 피드백을 해야 한다는 의견이 점차 높아가고 있다. 댓글은 단순히 고객들의 감사인사뿐만 아니라 다양한 영업 아이디어까지 얻을 수 있기 때문에 매우 중요한 접점 포인트가 되고 있다.

배달전문점은 고객들을 직접 만나 메뉴 및 가격, 메뉴구성 등 업소 만족도에 대한 반응을 확인할 수 없기 때문에 대다수 배달업소를 운영하고 있는 경영주들이 고객 리뷰를 통해서 업소에 대한 소비자 반응을 체크할 수밖에 없다. 대다수 경영주들은 이러한 리뷰 내용 분석을 통해 메뉴 및 포장용기, 가격, 세트메뉴 구성, 리뷰 이벤트 상품 등 다양한 정보를 수집하고 있으며 심지어 경쟁업소에 대한 의견까지 첨부하여 주는 고객들까지 있어서 매우 유용한 정보로 활용하고 있다.

(1) 리뷰 마케팅 업소 사례

사례1 댓글 당일 처리하기

- 송파구에서 해물찜 배달전문점을 운영하고 있는 장원철 대표는 고객 리뷰에 대해서는 즉각적인 반응을 보여주는 것이 가장 효과적이라고 강조한다. 고객들은 자신의 글에 대해 업소에서 어떠한 반응을 보이는지 매우 관심있게 살펴보고 있으며 다른 고객들 또한 사장님 댓글을 꼼꼼히 확인하며 주문업소를 선택하게 되므로 리뷰 관리가 매우 중요하다.
- 당일 답변글을 올리는 편인 장대표는 댓글 1개당 약 3~5분 정도의 시간이 소요되고 있으며 일평균 5~10개 정도의 리뷰글을 달고 있다. 영업 시간 틈틈이 리뷰글을 작성하기도 하고 새벽 2시쯤 영업이 마무리되면 리뷰글을 최종 확인하고 답변 단 후 하루 일과를 마치는 편이다.
- 리뷰 작성 시 주의할 점은 답변글을 복사하기로 똑같이 하면 성의없게 느껴지기 때문에 고객의 마음을 움직이기 위해서는 진정성 있는 답글이 가장 중요하다. 리뷰 대행사와 계약해서 약 2달 정도 운영하기도 했으나 가장 효과가 큰 것은 역시 업주 본인이 직접 댓글을 작성하는 경우였다.
- 평균적으로 10개 중 4개 정도는 복사하기 답글이 가능한 평이한 내용이며 6개 정도는 개별 맞춤형 답글이 필요한 내용들로 구성되는 편이다. 경영주가 직접 댓글을 작성하려면 시간과 정성을 들이는 노력을 기울여야 한다.

사례2 기부 리뷰 이벤트

- 광진구에서 냉면 · 칼국수 배달전문점을 운영하고 있는 윤태승 대표는 리뷰를 써주면 2,000원 기부를 하여 30만 원이 쌓이면 사랑의 열매에 기부하는 리뷰 이벤트를 진행하고 있다.
- 단순 감사글에 대해서는 기부금이 쌓이지 않는 편이며 의견이나 제안 등 구체적인 리뷰 작성시 2,000원 기부금이 적립되며 적립된 금액은 리뷰창을 통해서 바로 바로 확인할 수 있도록 댓글 및 금액을 표시하여 알려주고 있다.
- 또 적립금을 전달해 주는 장면 등을 사진으로 찍어서 리뷰 코너에 소개하고 있으며 이에 따라 고객 신뢰도를 높이고 업소 이미지도 긍정적으로 전달하여 입소문 홍보 및 매출증대에 도움이 되는 일석이조의 효과를 얻고 있다.

3) 광고 전략

배달의 민족에서 매출에 중요한 변수로 작용하는 요소 중 하나는 리뷰글 외에 업소 상위 노출 순위다. 업소홍보를 위해서는 광고가 필요한데 배달의민족은 오픈리스트 광고를 할 경우 최상위 공간에 무작위로 3개 업소가 매번 바뀌면서 노출되고 있으며 그 다음 하단에 울트라콜 광고 업소들이 순위별로 노출되고 있다.

울트라콜은 월정액 8만 원VAT 별도을 지불하면 깃발 1개를 꽂게 하여 업소명이 노출되는 광고 기법인데 보통 1개 깃발만으로는 점포 노출이 쉽지 않으므로 여러 개의 깃발 광고를 통해서 노출 순위를 끌어 올리고 있다. 즉, 울트라콜 광고에서는 업소위치를 가상으로 설정할 수가 있어서 자신의 점포위치에서 가까울수록 고객에게 최상위 노출이 가능하지만 거리가 멀어질수록 순위는 뒤로 밀리게 되는 원리로 노출된다. 하지만 비용의 문제가 있으므로 울트라콜 광고를 효과적으로 활용할 수 있는 전략을 분석해서 적용해야 한다. 최소 5~10개 정도의 깃발광고를 집행해야 노출의 효과를 볼 수 있는 것으로 추정된다.

먼저 깃발광고를 하기 위해서는 나의 점포 위치 주변에 어떠한 상권 특성이 있는지를 살펴봐야 한다. 즉, 1인 가구 및 다세대 밀집지역, 회사, 병원, 오피스텔, 아파트 등 주변 상권 상황을 분석한 후 깃발위치를 결정해야 한다. 배달 초보자의 경우 아파트 세대수가 많은 곳을 중심으로 깃발 광고를 실행해 보는것도 시행착오를 줄일 수 있는 방법이다. 네이버에서 아파트를 검색하여 세대수를 확인해 볼 수 있으므로 세대수가 많은 순으로 깃발을 꽂아 보고 7~10일 정도 통계 결과를 분석해 본 뒤 위치를 결정할 수 있다. 예를 들어 강동구 고덕동 아파트를 검색하면 아파트별로 소개되며 이중 세대순으로 검색하면 세대수가 많은 아파트를 중심으로 정렬해서 보여준다.

광고 효과에 대해서는 '배민사장님 광장 통계 코너' 에서 확인해 볼 수 있으므로 주문건수가 많지 않은 곳은 깃발광고를 취소하거나 옮겨 보도록 한다. 광고위치 변경은 고객센터로 전화하면 바로 수정 가능하고 울트라콜 위치를 조금씩 바꿀 때마다 찜을 누르는 고객이 늘어나거나 신규 고객이 유입될 수 있으므로 주기적으로 깃발위치를 변경해 보는 것도 효과적이다.

깃발을 중심으로 반경 1~1.5km 내에서 주문이 많이 일어나는 편이므로 카카오 지도를 활용하여 반경 거리를 원으로 표시한 후 깃발 광고 위치를 쉽게 확인해 볼 수 있다. 주문수가 많은 지역은 반경 300~500m 기준으로 지역이 중복되더라도 광고를 집행해야 한다. 여기서 주의점은 반경을 설정할 시 서로 겹치게 교차점이 생기도록 위치를 설정해야 주문 건수가 많아진다.

잘되는 경쟁업소를 분석해서 그 업소와 비슷한 위치에 광고를 하는 전략도 좋다. 장사가 잘되는 업소는 댓글 리뷰와 평점 등을 통해서 알아볼 수 있으며 장사가 잘되는 업소 바로 밑에 노출될 경우 반사이익을 누릴 수도 있으므로 효과적이다.

배달원들을 활용해서 배달 잘 되는 지역을 알아보는 방법도 있으며 배달 대행사 팀장 등과 상담하여 주문수 많은 지역이나 장사 잘되는 업소에 대한 정보를 수집할 수도 있다.

맛집랭킹 순위에 올라가 있는 업소들을 확인해 보면 스크롤을 내려갈수록 여러번 노출이 되는 것을 확인할 수 있는데 그만큼 광고를 많이 하고 있음을 간접적으로 확인할 수 있다.

4) 포장용기 마케팅

코로나19 이후 배달 음식 및 온라인 쇼핑 구매가 늘어나면서 이에 따른 각종 비닐 포장소재 및 일회용 포장용기가 큰 사회적 문제로 부각되고 있다. 특히 음식점 배달에 따른 일회용 포장용기는 대부분 플라스틱 소재여서 심각한 환경오염을 유발하고 있어 이에 대한 우려의 목소리가 커지고 있다. 일부 업소에서는 종이로 만든 일회용기 사용, 빨대를 없앤 컵 뚜껑 제공 등의 노력을 기울이고 있으나 친환경 소재의 용기를 사용할 경우 원가상승에 대한 부담으로 외식업주들이 쉽게 용기변경을 실행하지 못하고 있는 형편이다.

하지만 '착한 소비', '개념소비' 등의 신조어가 등장할 만큼 소비자들이 환경에 대한 관심이 증가했고 생활속에서 직접 실천하거나 환경보호에 동참하는 기업이나 업소에 대한 선호도가 높아가고 있다. 이러한 소비자들의 트렌드에 맞춰 외식기업은 물론 일반 개인 업소 중에서도 다소 원가 부담은 되지만 친환경 또는 종이 소재 용기로 바꿔가는 업소들도 늘어나고 있는 추세이다.

■ 배민상회 친환경 포장용기 제품

특히 배달의민족이 배달전문점들을 위해 운영하고 있는 온라인 쇼핑몰 배민상회는 최근 친환경 소재 용기 사용확대를 위해 탕용기, 커피컵, 비닐 등 20여 개 제품을 20% 할인하여 판매하는 행사를 펼쳐 외식업주에게 호응을 얻은 바 있다. 배민상회는 현재 탕용기, 면용기, 죽용기 등 다양한 친환경 제품을 기존 플라스틱 용기보다 20~30% 비

싼 가격에 판매하고 있으며 일부 품목은 플라스틱 용기와 비슷한 가격에 판매되고 있어서 그동안 가격 부담으로 사용을 주저하던 배달전문점 업주들도 점차 구매를 확대해 나가고 있다. 배민상품은 환경표지 인증을 획득한 제품이며 특히 친환경 종이용기는 기존 플라스틱용기와 가격은 거의 비슷한 편이며 옥수수 전분으로 만들어져 생분해 되는 특징이 있다. 주로 사이드 제품, 튀김류, 국물 적은 메뉴 포장에 적당한 편이다.

이러한 친환경 용기에 대한 고객 선호도가 증가하고 있으므로 외식업소들도 플라스틱 용기를 변경하는 방안에 대해 적극 모색해 봐야 할 것으로 보이며 친환경 용기를 사용하는 업소의 경우 친환경 용기 사용여부를 알릴 수 있는 예쁜 스티커나 친환경 용기 사용뿐만 아니라 위생적인 주방관리, 신메뉴, 칭찬 댓글 내용 등 다양한 업소 홍보 소개서를 A4용지 1장에 간단히 인쇄하여 포장박스에 넣어 지속적으로 배포하여 점포 이미지를 높여가는 마케팅 전략도 큰 비용 들이지 않고 효과를 얻을 수 있는 마케팅 홍보 수단이다.

사례1 맘카페 친환경 용기 비용부담 설문조사

- 동탄에 있는 한 배달음식전문점의 체인점 점주가 맘카페 게시판을 통해 '플라스틱 용기 대신 친환경 용기로 대체할 경우 일정 금액 비용을 부담할 의향이 있는지' 에 대해 설문조사한 결과 맘케페 회원 181명 중 171명(94.5%)이 찬성한다는 의견으로 응답했다.
- 친환경 제품으로 교체할 경우 약 500원 정도는 지불하고라도 안전한 용기로 바꾸고 싶다는 의견이 다수였다. 카페 성격상 대부분의 회원들은 자녀에 대한 건강 문제 등을 우려하는 의견이 많았고 더욱이 코로나19로 인해 환경에 대해 더 관심을 가져야 한다는 등 적극적 의견을 제시하였다.

■ 동탄 맘카페 친환경 포장용기 변경에 대한 설문조사

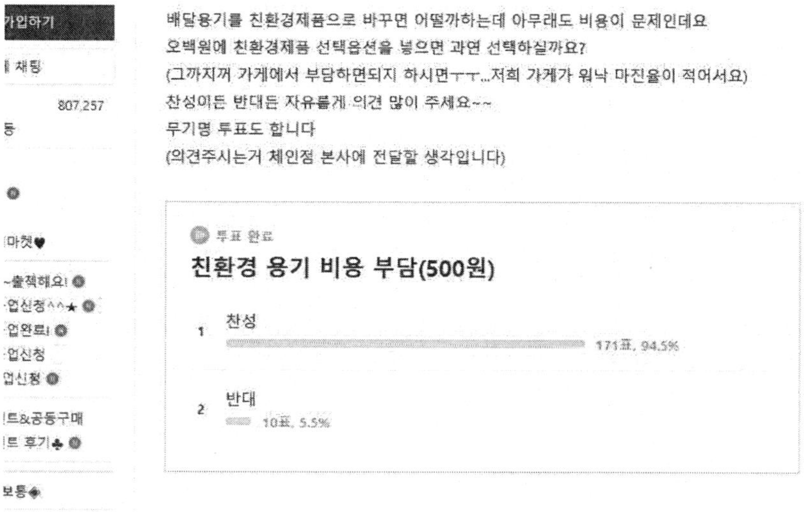

제5절 코로나19 극복 외식업체 사례조사

코로나19는 우리의 환경과 소비행태를 크게 변화시켰으며 포스트 코로나19시대에도 이전의 소비행태로는 전환되지 않을 것이라고 예측되고 있다. 또한 코로나19로 인한 변화는 이전에 없던 새로운 형태의 트렌드가 아니라 기존의 존재했던 소비패턴을 더욱 빠르고 가속화시켰을 뿐이라고 분석되고 있다. 이러한 빠른 사회환경의 변화는 외식 경영환경에도 커다란 영향을 끼쳤으며 생존과 지속성장을 위해서는 외식업주들의 변화와 혁신의 자세를 요구하고 있다. 올해 심각한 경영위기를 맞이하고 있는 외식업계는 이처럼 빠르게 변화된 환경에 대응하여 기존의 영업방식을 탈피하고, 새로운 시장을 개척하는 등 위기극복을 위한 다양한 노력을 기울이고 있다. 이에 새로운 관점과 실행으로 코로나19 위기를 극복해 가고 있는 외식업소들을 통해 그 대응방안과 활로를 모색해 보고자 한다.

1. 톡톡튀는 배달 마케팅으로 승부-래빗파머스

강남역 주변에 위치한 래빗파머스는 샐러드와 파스타, 샌드위치를 전문으로하는 배달전문점으로 2019년 8월에 오픈한 이 점포는 공유주방에 입점하였으나 초반 3개월 정도 고전을 하였다. 오픈 초기에는 강남상권 및 고객 특성에 대해 제대로 파악하지 못하여 기존에 운영하던 브런치 개념의 '고은별 카페'로 오픈하였으나 강남 상권에는 적절하지 못한 콘셉트임을 깨닫게 되었다. 여러번 시행착오 끝에 2020년 2월 '래빗파머스'라는 브랜드로 새롭게 리뉴얼해 재오픈하였다. 즉, 강남지역 고객은 회사원들이 밀집돼 있어서 아침보다는 점심 메뉴에 대한 주문이 많아 식사 메뉴 개발을 시작하였고 건강과 다이어트에 관심이 많은 여성 고객층이 두텁다는 점을 고려하여 샐러드 메뉴를 추가하였다. 이러한 메뉴 보강을 시행한 후 적극적인 배달 마케팅을 실시하여 현재 월평균 약 3,000~3,500만 원의 매출을 올리고 있다.

1) 상권 특성 및 고객을 분석하라

임성환 대표는 지역 상권 분석을 위해 직접 주변 상권을 둘러보고 회사, 병원, 아파트 세대, 다세대 주택 등의 입점 현황을 눈으로 확인하며 배달도 직접 자주 하는 편이다. 임대표는 특히 배달전문점을 하는 음식점주들은 반드시 본인이 직접 배송을 하며 고객들과 만나서 업소에 대한 홍보도 하고 고객들과의 교감을 나눠야 한다고 강조하고 리뷰 등을 통해서 소통할 수도 있지만 직접 고객을 만나보면 음식에 대한 피드백도 더 많이 들을 수 있고 고객 소통의 온도차도 다르다고 설명한다. 또한 경쟁업소 및 맛집랭킹 업소에 대한 메뉴 및 가격, 리뷰글 등에 대해서도 수시로 체크하여 내 점포 개선에 활용하는 편이다. 또한 강남 고객은 타 지역에 비해 객단가도 높고 음식 품질에 대한 기대치도 높은 편이어서 샐러드에 특수야채를 사용하여 고급화시키는 등 지역 특성에 맞는 고객 눈높이 마케팅을 펼치고 있다.

2) 배달키맨을 잡아라

강남역 상권은 대형 회사들이 다수 입점돼 있어서 점심, 저녁 시간때 5명 이상의 단체 주문이 많은 편임. 이때 주로 주문을 담당하는 사람은 회사 막내들이기 때문에 이들에 대한 혜택을 제공하는 마케팅을 실시하여 톡톡한 효과를보고 있다. 즉, '홍보대사 파머farmer' 서비스로 6명이 주문할 시 주문한 사람은 무료 혜택을 제공하는 이벤트를 실시하고 있다.

3) 거울효과 마케팅

임대표는 거울효과Mirror Effect'를 강조하고 있는데 이는 내가 상대의 모습을 자연스럽게 따라하면 상대가 친근감을 느껴 나에게 더욱 호감을 갖는다는 이론으로 점포 홍보 수단으로 많이 활용되고 있다. 임대표는 고객 리뷰에 대해서 직접 답변을 작성하는 편이며 이때 자신의 업소의 장점인 신선한 재료, 수제 드레싱, 과일 100% 착즙주스로 만들었다는 점을 자세한 설명과 함께 언급하다 보면 어느새 고객들이 직접 이에 동화되어 똑같은 글을 본인의 인스타그램 계정 등을 통하여 적극 홍보에 나서는 모습을 확인할 수 있었다며 거울효과의 중요성을 강조했다.

2. 서빙로봇으로 위기 극복-치어스 가산디지털역점

가산디지털역에 위치한 치어스 송명재 대표는 2019년 12월 배달의민족에서 개발한 서빙로봇 딜리 1호를 처음으로 매장에 도입하였다. 이곳은 로봇을 도입하자마자 곧바로 코로나19가 퍼져 비대면 사회로 전환되면서 오히려 크게 주목받게 되었다. 송대표는 120평 매장에 48개 테이블을 갖춘 대형 매장 운영의 효율성을 높이기 위해 서빙로봇을 설치하게 되었다. 현재 치어스 매장 외에 송대표가 직접 개발한 스타에델치킨 2개 매장도 함께 운영하고 있으며 이곳에도 서빙로봇을 접목시키고자 하였으나 매장 동선이 확보되지 않아 설치하지 않았다.

1) 비대면 시대 고객 선호도 상승

송대표는 코로나19가 발생하자마자 직원들에게 마스크 착용을 빠르게 지시했으며 매장 외부에 위생 관련 포스터를 부착하는 등 코로나19에 대한 초기대응을 빠르고 선제적으로 실시하여 고객 신뢰도를 높였으며 특히 서빙로봇의 활약으로 고객과의 접촉을 최대한으로 줄일 수 있어서 안심식당이라는 이미지를 구축할 수 있었다.

2) 이직률 및 인건비 절감

치어스는 매장이 넓다보니 직원 동선이 길어지고 이에 따른 노동강도가 높아감에 따라 직원 불만 및 이직률 또한 증가했으며 최저임금 상승 등 인건비부담이 점차 증대되자 이에 대한 대안책 마련을 위해 서빙로봇을 도입하게 되었다. 이곳은 딜리 1대당 초기 설치비 60만 원, 월 렌탈료 99만 원부가세 포함, 2년 약정 조건으로 계약을 체결하였으며 이에 따라 직원 1명의 인건비를 절감하는 효과를 얻고 있다.

현재 딜리의 월 렌탈료는 66만 원까지 낮춰졌다. 딜리는 메뉴판 전달, 음식 서빙, 물티슈 · 수저 · 젓가락 · 기본안주 등을 고객에게 전달해 주는 단순 업무를 수행하고 있지만 직원들의 노동강도를 줄여주고 있어 상호 보완적으로 업무를 분담하고 있다.

3) 자발적 홍보대사

가산디지털지역은 IT를 기반으로 하는 스타트업 및 벤처기업이 밀집돼 있어 20~30대 젊은 고객층이 두텁게 형성돼 있어 서빙로봇에 대한 관심이 아주 높았으며 이에 따라 고객들이 스스로 자신의 블로그, 인스타그램 등에 홍보하여 입소문 효과를 크게 얻을 수 있었다.

3. 빠르게 '피보팅' 하기-일도씨 닭갈비

일도씨 닭갈비를 운영중인 김일도 대표는 코로나19 이후 미래에 대한 예측과 계획은 100% 완벽할 수 없음을 깨닫게 되었다. 이미 메르스 위기를 한번 겪었던 경험이 있어 이에 대한 대비책을 꾸준히 준비해 왔기 때문에 코로나19 1차 팬데믹 시기인 2~3월에는 큰 타격을 받지 않고 극복할 수 있었다. 하지만 8월에 2차 팬데믹에 부딪히자 예측 불가한 상황들이 전개되면서 완벽한 계획이라는 개념이 흔들리게 되었고 오히려 빠르고 유연한 자세가 필요함을 절실히 느꼈다. 즉, 급속히 변화하는 환경에 빠르게 전환하는 '피보팅' 자세가 중요함을 깨닫게 되었고 완벽하지 않더라도 신속한 대응전략을 조금씩 적용하면서 수정 · 개선해 나가는 전략이 더 효과적이라는 것을 알게 되었다. 이에 따라 코로나19 이전에는 오프라인 영업에 집중하였으나 현재는 배달사업 활성화를 위해 역량을 집중시키고 있다. 김일도 대표는 현재 9개 브랜드에서 직영점 20개 매장을 운영 중이다.

1) 잘할 수 있는 영역에 역량을 집중하라

김대표는 코로나19 이전에 시장확대를 위해 HMRHome Meal Replacement 및 밀키트 사업을 준비 중이었으나 코로나19 이후 사업을 잠정 중단하였다. 외식업에만 종사해 왔던 김대표는 HMR과 밀키트는 유통사업 부문으로 전혀 다른 신규 시장에 진입하는 것이므로 이에 대한 리스크를 우려해 사업전개 시기를 늦추기로 결정했다. 이는 코로나19 위기 상황 속에서 신규 사업 리스크까지 겹치면 오히려 오프라인 매장 및 고객 관리에 소홀하고 브랜드 이미지에 타격을 줄 수도 있기 때문이다. 대신 김대표는 같은 외식사업 영역인 배달사업에 집중하기로 하고 2차 팬데믹이 있었던 올해 8월부터 본격적으로 배달 매출 증대에 노력을 기울였다.

2) 배달앱 마케팅 강화

일도씨 닭갈비는 코로나19 이전에 주로 오프라인 매장 운영에만 집중하고 포장 · 배달 판매에는 신경을 쓰지 않아 배달 시장에 대한 분석 및 마케팅을 전혀 진행하지 않았다. 하지만 2차 팬데믹 이후 배달 매출 증대를 위해 배달앱에 노출돼 있는 온라인 점포 홍보를 강화하기 시작하였다. 우선 배달앱에 노출된 점포 디자인, 메뉴사진, 상세 설명, 리뷰 이벤트, 광고 등 종합적인 배달마케팅을 실시하여 10%대 매출을 50%대로 증대시켰다.

3) 단골고객 확보에 주력하라

김대표는 외식업을 운영하는데 있어서 오프라인 매장이든 온라인 매장이든 우리 점포를 찾아주는 단골고객 확보가 무엇보다 중요하다고 강조했다. 코로나19로 인해 매출에 타격을 받은 매장 중에서 단골고객이 두텁게 형성돼 있는 주거밀착형 상권에 입점돼 있는 점포의 경우 다른 점포들보다 빠르게 매출 회복되었다고 분석하였다.

4. 차별화된 메뉴로 배달 성공-상봉 냉면칼국수

냉면과 칼국수를 전문으로 하는 16년 경력의 외식업 자영업자인 윤태승 대표는 몇 년 전부터 배달업을 시작하였다. 윤대표가 배달시장에 본격적으로 뛰어들게 된 것은 배달앱이 출시되기 전에는 배달전문점에 대한 소비자들의 불신이 팽배해서 장사가 아무리 잘돼도 시장의 확장성과 브랜드가 형성되지 않는 한계를 느꼈다. 그러나 배달앱이 등장하면서 고객들이 리뷰를 작성할 수 있고 업소 경영주들도 이에 대한 적극적인 자신에 대한 의사 표현, 가게 홍보와 식당운영에 대한 철학을 전달할 수 있는 수단이 생겼다고 판단하여 배달시장에 진출했다. 냉면, 칼국수 메뉴는 일반적으로 면이 불어 배달 메뉴로 성공하기에는 쉽지 않은 아이템이었으나 꾸준한 연구 개발의 노력을 통해서 배달에 최적화된 맛을 찾아가고 있으며 코로나19 이후 더욱 활기를 띠고 있는 상봉냉면의 성공 노하우를 살펴보았다.

1) 배달시장에서 차별화된 메뉴를 선택하라

냉면, 칼국수는 일부 배달을 하는 업소들도 있었지만 면이 불기 때문에 제대로 된 맛을 전달하지 못하는 한계가 있어 이에 대한 틈새시장이 있을 것으로 보고 맛만 제대로 보장할 수 있다면 오히려 배달시장이 매력적일 것으로 판단하였다. 메뉴명을 만들 때 너무 어려운 단어는 사용하지 않는 원칙으로 얼큰 해물 칼국수, 매운 한우 칼국수, 삼계 칼국수 등 누구나 메뉴명만 들어도 음식의 맛과 비주얼을 상상할 수 있도록 메뉴명을 구성하였다. 신메뉴를 개발할 때 처음맛, 중간맛, 끝맛을 제대로 느끼기 위해서 국물까지 완전히 시식하는 편이다. 고객 트렌드에 맞춰 끊임없는 메뉴 개발 노력을 기울여야 한다.

2) 배달 고객은 맛에 더욱 엄격하므로 맛에 집중하자

매장에서 외식을 하는 사람들은 음식맛도 중요하지만 그 외의 주변 상황을 고려한다. 인테리어 및 조명, 직원 서비스 등 부수적인 매장 조건도 음식맛에 영향을 끼치는 편이나 배달은 오롯이 음식맛에만 의존하여 좋은 평가를 받아야 한다. 음식맛을 도와줄 외부적인 환경 요소가 없기 때문에 더 맛있어야 배달경쟁에서 성공할 수 있다.

3) 배달음식에 적합한 조리법을 연구하자

면음식은 배달하는 동안 면이 불을 수 있다는 점이 가장 큰 단점일 수 있는데 이를 해결하기 위해 많은 노력과 테스트를 하였다. 칼국수의 경우 끓일 때 약간의 점성이 생기므로 맑은물보다는 빨리 식지 않는 편이다. 그래서 100% 완전히 끓이지 않고 70% 정도만 익힌 후 배달되는 동안 잔열로 도착 시점에 알맞게 국수가 익을 수 있도록 배달 맞춤형 조리방식을 선택하고 있다. 지금도 매일 칼국수를 포장해서 약 5분 정도 가지고 다니면서 계속 흔들어 보는 등 배달되는 동안의 컨디션을 체크해 보기 위해서 끊임없는 실험과 결과 체크를 하고 있다.

4) 배달영업 초기에는 홍보비를 투자하자

배달점포는 매장이 고객들의 눈에 보이지 않으므로 홍보의 어려움이 있으므로 점포 오픈할 때 광고 · 홍보비용의 경우 창업비용이라고 생각하고 조금 부담해야 한다. 초기 마케팅 비용으로 500~1,000만 원가량 예산을 책정하고 3개월가량 나눠 집행하면 공격적인 마케팅이 이뤄질 수 있을 것으로 판단된다. 주로 배달앱을 통한 깃발광고에 주력하였으며 어느 정도 영업이 안정되면 전체 매출 중 4~5% 정도로 마케팅 비용을 줄이는 방법이 효과적이며 이곳은 현재 월평균 5,000~6,000만 원 정도 매출을 기록 중이다.

5) 도로 상황과 접근성을 고려하여 입지를 선정하라

이 점포는 지도상으로 보면 중랑구 중앙이며 건물 2층에 입점해 있다. 점포앞이 바로 육거리로 어느 방향이던 배달하기 유리한 위치이며 라이더들이 사통팔달로 쉽게 배달할 수 있는 지역이다. 즉, 배달기사들이 다른 업소들보다 접근성이 유리하기 때문에 이곳에 먼저 와서 음식을 픽업하거나 배달해 주는 이점이 있다.

제6절 효과적인 마케팅 전략 도출

조사된 국내 소비행태 분석 및 외식 트렌드 조사, 외식업 마케팅 사례조사분석, 배달시장 현황 및 마케팅 분석, 분야별 전문가 의견 수렴을 통해 중 · 소외식업소에서 수용가능한 효율적인 마케팅 방안으로 ▲인스타그램 · 네이버플레이스를 통한 마케팅 강화 ▲배달앱 활용을 통한 마케팅 방안 구축 ▲리뷰 마케팅 활성화 등 3가지로 구분해 도출하였다. 따라서 중 · 소 외식업소의 효율적인 마케팅 방안으로는 다음과 같다.

중 · 소 외식업소는 코로나19 이후 거의 패닉상태에 빠질 정도로 매출 급감에 따른 심각한 경영위기를 겪고 있는 실정이다. 앞서 살펴보았듯이 올해 폐점한 점포 중 1년을 버티지 못하고 폐업한 점포는 전체 폐업 점포의 50%에 육박할 정도로 신규 창업 업소들의 위기관리 능력이 더 부실한 상태이다. 이는 외식업에 대한 운영 노하우, 마케팅 전략 등이 제대로 학습되거나 준비되지 않은채 창업시장에 뛰어들어 폐업의 어려움을 겪고 있는 것으로 판단된다. 특히 코로나19 이후 청년취업이 어려워지면서 소자본 배달 창업에 뛰어드는 경향이 뚜렷이 나타나고 있으나 이미 레드오션이 되어버린 배달시장에서 경쟁력을 갖추지 못한 업소들은 도태될 수 밖에 없는 상황이다.

한편 기존 오프라인 매장을 운영하던 외식업소들도 대부분 배달시장 또는 밀키트 · RMR 등 유통시장으로 사업영역을 확대해 가고 있는 과정이지만 이또한 각각의 시장

환경에 대한 분석 및 이해 없이 너도 나도 새로운 시장으로 옮겨가고 있어 이에 따른 리스크도 증가하고 있는 추세이다. 특히 50대 이상의 음식점 경영주들은 디지털 환경에 익숙하지 못해 배달앱 활용 방안 및 SNS 마케팅에 대해 쉽게 접근하지 못하는 한계점을 갖고 있디. 이에 따라 자본력과 전문인력 운영에 한계가 있는 중소 · 영세 외식업소 경영주들이 활용할 수 있는 구체적이고 수용 가능한 마케팅 방안이 필요할 것으로 판단된다.

1. 인스타그램 · 네이버 플레이스를 통한 마케팅 강화

전국민 모바일 이용시대가 도래했고 언제 어디서나 이용이 간편하여 모바일을 활용한 SNS 이용자들이 급증하고 있다. 이에 따라 외식업소에서도 인스타그램, 유튜브, 블로그, 페이스북 등 SNS를 통한 마케팅을 가장 효과적인 방안으로 활용하고 있다. 하지만 기업형 외식업체와는 달리 자본력이 부족한 중 · 소 외식업소들은 비용 부담으로 SNS 대행사를 통한 마케팅 활동은 적극 시행하지 못한 채 대부분 직접 SNS 채널을 운영하며 코로나19 위기에 대처해나가고 있지만 이 역시 전문인력의 부재 및 담당 인력 운용의 어려움 등의 한계점을 갖고 있다.

이에 중 · 소외식업소들이 직면한 여러 가지 상황을 감안할 때 비용지출 및 시간투자 대비 효과가 높은 인스타그램과 비교적 관리가 간단하지만 파급효과가 큰 네이버 플레이스 마케팅에 집중하는 것이 홍보 및 매출증대에 효과적일 것으로 사료된다. 중 · 소외식업주들은 직접 매장운영에 관여하며 노동력을 제공해야 하기 때문에 언제나 시간이 부족한 점을 가장 큰 애로사항으로 꼽고 있어 홍보 및 마케팅을 위해 시간을 투자하고자 하는 욕구가 있어도 쉽지 않은 여건이다. 이러한 현실적 상황을 고려해 보았을 때 가장 효과적인 SNS 마케팅 수단은 인스타그램인 것으로 분석된다.

인스타그램은 사진 이미지를 소통의 매개체로 활용하기 때문에 다른 SNS 채널에 비해 비교적 시간투자를 짧게 하면서 효과를 얻을 수 있는 점이 가장 큰 장점으로 중 · 소외식업주들이 운영 관리하기에 가장 적절한 마케팅 수단으로 판단되며 모바일을 이용해 계정을 만들고 사진게시물을 올리는 방법도 비교적 간단하기 때문에 업소 운영 중에도 업로드가 가능한 이점이 있다. 인스타그램에는 팔로워 기능이 있어서 내 점포 메뉴 및 분위기를 좋아하는 고객들이 단골고객으로 전환될 수도 있으며 적극적인 홍보대사 역할도 기대할 수 있다. 또한 고객과 친밀감을 높일 수 있는 쌍방향소통이 원활하여 깊은 유대감을 형성할 수 있는 이점이 있으며 이외에 각종 업소 공지사항, 신메뉴 · 단체주문 · 홈파티 등 다양한 메뉴 홍보 및 프로모션 안내 등 유용한 마케팅 툴로 활용하여 신규고객 확대 및 매출증대로 이어질 수 있다.

네이버는 가장 많은 온라인 이용자들이 정보검색 사이트로 활용하고 있어 블로그 운영의 중요성이 크지만 다소 긴 글과 전문성 있는 내용으로 콘텐츠를 구성해야 하므로 게시물 작성에 상대적으로 시간이 오래 걸리는 부담이 있다. 또한 인기 블로그로 성장하기까지 시간이 오래 걸리 수 있다는 점 또한 외식업주들이 직접 운영하기에는 쉽지 않은 한계점이 있다.

이에 비해 네이버 맛집 검색 시 가장 먼저 상단에 노출되며 고객의 점포선정에 큰 영향을 미치고 있는 기능이 네이버 플레이스 점포 노출 기능이다. 네이버플레이스는 비교적 관리가 간단하고 쉽지만 많은 외식업주들이 자신의 온라인 상점 꾸미기에 관심을 두지 않고 있다. 이곳에서도 메뉴사진을 통한 홍보, 점포위치, 단체고객 주문시 할인 이벤트, 주차 여부, 예약 및 배달 기능 등 다양한 점포 정보를 제공할 수 있지만 이에 대한 관리가 부실한 편이다. 특히 검색결과 상위에 노출되기 위해서는 영수증 이벤트, 리뷰 이벤트 등을 실시하여 점포 평판 관리를 잘해야 한다. 큰 비용을 들이지 않고도 톡톡 튀는 아이디어로 네이버 지도검색에서 상위노출도 가능하므로 외식업주들이 적극 활용해 볼만한 마케팅 수단이다.

2. 배달앱 활용을 통한 마케팅 방안 구축

코로나19 이후 오프라인 매장 매출이 급감함에 따라 대부분의 외식업소들이 배달시장 및 밀키트, RMR 등 새로운 시장 개척에 적극 나서고 있다. 전통적인 배달 업종으로 대표되었던 중식, 치킨, 피자, 족발 · 보쌈뿐만 아니라 커피 · 디저트, 스테이크, 아시안

음식, 파스타, 샐러드, 회 등 모든 외식업종으로까지 확대돼 배달시장은 이미 포화상태에 이르렀다.

2020년 12월 3차 팬데믹이 시작되자 배달앱 신규입점을 문의하는 외식업소 건수가 전년 동기대비 2배 이상 급증하고 있어 배달시장의 치열한 경쟁을 반증해 주고 있다. 이처럼 경쟁이 치열해짐에 따라 핵심역량 및 상품력을 갖추지 못한 배달업소들은 오프라인 시장에서와 마찬가지로 도태될 수 밖에 없는 실정이며 상위 10%만이 생존할 수 있는 경쟁 구조다.

특히 개인 업소는 기업형 유명 프랜차이즈 업소대비 브랜드 인지도와 마케팅 측면에서 경쟁력이 떨어질 수 밖에 없어 더욱 불리한 경영환경 속에 처해 있다. 하지만 개인업소도 배달앱을 활용하면 적은 비용으로 마케팅 홍보 효과를 극대화시킬 수 있으므로 이에 대한 활용방안을 적극 모색하여 시장 경쟁의 생존전략이 필요하다. 배달앱에서는 배달 매출증대를 위한 다양한 마케팅 활동을 펼칠 수 있으므로 배달앱 안에서 내 점포관리는 매우 중요한 사업 성패 요소가 되고 있다.

최근 배달을 이용하는 소비자들은 90% 이상이 각종 배달앱을 통해 메뉴를 검색하고 음식점을 선택하고 있으며 소비자가 배달업소를 선택하는 기준은 평점, 리뷰, 주문건수 등을 가장 중요한 선택 조건으로 꼽고 있어 이에 대한 관리를 철저히 해야 한다.

무엇보다 배달앱 마케팅의 기초는 배달앱 안에서 내 점포를 고객들에게 최대한 어필할 수 있도록 상세한 정보와 핵심 경쟁력에 대한 설명 및 자랑이 곁들여져야 한다. 오프라인 매장의 경우 수천만원에서 억대의 인테리어 비용을 투입하는 반면 온라인 점포에 대한 내 집 꾸미기는 매우 부실한 경우가 많이 있다. 메뉴사진과 내 점포의 강점, 차별점 등에 대해서 최대한 부각될 수 있도록 적극 홍보에 나서야 한다. 코로나19 이후에는 소비자들이 위생에 대한 관심이 고조되고 있으므로 내 점포가 우수 위생업소로 선정됐다거나 매일 청소를 하는 장면을 사진으로 올려 놓는 등 세심하고 성실한 노력을 기울이면 매출 증대에 큰 효과를 볼 수 있다. 이러한 작은 노력들이 모두 마케팅 수단으로 활용될 수 있으므로 관심과 시간을 갖고 실천을 해야 코로나19 위기 극복과 함께 외식업의 성장유지를 이어 나갈 수 있다.

배달앱 안에서 내점포 꾸미기를 위한 가장 쉽고, 효과적인 방법은 랭킹맛집, 경쟁업소 등을 벤치마킹하여 사진상태, 메뉴구성, 점포 소개글, 이벤트, 할인혜택, 가격, 배달팁, 리뷰 댓글 등 모든 항목을 분석한 후 내 점포 개선 사항으로 활용하는 전략이다.

사례1 **나무인생초밥 선릉점**

2020년 8월 팬데믹 이후 배달시장에 진출한 나무인생초밥 선릉점은 4개월만에 맛집랭킹 업소에 등록되는 등 강남역 지역 배달시장에서 호평을 받으며 인기 상승추세다. 이곳의 강점은 음식점의 가장 기본적인 맛과 품질에 대한 고객 만족도가 높은 것으로 분석됐으며 또한 배달앱 안에서 고객이 메리트를 느낄수 있는 다양한 마케팅 요소를 갖추고 있다.

① 배달의민족 배달앱에서 업소 첫페이지를 살펴보면 입맛을 자극하는 초밥의 화려한 사진, 세스코 설치에 따른 '위생가게' 홍보, 배달지역 2km 이내 배달팁 550원, 그리고 배달 고객에게 가장 큰 선택 고려사항 중 하나인 짧은 배달시간, 30분 안에 배달 가능한 '번쩍배달' 업소로 표시돼 있어 첫페이지부터 고객신뢰를 얻기에 충분한 요소들을 갖추고 온라인 점포를 꾸미고 있다.

② 메뉴 마케팅이 매우 돋보이는데 대표메뉴 구성을 살펴보면 '인기메뉴' 표시로 고객들의 주목도를 높여 주문건수를 증가시키고 있다. 또한 주메뉴+리뷰서비스를 정식메뉴명에 포함시켜 리뷰 이벤트에 대한 홍보를 자연스럽고 적극적으로 유도하고 있다. 이곳은 리뷰 이벤트 행사로 연어아부리 2개를 추가로 제공하고 있다. 또한 고객리뷰글을 분석해 보면 대표메뉴 중 셀프구성 메뉴에 대한 선호도가 매우 높은 편다. 보통 다른 일식업소의 경우 초밥 추가 선택 메뉴를 '사이드' 또는 '추가' 등의 카테고리 존으로 구분해 놓고 있으나 이곳은 '대표메뉴' 카테고리 존에 '인기' 표시를 하여 골라먹는 나만의 초밥메뉴라고 강조하여 고객들에게 인기메뉴로 선호되고 있다. 이와 함께 최근 혼밥족들이 증가하고 있어 첫 페이지에 '1인분 메뉴 환영'이라는 홍보 문구를 작성하여 1인 배달 신규주문 고객들의 유입을 유도하고 있다.

③ 서비스 메뉴제공 및 이벤트 댓글 참여에 대한 감사글을 손으로 직접 작성하여 고객들에게 감동 댓글을 받고 있다.

사례2 경성밥상

2019년에 프리미엄 한식 배달시장 개척을 표방하며 오픈한 경성밥상은 역삼역 주변에 위치해 있으며 대표메뉴는 고기국밥과 국수, 비빔밥, 제육덮밥이다. 맛집랭킹에도 자주 등록되며 제법 입소문이 퍼진 이곳은

① 배달의민족 배달앱 첫페이지에 '위생가게'로 소개돼 있으며, 대표메뉴 사진은 포장용기 그릇이 아닌 고급진 그릇 위에 정갈하고 소담하게 담겨져 있는 음식사진을 사용하여 관심을 끌고 있다.

② 점포명, 로고, 스티커 디자인, 포장용기 등이 모두 세련되고 감각적으로 구성돼 있어 특히 20~40대 여성층에게 인기가 높은 편이다.

③ 배달전문점은 '고스트 키친'이라고 하여 내 · 외부 인테리어에 신경을 쓰지 않고 있으나 경성밥상은 내부 주방사진을 게시하여 위생적이고 정리정돈이 잘 된 주방상태, 점포 콘셉트에 어울리는 레트로한 소품 및 주방 인테리어 등을 통해 더욱 가게 매력을 어필하고 있다.

④ 메뉴구성 측면을 보면 '나혼자산다' 카테고리를 별도로 만들어서 1인 메뉴를 구성하였으며 특히 미나리부침은 1인 메뉴에만 제공하게 하는 차별화 마케팅 전략으로 1인가구 공략을 적극적으로 펼치고 있다.

3. 리뷰 마케팅 활성화

고객들에게 맛집 홍보 및 좋은 평판을 받기 위해서는 리뷰 관리가 가장 중요하다. 점포에 대한 리뷰는 다양한 공간에서 이뤄지고 있는데 첫째, 배달앱 안에서의 고객 리뷰, 둘째, 네이버 플레이스에서의 영수증 리뷰, 예약자 리뷰, 블로그 리뷰 등 3곳에서 진행되고 있으며 평점과도 연결돼 있어 꼼꼼한 관리가 이뤄져야 한다. 특히 고객들의 리뷰는 주문건수 및 매출로 직결될 수 있으므로 좋은 평점과 리뷰 활성화를 위한 마케팅 방안을 모색해야 한다. 이처럼 리뷰 관리가 외식업소 성공의 중요한 요소로 부각됨에 따라 최근 마케팅 대행업체에서도 리뷰 마케팅이 가장 활발히 진행되고 있다.

대부분의 배달 업소에서 리뷰 이벤트를 진행하고 있는데 단순히 무료 음료만을 제공하는 리뷰 참여 방법은 성의가 없어 보이고 타 점포와 차별화가 되지 않으므로 원가를 고려하되 아이디어 상품을 개발하는 것이 필요하다. 단골 주문을 하는 가족 고객의 경

우 어린이가 좋아할 만한 짜장면 소스, 꼬마 주먹밥 등을 가끔 별미음식으로 제공하면 좋은 댓글은 물론 확실한 충성고객으로까지 확보할 수 있다. 점심 식사메뉴를 주력으로 하는 배달전문점의 경우 원가 1,000원 이하의 커피를 리뷰 이벤트 경품으로 제공해도 좋은 반응을 얻을 수 있다. 또한 '착한소비' 에 대한 관심이 높기 때문에 기부 리뷰 이벤트를 실시해도 고객 참여율을 높일 수 있고 좋은 평점도 받을 수 있는 효과를 얻을 수 있다. 또한 리뷰 서비스 메뉴는 2~3가지 중에서 고객이 선택할 수 있도록 하는 것이 효과적이다.

가끔 배달 전문점 리뷰를 보면 소위 '사장님 리뷰' 가 달리지 않는 업소들이 눈에 띄는데 이는 고객과의 소통이 이뤄지지 않아 점차 고객 외면을 받을 수 있는 요소로 작용된다. 따라서 반드시 리뷰에 대한 댓글을 성의있게 곧바로 올려줘야 평점도 높이고 재주문으로 이어질 확률도 높일 수 있다. 바쁜 업소의 경우 고객 리뷰글 바로 윗부분에 사장님 멘트를 통해 빠른 댓글을 올려주지 못함에 대한 정중한 사과와 고객 양해를 구하는 공지글을 올리는 방법도 효과적이다.

✲참 | 고 | 문 | 헌

권영주 외 3인, 호텔 · 외식산업 식음료경영관리론, 백산출판사, 2006

김광오, 푸드 코디네이터의 양식요리에 관한 중요도평가에 대한 연구, 경기대학원 관광전문대학원 석사학위 청구논문, 2004

김기호, 프랜차이즈 경영론, 형설출판사, 2006

김난도 외, 트렌드 코리아 2021, 미래의 창, 2021

김동승, 외식산업컨설팅, 백산출판사, 2006

김성일 외 2인, 외식마케팅관리, 백산출판사, 2010

김숙희 외 1인, 세계의 식생활과 음식문화, 대왕사, 2007

김영애, '외식산업의 입지결정요인에 관한연구', 경원대 석사학위논문 산업환경대학원, 2005

김영훈 외 1인, 고객만족경영을 위한 서비스네비게이션, 아카데미아, 2010

김의근, 외식사업경영론, 백산출판사, 2006

김은숙 외 3인, 외식산업 및 창업의 경영, 백산출판사, 2006

김지영, 디너웨어의 이미지 분류와 선호도에 관한 연구, 경기대학교 관광 전문대학교 석사 학위 청구논문, 2003

김지회, 외1인, 외식경영론, 대왕사, 2010

김진수 외 1인, 호텔식음료관리론, 학문사, 2000

김진숙 외 3인, 테이블코디네이터, 백산출판사, 2008

김헌희 외 3인, 외식프랜차이즈 경영전략, 백산출판사, 2008

김헌희 외 2인, 글로벌시대의 외식산업 경영의 이해, 백산출판사, 2005

나안균, '외식산업 프랜차이즈 시스템운영의 성공요인에 관한 연구', 원광대학교산업경영대학원, 2008

나영선, 외식사업 창업과 경영, 백산출판사, 2006

나정기, 메뉴관리론, 백산출판사, 백산출판사, 1998

나정기, 외식산업의 이해, 백산출판사, 2005

노영희, 맛있는 음식, 행복한 식탁, 동아일보사, 2003

대구대 식품영양학과 2020, 식생활 라이프스타일에 따른 배달 음식의 소비성향 분석

도이토시오, 외식, 동경-일본경제신문사, 1990

미야에이지, 외식비지니스, 한국산업훈련연구소, 1988

박기용, 외식산업경영학, 대왕사, 2009

박병렬 외 1인, 외식사업주방관리론, 대왕사, 1999

박선희, 브랜드 개성이 소비자브랜드 관계의 질과 재방문 의도에 미치는 영향에 관한 연구, 경희대학교 관광대학원 석사학위논문, 2005

박성부 외 1인, 호텔식음료 관리론, 기문사, 2002
박영배, 식음료서비스관리론, 백산출판사, 2006
박재윤, '프랜차이즈업종이 상권에미치는 영향에 관한 연구', 석사학위 논문, 단국대학교경영대학원, 2006
박재호 외 1인, 외식창업실무메뉴얼, 백산출판사, 2003
배달의민족, 2020년 12월, 배달통계분석
성지연, '한국외식산업의 발전방안에 관한연구', 단국대경영대학원, 석사학위논문, 2007
손일낙, 미래의 식당경영, 형설출판사, 1993
신봉규, 음식장사 입지를 알면 성공한다. 학문사, 2001
아이지에이웍스, 2020 10월, 배달대행 서비스 앱 사용량 데이터 분석
안광호 외 2인, 유통관리 마케팅 전략적 접근, 학년사, 1999
안대희 외 2인, 외식산업론, 기문사, 2008
오윤선 외 2인, 외식산업경영론, 2008
오픈서베이, 배달서비스 트렌드 리포트 2020
오픈서베이, 소셜미디어와 검색포털 트렌드 리포트 2020
원유석, 호텔서비스마케팅, 대왕사, 2008
원융희, 세계의 음식이야기, 백산출판사, 2003
원홍석 외 3명, 호텔레스토랑식음료서비스론, 백산출판사, 2010
유한나 외 3인, 세계식문화, 백산출판사, 2009
유정남, 한국국민관광의 현황과 전망에 관한연구, 관광연구논집 제12집, 경기대 부설관광개발연구소, 1995,
유형석, '일식프랜차이즈 창업에 관한연구', 석사학위논문, 동국대경영대학원, 2005
윤지환 외 1인, 프랜차이즈조직의 이해, 백산출판사, 2003
윤태식, 프랜차이즈 바이블, 백산출판사, 2005
윤혁수 외 1인, 외식사업경영론, 기문사, 2002
윤홍근, '프랜차이즈 입지 및 상권분석연구', 한국프랜차이즈협회, 2003
이성근 외 1인, 새유통관리론, 1996
이수동, '한국소매기구의 상권분석 및 입지선정에 관한 실증적 연구', 고려대학교 박사학위논문, 1987
이자형, '외식프랜차이즈 가맹사업자의 통제와 지원이 동일성 유지에 미치는 영향', 경원대학교 대학원 박사학위논문, 2005
이재선, 외식산업의 브랜드 자산과 고객가치가 브랜드 충성도에 미치는 영향, 강릉원주대 대학원, 박사학위논문, 2010
이정자, 메뉴관리, 기문사, 2001
이정학, 서비스경영, 기문사, 2009

이주형 외 3인, 문화와 관광, 기문사, 2011

이지호 외 1인, 외식산업경영론, 형성출판사, 1996

임붕영 외 1인, 외식산업경영론, 형설출판사, 1996

장세윤, 기업이미지와 브랜드이미지가 소비자 구매의사결정에 미치는 영향에 관한 연구, 서경대학교 경영대학원 석사학위논문, 2011

전지영, 외식기업 브랜드로고의 현지화 요인이 고유 브랜드이미지 유사성 인식과 소비자태도에 미치는 영향, 세종대학교대학원 박사학위논문, 2008

정용주, 외식마케팅, 백산출판사, 2011

최병삼, '외식산업의 입지요인과 서비스품질이 고객만족에 미치는 영향에 관한 연구', 서경대경영대학원 석사학위논문, 2004

최병호 외 2명, 호텔 . 외식 연회컨벤션실무 백산출판사, 2009

최상철, 외식산업개론, 대왕사, 2008

천수진, '외식산업에서의 농 · 축산물 식자재 구매 효율화방안', 건국대학교대학원, 2010

최진수, 호텔 · 외식산업 식음료관리론, 대왕사, 2009

최학수 외 5인, 실전 외식사업경영론, 한올출판사, 2007

통계청, 2020년 9월 온라인쇼핑 동향

통계청, 2019 연간 온라인 쇼핑동향

통계청, 2018년 서비스업 조사보고서

한국농수산식품유통공사, 2019년 외식소비행태분석 결과

한국농수산식품유통공사, 2019 가공식품 세분시장 현황 보고서

한국농수산식품유통공사, 미리보는 2021 외식트렌드

한국농수산식품유통공사, 2021 식품소비행동전망

한국외식산업연구소, 외식산업경영론, 백산출판사, 2003

홍기운, 최신외식산업개론, 대왕사, 2006

황규선, 황규선의 아름다운 식탁, 중앙 M&B, 2000

황지희 외, 푸드코디네이터학, 효일출판사, 2002

Bernard Davis and Sally Stone, Food & Beverage Management, Heinemann : London, 1987

Catherwood, Dwight W, & Van Krik, richard L, The complete guide to special evenet management, New York, NY: John Wiley & Sons, Inc, 1992

Davis, B. and · stone, s, Food and Beverage Management,' Heinemam,' 1987

Donald E. Lundberg, John R. Walker, the Restaurant From Concept to Operation, John Wiley &Sons, Inc. 1993

Goldblatt, Joe Jeff, Special events: best pratices in modern event managemet. New York, NY: John Wiley & Sons, Inc, 1997

Goldblatt, Joe Jeff, & Nelson, Kathleen S. The intermational dicationary of event management(3nd deition). New York, NY: Johnwiley & Sons, Inc, 2001
Grannis, Reenee, Wedding consultin starup manual: wedding as a business. New Milford, CT: Association of Brdal Consultants, 2000
Hoover, E. M An Introduction to regional Economics, (NewYork : Alfred A, Knopf).
KORTA, 2017, 소셜인플루언서를 활용한 미국시장진출 전략
Norman M. & Thomas W. Effective samll business management, Upper Saddle River, NJ: Pearson Education, Inc, 2003
Sandra Khoury, & Julia Rutherford Sivers, Catering Desing and Coordination, He George Washington University Career Education Programs, 2004
Suzanne Von Drachenfels, The Art of the Table, Simon & Schuster, 2000
Ward, S. & T.S. Robertson91973), Customer Bebavior: Tbeoretical Sources, Englewood, Cliffs, Prentice-Hall, Inc.
Zeithaml V. A, Berry L.L and Parasuraman A ,' Communication and Control Process in the Delivery of Service Quality ', Journal of Marketing, 1988
김상미의 창업Talk 유튜브 채널
농림축산식품부 홈페이지(www,mafra,co,kr)
던킨도너츠, 도미노피자, 서관면옥 김인복, 김선생의 발효세상 블로그
동탄 맘카페 블로그(https://cafe,naver,com/dongtantwomom/1352380)
배달의민족 배달앱
배민상회 홈페이지(www,mart,baemin,com)
배민아카데미 홈페이지(www,academy,baemin,com)
(사)한국외식업중앙회/신한카드, 2020 대한민국 외식업계 이슈 분석
식품외식경제신문(www,foodbank,co,kr)
식품음료신문(http://www,thinkfood,co,kr)
월간식당 홈페이지(month,foodbank,co,kr)
케이트분식당, 카페고은별, 오빠초밥, 래빗파머스, 일도씨패밀리, 스타벅스 인스타그램
통계청 홈페이지(www,kostat,go,kr)
행정안전부 인허가데이터(localdata,go,kr)
BBQ, 강남역클라쓰, 옆집가게사장, 쏭의 장사생활 유튜브 채널
http://www.kipf.re.kr
http://www.lovedaejeon.kr

✲저 | 자 | 소 | 개

■ **전 영 직**

가천대학교 대학원 관광경영학과에서 호텔 · 외식전공으로 경영학 박사 취득, 특1급 리베라호텔유성에서 마케팅과장에 이르기까지 식음연회부서 및 국제외식사업행사 및 다양한 컨설팅 경험, 각 대학 및 대학원 수업과 외식사업 CEO과정 강의 다수 출강

현) 대전과학기술대학교 호텔외식관광학과 교수로 재직하고 있다.

[주요저서]

- 고객만족경영(CSM)을 위한 서비스네비게이션 공저, 2010
- 식생활건강과 잘 풀리는 우리주택, 2010
- 최신외식산업개론 공저, 2009
- 외식산업경영과 창업 공저, 2008
- 호텔레스토랑 식음료서비스실무론 공저, 2008
- NCS 식음료서비스실무 공저, 2016

[주요논문]

- 외식프랜차이즈 운영시스템의 가맹동기 및 만족도와 재계약의도
- 외식산업의 인터넷마케팅 효과에 관한 연구
- 외식산업 자영업종사자의 사주특성(四柱特性)과 직업적성(職業適性)에 관한 연구
- 외식산업의 음양오행(陰陽五行)과 오방색(五方色)이 식건강(食健康)에 관한 연구
- 외식프랜차이즈의 가맹사업 규정에 관한 분쟁사례 연구 외 다수

[사회경력 및 컨설팅]

- 한국외식산업컨설턴트협회 이사장
- 한국관광정보학회 이사 및 창업분과위원장
- 사)대전세종충남 외식산업협동조합 사회이사
- 한국관광학회 특별분과 위원회 대전 지회장
- 한국미래조리기술연구소 이사
- 한국호텔외식경영학회 회원
- 세종특별자치시 관광정책 자문교수
- 대전마케팅공사 관광정책 자문교수
- 충남농어촌공사 마케팅 자문교수
- 특1급 리베라호텔유성 식음연회 및 마케팅과장
- 충남 안면도 국제꽃박람회 외식사업팀장
- 대충청방문의 해 농촌관광 서비스교육 외 다수
- 유성KAIST국제화존 경영컨설팅(관광수용태세 및 외국인 전용 음식점) 외 다수
- 2019년 청년창업 경쟁력강화 지원사업 세종 챌린지랩 컨설팅(세종창조경제혁신센터)

[자격증]

- 미국 서브세이프(ServSafe) 자격증 취득(ANSI)
- 국가공인 식품안전성 매니저 자격증 취득(FSP)
- 미국 호텔협회 국제공인바텐더 자격증 취득(AHLA)
- 미국 호텔협회 국제공인레스토랑서버 자격증 취득(AHLA)
- 미국 호텔협회 국제공인프런트대표자 자격증 취득(AHLA)
- 미국 버지니아 폴리테크닉 주립대학 호텔 & 레스토랑 마케팅 세미나 수료
- 국가기술자격검정 조주기능사 실기시험 감독위원 위촉

외식산업 컨설팅과 마케팅 경영전략

2022년 2월 20일 초 판 인쇄
2022년 2월 28일 초 판 발행

저 자 전 영 직
발행인 한 인 환
발행처 도서출판 **기 문 사**
등 록 1978. 8. 9. NO. 6-0637
주 소 서울시 동대문구 안암로 50-1(용두동) 홍신빌딩 3층
전 화 02) 2265-7214/922-8662~8663
팩 스 02) 922-8772

homepage : www.kimoonsa.co.kr
e-mail : book@kimoonsa.co.kr

ISBN : 978-89-7723-909-8 93590

저자와의 협의하에 인지생략

정가 : 23,000원